U0531976

博士论文
出版项目

中国家族企业公司治理转型研究

Research on the Transformation of
Corporate Governance of Chinese Family Business

马 骏 著

中国社会科学出版社

图书在版编目（CIP）数据

中国家族企业公司治理转型研究 / 马骏著. —北京：中国社会科学出版社，2023.3

ISBN 978 – 7 – 5227 – 1477 – 6

Ⅰ.①中… Ⅱ.①马… Ⅲ.①家族—私营企业—企业管理—研究—中国 Ⅳ.①F279.245

中国国家版本馆 CIP 数据核字（2023）第 031504 号

出 版 人	赵剑英
责任编辑	高 歌
责任校对	李 琳
责任印制	戴 宽

出　　版	中国社会科学出版社
社　　址	北京鼓楼西大街甲 158 号
邮　　编	100720
网　　址	http://www.csspw.cn
发 行 部	010 – 84083685
门 市 部	010 – 84029450
经　　销	新华书店及其他书店

印　　刷	北京君升印刷有限公司
装　　订	廊坊市广阳区广增装订厂
版　　次	2023 年 3 月第 1 版
印　　次	2023 年 3 月第 1 次印刷

开　　本	710×1000　1/16
印　　张	22.5
插　　页	2
字　　数	303 千字
定　　价	128.00 元

凡购买中国社会科学出版社图书，如有质量问题请与本社营销中心联系调换
电话：010 – 84083683
版权所有　侵权必究

出 版 说 明

为进一步加大对哲学社会科学领域青年人才扶持力度,促进优秀青年学者更快更好成长,国家社科基金2019年起设立博士论文出版项目,重点资助学术基础扎实、具有创新意识和发展潜力的青年学者。每年评选一次。2021年经组织申报、专家评审、社会公示,评选出第三批博士论文项目。按照"统一标识、统一封面、统一版式、统一标准"的总体要求,现予出版,以飨读者。

全国哲学社会科学工作办公室

2022年

序 一

马骏博士的新著《中国家族企业公司治理转型研究》一书即将出版，邀请我为其写序。马骏是我指导的博士研究生，在博士学习期间，重点关注了制度转型背景下中国家族企业的治理及其转型问题，以此为题完成了博士论文《家族企业治理正式化：制度逻辑、目标平衡性与创新》的写作。该文被评为中山大学优秀博士学位论文，并获得国家社科基金优秀博士论文出版项目的资助。本书也是在其博士论文的基础上完善和拓展而成，是对我国家族企业治理现代化问题具有重要理论和实践意义的有益探索。

作为我国国民经济的重要组成部分，民营企业发挥了举足轻重的作用。在这些民营企业中，超过85%都是家族控制型企业，而且大多是传统的家族非正式制度治理结构主导，尽管家族治理一方面有着内部团结和亲密关系、家族长远眼界、家族情感财富等重要价值，但同时，也会带来诸多负面效应，如较封闭的家族血缘亲缘关系和家长制，以及对外人缺乏信任、裙带关系、任人唯亲等都是家族治理可能的灰暗面，也因此影响企业的成长、竞争力以及可持续发展。我国改革开放后成长起来的家族企业目前正面临着代际传承、转型升级以及持续发展问题，如果不能正视和解决家族治理结构的现代转型问题，就可能遭遇严峻的生存危机。

从国际经济环境来看，逆全球化和新冠疫情以及数字经济的全球竞争给企业带来了新的机遇和挑战，家族企业大多是中小企业，加上其治理结构转型的困境，而受到多方面的压力和挑战。而为了应对这一转型升级和高质量发展的时代要求，家族企业急迫需要进行组织结构和公司治理的改造，以适应创新和全球化发展的需求，因为，只有转型为一个基于正式制度和科学管理的现代治理结构，才可能改变家族企业传统的经验和权威经营模式，而吸引更多的外部资源和人才，并走向全球化发展的道路。可以说，我国家族企业目前正面临着由传统的"人治型"组织向现代的"法治型"组织的公司治理战略转型之中，这无疑是影响我国家族企业产业升级转型和高质量发展的关键问题。马骏这本书的选题正是在这一环境背景下对这一问题的一个具有重要意义的理论研究，同时，也通过对现实管理实践的调研和分析探索其解决路径和方案。

具体而言，本书抓住了其中两个重要的问题：第一，我国家族企业是否具有正式化治理转型的认知和动力？这是企业公司治理转型的动因。第二，在治理转型过程中，家族企业能否以及如何实现持续性的成长？这里涉及两个延伸性问题，一是家族企业中家族目标（非经济目标）和经济目标的平衡；二是家族企业短期生存和长期可持续发展目标的兼顾（本书认为，双元创新是实现这一目标的重要手段）。本书由此展开的分析给出了一些有意义的结论。作者发现，近年来中国家族企业正式化治理趋势明显，这一变革主要受到理性因素的推动，具体表现为遵循合法性逻辑。但当组织面对不同的内外部环境压力时，作为理性因素的两个重要维度，合法性逻辑和效率逻辑将有不同的体现：对于中小规模的家族企业，其治理的正式化过程更多地遵循合法性逻辑。而对于规模较大的家族企业，其正式化的治理更多的是为了寻求效率的提升而非合法性。其次，作者在厘清家族企业正式治理转型的逻辑后，进一步关注在治理转型过程中，家族企业能否以及如何实现持续性的成长。结果发现，家族企业管理者能够利用正式治理和非正式治理的组合结构来有效兼顾和平衡不同的战略和目标：如，家族社会情感财富和经济效益双元目标，以及探索式创新和开发式创新之间的动态平衡,从而在治理转型过程中保持市场竞争力和可持续成长性。

家族企业治理的制度化是一个具有理论价值和现实意义的问题,但对这一问题的理论研究和经验总结还较为有限,欧美发达国家的既有经验不一定适合全世界范围内的家族企业,尤其是对于长期浸润在传统儒家文化的中国家族企业而言,其家族治理的转型意味着重要的组织结构和制度文化的革命。这其中涉及许多复杂的问题,本书更多是从制度和战略管理逻辑的视角展开的探索性研究,还有很多深入和细致的问题值得学术同行一起来进一步深化。期待马骏和其他有兴趣的学者和企业家一起在此基础上能结合我国家族企业治理结构现代化转型的管理实践,不断推进理论进展,并对我国企业现代管理实践给出更多有益的研究。

李新春
中山大学管理学院教授
中山大学中国家族企业研究中心主任
教育部长江学者特聘教授
2022 年 7 月 20 日

序　　二

马骏博士发来大作，嘱我写序。蒙见重，自是有些欣慰，但也很畏怯，因为年岁渐高，学术落伍不可以道里计，转而一想，读年轻才俊大作，亦能获反哺效应，随应允。读后，果然汲取许多新论，晓知近些年家族企业研究学术演进，启迪思考，然才学浅，加之年高目力不济，在电脑上阅读20多万字的书稿也蛮辛苦，只能略谈体会一二。

闻做学问有一个"不可能三角"，分别是"好问题""别人没有做过的问题"和"合适的方法"。这个三角之所以"不可能"，是因为三个角上的目标很难同时达到。问题好，方法也当，但前人已多有研究，自己能否继续拓展？又或问题好，此前几无人问津，但苦无好方法，自然也茫然无措。在众多学术领域，"别人没有做过的问题"恐是凤毛麟角，说不定就不是一个需要或值得研究的问题。

"家族企业公司治理研究"自然不是一个"别人没有做过的问题"，因而后继者需在前人研究的基础上继续拓展研究思路。于是，作者旁搜博引，"寻坠绪之茫茫，独旁搜而远绍"，对文献资料的搜集之全面、梳理分析逻辑之清晰、点评持论之允当，显示功夫深厚，实是令人钦佩。研析后作者发现，此前文献对"家族企业治理背后的驱动因素、家族企业治理与其双元目标的兼顾和平衡、家族企业治理与其创新的关联等问题的研究尚有不足，于是，又精心从逻辑推演与实际调研的双向印证过程中，琢磨构思研究框架，并辅以实证方法对系列假设予以验证，研究发现：家族企业正式治理的主要驱动性力量是合法性压力而非效率提升压力，而且情境与规模不同，家族企业治理的正式化过程面临不同的压力来源，效率逻辑与合法性在不同情境中呈现出共存和融合的关系；家族企业正式与非正式治理在兼顾和平衡企业目标与家族目标的过程中既发挥着协同作用，也分别起着不同的关键作用，识别出家族企业兼顾和平衡双元目标的路径；在不同的组织情境下，正式治理和非正式治理影响家族企业双元目标的机制和效果也存在权变性；家族企业的正式与非正式治理在企业的开发式创新和探索式创新过程中有着不同的影响机制和效果；社会情感财富保存动机在家族企业治理过程中发挥着特别的作用，在追求长期导向的过程中，约束型社会情感财富目标（家族控制）和经济目标是一种替代性关系，而延伸型社会情感财富目标（家族传承）和经济目标则是一种互补协同关系；等等。研究过程及结论不仅显示出作者有着良好的学术训练，展示了可贵的学术敏锐洞察力，而且对现实中的家族企业如何完善治理机制也有很好的实践指导意义，同时也提出了未来进一步研究的有价值的课题。

　　家族企业是一个复杂的多面组织形态，主要是企业系统与家族系统的合体。家族企业治理的完善不仅对其自身的生存和发展至关重要，而且对整个国民经济都有重大的影响。对于中国家族企业而言，要特别注意其深深嵌入在深厚的家文化传统与习俗中，嵌入在泛家族化的社会关系网络中，也嵌入在特有的现实制度情境中，而且家族企业异质性非常大，其治理机制及其演进既有着全球的普遍性，也有自身的独特性。譬如：在家族化治理与非人格化治理之间可能存在一个泛家族治理的中介环节，中国的家文化的泛化所形成的社会规范及其对家族企业治理过程的影响是一个深层次的问题，值得进一步探讨；社会情感财富在中国的情境中可能有着更多特别的内涵；家族企业治理不止是家族治理与企业治理这两个维度，也应还有一个制度环境（包括正式与非正式）

治理的维度。三个维度交互影响，可能会形成不同的演进路径。此外，如何将规范的实证研究与个案的质性研究结合起来，如何从动态演化的角度探讨家族企业治理的演变过程，如何获取第一手更丰富更完备的资料，如何应用更精准的方法做进一步的精致研究等，作者都提出了自己的见解，对后续研究很有启发和引导意义。

"后浪"一说，反响甚重，众口不一。学界的年轻才俊确实赶上，并立在时代潮头，这是毫无疑问的，也是我们老一辈学人特别欣慰的。

祝年轻学子在学术殿堂百尺竿头，更上一层！

储小平

中山大学岭南学院教授

2022 年 7 月 24 日

摘　　要

本书在沿袭现有研究结论的基础上，对处于制度转型期的中国家族企业内部治理的正式化变革过程及其对家族企业双元目标和创新战略的影响进行探索式研究。具体而言，本书尝试研究三个方面的问题。

（1）检验家族企业治理正式化的驱动逻辑。利用2000—2014年中国私营企业调查数据库，结果发现：近年来家族企业正式化治理趋势明显，这一变革主要受到理性因素的推动，具体表现为遵循合法性逻辑。但当组织面对不同的内外部环境时，作为理性因素的两个重要维度，合法性逻辑和效率逻辑将有不同体现。

（2）在家族企业治理正式化变革过程中，分析其如何实现企业经济目标和家族目标的平衡。基于目标系统理论，使用第九次中国私营企业调查数据库，结果发现：第一，家族企业一方面能够利用非正式治理来实现经济目标和约束型社会情感财富保存目标，同时利用正式治理实现延伸型社会情感财富保存目标。进一步处于不同发展阶段和经营期望水平的家族企业，两类治理模式和两类目标的实现路径有所差异。第二，家族企业的正式治理转型有利于在保证经济目标的同时获得长期竞争优势。

（3）检验家族企业正式治理以及非正式治理对于探索式创新和开发式创新的影响机制和效果。基于组织双元性的分析框架，利用2004—2017年中国上市家族企业数据，结果发现：第一，家族企业一方面利用正式治理推动探索式创新，同时依靠非正式治理来引导开发式创新活动的投入。第二，企业内外部环境发生改变时，推动双元创新的路径将有所差异。第三，探索式创新和开发式创新的双元平衡战略能够显著提升企业的成长性。

本书有以下几个方面的参考价值：（1）揭示中国家族企业治理正式化变革的背后逻辑，突破以环境两分论假设为基础的研究视角，指出效率逻辑与合法性逻辑在不同情境中呈现出共存和融合的关系。（2）强调家族企业中经济目标和家族目标平衡的重要性，并通过引入家族企业治理识别出企业兼顾双元目标的具体途径，为深入理解家族企业双元目标的设定和实现路径提供新的理论视角。（3）探究家族企业如何利用正式治理和非正式治理来兼顾探索式创新和开发式创新，扩展了家族企业双元创新的研究视角。

本书的现实意义是：为了兼顾和平衡家族目标和企业目标、推进探索式创新和开发式创新活动，家族企业需要合理利用正式治理和非正式治理的协同作用。由此，家族企业在采纳现代公司治理实践时，取其精华、去其糟粕，将理性思维和儒家文化思维有效融合至治理转型过程，是具有中国特色的"最佳实践"。

关键词：家族企业；正式治理；非正式治理；双元目标；双元创新

Abstract

On the basis of existing research conclusions, this book conducts an exploratory study on the formal reform process of internal governance of Chinese family business in the period of institutional transformation and its impact on the dual goals and innovation strategies of family business. Specifically, this book attempts to study three issues:

(1) The first study explores the core logic behind the formalization of family business governance by using the database (2000 – 2014) of the Chinese Private Enterprise Survey. The results show that there is an obvious trend of formal governance among family enterprises in recent years. The formal governance of family businesses is mainly driven by rational factors, specifically the logic of legality. However, when organizations are faced with different internal and external environments, the legality and efficiency, as two important rational factors, will be reflected differently.

(2) Family businesses pursue both internal and external legality. Hence, they should balance the selection of internal legality (family goals) and efficiency (economic goals) Based on the Goal System Theory, the second study used the database of the ninth survey of Chinese private enterprises to investigate how family business governance affects economic goals and their selection and balance. The results show that: ①family businesses can employ informal governance to achieve e-

conomic goals as well to maintain constrained and extended socioemotional wealth. Furthermore, for family enterprises at different development stages and with different operation expectations, there are differences in the two types of governance models and the approaches to realizing these two goals. ②formal governance transformation of family businesses is conducive to long-term competitive advantage while maintaining economic goals.

(3) The third study, based on the framework of organizational ambidexterity, investigated the influencing process and effect of the two governance models on exploratory innovation and exploitative innovation of family enterprises with the data of listed family enterprises in China from 2004 to 2017. The results show that: ①family enterprises can promote exploratory innovation and guide exploitative innovation activities by using formal governance. ②When the internal and external environment of the enterprise changes, the paths to promote ambidextrous innovation will be different. ③Balance and Combined between exploratory innovation and exploitative innovation can significantly improve the growth of enterprises.

This book investigates the process and effect of the transformation of the governance structure among Chinese family enterprises during the institutional transformation and reveals the logic behind it as well as the actual results. Accordingly, in terms of contributions, this research: ①reveals the logic behind the formal change of family business governance in the China, studies beyond the research perspective based on the hypothesis of environmental dichotomy advocated by some neo-institutionalist scholars, and finds that the logic of efficiency and legality are not always mutually contradictory but co-exist or are integrated in different situations; ②emphasizes the importance of balancing economic goals and family ones in family enterprises, and identifies the specific ways for them to achieve dual goals by family business governance thus providing a new theoretical perspective for the in-depth understanding of the setting and realization of dual goals of family enterprises and enriching the research context of dual goals; ③explores how family businesses combine exploratory innovation and exploitative innovation with formal and informal governance, expands the research perspective of dual-innovation of family businesses, and responds to the call of the academia to "pay attention to how family governance affects the balance of corporate exploitative and exploratory innovation"; ④by reviewing the literature on family business governance, points out the influence of preservation motivation of constrained and extended socioemotional wealth on family business governance formalization process and the balance between exploratory innovation and exploitative innovation, which enriches the literature on family business socioemotional wealth.

This book also has practical enlightenment. The sustainable development of a family business cannot be achieved without the constraints of formal governance on personified relationship. But it may be uncommon or invalid to adopt formal governance only. In most cases, a combination of both formal and informal governance serves as a vital means to balance family and corporate goals and propel exploratory and exploitative innovation. When Chinese family enterprises adopt modern corporate governance experience, it may be the best practice with Chinese characteristics to take the essence and discard the dregs and effectively integrate rational thinking and Confucian cultural thinking into the governance process.

Key Words: Family Business, Formal Governance, Informal Governance, Dual Goal, Dual Innovation

目　录

第一章　引言 ····································· （1）
　　第一节　现实背景 ······························· （1）
　　第二节　理论背景 ······························· （8）
　　第三节　研究问题 ······························· （13）
　　第四节　逻辑思路与研究方法 ····················· （19）
　　第五节　本书的结构框架 ························· （21）

第二章　文献回顾与评述 ··························· （24）
　　第一节　家族企业治理文献回顾与评述 ············· （25）
　　第二节　家族企业正式治理的文献回顾与评述 ······· （49）
　　第三节　家族企业的目标平衡性 ··················· （74）
　　第四节　家族企业治理与企业创新 ················· （81）
　　第五节　本章小结 ······························· （93）

第三章　效率还是合法性？家族企业治理正式化的逻辑分析 ····································· （95）
　　第一节　引言 ··································· （95）
　　第二节　理论分析与研究假设 ····················· （99）
　　第三节　研究设计 ······························· （112）
　　第四节　数据分析 ······························· （121）
　　第五节　本章小结 ······························· （140）

第四章　家族企业治理与双元目标平衡性 (143)
　　第一节　引言 (143)
　　第二节　文献理论与研究假设 (146)
　　第三节　研究设计 (167)
　　第四节　数据分析 (173)
　　第五节　本章小结 (207)

第五章　家族企业治理与双元创新 (212)
　　第一节　引言 (212)
　　第二节　文献回顾与研究假设 (215)
　　第三节　研究设计 (231)
　　第四节　数据分析 (238)
　　第五节　本章小结 (258)

第六章　研究结论与讨论 (260)
　　第一节　研究结论与讨论 (260)
　　第二节　研究局限性与未来展望 (275)

第七章　家族企业治理体系建设的路径和对策建议 (281)
　　第一节　中国家族企业治理问题的来源 (281)
　　第二节　中国家族企业治理体系建设的路径和对策建议 (284)

参考文献 (292)

索　引 (324)

后　记 (331)

Table of Contents

Chapter 1 Introduction ··· (1)
    Section 1 Context Background ································· (1)
    Section 2 Theoretical Background ····························· (8)
    Section 3 Research Question ···································· (13)
    Section 4 Logic and Methods ··································· (19)
    Section 5 Structure and Frame ································· (21)

Chapter 2 Literature Review ··· (24)
    Section 1 Literature Review of Family Business
               Governance ··· (25)
    Section 2 Literature Review of Family Business Formal
               Governance ··· (49)
    Section 3 Balance Goal in Family Business ················· (74)
    Section 4 Family Business Governance and Firm
               Innovation ··· (81)
    Section 5 Chapter Summary ···································· (93)

**Chapter 3 Efficiency or Legitimace? Logical Analysis
            on the Formal Transformation of Family
            Business Governance** ································ (95)
    Section 1 Introduction ··· (95)

Section 2　Theory and Hypothesis ……………………（99）
Section 3　Research Design ……………………（112）
Section 4　Data Analysis ……………………（121）
Section 5　Chapter Summary ……………………（140）

Chapter 4　Family Business Governance and Dual Goal Balance ……………………（143）

Section 1　Introduction ……………………（143）
Section 2　Literature, Theory and Hypothesis ……………（146）
Section 3　Research Design ……………………（167）
Section 4　Data Analysis ……………………（173）
Section 5　Chapter Summary ……………………（207）

Chapter 5　Family Business Governance and Ambidextrous Innovation ……………………（212）

Section 1　Introduction ……………………（212）
Section 2　Literature Reivew and Hypothesis ……………（215）
Section 3　Research Design ……………………（231）
Section 4　Data Analysis ……………………（238）
Section 5　Chapter Summary ……………………（258）

Chapter 6　Research Conclusion and Disscussion …………（260）

Section 1　Conclusion and Disscussion ……………………（260）
Section 2　Limitations and Future Research ……………（275）

Chapter 7　Path and Countermeasures for the Construction of Family Business Governance System ……………………（281）

Section 1　Sources of China's Family Business Governance Problems ……………………（281）

Section 2 Path and Countermeasures for the Construction
of Chinese Family Business Governance
System ··· (284)

Reference ··· (292)

Index ··· (324)

Postscript ··· (331)

第 一 章

引　言

本章主要介绍本书的研究背景，包括现实背景和理论背景，并在此基础上进一步提出本书想要研究的问题。然后，阐述解决这些研究问题的逻辑思路并简要介绍使用的研究方法。最后，列出本书整体的研究框架。

第一节　现实背景

一　家族企业治理转型的背景概述

2018年11月1日，习近平总书记在北京主持召开民营企业座谈会时，旗帜鲜明地指出："民营企业家要练好企业内功，特别是要提高经营能力、管理水平，完善法人治理结构，鼓励有条件的民营企业建立现代企业制度。"[①] 2019年12月，中共中央国务院发布《关于营造更好发展环境支持民营企业改革发展的意见》（以下简称《意见》）进一步指出，"引导民营企业深化改革，鼓励有条件的民营企业加快建立治理结构合理、股东行为规范、内部约束有效、运

[①] 中国政府网：http://www.gov.cn/xinwen/2018 - 11/01/content_ 5336540. htm。

行高效灵活的现代企业制度……。"① 从总书记的讲话和《意见》中可以看到，引导民营企业建立现代企业制度、完善治理结构，已经上升到国家战略层面，成为党和国家在未来一段时间内深化市场化改革的重要着力点和重大需求。

作为我国国民经济的重要组成部分，民营企业发挥了举足轻重的作用：贡献了50%以上的税收、60%以上的GDP、70%以上的技术创新、80%以上的城镇劳动就业、90%以上的企业数量。② 而在这些民营企业中，超过80%都是家族控制型企业。相比非家族企业，家族企业受到创始人权威和关系网络等非正式治理因素的影响更甚，解决"转型动力不足"与"正式治理机制不健全"的迫切性和现实意义更强。

从国际经济环境来看，逆全球化和新冠疫情都凸显了全球宏观经济政策的不确定性在加剧，对处于转型阶段的中国而言，家族企业的基业长青是中国经济稳定的重要压舱石。一个不容忽视的事实是，在治理转型过程中，中国家族企业还同时面临跨代传承和产业升级的压力：一方面，在家族企业的传承过程中基于创始人及家族的权威、魅力将式微；另一方面，数字化时代企业转型升级对外部资源（专业化人才、资本等）的依赖程度会逐渐提高。在这一背景下，家族企业能否有效应对外部冲击，脱离创始人之后是否依然能够继续高质量运转，完善治理结构、由"人治"转向"法治"尤为关键，这也是家族企业打造核心竞争力并保证基业长青的根本性制度保障。

在世界范围内，家族企业对于所在地区经济发展的贡献是不容忽视的。由此，家族企业作为一种古老的组织形式，其并未如传统观点（如钱德勒）认为的那样——在经济增长中只能起到一种边缘

---

① 中华人民共和国中央人民政府：http：//www.gov.cn/zhengce/2019－12/22/content_5463137.htm。

② 新华网：http：//www.xinhuanet.com/comments/2019－03/09/c_1124214167.htm。

性的作用，在经历管理革命和市场竞争以后，成为一种过时的组织模式而遭到市场淘汰。① 相反，当把视野拉长，考察世界范围内的企业发展史时就可以发现，在工业化和全球化进程中，家族企业并非一种只适用于传统劳动密集型的小规模生产组织形式，也不只是存在于经济发展过程中的某一个阶段，家族对于企业的涉入和影响是跨越时间和空间而普遍存在的。尤其是在儒家文化和家族主义盛行的东南亚地区，相当一部分企业都是控制在核心家族手中。因此，可以说，家族企业是人类历史上发展最悠久、韧性最强的一种组织模式，之所以能够跨越时间和空间而普遍存在，并对全世界各个国家和地区的经济发展和社会稳定做出卓越的贡献，与其自身拥有的独特资源优势（人力资本、物质资本、社会资本、耐心资本等）是分不开的，但更为重要的一环则是作为利用家族资源从而实现家族目标的手段——家族企业治理。②

随着我国制度环境的逐步完善、国际市场和国内市场竞争的推动，一个理性的预期是，家族企业将有着明显的正式化治理转型趋势。但从现实情况来看，我国相当一部分中小家族企业仍然以传统权威和魅力型权威主导，家长制、道德型领导成为主流模式，决策和管理中仍然带有浓重的经验主义和个人意志。一个可能的解释是，从国外的经验来看，一般家族企业是在家族内部完成第一次代际传承，而正式化治理的转型发生在从第二代到第三代、第四代之间的传承。③ 而目前我国家族企业普遍还处于从第一代到第二代的传承进程中。另一个可能则是，相比正式制度，非正式制度（比如地区文

---

① Chandler A. D., *The visible hand: The Managerial Revolution in American Business*. Cambridge, MA: Harvard University Press, 1977.

② Chrisman J. J. and Chua J. H., eds., "Governance Mechanisms and Family Firms", *Entrepreneurship Theory and Practice*, Vol. 42, No. 2, 2018.

③ Gersick K. E. and Gersick K. E., eds., *Generation to Generation: Life Cycles of the Family Business*. Harvard Business Press, 1997; Jaffe D. T. and Lane S. H., "Sustaining a Family Dynasty: Key Issues Facing Complex Multigenerational Business-and Investment-Owning Families", *Family Business Review*, Vol. 17, No. 1, 2004.

化、价值观、社会规范等)的作用是更为长久和深刻的。① 中国社会长期受到"家文化""差序格局""控制权情结"等儒家文化浸染,嵌入在这一制度文化背景下的家族企业必然会遵循家族主义和家族控制文化的主流范式,② 从而表现出强烈的关系治理特征。虽然近年来我国制度环境已经有明显的改善,但这可能还不足以大范围地推动家族企业从"人治"转向"法治",而且仅仅关注地区制度环境本身也不能够捕捉到整个市场环境特征,比如行业竞争环境、地区竞争环境等,这些都是传统的制度环境变量没有涵盖其中的。

因此,从现实背景来看,中国的家族企业存在"转型动力不足"与"正式治理机制不健全"的治理转型掣肘。非正式治理在家族企业创业初期具有积极意义,但在经济全球化和区域经济一体化进程加快、产业结构不断升级以及新技术不断涌现的背景下,过度依靠人格化的治理已经无法适应外部激烈的市场竞争。中国的不少优势家族企业在面临外部冲击、创始人更迭时所表现出的被动、应对乏力等均表明,很多家族企业仍然没有真正意义上形成正式化和规范化的治理制度。由此,家族企业如何真正实现自我改造和治理转型,是国家和家族企业面临的一项重大现实需求和挑战。这一问题不仅关乎家族企业自身核心竞争力的打造和基业长青,同时还攸关中国特色社会主义经济建设成效。基于此,有必要对中国家族企业正式化治理的动因、机制和效果展开进一步的研究,这不仅有助于理解家族企业现代治理转型的现状、过程和意义,同时也能够为我国更好地推动家族企业进行治理变革和转型提供现实启示。

---

① North D. C., *Institutions, Institutional Change and Economic Performance*, Cambridge: Cambridge University Press, 1990.

② Kim Y. C. and Chung C. N., "Organizational Change under Institutional Logics: Family Control of Corporate Boards in Taiwan", *Sociological Perspectives*, Vol. 61, No. 3, 2018; Chung C. N. and Kim Y. C., "Global Institutions and Local Filtering: Introducing Independent Directors to Taiwanese Corporate Boards", *International Sociology*, Vol. 33, No. 3, 2018.

二 中国家族企业治理现状分析

（一）中国家族企业治理的现状

1. 中国家族企业的内部治理。内部治理是家族企业通过正式治理和非正式治理手段来协调内部利益相关者利益并设定企业的战略方向，其核心是基于家族血缘和亲缘关系为纽带的家族成员内部的权力、利益和责任的分配和制衡。在这里，内部治理又可以区分为企业治理和家族治理，企业治理是一般意义上的公司治理，其遵循的是效率原则，按照公众公司的治理逻辑运行，重点关注企业层面的治理机制。其主要包括两个子维度，一是内部治理机构，包括董事会、股东会、经理层；二是内部治理机制，包括激励机制、监督机制和决策机制。相对地，家族治理则是对家族内部成员的治理，也包括两个子维度，一是家族治理机构，包括家族理事会、家族委员会、家族办公室等；[1] 二是家族治理机制，包括家族宪法、[2] 非正式和正式的家族会议等。一般而言，家族企业的成功往往取决于企业治理和家族治理的有效结合，在很多情况下，家族治理的成功往往又是企业治理的前提。

从既有文献和作者的实地调研中可以发现，目前中国家族企业较为注重企业治理，普遍建立了股东会、董事会、监事会、高层管理团队等组织和对应的现代公司治理制度，同时在人事、财务、战略决策方面也开始规范化和制度化，从而在一定程度上提高了公司

---

[1] Jaffe D. T. and Lane S. H., "Sustaining a Family Dynasty: Key Issues Facing Complex Multigenerational Business-and Investment-Owning Families", *Family Business Review*, Vol. 17, No. 1, 2004; Parada M. J. and Nordqvist M., eds., "Institutionalizing the Family Business: The Role of Professional Associations in Fostering A Change of Values", *Family Business Review*, Vol. 23, No. 4, 2010; 李新春、何轩、陈文婷:《战略创业与家族企业创业精神的传承——基于百年老字号李锦记的案例研究》,《管理世界》2008 年第 10 期。

[2] Arteaga R. and Escribá-Esteve A., "Heterogeneity in Family Firms: Contextualising the Adoption of Family Governance Mechanisms", *Journal of Family Business Management*, Vol. 11, 2021.

治理效率和价值。但与此同时，中国家族企业治理有三个显著特征：第一，所有权和管理权高度集中；第二，企业中存在着明显的家长式领导；第三，关系型治理普遍，企业内部依靠人格化、非正式的差序式治理以及内外部广泛的关系网络。

2. 中国家族企业的外部治理。外部治理主要强调家族企业外部利益相关者的治理过程，包括职业经理人市场、资本市场、产品市场、各类中介机构等。从作者的调研中发现，由于中国社会普遍有一种不信任家族企业的文化偏见，加之产权保护不足以及正式规则的不确定性较高，很多家族企业相对比较封闭、保守。尤其是在人力资本市场中，家族企业高管的选拔和晋升存在较为普遍的任人唯亲而非任人唯贤，尤其是涉及人事、财政等方面的管理者，普遍都是由家族成员担任。此外，在融资方面，受制于内部治理制度的不完善，很多投资者对于家族企业的融资需求往往持谨慎态度。因此，以市场竞争为基础的外部治理机制相对不够完善。

（二）中国家族企业治理存在的问题

1. 过度注重企业治理而忽视家族治理。很多家族企业都建立了股东会、董事会、监事会、高层管理团队等组织和对应的现代公司治理制度，同时在人事、财务、战略决策方面也开始规范化和制度化。但无论是大型上市公司还是中小家族企业，创业者和家族高管往往忽视了对于家族治理的关注。在作者的实地调研中普遍发现，很多管理者把大部分时间都放在了工作上，很少有管理者会定时定点地开展家族治理工作，如召开正式或非正式的家族聚会、制定成文的家族宪法、设立家族委员会/理事会/家族办公室等。由此带来的一个直接后果就是，近年来越来越多的家族企业因为股权、控制权的纷争，不断出现"夫妻互撕""父子决裂""兄弟相争"等恶性事件，这不仅会影响家族企业内部的有序运行，同时也在不断蚕食社会公众对"家族企业"的认可度。因此，家族治理其实是企业治理的前提和保证，但绝大部分中国家族企业管理者都忽视了这一点。当然，不乏有很多中国家族企业其实已经领悟甚至早已践行家族治理，比如李锦记集团和河北大午农牧集团食品有限公司制定的家族宪法、华茂集团制定的《徐氏家族共同协议》等。作者也欣喜地发现，已经有一部分有前瞻性的家族管理者开始引入家族治理制度，相信这也会成为将来中国家族企业发展过程中的一个重要趋势。

2. 企业治理过程中重形式轻实质。从现有的文献和作者的调研中可以发现，中国的家族企业普遍存在组织的外在正式表现与工作实践及日常惯例相背离的现象。一方面，家族企业注册成为公司制企业并引入现代企业制度，这种服从法律的外在表现能够帮助其更容易参与市场竞争、动员资源并获取合法性；另一方面，家族企业内部仍然表现出明显的一言堂，设立董事会、引入职业经理人，某些时候仅仅是一种形式主义，真正涉及企业生存和重大转向问题时，企业主的个人权威和人格化治理仍然起到举足轻重的作用。这一现象普遍存在于中国家族企业治理实践中，正式治理结构更多是"挂羊头""做样子"或者装点门面，实际运行的则是另外一套（全然）不同的逻辑。这一现象可以称之为家族企业治理脱耦，其普遍存在于中国各个地区、各个行业、各个发展阶段和规模的家族企业中，在一定程度上影响了企业的治理效率和价值。

3. 第二类代理问题凸出。虽然所有权和管理权的相对统一使得家族企业可以在很大程度上规避由委托代理问题产生的第一类代理问题。但中国家族企业普遍存在股权集中的现象，家族管理者可以利用控制权和现金流权的分离进行更多的关联交易，从而侵占中小股东利益。由于缺乏有效的外部监管和内部治理制度的约束，家族企业大股东侵占中小股东利益的事件频发。

4. 企业成员待遇内外有别。中国的家族企业内部普遍存在较为严重的家族裙带主义和过度的利他主义，在员工招聘、职业晋升、奖惩等方面往往更加照顾家族成员，忽略了保护和尊重非家族成员的合法权益。由于缺乏正式化和制度化的规则文件，在家族成员和非家族成员发生利益冲突时，家族管理者往往需要照顾家族情感而"亏待"非家族员工，即使部分企业"有法可依"，家族成员和非家族成员之间也缺乏真正的信任和合作。因此，由于正式治理机制的缺位以及执行过程的欠缺，家族企业内部普遍存在"内外有别"的企业文化。

5. 家族企业传承不畅。经过改革开放40多年的发展，相当一部分中国家族企业面临着一二代交接班的问题，权力的交接是否顺畅将直接影响家族企业能否持续经营。然而，从中国的家族传承现实来看，情况不容乐观，普遍存在一些问题：第一，很多家族创业者对自己创办的企业有着深厚的感情，同时对权力较为执着，或担心子女没有足够的能力接手企业，往往出现"垂帘听政"的情况；第二，很多家族二代没有足够的能力接手一代创下的企业，或者对接班企业没有兴趣，加上部分创业者因为企业经营太过艰辛而不愿意让二代接班企业，导致二代不愿接班或无法接班的问题；第三，家族企业内部往往缺乏制度性的交接班计划和规程，因此在接班人选择、培养和传承问题上，往往出现问题。比如，因为所有权和控制权问题导致的"父子决裂"、由于二代权威性的缺乏导致接班企业后创业元老们的抵制、一代的突然身故或违法违规导致二代临时接手企业等；以上问题的出现，绝大部分是因为家族企业内部没有完整的家族传承计划和传承制度。

综上，目前中国家族企业普遍面临外部治理制度不健全以及内部治理制度不完善等问题，进而其治理转型背后的机制和转型效果问题值得深入挖掘。

第二节 理论背景

资源、目标和治理是家族企业区别于非家族企业的关键所在，其中，家族企业治理是保证企业有效利用家族资源从而实现家族目标的关键一环。[①] 由此，家族企业治理研究历来都是家族企业研

---

① Chrisman J. J. and Chua J. H., eds., "Governance Mechanisms and Family Firms", *Entrepreneurship Theory and Practice*, Vol. 42, No. 2, 2018.

究学者们关注的重点。全球顶尖创业与家族企业研究期刊 *Entrepreneurship Theory and Practice*，分别在 2004 年、2010 年、2012 年、2013 年、2015 年组织刊发了 5 期 Special Issue，专门讨论家族企业治理与创业管理、[1] 家族信任、[2] 企业异质性、[3] 家族目标与资源、[4] 商业家族[5]之间的关系，从而有力地推动了家族企业治理研究。

传统的组织理论认为，理性的正式结构是协调和控制与现代技术或工作活动相关联的复杂关系网络最有效的方式，[6] 这里的"理性"强调的是目标的具体化和结构的正式化。其中，组织的正式化是获得组织长期稳定性的主要目的和功能，[7] 这一假设源于韦伯对历史上随经济市场发展而出现的科层制组织的讨论。进一步，一个组织仅仅依靠其产生的绩效，是无法有效解决不可预测的技术偶然性以及不确定性的环境的。此时，组织的内部成员和外部利益相关者会要求使用制度化的规则来防止组织的失败。[8] 从这一假设出发，作

---

[1] Steier L. P. and Chrisman J. J., eds., "Entrepreneurial Management and Governance in Family Firms: An Introduction", *Entrepreneurship Theory and Practice*, Vol. 28, No. 4, 2004.

[2] Eddleston K. A. and Chrisman J. J., eds., "Governance and Trust in Family Firms: An Introduction", *Entrepreneurship Theory and Practice*, Vol. 34, No. 6, 2010.

[3] Chua J. H. and Chrisman J. J., eds., "Sources of Heterogeneity in Family Firms: An Introduction", *Entrepreneurship Theory and Practice*, Vol. 36, No. 6, 2012.

[4] Chrisman J. J. and Sharma P., eds., "The Influence of Family Goals, Governance, and Resources on Firm Outcomes", *Entrepreneurship Theory and Practice*, Vol. 37, No. 6, 2013.

[5] Steier L. P. and Chrisman J. J., eds., "Governance Challenges in Family Businesses and Business Families", *Entrepreneurship Theory and Practice*, Vol. 39, No. 6, 2015.

[6] Scott W. R., "Organizational Structure", *Annual Review of Sociology*, Vol. 1, No. 3, 1975.

[7] Scott W. R. and Davis G. F., *Organizations and Organizing: Pearson New International Edition: Rational*, Natural and Open Systems Perspectives. Routledge, 1981.

[8] Emery F. E. and Trist E. L., "The Causal Texture of Organizational Environments", *Human Relations*, Vol. 18, No. 1, 1965.

为正规组织的家族企业，其内部有着极其复杂的家族和非家族关系网络，理性的正式结构理应成为协调和控制这些关系网络的有效手段。由此，传统的观点认为，家族企业治理是家族所有者和管理者在企业内部实行一系列正式决策来引导和控制家族成员所形成的结果。[①] 但在更多的情况下，家族企业往往偏好使用非正式的、人格化的结构进行组织治理和决策，正式的组织规则经常性地被违背，评估与监督体系往往也无法发挥应有的作用。亦即，传统的观点忽视了家族企业治理两个方面的内容，一是除了正式治理过程，家族企业中存在大量的非正式治理过程和机制；二是除了内部治理，家族企业还需要应对外部利益相关者的压力（外部治理环境）。其中，内部治理关注的是企业内部成员，更多地强调治理效率，而外部治理则关注外部利益相关者，更多地强调外部合法性。由此，家族企业治理实际上包括了两个层面以及其中的两个维度：内部治理环境和外部治理环境，正式治理和非正式治理——内部正式治理机制、内部非正式治理机制、外部正式治理环境、外部非正式治理环境。基于此，《Entrepreneurship Theory and Practice》在 2018 年特别推出了一期 Special Issue 来讨论家族企业内部和外部、正式和非正式治理机制。[②]

在这一背景下，家族企业治理的研究视角逐渐从"静态的组织内部治理"演变为"动态的内外部治理互动过程"，其中的一个重点就是家族企业治理正式化过程研究。

[①] Carney M., "Corporate Governance and Competitive Advantage in Family-Controlled Firms", *Entrepreneurship Theory and Practice*, Vol. 29, No. 3, 2005; Daily C. M. and Dan R. D., eds., "Corporate Governance: Decades of Dialogue and Data", *Academy of Management Review*, Vol. 28, No. 3, 2003; Steier L. P. and Chrisman J. J., eds., "Governance Challenges in Family Businesses and Business Families", *Entrepreneurship Theory and Practice*, Vol. 39, No. 6, 2015.

[②] Chrisman J. J. and Chua J. H., eds., "Governance Mechanisms and Family Firms", *Entrepreneurship Theory and Practice*, Vol. 42, No. 2, 2018.

其一,从家族企业治理正式化的前因来看,传统的家族企业研究理论,如委托代理理论、管家理论、资源基础观、社会资本理论、社会情感财富理论等,主要从家族企业内部发展的视角出发进行剖析。进一步,制度理论为家族企业治理的正式化过程提供了一个外部视角,这包括制度经济学[1]和新制度主义理论。[2] 其中,基于新制度主义理论的研究发现,国内法律规章制度的"强制性同构"、国际金融市场的"规范性同构"和"模仿性同构"是家族企业治理正式化过程的重要动力,[3] 这一系列研究遵循的是制度合法性逻辑。而基于制度经济学的研究则认为,随着正式制度的不断演进,关系和网络的价值将逐步减弱,而正式化的决策和治理过程的意义将逐步提升。[4] 这一系列研究遵循的是市场竞争逻辑,但经验性的验证则相对缺乏。

其二,从家族企业治理正式化的效果来看,现有研究主要关注

---

[1] North D. C., *Institutions, Institutional Change and Economic Performance*, Cambridge: Cambridge University Press, 1990.

[2] DiMaggio P. and Powell W. W., "The Iron Cage Revisited: Collective Rationality and Institutional Isomorphism in Organizational Fields", *American Sociological Review*, Vol. 48, No. 2, 1983; Meyer J. W. and Rowan B., "Institutionalized Organizations: Formal Structure as Myth and Ceremony", *American Journal of Sociology*, Vol. 83, No. 2, 1977; Meyer J. and W. R. Scott, eds., "Centralization, Fragmentation, and School District Complexity", *Administrative Science Quarterly*, Vol. 32, 1987; Scott W. R., "The Adolescence of Institutional Theory", *Administrative Science Quarterly*, Vol. 32, 1987.

[3] Chung C. N. and Luo X., "Human Agents, Contexts, and Institutional Change: The Decline of Family in the Leadership of Business Groups", *Organization Science*, Vol. 19, No. 1, 2008; Kim Y. C. and Chung C. N., "Organizational Change under Institutional Logics: Family Control of Corporate Boards in Taiwan", *Sociological Perspectives*, Vol. 61, No. 3, 2018; 邢隽清、胡安宁:《家族主义、法治环境与职业经理人》,《社会发展研究》2018年第3期。

[4] Peng M. W., "Institutional Transitions and Strategic Choices", *Academy of Management Review*, Vol. 28, No. 2, 2003; Peng M. W. and S. Wei, eds., "An Institution-Based View of Large Family Firms: A Recap and Overview", *Entrepreneurship Theory and Practice*, Vol. 42, No. 2, 2018.

正式治理的财务绩效和创新绩效意义。部分学者从动态演化的视角出发，考察正式治理和非正式治理在提升企业绩效方面的作用。[①] 进一步，学者们也基于代理理论、社会资本理论、社会情感财富理论、"意愿—能力"等视角，分别考察了正式治理与非正式治理对企业创新绩效的影响机制和效果。[②]

虽然目前有不少学者分析了家族企业正式治理的驱动因素以及其对绩效和创新的意义，但这些研究一方面缺乏对于正式化治理过程前因的核心逻辑分析。同时，对于家族企业不同目标之间的取舍

---

① Uzzi Brian. , "Social Structure and Competition in Interfirm Networks: The Paradox of Embeddedness", *Administrative Science Quarterly*, Vol. 42, No. 1, 1997; Mustakallio M. and Autio E. , eds. , "Relational and Contractual Governance in Family Firms: Effects on Strategic Decision Making", *Family Business Review*, Vol. 15, No. 3, 2002; Poppo L. and Zenger T. , "Do Formal Contracts and Relational Governance Function As Substitutes or Complements?", *Strategic Management Journal*, Vol. 23, No. 8, 2002; Carson S. J. and Madhok, A. , eds. , "Uncertainty, Opportunism, and Governance: The Effects of Volatility and Ambiguity on Formal and Relational Contracting", *Academy of Management Journal*, Vol. 49, No. 5, 2006; Astrachan J. H. , "Strategy in Family Business: Toward a Multidimensional Research Agenda", *Journal of Family Business Strategy*, Vol. 1, No. 1, 2010; Nordstrom O. and Jennings J. E. , "Looking in the Other Direction: An Ethnographic Analysis of How Family Businesses Can be Operated to Enhance Familial Wellbeing", *Entrepreneurship Theory and Practice*, Vol. 42, No. 2, 2018; Vardaman J. M. and Allen D. G. , eds. , "We Are Friends But Are We Family? Organizational Identification and Nonfamily Employee Turnover", *Entrepreneurship Theory and Practice*, Vol. 42, No. 2, 2018.

② Burkart M. and F. Panunzi eds. , "Family Firms", *The Journal of Finance*, Vol. 58, 2003; Chrisman J. J. and Patel P. C. , "Variations in R & D Investments of Family and Nonfamily Firms: Behavioral Agency and Myopic Loss Aversion Perspectives", *Academy of Management Journal*, Vol. 55, No. 4, 2012; Naldi L. and Nordqvist M. , eds. , "Entrepreneurial Orientation, Risk Taking, and Performance in Family Firms", *Family Business Review*, Vol. 20, No. 1, 2007; Kraiczy N. D. and Hack A. , eds. , "What Makes A Family Firm Innovative? CEO Risk-taking Propensity and the Organizational Context of Family Firms", *Journal of Product Innovation Management*, Vol. 32, No. 3, 2015; Calabrò A. and Vecchiarini M. , eds. , "Innovation in Family Firms: A Systematic Literature Review and Guidance for Future Research", *International Journal of Management Reviews*, Vol. 21, No. 3, 2019.

和平衡、①家族企业创新的异质性分类②等问题也没有给出有力的解释，尤其是缺乏以家族企业治理为视角的经验性研究。③基于此，本书主要进行两个方面的理论探索，一方面是考察家族企业治理正式化过程的背后逻辑；另一方面是通过引入家族企业治理的视角来剖析家族企业的不同目标间的平衡机制以及对于不同类型技术创新的影响过程和效果，进而为家族企业治理、目标和创新战略文献进行补充。

第三节 研究问题

作为家族与企业的契合体，家族企业是中国传统文化和现代理

---

① Kotlar J. and De Massis. A., "Goal Setting in Family Firms: Goal Diversity, Social Interactions, and Collective Commitment to Family-centered Goals", *Entrepreneurship Theory and Practice*, Vol. 37, No. 6, 2013; Basco R., "Where do You Want to Take Your Family Firm? A Theoretical and Empirical Exploratory Study of Family Business Goals", *BRQ Business Research Quarterly*, Vol. 20, No. 1, 2017; Williams R. I. and Pieper T. M., eds., *Private Family Business Goals: A Concise Review, Goal Relationships, and Goal Formation Processes*, The Palgrave Handbook of Heterogeneity among Family Firms. Palgrave Macmillan, Cham, 2019a; 李新春、宋丽红：《基于二元性视角的家族企业重要研究议题梳理与评述》，《经济管理》2013年第8期。

② Pittino D. and Visintin F., eds., "Collaborative Technology Strategies and Innovation in Family Firms", *International Journal of Entrepreneurship and Innovation Management*, Vol. 17, 2013; Patel P. C. and Chrisman J. J., "Risk Abatement as A Strategy for R & D Investments in Family Firms", *Strategic Management Journal*, Vol. 35, No. 4, 2014; De Massis. A. and Frattini F., eds., "Product Innovation in Family Versus Nonfamily Firms: An Exploratory Analysis", *Journal of Small Business Management*, Vol. 53, No. 1, 2015b; Newman A. and Prajogo D., eds., "The Influence of Market Orientation on Innovation Strategies", *Journal of Service Theory and Practice*, Vol. 26, No. 1, 2016; Veider V. and Matzler K., "The Ability and Willingness of Family-controlled Firms to Arrive at Organizational Ambidexterity", *Journal of Family Business Strategy*, Vol. 7, No. 2, 2016.

③ Sharma P. and Salvato C., "Commentary: Exploiting and Exploring New Opportunities over Life Cycle Stages of Family Firms", *Entrepreneurship Theory and Practice*, Vol. 35, No. 6, 2011; Goel S. and Jones III. R. J., "Entrepreneurial Exploration and Exploitation in Family Business: A Systematic Review and Future Directions", *Family Business Review*, Vol. 29, No. 1, 2016.

性组织的交集，而且也是典型的企业家控制型企业。受到传统儒家文化和家族主义的影响，中国家族企业在治理中存在着鲜明的个人权威和经验主义，具体表现为家族企业治理的非正式和关系特征。同时，较高程度的家族涉入进一步使得非正式干预和关系治理得到加强。① 这一治理模式在外部制度环境不完备以及市场竞争较弱时，能够帮助家族企业有效地减少代理成本、降低交易费用，从而提升家族企业的治理效率和价值，② 在很多时候家族非正式治理能够成为外部制度环境的一种有效替代机制。③ 但不可否认的是，任何一种治理和战略行为都具有显著的社会嵌入性，亦即治理效率和战略有效性不仅取决于组织自身的资源禀赋和发展阶段，同时也受到外部制度环境的制约。当外部制度环境逐步改善（这表现为法律规则的规范化，产权得到有效保护，金融市场和经理人市场等要素市场的发育成熟）、市场竞争越发激烈时（这包括国内市场竞争和国际市场竞争），基于关系、人格化的交易规则将逐渐被制度化、非人格化的市场竞争规则取代，正式制度将越来越多地发挥作用。此时，家族企业获得的市场地位和业绩是更为市场化的指标，而非个人权威或关系网络所致。④ 在这一背景下，理性的家族企业势必会在组织中寻求设立正式的治理结构和政策规则等，正式的治理结构和制度不仅在

---

① 李新春、叶文平、朱沆：《牢笼的束缚与抗争：地区关系文化与创业企业的关系战略》，《管理世界》2016年第10期。

② Fama E. F. and Jensen M. C., "Agency Problems and Residual Claims", *The Journal of Law and Economics*, Vol. 26, No. 2, 1983; Gómez-Mejía L. R. and K. T. Haynes, eds., "Socioemotional Wealth and Business Risks in Family-Controlled Firms: Evidence from Spanish Olive Oil Mills", *Administrative Science Quarterly*, Vol. 52, 2007; 贺小刚、连燕玲：《家族权威与企业价值：基于家族上市公司的实证研究》，《经济研究》2009年第4期。

③ Hillier D. and Martinez B., eds., "Pound of Flesh? Debt Contract Strictness and Family Firms", *Entrepreneurship Theory and Practice*, Vol. 42, No. 2, 2018; Peng M. W. and S. Wei, eds., "An Institution-Based View of Large Family Firms: A Recap and Overview", *Entrepreneurship Theory and Practice*, Vol. 42, No. 2, 2018.

④ 李新春、韩剑、李炜文：《传承还是另创领地？——家族企业二代继承的权威合法性建构》，《管理世界》2015年第6期。

家族企业内部得到认同，同时也是其作为现代公司制企业的一个重要组成部分。

在这一过程中，"去家族化"治理改革被理性的家族企业奉为圭臬，作为"最佳治理实践"的现代企业制度无疑获得了越来越多家族企业的青睐。但不可否认的是，除了正式制度，文化的作用也举足轻重，尤其是长期受到儒家文化影响的中国家族企业，家文化以及强烈的关系网络特征早已融入其家族和企业治理过程中。[①] 正式治理的引入势必会冲击既有依靠家族涉入和个人权威为基础的非正式治理根基，由此导致"去家族化"改革可能是为了满足外部的形式合法性而非提升内部的治理效率。因此，在"家族企业治理正式化"的研究中，首要的是厘清为何家族企业会进行正式化治理转型，尽管过去研究已经探讨了企业内外部的因素的推动作用，但没有明确地回答上述问题。

在厘清家族企业治理正式化的逻辑后，进一步需要关注的问题是，家族企业治理的正式化能否为其带来持续性的成长。这里涉及两个延伸型问题，一是家族企业中家族目标和经济目标的平衡，二是家族企业短期生存和长期存续的兼顾。[②] 实际上，这两个问题都是家族企业"双元性"的具体体现，[③] 同时也是家族企业实现基业长青的根本所在。过去研究在讨论这两类双元问题时，更多地进行了理论阐述和描述性分析，对于如何兼顾和平衡好以上两类目标，现有研究还相对缺乏。进一步在家族企业治理正式化过程中，仅仅依靠正式治理显然不足以平衡好不同类型的目标，非正式治理的协同

---

① Redding S. G. and G. Y. Y. Wong, *The Psychology of Chinese Organizational Behaviour*. In: M. H. Bond (eds.), The Psychology of Chinese People. Hong Kong: Oxford University Press, 1986.

② 马骏、黄志霖、何轩:《家族企业如何兼顾长期导向和短期目标——基于企业家精神配置视角》,《南开管理评论》2020年第6期。

③ 李新春、宋丽红:《基于二元性视角的家族企业重要研究议题梳理与评述》,《经济管理》2013年第8期。

作用也不容忽视。① 基于此，本书将家族企业治理引入家族双元目标和双元创新战略分析框架，具体考察随着家族企业越来越多地引入正式治理手段，其是否以及如何能够保证平衡好效率与合法性、企业目标和家族目标、短期生存和长期存续，进而实现基业长青。

事实上，家族企业治理的正式化是一个具有理论价值和现实意义的问题，但迄今为止，对这一问题的理论研究和经验总结还非常有限，欧美发达国家的既有经验不一定适合全世界范围内家族企业，尤其是对于长期浸润在传统儒家文化的中国家族企业而言，其同时面临着治理转型、跨代传承和产业升级的压力，从而转型过程更加复杂，这一过程也超越了过去主流理论的解释和预测，对现有家族企业治理及其转型研究提出了挑战。学者们从不同的理论视角考察了家族企业正式化治理的前因、过程和效果问题，但现有研究仍然有进一步挖掘的空间，这也为本书的深入剖析提供了研究契机，具体而言，本书将主要关注三个方面的问题：

第一，过去研究关注了外部竞争市场②和内部成长意愿③对家族企业正式化治理过程的驱动作用，但这一过程究竟是为了提升效率还是获取合法性，现有研究仍然莫衷一是，而且大部分研究仅仅关注效率逻辑或合法性逻辑的某一方面。传统的组织理论认为，在特定的情境下，绝对性的合法性逻辑和相对性的效率逻辑往往

---

① McEvily B. and Soda G., eds., "More Formally: Rediscovering the Missing Link between Formal Organization and Informal Social Structure", *The Academy of Management Annals*, Vol. 8, No. 1, 2014.

② Burkart M. and F. Panunzi eds., "Family Firms", *The Journal of Finance*, Vol. 58, 2003; Mueller H. M. and Philippon T., "Family Firms and Labor Relations", *American Economic Journal: Macroeconomics*, Vol. 3, No. 2, 2011; 李新春、马骏、何轩等:《家族治理的现代转型：家族涉入与治理制度的共生演进》,《南开管理评论》2018年第2期。

③ Brun de Pontet, S. and Wrosch, C., eds., "An Exploration of the Generational Differences in Levels of Control Held among Family Businesses Approaching Succession", *Family Business Review*, Vol. 20, No. 4, 2007; Kraiczy N. D. and Hack A., eds., "What Makes A Family Firm Innovative? CEO Risk-taking Propensity and the Organizational Context of Family Firms", *Journal of Product Innovation Management*, Vol. 32, No. 3, 2015.

会产生冲突和矛盾,这一类文献主要强调组织嵌入在单一制度场域中的回应和表现,[1]但越来越多的研究发现,组织往往同时嵌入在多重制度场域中,[2]进而可能遵循多重行为逻辑。基于此,本书将效率逻辑和合法性逻辑同时纳入同一分析框架,考察这一过程背后所遵循的逻辑,然后考察不同的情境下,两类逻辑的互动与相互作用。

第二,"家族企业到底追求什么",这是解释家族企业异质性行为的最根本问题,但这一问题在家族企业研究领域中没有得到充分的重视。[3]虽然近年来越来越多的学者开始关注和进行家族目标的研究,如从目标的分类、来源、重要性到对家族企业行为的影响等方面,[4]但大部分学者关注的都是家族企业中的家族目标问题,一定程度上忽视了经济目标,认为家族企业对于家族目标的重视程度天然地大于经济目标。但也有研究指出,除了家族目标,家族企业对于短期

---

[1] DiMaggio P. and Powell W. W., "The Iron Cage Revisited: Collective Rationality and Institutional Isomorphism in Organizational Fields", *American Sociological Review*, Vol. 48, No. 2, 1983; Fligstein N., "The Spread of the Multidivisional Form Among Large Firms, 1919 – 1979", *American Sociological Review*, Vol. 50, No. 3, 1985; Marquis C., "The Pressure of the Past: Network Imprinting in Intercorporate Communities", *Administrative Science Quarterly*, Vol. 48, No. 4, 2003.

[2] Greenwood R. and Díaz A. M., eds., "The Multiplicity of Institutional Logics and the Heterogeneity of Organizational Responses", *Organization Science*, Vol. 21, No. 2, 2009. Greenwood R. and Raynard M., eds., "Institutional Complexity and Organizational Responses", *Academy of Management Annals*, Vol. 5, No. 1, 2011. Pache A. C. and Santos F., "Inside the Hybrid Organization: Selective Coupling as A Response to Competing Institutional Logics", *Academy of Management Journal*, Vol. 56, No. 4, 2013. Wry T. and Cobb J. A., eds., "Morethan A Metaphor: Assessing the Historical Legacy of Resource Dependence and Its Contemporary Promise as A Theory of Environmental Complexity", *Academy of Management Annals*, Vol. 7, No. 1, 2013.

[3] 李新春、宋丽红:《基于二元性视角的家族企业重要研究议题梳理与评述》,《经济管理》2013年第8期。

[4] Williams R. I. and Pieper T. M., eds., *Private Family Business Goals: A Concise Review, Goal Relationships, and Goal Formation Processes*, The Palgrave Handbook of Heterogeneity among Family Firms. Palgrave Macmillan, Cham, 2019a.

的经济目标也愈发重视。① 因此，更为迫切需要关注的问题是，家族企业如何权衡并兼顾这两类不同类型的目标，因为家族企业的行为决策正是其经济目标与非经济目标共同作用的结果，② 但既有的研究还没有对此问题进行过深入的分析，同时也没有给出家族企业兼顾双元目标的具体途径。基于此，在家族企业治理正式化变革的背景下，本书将具体考察家族企业如何发挥正式治理和非正式治理的协同作用来兼顾和平衡经济目标和家族目标。

第三，技术创新不仅在量上存在水平的高低，同时在质上也存在类型的不同，比如技术创新包含探索式创新和开发式创新两类。这一双元创新是家族企业有效应对短期生存和长期存续挑战的重要手段，而如何兼顾和权衡探索式创新和开发式创新，现有研究还有待深入挖掘。过去研究考察了资源、目标设定、发展阶段和绩效特征等因素对两类创新活动的影响机制，但忽视了家族企业治理的作用。在总结现有关于家族企业探索式创新和开发式创新的研究文献后，戈埃尔和琼斯（Goel and Jones）③ 认为，将来的一个重要研究方向是，正式治理如何影响家族企业的开发式创新、探索式创新以及两者的双元平衡问题。同样地，夏尔马和萨尔瓦托（Sharma and Salvato）④ 也呼吁，学者们需要重点关注家族企业中不同的治理模式在探索式创新和开发式创新之间的选择和权衡作用。本书从家族企

---

① Tyler B. B. and Caner T., "New Product Introductions Below Aspirations, Slack and R & D Alliances: A Behavioral Perspective", *Strategic Management Journal*, Vol. 37, No. 5, 2016.

② Gomez-Mejia L. R. and Patel P. C., eds., "In the Horns of the Dilemma: Socioemotional Wealth, Financial Wealth, and Acquisitions in Family Firms", *Journal of Management*, Vol. 44, No. 4, 2018.

③ Goel S. and Jones III. R. J., "Entrepreneurial Exploration and Exploitation in Family Business: A Systematic Review and Future Directions", *Family Business Review*, Vol. 29, No. 1, 2016.

④ Sharma P. and Salvato C., "Commentary: Exploiting and Exploring New Opportunities over Life Cycle Stages of Family Firms", *Entrepreneurship Theory and Practice*, Vol. 35, No. 6, 2011.

业治理的视角,对以上几位学者的呼应进行回应,考察家族企业如何利用正式治理和非正式治理来权衡和兼顾探索式创新和开发式创新,进而实现短期生存和长期存续的平衡。

第四节 逻辑思路与研究方法

针对上述研究问题,本书在整个研究设计方面遵循以下几个基本的逻辑思路。第一步,围绕本书关注的三个核心问题进行文献回顾和评述。由于本书研究的问题都围绕家族企业治理,尤其是正式治理问题。首先,本书回顾家族企业治理的相关文献,这包括家族企业治理的概念、分类、不同治理模式的相互关系,在此基础上进一步回顾家族企业治理正式化的研究模型、理论基础、驱动因素。其次,本书从传统的组织理论出发,回顾并分析家族企业治理正式化过程中所遵循的合法性逻辑和效率逻辑,从以往传统的对立和矛盾观点逐步引入共生演化的视角进行评述和分析。再次,在回顾家族企业正式化治理文献的基础上,回顾家族企业中经济目标和非经济目标的定义、来源和分类,在此基础上分析两类目标的兼顾与平衡问题。最后,回顾家族企业治理与企业创新关系的文献。第二步,基于文献回顾和分析,通过设计一个层层递进的研究模型,对中国家族企业治理正式化过程的核心逻辑以及效果进行深入分析。

为了检验第三节中提出的三个研究问题,本书采用理论分析和实证检验相结合的经验研究方法,基于现有合法性较高的家族企业样本数据,对理论构建提出的研究假设进行实证检验。

子研究一(第三章)主要考察家族企业正式治理所遵循的核心逻辑,为了验证这一问题,选取 2000 年至 2014 年中国私营企业调查数据,选择其中的家族企业样本进行分析。中国私营企业调查数据库来源于中央统战部、全国工商联、中国社会科学院等课题组主持进行的"中国私营企业调查"(Chinese Private Enterprise Survey,

CPES）。这一调查是目前国内持续时间最长的大型全国性抽样调查之一，每两年进行一次，目前已分别于 1993 年、1995 年、1997 年、2000 年、2002 年、2004 年、2006 年、2008 年、2010 年、2012 年、2014 年、2016 年、2018 年进行了 13 次。历年调查范围包含了中国境内 31 个省、自治区和直辖市的不同规模、不同行业的私营企业，具有较好的代表性。历次调查内容虽有一些变动，但题项均保持了较强的一致性，便于本书构建一个包含多期的混合截面数据集。第一个研究问题选择 2000 年至 2014 年的数据的原因在于：首先，2000 年之前的数据库还在探索阶段，问题的题项、回答还很不一致，导致本书所关注的变量存在较多的缺失。其次，在 2000 年以前，相当一部分民营企业处于国有企业改制转型期，其内部正式治理结构的转型可能还未开始。再次，目前中国私营企业调查数据库只开放 1993 年至 2014 年的数据申请，无法获取 2016 年和 2018 年的数据。最后，已有相当一部分使用这一调查数据库进行家族企业相关问题的研究发表在国际和国内顶级权威期刊上，表明该套数据库具有很高的合法性。

子研究二（第四章）探索的问题是，在家族企业治理正式化变革的过程中，家族企业如何有效发挥正式治理和非正式治理的协同作用，进而实现兼顾和平衡家族目标和经济目标。本书主要使用 2010 年中国私营企业调查数据库，采用这一年的数据库的原因在于：2010 年的数据库中涵盖了第二个研究所关注的家族企业治理、目标、绩效等一系列详细的变量，而其他年份的问卷都缺失部分本书所关注的核心变量。第一个研究和第二个研究确保了各项数据的可得性、连贯性和稳定性。

子研究三（第五章）考察家族企业正式治理和非正式治理在推动家族企业双元创新中的机制和效果问题。由于中国私营企业调查数据库中没有涉及探索式创新和开发式创新这两个核心变量的题项，故第三个研究使用沪深上市家族企业作为研究对象，构建时间跨度为 2004 年到 2017 年的面板数据样本。由于第三个研究使用的是上市公司数据而非现有的问卷数据，故本书严格遵循和借鉴已有实证研究中相关变量的规范性定义和测量，相关变量均通过上市公司年报进行手工整理和编码的方式获取，主要来自 Wind 数据库和 CSMAR 上市公司数据库，并通过多个数据来源交互印证。

以上三个研究根据收集的数据资料，对研究样本进行相关变量的描述性统计分析和理论模型的假设检验，最后对结果进行总结分析。

最后，本书的第六章和第七章分别对上述三个实证研究进行了总结和拓展，并基于此给出了中国家族企业治理体系建设过程中面临的问题以及对策建议。

第五节　本书的结构框架

本书主要分成六个部分，主要的内容安排和结构框架如图 1—1 所示。

第一章：引言。主要介绍本书研究的现实背景和理论背景，然后提出本书想要研究的问题。同时，结合研究问题简要介绍相应的逻辑思路以及对应的研究方法。

第二章：文献回顾与评述。这一章通过对已有相关文献的回顾与评述，为本书后续的定量研究奠定基础。本章主要分为五节：第一节回顾家族企业治理的概念、维度，在此基础上回顾正式治理和非正式治理间的关系；第二节首先回顾家族企业治理正式化的研究模型、理论视角和驱动因素，在此基础上进一步分析这一过程的核心逻辑，主要基于制度逻辑展开，包含合法性逻辑和效率逻辑；第三节回顾家族企业中经济目标和非经济目标的平衡性问题，首先回顾经济目标和非经济目标的定义、来源和分类，然后回顾两类目标的兼顾与平衡问题；第四节回顾家族企业创新研究，重点对家族企业中正式治理和非正式治理与创新间的关系进行梳理；第六节为本章小结，在简要总结本章内容的基础上进一步阐述了三个子研究，并对其理论逻辑联系进行了说明，同时给出研究框架与逻辑图。

第三章：子研究一。本章基于制度逻辑，探究中国家族企业治理正式化过程背后的核心逻辑（合法性逻辑 vs. 效率逻辑），同时探讨不同资源与合法性条件下（企业规模和政治关联），两类核心逻辑的权变性。基于 2000 年至 2014 年中国私营企业调查数据库，本章检验了相应的理论假设，并归纳和讨论了研究结论、理论贡献和未来方向。

第四章：子研究二。本章基于目标系统理论，以家族企业双元目标的平衡性为出发点，具体剖析家族企业治理如何影响家族企业中经济目标和家族目标的取舍和平衡，同时考虑企业不同发展阶段以及经营期望状况在其中的情境性作用。利用 2010 年中国私营企业调查数据库，本章检验了相应的理论假设，并归纳和讨论了研究结论、理论贡献和未来方向。

第五章：子研究三。本章将家族企业治理引入家族企业双元创新研究框架，分析正式治理和非正式治理对探索式创新和开发式创新的影响机制和效果，同时考察了组织外部市场竞争以及组织内部经营期望状况和跨代传承意愿的调节作用。利用 2004 年至 2017 年中国上市家族企业数据，本章检验了相应的理论假设，并归纳和讨论了研究结论、理论贡献和未来方向。

第六章：讨论与研究展望。本章根据三个子研究的研究结论进行提炼和总结，归纳出本书的研究结论，并在此基础上提出本书的理论贡献和现实意义，同时提出研究的局限性及未来的研究方向。

第七章：家族企业治理体系建设的路径和对策建议。本章首先总结了目前中国家族企业治理过程中出现的问题以及问题根源，在此基础上从政府和企业两个层面给出家族企业治理体系建设的路径和对策建议。

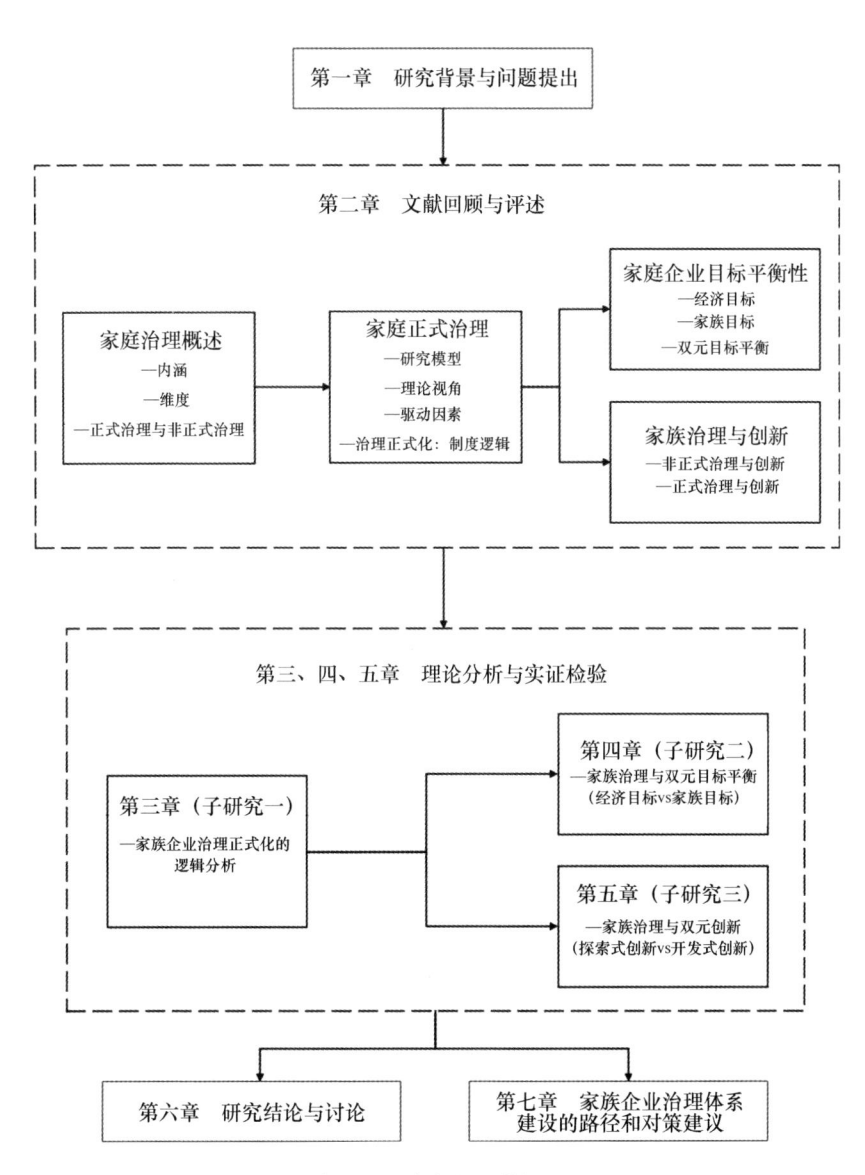

```
┌─────────────────────────────┐
│ 第一章　研究背景与问题提出 │
└─────────────────────────────┘
              ↓
┌───────────────────────────────────────────────────────────────────┐
│           第二章　文献回顾与评述                                   │
│                                          ┌──────────────────────┐ │
│                                       ┌─→│ 家庭企业目标平衡性   │ │
│                                       │  │  —经济目标           │ │
│                                       │  │  —家族目标           │ │
│ ┌──────────────┐   ┌──────────────┐   │  │  —双元目标平衡       │ │
│ │家庭治理概述  │   │家庭正式治理  │   │  └──────────────────────┘ │
│ │ —内涵        │→  │ —研究模型    │ ──┤                           │
│ │ —维度        │   │ —理论视角    │   │  ┌──────────────────────┐ │
│ │ —正式治理与  │   │ —驱动因素    │   │  │ 家族治理与创新       │ │
│ │   非正式治理 │   │ —治理正式化：│   └─→│  —非正式治理与创新   │ │
│ └──────────────┘   │   制度逻辑   │      │  —正式治理与创新     │ │
│                    └──────────────┘      └──────────────────────┘ │
└───────────────────────────────────────────────────────────────────┘
              ↓
┌───────────────────────────────────────────────────────────────────┐
│         第三、四、五章　理论分析与实证检验                         │
│                                    ┌──────────────────────────┐   │
│                                 ┌─→│ 第四章（子研究二）       │   │
│                                 │  │ —家族治理与双元目标平衡  │   │
│ ┌──────────────────┐            │  │ （经济目标vs家族目标）   │   │
│ │ 第三章（子研究一）│           │  └──────────────────────────┘   │
│ │ —家族企业治理正式化│ ─────────┤                                 │
│ │   的逻辑分析     │            │  ┌──────────────────────────┐   │
│ └──────────────────┘            │  │ 第五章（子研究三）       │   │
│                                 └─→│ —家族治理与双元创新      │   │
│                                    │ （探索式创新vs开发式创新）│  │
│                                    └──────────────────────────┘   │
└───────────────────────────────────────────────────────────────────┘
              ↓                              ↓
┌──────────────────────┐     ┌──────────────────────────────────┐
│ 第六章　研究结论与讨论│    │ 第七章　家族企业治理体系          │
│                      │     │         建设的路径和对策建议      │
└──────────────────────┘     └──────────────────────────────────┘
```

图1—1　本书的结构框架

第 二 章

文献回顾与评述

本章主要对与本书研究主题相关的理论和文献进行回顾和评述。资源、目标和治理是家族企业区别于非家族企业的关键所在,其中,家族企业治理是保证企业有效利用家族资源从而实现家族目标的关键一环。[①] 随着外部正式制度的不断完善以及组织内部成长的需要,家族企业将越来越多地引入正式治理机制,通过正式化、规范化和非人格化的规则、程序和制度来保障企业的顺利转型。在这一过程中,将涉及两个关键问题:一是家族企业正式化治理过程的核心逻辑是什么,亦即为何家族企业会进行正式化治理转型;二是家族企业在引入正式化治理机制的过程中,其如何权衡并实现家族和企业目标,如何兼顾短期目标和长期目标,进而实现基业长青。近年来,家族企业正式化治理过程中所涉及的研究模型、理论基础、驱动因素以及治理效果,都成为研究者们关注的焦点,但一些基于传统的理论和研究方法所获得的结论已经无法解释和预测一些新近的现象,甚至结论之间也存在相互冲突。这一方面是由于理论本身存在的局限性,另一方面则是家族企业内外部环境的快速变化。

基于此,本章在第一节首先对家族企业治理的概念、维度、测

---

① Chrisman J. J. and Chua J. H., eds., "Governance Mechanisms and Family Firms", *Entrepretership Theory and Practice*, Vol. 42, No. 2, 2018.

量进行阐述和细分，在此基础上回顾正式治理和非正式治理间的关系，并在第二节系统梳理家族企业正式化治理的研究模型、理论基础、驱动因素以及内在逻辑。在识别出家族企业正式治理转型的驱动因素和核心逻辑后，本章第三节将系统回顾家族企业中经济目标和非经济目标的相关文献，过去文献往往只关注经济目标或家族目标的某一方面，忽视了两类目标的共生和平衡问题，对于如何平衡好两类目标的研究则更加匮乏，而家族企业治理则提供了一个有利的视角。家族企业的最根本目标是跨代传承和长期存续，为了达到这一目标，技术创新成为最重要的手段之一。因而在文章的第四节，本书将回归家族正式治理和非正式治理对企业创新的影响机制和效果，识别出过去研究结论不一致的关键原因，并从家族企业治理的角度进行剖析。

第一节　家族企业治理文献回顾与评述

一　家族企业治理的内涵

如何创造一个高效的组织治理结构和系统体系是所有现代组织所面临的核心任务之一。委托代理理论认为，公司治理（Corporate Governance）是现代公司在所有权和经营权分离的条件下，为了降低代理成本、防止内部人员控制，协调企业内外部各利益相关者之间责权利关系的结构安排，其本质是一种契约关系。而交易成本经济学则认为，公司治理是对科层、市场、契约等治理结构形式的创造与选择。从战略视角的角度出发，治理则是企业如何配置组织资源并有效解决组织内外部成员冲突的过程。[①] 因此，治理包含两个任务：一是设定组织的战略方向，二是平衡各利益相关者的利益关系。

从经典的公司治理理论出发，家族企业治理意味着，保护和创

---

① Daily C. M. and Dan R. D., eds., "Corporate Governance: Decades of Dialogue and Data", *Academy of Management Review*, Vol. 28, No. 3, 2003.

造家族财富的过程中,家族管理者必须在关键决策中表现出积极的管家和负责任的所有者行为。在处理这些问题时,企业正式的组织构架形成以及优化利益相关者关系的过程就是治理。亦即,家族企业治理是家族管理者在内部实行一系列决策来引导和控制企业所形成的结果。[①] 但需要注意的是,家族企业与非家族企业有着非常显著的区别,具体表现为:(1)家族企业的所有权和控制权高度集中;(2)家族企业控制在企业主或核心家族成员而非职业经理人手中;(3)家族目标(非经济目标)是家族企业治理和战略导向的首要参考点。由此,家族企业的治理比非家族企业的治理具有更强的复杂性,其主要目的之一则是协调企业内部和外部利益相关者的利益。

综合而言,家族企业治理包含了两个层面以及其中的两个维度。第一,从企业层面而言,家族企业治理包含企业内部治理和外部治理。内部治理主要是协调企业内部利益相关者利益,包括家族成员和非家族成员。这一层面的治理基于代理理论,主要是监督、激励和补偿功能,[②] 关注的是企业内部的效率问题。而外部治理主要是协调外部利益相关者利益,比如法律规范、消费者需求等。这一层面的治理基于制度理论,主要反映了企业如何有效回应外部制度压力,[③] 强调的是企业外部的合法性问题。第二,从维度上来看,家族企业治

---

① Carney M., "Corporate Governance and Competitive Advantage in Family-Controlled Firms", *Entrepreneurship Theory and Practice*, Vol. 29, No. 3, 2005; Steier L. P. and Chrisman J. J., eds., "Governance Challenges in Family Businesses and Business Families", *Entrepreneurship Theory and Practice*, Vol. 39, No. 6, 2015.

② Fama E. F. and Jensen M. C., "Agency Problems and Residual Claims", *The Journal of Law and Economics*, Vol. 26, No. 2, 1983; Jensen M. C. and Meckling W. H., "Theory of the Firm: Managerial Behavior, Agency Costs and Ownership Structure", *Journal of Financial Economics*, Vol. 3, No. 4, 1976.

③ DiMaggio P. and Powell W. W., "The Iron Cage Revisited: Collective Rationality and Institutional Isomorphism in Organizational Fields", *American Sociological Review*, Vol. 48, No. 2, 1983; Meyer J. W. and Rowan B., "Institutionalized Organizations: Formal Structure as Myth and Ceremony", *American Journal of Sociology*, Vol. 83, No. 2, 1977; Meyer J. and W. R. Scott, eds., "Centralization, Fragmentation, and School District Complexity", *Administrative Science Quarterly*, Vol. 32, 1987; Scott W. R., "The Adolescence of Institutional Theory", *Administrative Science Quarterly*, Vol. 32, 1987.

理包含正式治理和非正式治理。正式治理包括法律规范、政策、程序等，非正式治理包括社会规范、价值观、家族文化、网络等。

二 家族企业治理的维度

家族企业治理实际上包含了四种范式：（1）正式外部治理；（2）非正式外部治理；（3）正式内部治理；（4）非正式内部治理。这其中，内部治理是家族企业通过正式治理和非正式治理手段来协调内部利益相关者利益并设定企业的战略方向，而外部治理是家族企业通过一系列内部治理和战略选择来回应外部制度压力。由此，外部治理环境决定和影响着家族企业内部治理的结构及其演进，而内部治理又能够在一定程度上回应、替代甚至反向影响外部治理环境。[1] 此外，企业内部治理中，正式治理和非正式治理之间会产生相互补充或替代的关系，[2] 这两类关系在外部治理中也同样存在。接下

---

[1] Oliver C., "Strategic Responses to Institutional Processes", *Academy of Management Review*, Vol. 16, No. 1, 1991; Hillier D. and Martinez B., eds., "Pound of Flesh? Debt Contract Strictness and Family Firms", *Entrepreneurship Theory and Practice*, Vol. 42, No. 2, 2018; Peng M. W. and S. Wei, eds., "An Institution-Based View of Large Family Firms: A Recap and Overview", *Entrepreneurship Theory and Practice*, Vol. 42, No. 2, 2018.

[2] Uzzi Brian., "Social Structure and Competition in Interfirm Networks: The Paradox of Embeddedness", *Administrative Science Quarterly*, Vol. 42, No. 1, 1997; Mustakallio M. and Autio E., eds., "Relational and Contractual Governance in Family Firms: Effects on Strategic Decision Making", *Family Business Review*, Vol. 15, No. 3, 2002; Poppo L. and Zenger T., "Do Formal Contracts and Relational Governance Function As Substitutes or Complements?", *Strategic Management Journal*, Vol. 23, No. 8, 2002; Carson S. J. and Madhok, A., eds., "Uncertainty, Opportunism, and Governance: The Effects of Volatility and Ambiguity on Formal and Relational Contracting", *Academy of Management Journal*, Vol. 49, No. 5, 2006; Astrachan J. H., "Strategy in Family Business: Toward a Multidimensional Research Agenda", *Journal of Family Business Strategy*, Vol. 1, No. 1, 2010; Pieper T. M. and Klein S. B., eds., "The Impact of Goal Alignment on Board Existence and Top Management Team Composition: Evidence from Family-influenced Businesses", *Journal of Small Business Management*, Vol. 46, No. 3, 2008; Nordstrom O. and Jennings J. E., "Looking in the Other Direction: An Ethnographic Analysis of How Family Businesses Can be Operated to Enhance Familial Wellbeing", *Entrepreneurship Theory and Practice*, Vol. 42, No. 2, 2018; Vardaman J. M. and Allen D. G., eds., "We Are Friends But Are We Family? Organizational Identification and Nonfamily Employee Turnover", *Entrepreneurship Theory and Practice*, Vol. 42, No. 2, 2018.

来的两部分主要关注的是家族内部的正式治理机制和非正式治理机制。

家族企业是建立在血缘关系和家族控制权之上的组织，主要通过与身份、地位相关联的差序化权威来治理，[①] 由人情、血缘奠定的关系连带排斥专业连带，使得家族企业科层的身份权威与关系混淆，因此无法排除人情、血缘和连带关系"私的"目标和行为在"公的"领域发挥作用。这注定了家族企业在正规组织的目标、结构和制度之上，还受到家族非正式权力、文化和利益的深层次影响。因此，也可以说，家族企业是建立在双元化的正规组织制度安排之上，一方面是作为企业的正规组织制度，有其正式的治理结构、政策规定和程序；另一方面则是其家族的组织、目标和政策，这在有些家族企业是正式的、显性的、编码的，有些则是隐性的、非正式的制度，受到家族领导人个人意志和易变的模糊的规则程序的支配。由此，在家族企业中，同时存在着正式治理和非正式治理机制，只是存在的形式和程度有所差异。

在不同的学术语境下，学者们对于家族正式治理有着不同的称呼，比如专业化管理、正式化治理、现代化治理等。其中，较为典型的是基于契约理论，将其定义为契约治理，其包括正式治理和关系治理两类。[②] 前者表现为企业内外部制定的正式契约，后者表现为依赖各类关系性规则进行的交易和治理。而更为普遍的是，学者们使用"正式治理"这一术语来表征家族正式制度规则、结构、决策和管理程序。同样地，本书也沿用"正式治理"这一统合性的术语。

对应于非正式治理，正式治理是家族企业在组织内部制定正式的规章制度、设立正式的治理机构、采取正式的决策和管理程序、

[①] 李新春：《单位化企业的经济性质》，《经济研究》2001年第7期；李新春：《中国的家族制度与企业组织》，《中国社会科学季刊（香港）》2008年8月秋季卷。

[②] Macneil Ian. R., "Contracts: Adjustment of Long-Term Economic Relations Under Classical, Neoclassical and Relational Contract Law", *Northwestern University Law Review*, Vol. 72, No. 6, 1978.

引入职业经理人以及现代公司治理制度等。从这个意义上来说，家族正式治理机制的引入是对家族以及泛家族化的非正式关系网络和身份权威进行正式的治理或约束，用具有普遍性意义的"法"而非人格化的身份地位以及人际关系来治理正规组织。因为只有在这一正式制度的约束下，家族的特权和私人利益对现代组织理性价值的替代或负面作用才可能被减弱或消除。下面将首先回顾家族正式治理的文献脉络，随后根据现有研究进一步探讨正式治理的维度和衡量。

（一）正式治理

1. 正式治理的来源与发展

家族正式治理思想的重要来源之一是韦伯提出的科层化组织，[1]这一组织是一种现代的、高效的、理性的组织结构，基于正式的规则、规范和决策程序来组织各类经济活动，从而显著地区别于传统的非正式组织。同样地，在科层化组织中，管理者权威更多地来源于专业化的技术知识、能力、经验，而非个人的经验主义、魅力和所有权。在韦伯的基础上，伯利和密恩斯（Berle and Means）[2]和伯纳姆（Burnham）[3]重点考察了美国企业中所有权和管理权的分离现象。其中，投资者（所有者）对企业进行投资并获取回报，而管理者则根据自身专业化的知识、经验和能力来进行企业的管理工作。基于此，钱德勒（Chandler）[4]在比较了英美经济差异后发现，英国经济日渐衰弱是源于经济体中存在大量的基于非正式治理的家族企业，

---

[1] Weber M., *Economy and Society* (G. Roth & C. Wittich, trans.), Berkeley: University of California Press, 1968.

[2] Berle A. and Means G., *The Modern Corporation and Private Property*. New York: Mc Millan, 1932.

[3] Burnham J., *The Managerial Revolution*, New York: John Day & Co, 1941.

[4] Chandler A.D., *The visible hand: The Managerial Revolution in American Business*. Cambridge, MA: Harvard University Press, 1977; Chandler A.D., *Scale and Scope: The Dynamics of Industrial Capitalism*. Boston, MA: Belknap Press of Harvard University Press, 1990.

这些家族企业中的管理者的地位主要是通过继承而非凭能力获得；相反，主导美国经济的公司则大部分由专业化和非家族成员所管理，他们的决策和治理带有更强的专业化和理性因素，主要依靠能力来获得管理职位和权威。但需要注意的是，钱德勒[1]关注的主要是中小家族企业，这类企业由创业者所管理，所有权和管理权高度集中，故非正式治理程度较高，但忽视了那些规模较大和成熟的家族企业。

进一步，莱文森（Levinson）[2]和阿普顿和赫克（Upton and Heck）[3]均指出，无论是家族企业还是非家族企业，一个理性的演化趋势是：在非正式和情感治理模式背景下逐渐引入客观的、理性的、正规化的组织结构。其中，一个重要的手段是从家族企业外部引入职业经理人，这些职业经理人受过专业的教育、培训，拥有各类行业、管理知识、经验和能力，管理和战略执行上将表现为更多的理性化和非人格化。但这些研究的一个关键问题在于，将家族企业的正式化治理和专业化管理简单地等同于引入非家族职业经理人，认为家族管理者就是不专业的，与非家族管理者相互排斥。[4]在此基础上，戴尔（Dyer）[5]进一步提出家族正式治理的三个路径：一是家族成员和管理者的专业化，二是企业中非家族成员的专业化，三

---

[1] Chandler A. D., *The visible hand: The Managerial Revolution in American Business.* Cambridge, MA: Harvard University Press, 1977; Chandler A. D., *Scale and Scope: The Dynamics of Industrial Capitalism.* Boston, MA: Belknap Press of Harvard University Press, 1990.

[2] Levinson H., "Conflicts that Plague Family Businesses", *Harvard Business Review*, Vol. 49, No. 2, 1971.

[3] Upton N. B. and Heck R. K. Z., *The Family Business Dimension of Entrepreneurship.* In D. L. Sexton, & R. N. Smilor (eds.), Entrepreneurship 2000. Chicago, IL: Upstart Publishing Company, 1997.

[4] Schein E. H., "The Role of the Founder in Creating Organizational Culture", *Family Business Review*, Vol. 8, No. 3, 1995; Gersick K. E. and Gersick K. E., eds., *Generation to Generation: Life Cycles of the Family Business.* Harvard Business Press, 1997.

[5] Dyer Jr. W. G., "Culture and Continuity in Family Firms", *Family Business Review*, Vol. 1, No. 1, 1988.

是引入外部专业化管理人才。他认为,家族成员并非总是依靠非正式治理,并且非专业的。相反,家族成员也可以通过正规的教育、培训和就业来提高自身的专业化程度,在现实企业世界中就存在着大量类似案例。在戴尔的基础上,戴尔和诺德奎斯特(Hall and Nordqvist)[①] 认为,除了传统意义上的专业化管理能力,管理者还需要具备特定的文化能力(Cultural Competence),亦即家族正式治理是管理者深入理解家族和企业的文化、价值观、目标和意义系统,在此基础上利用自身专业化的知识、能力、经验来进行正式治理。

在以上研究基础上,学者们将研究视角拓展到企业治理系统和程序,而非仅仅局限在专业化管理者的引入。比如,松吉尼(Songini)[②] 指出,家族正式化的治理实际上是在家族企业中改变非正式化的治理氛围,引入各类正式化和专业化的控制系统。[③] 同样地,现代公司治理制度的引入,比如董事会/监事会/股东会的建立、两职分离、独立董事的引入等,也是家族正式治理转型的重要特征。德克等人(Dekker et al.)[④] 将现有家族正式治理的各个维度进行整合,利用

[①] Hall A. and Nordqvist, M., "Professional Management in Family Businesses: Toward An Extended Understanding", *Family Business Review*, Vol. 21, No. 1, 2008.

[②] Songini L., *The Professionalization of Family Firms: Theory and Practice*, in Handbook of Research on Family Business. eds. P. Z. Poutziouris, K. X. Smyrnios and S. B. Klein. Cheltenham: Edward Elgar, 2006.

[③] Flamholtz E. and Y. Randle, *Growing Pains: Transitioning from an Entrepreneurship to a Professionally Managed Firm.* San Francisco, CA: Jossey-Bass, 2007; Songini L., *The Professionalization of Family Firms: Theory and Practice*, in Handbook of Research on Family Business. eds. P. Z. Poutziouris, K. X. Smyrnios and S. B. Klein. Cheltenham: Edward Elgar, 2006; Stewart A. and Hitt M. A., "Why Can't a Family Business be More Like A Nonfamily Business? Modes of Professionalization in Family Firms", *Family Business Review*, Vol. 25, No. 1, 2012.

[④] Dekker J. C. and Lybaert N., eds., "Family Firm Types Based on the Professionalization Construct: Exploratory Research", *Family Business Review*, Vol. 26, No. 1, 2013; Dekker J. and Lybaert N., eds., "The Effect of Family Business Professionalization as A Multidimensional Construct on Firm Performance", *Journal of Small Business Management*, Vol. 53, No. 2, 2015.

主成分分析和聚类分析方法，具体得出了五类正式治理的维度：金融控制系统、人力资源控制系统、非家族涉入程度、分权和授权、高层管理积极性。并分别考察了这五类正式治理对企业绩效的影响作用。

2. 正式治理的组成与测量

通过文献的梳理，本书发现对于家族正式治理的衡量，主要有以下几个方面。

第一，家族正式制度的制定。正式制度是人们创造的一系列规则，这些规则是正式的和非人格化的，不以个体的特征和意志为转移。在家族企业中，正式治理制度的设立，意味着家族企业注重企业运营和管理的专业化和制度化，强调以契约治理取代或作为关系治理的补充。比如，家族内部制定的"家族股权继承政策""家族股权转让政策""家族成员聘用政策"等所有权和人事聘用制度，这类正式的制度是家族企业在组织内部建立的制度化隔离。① 此外，还有学者考察了家族企业采用的各类控制系统，⑦ 比如财务控制系统（Financial Control System）、人力资源控制系统等（Personnel Control System）。

第二，家族正式机构。家族正式机构主要是将家族事务和企业事务隔离开，防止家业和企业的纠缠。② 一个典型的案例就是李锦记集团的治理结构变革，在这一过程中，李锦记集团进行了两项制度创新。③ 第一项是家族委员会的设立，其与董事会是平行设置关系，前者负责处理家族内部事务，为家族成员表达价值观、自身需求和对家族期望提供了正式渠道；后者则是讨论与企业经营管理相关的

---

① Hwang Kwang-Kuo., "Modernization of the Chinese Family Business", International Journal of Psychology, Vol. 25, 1990；李新春、马骏、何轩等：《家族治理的现代转型：家族涉入与治理制度的共生演进》，《南开管理评论》2018 年第 2 期。

② Jaffe D. T. and Lane S. H., "Sustaining a Family Dynasty: Key Issues Facing Complex Multigenerational Business-and Investment-Owning Families", Family Business Review, Vol. 17, No. 1, 2004.

③ 李新春、何轩、陈文婷：《战略创业与家族企业创业精神的传承——基于百年老字号李锦记的案例研究》，《管理世界》2008 年第 10 期。

重要战略决策。两者的平行设置在于明确家族系统和企业系统的相互关系，弱化了因家庭内部问题对企业经营决策可能造成的不良影响，继而推动企业治理结构变革的实施。同时，家族委员会下还设有家族办公室、家族基金、家族培训中心等一系列机构用以协助家族委员会的正式治理作用。第二项是家族宪法的制定。家族宪法是家族委员会的最高指导原则，任何成员都要遵守，其实质是将家族成员的关系治理机制部分转化为契约治理机制，从而明确各家族成员的权责利。这两项正式制度创新厘清了李锦记集团家族内部的模糊性，从而形成一种正式化的约束作用。

第三，正式的决策和管理程序。家族企业是建立在血缘关系和家族控制权之上的组织，主要是通过与身份、地位相关联的差序化的权威来治理，[①]企业的决策和管理很大程度上受到家族领导人个人意志和易变的模糊的规则程序的支配。由此，家族企业的决策和管理的集权化程度，成为衡量家族正式治理程度的标准之一。这主要包括两个方面，授权和决策的去中心化，前者主要是指企业将一定的决策权和控制权授权给各个职能部门的负责人，而后者则是决策和管理并非集中于家族企业主本人或家族管理者手中。[②]

第四，现代公司治理制度的引入。随着制度的演进以及全球化竞争的加剧，家族企业同时面临着现代经济活动的不确定性[③]以及西

[①] 李新春:《单位化企业的经济性质》,《经济研究》2001 年第 7 期；李新春:《中国的家族制度与企业组织》,《中国社会科学季刊（香港）》2008 年 8 月秋季卷。

[②] Hofer C. W. and Charan R., "The Transition to Professional Management: Mission Impossible?", *American Journal of Small Business*, Vol. 9, No. 1, 1984; Gulbrandse T., "Flexibility in Norwegian Family-owned Enterprises", *Family Business Review*, Vol. 18, No. 1, 2005; Chua J. H. and Chrisman J. J., eds., "An Agency Theoretic Analysis of the Professionalized Family Firm. *Entrepreneurship Theory and Practice*, Vol. 33, No. 2, 2009.

[③] Nee V., "Organizational Dynamics of Market Transition: Hybrid Forms, Property Rights, and Mixed Economy in China", *Administrative Science Quarterly*, Vol. 37, No. 1, 1992; Guthrie D., "Between Markets and Politics: Organizational Responses to Reform in China", *American Journal of Sociology*, Vol. 102, No. 5, 1997.

方"股东导向型"公司治理理念(肇始于 20 世纪 80 年代的美国)所带来的跨国影响,[①] 由此陷入了效率与合法性的双重危机,现代企业制度的引入和建立则是家族企业向现代公司制企业转型的重要战略手段。具体而言,包括以下几个方面:首先,职业经理人的引入。职业经理人作为"正式化"与"现代化"管理的表征,拥有专业的知识、能力、技术和异质性的网络资源,[②] 是家族企业正式化转型的重要标志。[③] 其次,西方公司治理制度的引入和建立。这包括董事会/监事会/股东会的建立、两职分离、独立董事的引入、高管薪酬激励制度、非家族成员涉入、董事会和高管团队的工作积

[①] Kim Y. C. and Chung C. N. , "Organizational Change under Institutional Logics: Family Control of Corporate Boards in Taiwan", *Sociological Perspectives*, Vol. 61, No. 3, 2018; Chung C. N. and Kim Y. C. , "Global Institutions and Local Filtering: Introducing Independent Directors to Taiwanese Corporate Boards", *International Sociology*, Vol. 33, No. 3, 2018; 杨典:《金融全球化与"股东导向型"公司治理制度的跨国传播——对中国公司治理改革的社会学分析》,《社会》2018 年第 2 期。

[②] DiMaggio P. and Powell W. W. , "The Iron Cage Revisited: Collective Rationality and Institutional Isomorphism in Organizational Fields", *American Sociological Review*, Vol. 48, No. 2, 1983; Geeraerts G. , "The Effect of Ownership on the Organization Structure in Small Firms", *Administrative Science Quarterly*, 1984; Burkart M. and F. Panunzi eds. , "Family Firms", *The Journal of Finance*, Vol. 58, 2003.

[③] Shleifer A. and R. W. Vishny, "A Survey of Corporate Governance", *Journal of Finance*, Vol. 52, 1997; Tsui-Auch L. S. , "The Professionally Managed Family-ruled Enterprise: Ethnic Chinese Business in Singapore", *Journal of Management Studies*, Vol. 41, No. 4, 2004; Bennedsen M. and K. M. Nielsen, eds. , "Inside the Family Firm: The Role of Families in Succession Decisions and Performance", *The Quarterly Journal of Economics*, Vol. 122, 2007; Klein S. and Bell F. A. , "Non-family Executives in Family Businesses: A Literature Review", *Electronic Journal of Family Business Studies*, 2007; Lin S. and Hu S. A. , "Family Member or Professional Management? The Choice of A CEO and Its Impact on Performance", *Corporate Governance: An International Review*, Vol. 15, No. 6, 2007; Zhang J. and Ma H. , "Adoption of Professional Management in Chinese Family Business: A Multilevel Analysis of Impetuses and Impediments", *Asia Pacific Journal of Management*, Vol. 26, No. 1, 2009; Ling Y. and F. W. Kellermanns, "The Effects of Family Firm Specific Sources of TMT Diversity: The Moderating Role of Information Exchange Frequency", *Journal of Management Studies*, Vol. 47, 2010.

极性等。①

表 2—1 列出了家族企业正式治理测量的相关文献内容。

(二) 非正式治理

1. 非正式治理的来源与发展

家族非正式治理，或者称为关系治理，对应于家族正式治理，其具有典型的人格化特征。我国家族企业带有传统文化和个人权威的历史烙印，家长制、道德型领导成为其主流治理模式，因而在治理过程中带有浓厚的经验主义和个人意志特征。这一治理模式主要依靠社会控制机制（Social Control Mechanisms），比如家族信任、共享价值观、家族纽带、关系网络、利他主义等实现。② 可以观察到的一个事实是，在家族企业中，非正式的关系治理在组织中具有不可忽视的意义，能够使企业委托代理双方目标达成一致，进而减小代理成本。尤其是在外部制度环境不完备或企业的创业初期，关系治理更是具有其特殊的意义。因此，非正式的关系治理普遍存在于中国家族企业，并因为家族的涉入而带有很强的关系性特征，③ 是一种非正式的、人格化的关系治理形式，其核心在于以血缘和亲缘为纽

---

① Dekker J. C. and Lybaert N., eds., "Family Firm Types Based on the Professionalization Construct: Exploratory Research", *Family Business Review*, Vol. 26, No. 1, 2013; Dekker J. and Lybaert N., eds., "The Effect of Family Business Professionalization as AMultidimensional Construct on Firm Performance", *Journal of Small Business Management*, Vol. 53, No. 2, 2015; Lu J. W. and Liang X., eds., "Internationalization and Performance of Chinese Family Firms: The Moderating Role of Corporate Governance", *Management and Organization Review*, Vol. 11, No. 4, 2015.

② Schulze W. S. and Lubatkin M. H., eds., "Agency Relationships in Family Firms: Theory and Evidence", *Organization Science*, Vol. 12, No. 2, 2001. Mustakallio M. and Autio E., eds., "Relational and Contractual Governance in Family Firms: Effects on Strategic Decision Making", *Family Business Review*, Vol. 15, No. 3, 2002. Eddleston K. A. and Chrisman J. J., eds., "Governance and Trust in Family Firms: An Introduction", *Entrepreneurship Theory and Practice*, Vol. 34, No. 6, 2010.

③ 李新春、陈灿：《家族企业的关系治理：一个探索性研究》，《中山大学学报》（社会科学版）2005 年第 6 期。

表 2-1　家族正式治理测量汇总

	变量名称	变量测量	样本	理论视角	研究类型	研究结论	文献来源
正式治理制度	家族企业治理制度	正式治理制度（"股权继承政策""家族股权转让政策""家族成员聘用政策"等）	2010年全国私营企业调查数据库	家族企业治理理论	实证研究	制度变迁速度、家族传承意愿推动了家族正式治理制度的制定	李新春等，2018[①]
	财务控制系统	询问"财务预算、预算评估系统、正式化的财务目标、企业绩效评估情况、人员绩效评估情况"的采用情况，因子分析	比利时523家中小家族企业，自行发放问卷	代理理论、管家理论	理论研究、实证研究	正式治理企业四种治理类型的一个依据；对企业绩效影响作用有限	Dekker et al.，2013，2015[②]
	人力资源控制系统	询问"正式招聘制度、正式培训制度、奖励报酬制度、人员绩效评估制度、正式员工会议制度"的采用情况，因子分析	比利时523家中小家族企业，自行发放问卷	代理理论、管家理论	理论研究、实证研究	正式治理企业四种治理类型的一个依据；对企业绩效有积极影响	Dekker et al.，2013，2015[①]

[①] 李新春、马骏、何轩等：《家族治理的现代转型：家族涉入与治理制度的共生演进》，《南开管理评论》2018年第2期。

[②] Dekker J. C. and Lybaert N., eds., "Family Firm Types Based on the Professionalization Construct: Exploratory Research", *Family Business Review*, Vol. 26, No. 1, 2013; Dekker J. and Lybaert N., eds., "The Effect of Family Business Professionalization as A Multidimensional Construct on Firm Performance", *Journal of Small Business Management*, Vol. 53, No. 2, 2015.

续表

	变量名称	变量测量	样本	理论视角	研究类型	研究结论	文献来源
治理结构	职业经理人	是否聘用职业经理人	自行发放问卷	公司治理（委托代理理论）	理论研究、实证研究	在家族企业传承过程中，职业经理人的接班比家族成员接班获得了更好的绩效表现	Shleifer and Vishny, 1997; Bennedsen et al., 2007[①]
	职业经理人	是否聘用职业经理人	2008年全国私营企业调查数据库	制度合法性	实证研究	法制化程度和发展速度与职业经理人的聘用意愿呈现倒U型关系	邢隽清、胡安宁，2018[②]
	职业经理人	是否聘用直接经理人	新加坡地区华人家族企业	制度合法性	案例研究	强制性压力（国家法律规范）、规范压力（媒体、商学院等）、模仿压力（跨国公司、同行业竞争者等）推动了家族企业的正式化转型	Tsui, 2004[③]
	两职分任	董事长和总经理由不同的人担任	1997—2006年中国上市公司	制度合法性	实证研究	中国金融市场对上市公司两职分任有显著正向作用，而外资持股和国际化的影响不显著	杨典，2018[④]

[①] Shleifer A. and R. W. Vishny, "A Survey of Corporate Governance", *Journal of Finance*, Vol. 52, 1997; Bennedsen M. and K. M. Nielsen, eds., "Inside the Family Firm: The Role of Families in Succession Decisions and Performance", *The Quarterly Journal of Economics*, Vol. 122, 2007.

[②] 邢隽清、胡安宁：《家族主义、法治环境与职业经理人》，《社会发展研究》2018年第3期。

[③] Tsui‐Auch L. S:, "The Professionally Managed Family‐ruled Enterprise: Ethnic Chinese Business in Singapore", *Journal of Management Studies*, Vol. 41, No. 4, 2004.

[④] 杨典：《金融全球化与"股东导向型"公司治理制度的跨国传播——对中国公司治理改革的社会学分析》，《社会》2018年第2期。

续表

	变量名称	变量测量	样本	理论视角	研究类型	研究结论	文献来源
治理结构	是否引入独立董事	董事会中是否有独立董事	2001—2006年中国台湾上市公司	制度合法性理论、公司治理理论	实证研究	美国资本市场的进入显著增强台湾家族企业引入独立董事的倾向。获得美国教育背景的CEO所辖企业以及任工业园区（新竹工业园）内的企业，这一正向作用更强	Chung and Kim, 2018[①]
	独立董事比例	董事会中独立董事比例	1997—2006年中国上市公司	制度合法性	实证研究	沿海地区上市公司的独立董事比例更高	杨典, 2018[②]
	独立董事数量	家族企业董事会中独立董事数量	2008年中国长三角和珠三角地区8个城市发放902家族企业	代理理论、高阶理论	实证研究	董事会独立性加强了家族企业国际化与企业绩效间的正相关关系	Lu et al., 2015[③]
	董事会设置	是否有董事会	美国中西部一所大学发放问卷, 133家家族企业	公司治理理论	实证研究	董事会的设立能够有效推动家族企业制定正式的战略规划和传承计划	Blumentritt, 2010[④]

[①] Chung C. N. and Kim Y. C., "Global Institutions and Local Filtering: Introducing Independent Directors to Taiwanese Corporate Boards", *International Sociology*, Vol. 33, No. 3, 2018.
[②] 杨典:《金融全球化与"股东导向型"公司治理制度的跨界传播——对中国公司治理改革的社会学分析》,《社会》2018年第2期。
[③] Lu J. W. and Liang X., eds., "Internationalization and Performance of Chinese Family Firms: The Moderating Role of Corporate Governance", *Management and Organization Review*, Vol. 11, No. 4, 2015.
[④] Blumentritt T., "The Relationship Between Boards and Planning in Family Businesses", *Family Business Review*, Vol. 19, No. 1, 2010.

续表

	变量名称	变量测量	样本	理论视角	研究类型	研究结论	文献来源
治理结构	董事会设置	是否有有董事会	714家德国私营家族企业	代理理论、管家理论	实证研究	高度的家族承诺以及所有者和管理者价值观的一致性（管家理论观点）减弱了企业设立董事会的动机；非正式的社会控制机制替代了正式的治理机制	Pieper et al., 2008[1]
	董事会	董事会监督和咨询功能	芬兰192家家族企业	代理理论、社会资本理论	实证研究	董事会的设置（咨询功能）显著提升了家族企业的决策质量和效率	Mustakallio et al., 2002[2]
	董事会设置	董事会控制和咨询功能	286家家族企业调查问卷	家族企业治理理论	实证研究	随着代际的增加，家族企业对于董事会设置（控制和咨询功能）需求增加	Bammens et al., 2008[3]
	家族外部董事	是否有有家族外部董事	286家家族企业调查问卷	家族企业治理理论	实证研究	随着代际的增加，对家族外部董事需求增加	Bammens et al., 2008[1]

---

[1] Pieper T. M. and Klein S. B., eds., "The Impact of Goal Alignment on Board Existence and Top Management Team Composition: Evidence from Family-influenced Businesses", *Journal of Small Business Management*, Vol. 46, No. 3, 2008.

[2] Mustakallio M. and Autio E., eds., "Relational and Contractual Governance in Family Firms: Effects on Strategic Decision Making", *Family Business Review*, Vol. 15, No. 3, 2002.

[3] Bammens Y. and Voordeckers W., eds., "Boards of Directors in Family Firms: A Generational Perspective", *Small Business Economics*, Vol. 31, No. 2, 2008.

续表

变量名称	变量测量	样本	理论视角	研究类型	研究结论	文献来源
董事会功能	董事会监督和咨询功能，9个题项因素加总	自行发放和回收155份有效问卷	家族企业治理理论	实证研究	企业规模越大，市场环境越不稳定，家族关系越强，强关系治理契约治理强度越大；强关系治理契约对企业绩效提升作用最大	李新春、陈灿，2005[①]
治理完整性	股东会、董事会、监事会完整性（三会齐全）	2006年全国私营企业调查数据库	代理理论	实证研究	企业治理完备性显著提升了慈善捐赠额度	梁建等，2010[②]
非家族涉人程度	询问"董事会非家族涉人、高管团队非家族涉人、非家族CEO、独立董事"情况，因子分析	比利时523家中小家族企业，自行发放问卷	代理理论、管家理论	理论研究、实证研究	正式治理因子之一，作为家族企业四种治理类型分类的一个依据；对企业绩效有积极影响	Dekker et al.，2013，2015[③]
分权和授权	询问"控制权委派、个人决策的非中心化、非集权化"的情况，因子分析	比利时523家中小家族企业，自行发放问卷	代理理论、管家理论	理论研究、实证研究	正式治理因子之一，作为家族企业四种治理类型分类的一个依据；对企业绩效有积极影响	Dekker et al.，2013，2015[⑤]

---

① 李新春、陈灿：《家族企业的关系治理：一个探索性研究》，《中山大学学报》（社会科学版）2005年第6期。
② 梁建、陈爽英、盖庆恩：《民营企业的政治参与、治理结构与慈善捐赠》，《管理世界》2010年第7期。
③ Dekker J. C. and Lybaert N., eds., "Family Firm Types Based on the Professionalization Construct: Exploratory Research", *Family Business Review*, Vol. 26, No. 1, 2013; Dekker J. and Lybaert N., eds., "The Effect of Family Business Professionalization as AMultidimensional Construct on Firm Performance", *Journal of Small Business Management*, Vol. 53, No. 2, 2015.

第二章 文献回顾与评述 41

续表

变量名称	变量测量	样本	理论视角	研究类型	研究结论	文献来源
高管的工作积极性	询问"董事会会议"、高管团队会议"情况，因子分析	比利时523家中小家族企业，自行发放问卷	代理理论、管家理论	理论研究、实证研究	正式治理因子之一，作为家族企业四种治理类型分类的一个依据；对企业绩效的影响有限	Dekker et al., 2013, 2015①
董事会积极性	询问每年董事会会议次数	2008年中国长三角和珠三角地区8个城市902家族企业	代理理论、高阶理论	实证研究	董事会国际化与企业绩效间的正相关关系	Lu et al., 2015②
专业机构	家族委员会、家族议会、家族宪法、家族信托等	李锦记集团	战略创业理论	案例研究	家族委员会的设立以及家族宪法的确定和实施，促进了李锦记集团的战略创业活动，从而最终实现创业精神的传承	李新春等，2008③

资料来源：作者依据已有文献整理。

---

① Dekker J. C. and Lybaert N., eds., "Family Firm Types Based on the Professionalization Construct: Exploratory Research", *Family Business Review*, Vol. 26, No. 1, 2013; Dekker J. and Lybaert N., eds., "The Effect of Family Business Professionalization as AMultidimensional Construct on Firm Performance", *Journal of Small Business Management*, Vol. 53, No. 2, 2015.

② Lu J. W. and Liang X., eds., "Internationalization and Performance of Chinese Family Firms: The Moderating Role of Corporate Governance", *Management and Organization Review*, Vol. 11, No. 4, 2015.

③ 李新春、何轩、陈文婷：《战略创业与家族企业创业精神的传承——基于百年老字号李锦记的案例研究》，《管理世界》2008年第10期。

带的家族内部权力分配与制衡。

2. 非正式治理的组成与测量

非正式治理由两类因素组成,一类是结构因素,另一类是关系性因素。就结构因素而言,关系治理主要通过关系网络和领导者魅力等非正式结构来实现,如在家族企业中普遍存在的家族涉入,[①] 这包括家族成员涉入关键管理岗位或者董事会。中国的家族企业中有着极高的个人决策随意性,家族涉入程度越大,非正式干预和治理也越强。就关系性因素而言,在华人家族企业中,创业者及其他家族成员往往有着极高的个人权威,这一权威衡量了家族成员对企业重大决策和治理结构的控制,[②] 主要通过身份、地位等差序化的个人权威进行资源配置和家族企业治理。这集中体现在企业的决策和管理由个人而非团队作出。同时还包括家族内部的非正式社会交往、互动以及在此过程中产生的共同愿景、目标等。

表2—2列出了家族企业非正式治理衡量的相关文献内容。

(三) 正式治理和非正式治理的关系

在任何社会和经济体中,正式制度和非正式制度都是共存并且相互影响的。[③] 同样地,在组织内部,正式治理机制和非正式治理机制也是相互作用、共存和共演的。[④] 在过去关于正式治理和非正式治

[①] 贺小刚、连燕玲:《家族权威与企业价值:基于家族上市公司的实证研究》,《经济研究》2009年第4期。

[②] La Porta. R. and Lopez-de-Silanes F., eds., "Corporate ownership around the world", *The Journal of Finance*, Vol. 54, No. 2, 1999; Wiwattanakantang Y., "Controlling shareholders and corporate value: Evidence from Thailand", *Pacific-Basin Finance Journal*, Vol. 9, No. 4, 2001; Astrachan J. H. and Klein S. B., eds., "The F-PEC scale of family influence: A proposal for solving the family business definition problem1", *Family Business Review*, Vol. 15, No. 1, 2002.

[③] North D. C., *Institutions, Institutional Change and Economic Performance*, Cambridge: Cambridge University Press, 1990.

[④] McEvily B. and Soda G., eds., "More Formally: Rediscovering the Missing Link between Formal Organization and Informal Social Structure", *The Academy of Management Annals*, Vol. 8, No. 1, 2014.

表 2-2　家族非正式治理测量汇总

	变量名称	变量测量	样本	理论视角	研究类型	研究结论	文献来源
结构性因素	家族管理涉入	关键管理岗位中，家族成员数量	2010 年全国私营企业调查数据库	家族企业治理理论	实证研究	家族非正式涉入推动了家族正式治理制度的制定	李新春等，2018[①]
	家族管理涉入	高层管理岗位中，家族成员数量	1996—2000 年美国财富 1000 强中的 404 家家族企业	管家理论，代理理论	实证研究	家族管理的非正式涉入减弱了家企业的管家行为（比如 R&D 投入、风险承担等）	Le Breton-Miller et al.，2011[②]
	家族管理涉入	高层管理团队中，家族成员涉入比例	2000—2009 年德国上市家族企业	代理理论，资源基础观	实证研究	家族管理的非正式涉入弱了家族企业的创新投入（代理理论），但增强了其创新产出（资源基础观）	Matzler et al.，2015[③]
	家族管理涉入	询问家族企业高管团队中家族成员数量	2008 年中国长三角和珠三角地区 8 个城市 902 家家族企业	代理理论，高阶理论	实证研究	高管团队家族成员涉入弱了家族企业国际化与企业绩效间的正相关关系	Lu et al.，2015[④]

[①] 李新春，马骏，何轩等：《家族治理的现代转型：家族涉入与治理制度的共生演进》，《南开管理评论》2018 年第 2 期。
[②] Le Breton-Miller. I. and Miller D., eds., "Stewardship or Agency? A Social Embeddedness Reconciliation of Conduct and Performance in Public Family Businesses", *Organization Science*, Vol. 22, No. 3, 2011.
[③] Matzler K. and Veider V., eds., "The Impact of Family Ownership, Management, and Governance on Innovation", *Journal of Product Innovation Management*, Vol. 32, No. 3, 2015.
[④] Lu J. W. and Liang X., eds., "Internationalization and Performance of Chinese Family Firms: The Moderating Role of Corporate Governance", *Management and Organization Review*, Vol. 11, No. 4, 2015.

续表

变量名称		变量测量	样本	理论视角	研究类型	研究结论	文献来源
结构性因素	家族董事涉入	董事会中,家族成员比例	1999—2005年中国台湾上市家族企业	制度合法性理论,委托代理理论	实证研究	卷入国际化治理逻辑后,家族所有权和关系削弱成员同的正相关系,而家族企业所的正相关系变成员同的,家族董事会涉入的正相关系越弱	Kim and Chung,2018①
	结构规定	结构规定(集权程度,特异性知识,家族参与)	自行发放和回收155份有效问卷	家族企业治理理论	实证研究	家族管理者的持股比例越大,家族价值观取向越重,家族关系治理越强;强关系治理与强契约治理对企业绩效提升作用最大	李新春,陈灿,2005②
关系性因素	非正式决策	关键决策由企业主本人/家族成员作出	2010年全国私营企业调查数据库	家族企业治理理论	实证研究	非正式决策推动了家族正式治理制度的制定	李新春等,2018③
	非正式经营管理	日常管理由企业主本人/家族成员作出	2010年全国私营企业调查数据库	家族企业治理理论	实证研究	非正式管理推动了家族正式治理制度的制定	李新春等,2018②

---

① Kim Y. C. and Chung C. N. , "Organizational Change under Institutional Logics: Family Control of Corporate Boards in Taiwan", *Sociological Perspectives*, Vol. 61, No. 3, 2018.
② 李新春, 陈灿:《家族企业的关系治理: 一个探索性研究》,《中山大学学报》(社会科学版) 2005年第6期。
③ 李新春, 何轩等:《家族治理的现代转型: 家族涉入与治理制度的共生演进》,《南开管理评论》2018年第2期。

续表

	变量名称	变量测量	样本	理论视角	研究类型	研究结论	文献来源
关系性因素	非正式家族互动，家族共享愿景	家族成员之间的关系、了解、互动程度；家族成员共享相同的目标、愿景	芬兰192家家族企业	代理理论、社会资本理论	实证研究	社会互动促进了家族共享愿景，最终提升企业的决策质量和效率	Mustakallio et al., 2002[①]
	关系性规则	关系性规则（信任、社交性、依赖性）	自行发放和回收155份有效问卷	家族企业治理理论	实证研究	家族管理者的持股比例越大，家族价值观取向越重，家族关系治理越强；强关系治理与强契约治理对企业绩效提升作用最大	李新春、陈灿，2005[①]
	非正式的关系网络	非家族成员与家族成员的朋友关系	美国一家服务业家族企业中103个非家族成员，分三次进行问卷调研	组织认同理论、社会网络理论	实证研究	非家族成员与家族成员的非正式关系（朋友关系）增加了非家族成员的组织认同，从而这种非正式关系能够作为正式监督和激励机制的替代，最终降低非家族成员的离职率	Vardaman et al., 2018[②]

资料来源：作者依据已有文献整理。

[①] Mustakallio M. and Autio E., eds., "Relational and Contractual Governance in Family Firms: Effects on Strategic Decision Making", *Family Business Review*, Vol. 15, No. 3, 2002.

[②] Vardaman J. M. and Allen D. G., eds., "We Are Friends But Are We Family? Organizational Identification and Nonfamily Employee Turnover", *Entrepreneurship Theory and Practice*, Vol. 42, No. 2, 2018.

理的关系中，存在两种不同的观点，一种观点认为它们之间是一种替代关系，另一部分学者则发现它们之间存在着互补关系。

1. 替代关系

就替代关系而言，这一观点先期主要是由社会学家们所秉持。秉持组织理性观的学者认为，正式结构实际上是对社会关系结构的一个功能性替代——通过正式化使得组织的平稳运行不受特定参与者情感关系的影响。[1] 另一部分学者则认为，非正式治理能够作为正式治理的替代。比如，非正式的社会控制系统和关系网络往往使得正式合同变得可有可无。[2] 甚至有学者认为，正式契约在很多情况下是交易双方互不信任的一种体现，有时甚至会引发机会主义行为。[3] 由此，关系治理的存在使得正式治理显得无足轻重。[4] 基于组织内部关系的文献则发现，家族成员与非家族成员间的关系网络能够强化非家族成员的组织认同，从而能够替代正式的监督和激励机制而发挥作用。[5] 进一步，从委托代理理论和管家理论视角出发，皮珀（Pieper）等人[6]发现，高度的家族承诺以及所有者和管理者之间的

---

[1] Scott W. R. and Davis G. F., *Organizations and Organizing: Pearson New International Edition: Rational*, Natural and Open Systems Perspectives. Routledge, 1981.

[2] Larson A., "Network Dyads in Entrepreneurial Settings: A Study of the Governance of Exchange Relationships", *Administrative Science Quarterly*, 1992.

[3] Ghoshal S. and Moran P., "Bad for Practice: A Critique of the Transaction Cost Theory", *Academy of Management Review*, Vol. 21, No. 1, 1996; Bernheim B. D. and Whinston M. D., "Incomplete Contracts and Strategic Ambiguity", *American Economic Review*, 1998.

[4] Granovetter M., "Economic Action and Social Structure: The Problem of Embeddedness", *American Journal of Sociology*, Vol. 91, No. 3, 1985; Uzzi Brian., "Social Structure and Competition in Interfirm Networks: The Paradox of Embeddedness", *Administrative Science Quarterly*, Vol. 42, No. 1, 1997.

[5] Vardaman J. M. and Allen D. G., eds., "We Are Friends But Are We Family? Organizational Identification and Nonfamily Employee Turnover", *Entrepreneurship Theory and Practice*, Vol. 42, No. 2, 2018.

[6] Pieper T. M. and Klein S. B., eds., "The Impact of Goal Alignment on Board Existence and Top Management Team Composition: Evidence from Family-influenced Businesses", *Journal of Small Business Management*, Vol. 46, No. 3, 2008.

目标一致性减弱了家族企业设置董事会的倾向,从而非正式的社会控制机制(Social Control Mechanisms)将替代企业的正式治理机制发挥作用。

2. 互补关系

与此同时,也有不少学者发现正式治理和非正式治理机制之间是一种相互补充关系。在一项比较台湾地区三类不同企业(美国独资企业、当地采用正式治理机制的私营企业、注重非正式治理的当地家族企业)组织模式和结构的研究中,黄(Hwang)[①]发现,那些强调正式治理的企业(美国独资和当地采用正式治理机制的私营企业)往往能够更好地激发关系治理所强调的忠诚、勤勉、和谐等。普波和岑格尔(Poppo and Zenger)[②]认为,关系治理可以促进正式合同的完善,在发展和维系关系的过程中,交易的经验、共享信息的方式以及在此基础上形成的业绩衡量和监测方法有助于合同的具体化;同时,正式治理与关系治理的整合能够更有效防范风险,推动组织间的交易合作。卡森(Carson)等人[③]则指出,正式治理和关系治理各有所长,在应对外部不确定时(包括易变性和模糊性两个维度),关系治理在应对易变性(Volatility)时更有效,而契约治理在应对模糊性(Ambiguity)维度时更有效。基于组织内部关系的文献则发现,在家族企业中,非正式的关系治理和正式的契约治理同时对绩效产生作用,且是相互补充关系。[④] 卡拉布罗和穆索利诺(Calabrò and

---

[①] Hwang Kwang-Kuo., "Modernization of the Chinese Family Business", *International Journal of Psychology*, Vol. 25, 1990.

[②] Poppo L. and Zenger T., "Do Formal Contracts and Relational Governance Function As Substitutes or Complements?", *Strategic Management Journal*, Vol. 23, No. 8, 2002.

[③] Carson S. J. and Madhok, A., eds., "Uncertainty, Opportunism, and Governance: The Effects of Volatility and Ambiguity on Formal and Relational Contracting", *Academy of Management Journal*, Vol. 49, No. 5, 2006.

[④] Mustakallio M. and Autio E., eds., "Relational and Contractual Governance in Family Firms: Effects on Strategic Decision Making", *Family Business Review*, Vol. 15, No. 3, 2002.

Mussolino)[①] 则发现，在家族企业中，董事会的双元治理——正式治理（董事会独立性）与非正式治理（董事会的关系规范和信任程度）对企业国际化的影响存在显著的互补作用。

事实上，过去关于替代关系和互补关系的研究，将正式治理和非正式治理绝对割裂开来了，而实际上它们之间是交织在一起，并形成不同的治理组合。基于此，李新春、陈灿[②]基于家族企业的特殊性，提出了家族企业的四种治理模式：弱关系治理弱契约治理、弱关系治理强契约治理、强关系治理弱契约治理、强关系治理强契约治理。他们发现，不同的组合的治理模式之间存在不同的相互关系，而在强关系治理强契约治理的情况下，企业绩效最优。进一步，从动态的视角来看，随着组织规模和时间的演进，非正式治理将和正式治理实际上呈现出明显的齐头并进关系。[③]

（四）研究启示

通过对上述文献的回顾和梳理可以发现，现有对家族企业内部的正式治理和非正式治理的研究已经很多，但一方面对于两类治理模式的组成和测量还处于探索阶段，学者们根据企业所处的内外部环境选择了不同的维度和测量指标，尽管都具有很强的合法性，但因为没有相对统一的标准导致很多研究结果相互冲突或者无法进行直接对话。将来的研究可以借鉴德克（Dekker）等人[④]的思路，利

---

① Calabrò A. and Mussolino D., "How do Boards of Directors Contribute to Family SME Export Intensity? The Role of Formal and Informal Governance Mechanisms", *Journal of Management & Governance*, Vol. 17, No. 2, 2013.

② 李新春、陈灿：《家族企业的关系治理：一个探索性研究》，《中山大学学报》（社会科学版）2005 年第 6 期。

③ 李新春、马骏、何轩等：《家族治理的现代转型：家族涉入与治理制度的共生演进》，《南开管理评论》2018 年第 2 期。

④ Dekker J. C. and Lybaert N., eds., "Family Firm Types Based on the Professionalization Construct: Exploratory Research", *Family Business Review*, Vol. 26, No. 1, 2013; Dekker J. and Lybaert N., eds., "The Effect of Family Business Professionalization as AMultidimensional Construct on Firm Performance", *Journal of Small Business Management*, Vol. 53, No. 2, 2015.

用多个维度来合成正式治理以及非正式治理指标，进而可以进行对比和对话。另一方面对于家族企业正式治理和非正式治理之间的关系考察，现有研究主要根据两者对企业财务绩效的影响来判断，[1] 但家族企业不仅有经济目标，还有很明确的家族目标。基于家族目标来讨论正式治理和非正式治理间的关系，以及两类治理模式（正式治理 vs. 非正式治理）与两类目标（家族目标 vs. 经济目标）间的关系，是将来可以进一步拓展的方向。

第二节 家族企业正式治理的文献回顾与评述

一 家族企业治理正式化转型模型

（一）基于生命周期理论的家族企业正式化治理转型模型

爱迪斯（Adizes）[2] 将企业的发展进程比作人类的成长过程，主要包括创业期、成熟期和衰退期。其中，创业期主要是家族企业的前

---

[1] Uzzi Brian., "Social Structure and Competition in Interfirm Networks: The Paradox of Embeddedness", *Administrative Science Quarterly*, Vol. 42, No. 1, 1997; Mustakallio M. and Autio E., eds., "Relational and Contractual Governance in Family Firms: Effects on Strategic Decision Making", *Family Business Review*, Vol. 15, No. 3, 2002; Poppo L. and Zenger T., "Do Formal Contracts and Relational Governance Function As Substitutes or Complements?", *Strategic Management Journal*, Vol. 23, No. 8, 2002; Carson S. J. and Madhok, A., eds., "Uncertainty, Opportunism, and Governance: The Effects of Volatility and Ambiguity on Formal and Relational Contracting", *Academy of Management Journal*, Vol. 49, No. 5, 2006; Astrachan J. H., "Strategy in Family Business: Toward a Multidimensional Research Agenda", *Journal of Family Business Strategy*, Vol. 1, No. 1, 2010; Nordstrom O. and Jennings J. E., "Looking in the Other Direction: An Ethnographic Analysis of How Family Businesses Can be Operated to Enhance Familial Wellbeing", *Entrepreneurship Theory and Practice*, Vol. 42, No. 2, 2018; Vardaman J. M. and Allen D. G., eds., "We Are Friends But Are We Family? Organizational Identification and Nonfamily Employee Turnover", *Entrepreneurship Theory and Practice*, Vol. 42, No. 2, 2018.

[2] Adizes, *Corporate Life Cycles: How and Why Corporations Grow and Die and What To Do About It*, Prentice-Hall, Englewood Cliffs, NJ, 1989.

期成长阶段；成熟期家族企业逐渐成熟，引入科层制结构和官僚制度时期，正式化程度将逐渐提升；在衰退期，由于企业没有处理好家族、企业和管理权之间的关系和冲突，家族企业逐渐衰退甚至消亡。可以发现，家族企业在不同成长阶段所面临的主要挑战各不相同，如果无法有效应对，将如同人的生命一样提前衰竭。根据生命周期理论，一般而言，在创业初期，组织外部环境和内部组织复杂性相对较低，家族企业所有权和管理权往往集中于核心家族手中，非正式的关系治理成为这一阶段家族企业治理的主导力量，具体表现为决策的高度集中化、正式治理机制和控制系统的缺失以及高度的家族涉入水平；随着组织的成长，外部环境和组织内部管理复杂性越来越大，家族管理者没有足够的精力和知识能力来处理好各项事务，此时所有权和管理权逐步分离，正式治理机制和控制系统逐步引入，与非正式治理机制发挥协同作用；随着组织的进一步扩张，越来越多的非核心家族成员和非家族成员进入企业，所有权和管理权分离程度越来越大，导致代理问题日趋突出。此时，所有权不再集中于核心家族，管理权和决策权逐渐被下放，正式治理结构和制度日趋完善，企业越来越多地依靠正式治理，表现出明显的"去家族化特征"。

（二）盖尔西克的家族企业正式化治理转型模型

美国学者盖尔西克等构建了一个家族企业的三环模式，他们将家族企业视为一个包含三个独立而又相互交叠的三环系统。这三个子系统分别是家族子系统、企业子系统和所有权子系统。盖尔西克等人（Gersick et al.）[1]认为，随着企业生命周期的变化以及家族成员的进出，家族企业在企业、所有权以及家族结构方面均会发生变化，由此他们提出了家族企业转型的三维模式。具体而言，家族维度主要将经历三个阶段：[2] 创始人（一代）控制阶段、兄弟姐妹

---

[1] Gersick K. E. and Gersick K. E., eds., *Generation to Generation: Life Cycles of the Family Business*. Harvard Business Press, 1997.

[2] Schulze W. S. and Lubatkin M. H., eds., "Toward A Theory of Agency and Altruism in Family Firms", *Journal of Business Venturing*, Vol. 18, No. 4, 2003.

(二代) 控制阶段以及堂/表兄弟姐妹 (三代) 控制阶段。创始人控制阶段主要是企业处于初创期，所有权和管理权高度集中于创业者手中，家族非正式治理特征明显。兄弟姐妹控制阶段是二代逐渐进入家族企业，具体还包括两个子阶段，一是家族一代和二代共同治理企业阶段，二是家族二代接班家族企业。堂/表兄弟姐妹控制阶段是家族企业发展到第三代，不仅是核心家族涉入和控制企业，非核心家族成员越来越多地进入企业管理层。此时，家族所有权高度分散，家族企业表现出明显的"去家族化"趋势，更多地表现出非家族企业的特点；家族发展维度则考察在家族结构发展的不同时期，创业者是如何进入并控制企业的，其中包括创始人进入、创业者子女进入以及其他家族成员进入等过程。

(三) 基于中国情境的家族企业正式化治理转型模型

王宣喻、储小平[1]结合中国民营企业发展特征，从三个维度考察企业内部治理结构演变的路径和模式，具体包括企业形态、控制权和管理岗位三个维度。他们认为，我国民营企业内部治理结构演变的关键是控制权的转移，而管理岗位和企业形态则会随着控制权的转移而随着改变。在三维度的模式图上，控制权维度是核心维度，它的演变决定了其他两个维度的演变。随着控制权从企业主向家庭成员、家族成员、泛家族成员和外部非家族经理人员转移，民营企业将依次转变为家庭式企业、纯家族式企业、准家族式企业、混合式家族企业、现代公司制企业。[2] 同时，企业内部的各种岗位也逐渐向非家族成员开放，从一般岗位到关键管理岗位。吴炯和邢修帅[3]从合法性约束及其变迁的视角，将家族企业的转型分为锚定期、振荡

---

[1] 王宣喻、储小平:《私营企业内部治理结构演变模式研究》,《经济科学》2002年第3期。

[2] 叶国灿:《论家族企业控制权的转移与内部治理结构的演变》,《管理世界》2004年第4期。

[3] 吴炯、邢修帅:《家族企业成长中的合法性约束及其变迁》,《南开管理评论》2016年第6期。

期和泛化期,具体分析了家族维、企业维和社会维在家族企业成长过程中的合法性特征,从合法性的视角分析了家族企业治理转型过程。吕鸿江等[①]基于初始阶段与持续阶段的信任机制匹配视角,将家族企业治理模式分为亲缘型、礼法型、交往型和契约型四类,指出家族企业治理遵从"亲缘型—礼法型—交往型—契约型"的转型过程,具体经历礼法化、泛家族化和契约化三个阶段。

(四)国内外家族企业正式化治理转型模型总结启示

可以发现,现有家族企业正式治理转型的模型主要仍然是基于20世纪90年代几位学者进行的总结展开,国内学者也是在此基础上进行拓展。但进入21世纪以后,国际市场和国内市场竞争都变得愈加激烈,随着技术的进步以及制度的演进,家族企业组织和管理模式变迁越来越频繁,越来越深刻,比如近年来出现的平台型组织架构、基于互联网技术的新型组织结构等,这些企业的治理模式以及转型过程与过去大相径庭。由此,将来的研究需要进一步关注最新出现的组织结构及其治理转型,并在此基础上提出适用的理论和解释。

二 家族企业治理正式化的理论视角

目前,对于家族企业治理结构及其演进的主流理论研究视角主要有五类,分别是代理理论(Agency Theory)、管家理论(Stewardship Theory)、生命周期理论(Life Cycle Theory)、新制度经济学(New Institutional Economics)、新制度主义理论(Sociological Neo-institutionalism)。下面将具体介绍。

(一)代理理论

代理理论认为,公司治理是在所有者(委托人)和管理者(代理人)之间建立一种制衡机制,实现公司控制权和剩余索取

---

① 吕鸿江、吴亮、周应堂:《家族企业治理模式的分类比较与演进规律》,《中国工业经济》2016年第12期。

权的匹配。① 从这一理论视角出发，家族企业的典型特征是企业所有权和控制权掌握在创业者或核心家族手中，这能够有效降低第一类代理成本。但这一典型特征使得家族企业缺乏内部和外部正式的监督和控制系统、② 雇用更少的外部董事和管理者、③ 面临更少的外部利益相关者监督和信息披露的压力，④ 因而其治理和决策过程往往带有较强的人格化特征，表现为非正式的、依赖直觉的、缺乏严密计算的以及不可预测性，⑤ 最终可能因为家族裙带主义（Nepotism）、过度的利他主义（Altruism）、搭便车（Free Riding）、家族内部利益冲突等而增加代理成本，减弱治理效率。⑥ 可以发现，代理理论主要基于"静态"的分析视角，强调在股权分散背景下建立的"制衡"关系。这一分析框架无法为家族企业治理"渐进"和"动态"演进提供足够的解释力。而且，代理理论更多的是从经济学的角度对家族企业治理进行剖析，但在强调权变和动态特征的战略管理视角下，其适用性和可操作性则相对较弱。⑦

---

① 张维迎：《控制权丧失的不可弥补性与国有企业兼并中的产权障碍》，《经济研究》1998 年第 7 期。

② Randoy T. and Goel, S., "Ownership Structure, Founder Leadership, and Performance in Norwegian SMEs: Implications for Financing Entrepreneurial Opportunities", *Journal of Business Venturing*, Vol. 18, No. 5, 2003.

③ Cowling, M., "Productivity and Corporate Governance in Smaller Firms", *Small Business Economics*, Vol. 20, No. 4, 2003.

④ Schulze W. S. and Lubatkin M. H., eds., "Agency Relationships in Family Firms: Theory and Evidence", *Organization Science*, Vol. 12, No. 2, 2001; Carney M., "Corporate Governance and Competitive Advantage in Family-Controlled Firms", *Entrepreneurship Theory and Practice*, Vol. 29, No. 3, 2005.

⑤ Naldi L. and Nordqvist M., eds., "Entrepreneurial Orientation, Risk Taking, and Performance in Family Firms", *Family Business Review*, Vol. 20, No. 1, 2007.

⑥ Schulze W. S. and Lubatkin M. H., eds., "Agency Relationships in Family Firms: Theory and Evidence", *Organization Science*, Vol. 12, No. 2, 2001; Schulze W. S. and Lubatkin M. H., eds., "Altruism, Agency, and the Competitiveness of Family Firms", *Managerial and Decision Economics*, Vol. 23, 2002.

⑦ Peng M. W., "Outside Directors and Firm Performance During Institutional Transitions", *Strategic Management Journal*, Vol. 25, No. 5, 2010.

(二) 管家理论

代理理论的核心假设是：代理人是个人主义和自利的机会主义者，而管家理论则拓展了这一假设，认为代理人追求的是自我实现并表现出强烈的集体主义倾向，并非是一种纯粹的自利者。[①] 因此，企业所有者和管理者之间存在很多利他主义行为，管理者会表现出明显的管家行为，比如通过一系列亲组织行为来获得自我实现。[②] 而在家族企业中，家族血缘关系使得家族成员之间具有高度的价值承诺、信任和利益一致性，同时，家族个人的职业机会和声誉与企业休戚相关，家族管理者对企业倾向于表现出管家态度，在很多情况下愿意牺牲个人利益来满足企业或其他利益相关者的利益。[③] 因此，在特定情境下，由管家行为所引致的家族承诺和价值观会强化非正式的治理机制，家族企业将更多地依赖非正式治理而非正式治理。比如，皮珀等人[④]发现，高度的家族承诺以及所有者和管理者之间的目标一致性减弱了家族企业设置董事会的倾向，从而非正式的社会控制机制（Social Control Mechanisms）将替代企业的正式治理机制发挥作用。但是，虽然管家理论能够解释一部分家族企业治理及其转型现象，但其更多的是一种规范性的阐述而非实证性论证，在现实中既不存在"纯非理性"的代理人，也不存在这样的组织，[⑤] 因而解释力相

[①] Davis J. H. and Schoorman F. D., eds., "Toward AStewardship Theory of Management", *Academy of Management Review*, Vol. 22, No. 1, 1997.

[②] Davis J. H. and Allen M. R., eds., "Is Blood Thicker than Water? A Study of Stewardship Perceptions in Family Business", *Entrepreneurship Theory and Practice*, Vol. 34, No. 6, 2010.

[③] Le Breton-Miller. I. and Miller D., eds., "Stewardship or Agency? A Social Embeddedness Reconciliation of Conduct and Performance in Public Family Businesses", *Organization Science*, Vol. 22, No. 3, 2011.

[④] Pieper T. M. and Klein S. B., eds., "The Impact of Goal Alignment on Board Existence and Top Management Team Composition: Evidence from Family-influenced Businesses", *Journal of Small Business Management*, Vol. 46, No. 3, 2008.

[⑤] Davis J. H. and Schoorman F. D., eds., "Toward AStewardship Theory of Management", *Academy of Management Review*, Vol. 22, No. 1, 1997.

对薄弱。

(三) 生命周期理论

盖尔西克等人（Gersick et al.）[1]根据其建立的三环模型，从家族、企业和所有权三个维度，提出了家族企业转型的生命周期分析框架。他们认为，家族企业的转型发生在家族、企业和所有权三个维度上。从家族维度来看，家族企业将经历"创始人—创始人子女进入企业—基于血缘、亲缘等家族成员进入企业—企业领导权传承"的过程；从企业维度来看，家族企业将经历"创业期—扩展期—成熟期"的过程；从所有权维度来看，家族企业将经历"创始人控制—兄弟姐妹共同控制—堂表兄弟姐妹控制"的过程。在此基础上，王宣喻和储小平[2]进一步将中国家族企业治理的演变路径分为企业形态、控制权和管理岗位三个维度，并围绕这三个维度探讨了家族企业治理转型的路径和方式。因此，在生命周期理论看来，家族企业是伴随着治理结构的演进而成长起来的，其将经历传统型治理、混合型治理阶段，最终向现代企业制度演进。

(四) 新制度经济学

新制度经济学的主要奠基人诺斯认为，制度是由人们设计并用以创造交易秩序和减少交易中的不确定性的一种社会博弈规则。[3] 作为一种社会选择机制，制度不仅决定了哪些创业者可以幸存下来，同时也决定了不同类型企业的内部治理结构特征。在此基础上，战略管理学者们提出了制度基础观（Institution-Based View），并认为其逐渐成为代理理论、产业基础观和资源基础观之外研究特定组织现象的独特视角，其中一个关键问题就是考察制度环境及其变迁如何

---

[1] Gersick K. E. and Gersick K. E., eds., *Generation to Generation: Life Cycles of the Family Business*. Harvard Business Press, 1997.

[2] 王宣喻、储小平：《私营企业内部治理结构演变模式研究》，《经济科学》2002年第3期。

[3] North D. C., *Institutions, Institutional Change and Economic Performance*, Cambridge: Cambridge University Press, 1990.

影响企业的治理结构、资源配置、战略决策及绩效水平。① 因此，从新制度经济学的视角出发，良好的制度环境能够推动家族企业从过度依赖非正式治理逐步向正式治理转型。同样地，随着制度的演进，日趋完善的法律规则、产权保护以及要素市场发育成熟也成为推动家族企业治理正式化转型的动态性驱动力。在这里，无论是静态的制度环境还是动态的制度变迁，其推动家族企业治理转型机制遵循的是一种市场竞争逻辑，或者说是一种效率逻辑。

（五）新制度主义理论

新制度主义理论学者将注意力从技术环境转移到组织所嵌入的制度环境。制度环境由规范性、认知性和强制性的因素构成，② 存在于特定的文化语境中，是建构组织形式、结构和行为的重要力量。新制度主义学者主要从两个视角来解释企业治理的正式化过程：效率逻辑和合法性逻辑。③ 其中，效率逻辑关注企业采取某种组织创新或实践来提升内部效率，这是出于技术或理性需求而采纳某种组织

---

① Peng M. W., "Towards An Institution-based View of Business Strategy", *Asia Pacific Journal of Management*, Vol. 19, 2002; Peng M. W., "Institutional Transitions and Strategic Choices", *Academy of Management Review*, Vol. 28, No. 2, 2003; Peng M. W. and Wang D. Y. L., eds., "An Institution-Based View of International Business Strategy: A Focus on Emerging Economies", *Journal of International Business Studies*, Vol. 39, No. 5, 2008; Peng M. W. and Jiang Y., "Institutions Behind Family Ownership and Control in Large Firms", *Journal of Management Studies*, Vol. 47, No. 2, 2010; Kim H. and Hoskisson R. E., "Does Market-oriented Institutional Change in An Emerging Economy Make Business-group-affiliated Multinationals Perform Better? An Institution-based View", *Journal of International Business Studies*, Vol. 41, No. 7, 2010; Banalieva E. R. and K. A., Eddleston, eds., "When do Family Firms Have an Advantage in Transitioning Economies? Toward a Dynamic Institution-Based View", *Strategic Management Journal*, Vol. 36, 2015.

② Scott W. R., *Institutions And Organizations*, Sage: Thousand Oaks, CA, USA, 2001.

③ Strang D. and Macy M. W., "In Search of Excellence: Fads, Success Stories, and Adaptive Emulation", *American Journal of Sociology*, Vol. 107, No. 1, 2001; Tolbert P. S. and Zucker L. G., "Institutional Sources of Change in the Formal Structure of Organizations: The Diffusion of Civil Service Reform", *Administrative Science Quarterly*, Vol. 28, No. 1, 1983.

实践的过程，但效率本身是一种社会结构的结果。如何达到效率最大化，这一过程本身具有一定的权变性，往往是政治、历史、文化和社会的共同选择结果。相反，合法性逻辑认为，特定的组织实践和治理结构的采用是因为其被人们认为是理所当然的（Taken-for-grantedness）。一旦被制度化，采用某种特定的组织结构能够带来组织合法性，有时企业甚至会牺牲效率来获取这种合法性。这一理论认为，为了获取合法性，特定的治理结构及其演进过程遵循强制性趋同（Coercive Isomorphism）、模仿性趋同（Mimetic Isomorphism）和规范性趋同（Normative Isomorphism）。其中，强制性趋同是组织面临的各种正式和非正式压力，比如正式的法律规范；规范性趋同是特定规范性因素（比如组织培训、专业化和共享知识等）促使组织采取某种实践活动或结构的过程。模仿性趋同是当组织知识、经验和技术尚未成熟而面对不确定性时，采取学习和模仿行为的过程。这一理论视角强调的是组织对于制度的嵌入性（Embeddedness），而家族企业具有明显的制度嵌入性特征，进而其在解释家族企业治理及其演进时具有很强的解释力。

（六）研究启示

以上文献分别从多个理论视角对家族企业正式治理的引入和转型进行了总结和分析，但大部分理论视角都是借助经济学、社会学和管理学中的经典理论，基于家族企业自身特征发展起来的理论视角的应用则没有得到足够的重视，比如社会情感财富理论（Socioemotional Wealth，SEW）。社会情感财富理论中强调家族企业的首要目标和行为参考点是家族目标，这包括家族控制与影响、家族成员对企业的认同、社会连带、情感依恋以及跨代保持家族控制五个维度。[①] 那么，社会情感财富保存的动机是否会引导家族企业进行正式

---

① Berrone P. and Cruz C., eds., "Socioemotional Wealth in Family Firms: Theoretical Dimensions, Assessment Approaches, and Agenda for Future Research." *Family Business Review*, Vol. 25, No. 3, 2012.

化治理改革？不同维度的社会情感财富对于家族企业治理的正式化过程是否也存在差异？比如，为了保持家族的控制和影响力，家族企业需要保证权力的掌控以及家族成员的涉入，此时将削弱企业内部的正式治理。相反，当家族企业致力于跨代传承时，家族企业则会引入正式制度来约束人格化的治理。[①] 由此，将社会情感财富理论引入家族企业正式治理中来是将来一个可以拓展的方向。

三 家族企业治理正式化的驱动因素

家族企业具有很强的制度嵌入性特征，由此，外部制度环境及其演进必然带来家族企业治理结构的转型。本书认为，中国家族企业治理正式化受到两个方面力量的推进，一是外部市场化制度环境的不断完善，法律、规则和竞争秩序为企业生存发展提供制度合法性，这一合法性通过规制、规范和主流价值体系的建构而推动企业的治理转型。二是企业内部的自我转型动力，随着企业规模的扩大以及后代企业家的进入，企业中将更多地融入正式化成分，这是家族企业持续成长所必须的，因为正规制度是组织持续发展的根本保障。事实上，国内发展较好的家族企业越来越普遍地在朝这个方向发展。[②]

（一）组织外部驱动因素

1. 国内市场制度环境

青木昌彦在《比较制度分析》中提出，国家政治因素、法律规则、市场竞争是影响企业治理结构及其转型的重要因素。事实上，家族企业的出现、发展和成长在一定程度上是政府和市场共同塑造的，随着外部制度环境的逐步改善，家族企业的治理结构也将表现出"去家族化"和"正式化"特征。在外部制度环境不完善或者缺

---

① 李新春、马骏、何轩等：《家族治理的现代转型：家族涉入与治理制度的共生演进》，《南开管理评论》2018年第2期。
② 陈凌、应丽芬：《代际传承：家族企业继任管理和创新》，《管理世界》2003年第6期。

失的情况下，企业的经营活动无法得到有效的保护和支持，同时也面临着较高的风险和不确定性。在这一背景下，家族企业的资源与合法性将更多地来源于政府[1]并面临巨大的规制压力，基于关系网络的治理和战略成为企业发展的有效驱动力，[2] 并能够作为一种替代机制以弥补正式制度的缺失。[3] 此时，家族企业的治理将更多地依靠家族内部成员以及外部的关系网络来获取和配置资源，人格化的治理可能是更为有效的手段。相反，在外部制度环境相对完备的情况下，企业获得的市场地位和业绩是更为市场化的指标，而非关系或个人权威所致。[4] 而且，政府管制和腐败空间也被明显的压缩，基于关系网络和人格化治理的意义将逐渐消退，而正式化的治理则具有积极意义。[5] 随着制度环境从缺失到完备，法律规则和竞争秩序逐渐成为企业生存和发展的合法性来源，遵从制度规范则成为组织竞争和绩效的重要保证和来源。[6] 陈德球等[7]发现，地区法律制度效率和金融服务与家族企业对于控制权的偏好程度呈现出显著负相关关系。具体而言，这里的制度环境主要包括正式的法律规则、非正式的文化传统、要素市场的发育程度。

---

[1] Peng M. W. and Luo Y., "Managerial Ties and Firm Performance in A Transition Economy: The Nature of A Micro-macro Link", *Academy of Management Journal*, Vol. 43, No. 3, 2000.

[2] Peng M. W., "Institutional Transitions and Strategic Choices", *Academy of Management Review*, Vol. 28, No. 2, 2003.

[3] Batjargal B. and Hitt M. A., eds., "Institutional Polycentrism, Entrepreneurs' Social Networks, and New Venture Growth", *Academy of Management Journal*, Vol. 56, No. 4, 2013.

[4] 李新春、韩剑、李炜文:《传承还是另创领地?——家族企业二代继承的权威合法性建构》,《管理世界》2015年第6期。

[5] Peng M. W. and S. Wei, eds., "An Institution-Based View of Large Family Firms: A Recap and Overview", *Entrepreneurship Theory and Practice*, Vol. 42, No. 2, 2018.

[6] Meyer J. W. and Rowan B., "Institutionalized Organizations: Formal Structure as Myth and Ceremony", *American Journal of Sociology*, Vol. 83, No. 2, 1977.

[7] 陈德球、杨佳欣、董志勇:《家族控制、职业化经营与公司治理效率——来自CEO变更的经验证据》,《南开管理评论》2013年第4期。

2. 国外市场竞争

伴随着"股东导向型"公司治理理念（肇始于20世纪80年代的美国）的兴起以及全球化扩散，中国各类企业也深度地卷入到这一制度扩散过程，不少企业开始主动寻求在内部建立现代企业制度，[①] 比如，职业经理人的引入、独立董事制度、高管薪酬激励制度等。国际化的影响主要来自两个方面，一是国际资本市场的影响，二是国际化竞争的影响。

（1）就国际资本市场而言，当家族企业加入国际市场竞争时（尤其是欧美市场），不可避免会受到国际资本市场的影响，具体包括其中的机构投资者、证券分析师、基金经理等。在这些金融机构和专业人士的价值观中，"股东价值导向"被奉为圭臬，而企业要想在资本市场中获得资金并获得认可，就必须进行公司治理改革，以满足潜在机构投资者的期望和要求。比如，为了获得国际资本市场上机构投资者的认可，不少日本企业进行了大量的裁员，而这与日本企业传统的终身雇佣制是相悖的。[②] 同样地，在美国证券交易市场进行交易的德国企业，更倾向于利用股票期权来激励公司高管，这在过往的德国公司治理中是没有过的组织实践。[③] 由此，进入国际资本市场后，无论是被动遵循还是主动寻求，各类企业（包括家族企业）都更倾向于进行正式化改革，比如更少的家族董事涉入、[④] 引

[①] 杨典：《金融全球化与"股东导向型"公司治理制度的跨国传播——对中国公司治理改革的社会学分析》，《社会》2018年第2期。

[②] Ahmadjian C. L. and Robinson P., "Safety in Numbers: Downsizing and the Deinstitutionalization of Permanent Employment in Japan", *Administrative Science Quarterly*, Vol. 46, No. 4, 2001.

[③] Sanders W. M. G. and Tuschke A., "The Adoption of Institutionally Contested Organizational Practices: The Emergence of Stock Option Pay in Germany", *Academy of Management Journal*, Vol. 50, No. 1, 2007.

[④] Kim Y. C. and Chung C. N., "Organizational Change under Institutional Logics: Family Control of Corporate Boards in Taiwan", *Sociological Perspectives*, Vol. 61, No. 3, 2018.

入独立董事、[①] 董事长和总经理两职分离[②]等。

（2）国际化竞争。当企业进行更多的出口或对外直接投资时，除了受到制度趋同的影响，还会存在一种学习效应。亦即通过直接观察、模仿、参与合作等方式进行学习。在参与国际化竞争与合作的过程中，企业可以通过企业合资、供应链合同、技术授权合约、企业合伙等方式，与当地在位企业进行不断的连接与互动。在这一过程中，企业能够通过进一步的组织学习来获取、吸收和利用知识，[③] 这其中也包括对于先进管理理念和实践的学习、模仿与引入。进一步，先进的管理理念和组织实践也会在跨国公司之间扩散，从而被当地企业所模仿与学习。

（二）组织内部驱动因素

家族企业治理的正式化除了受到外部市场竞争演进的驱动，还具有内生驱动性。这其中主要包括组织规模的扩大、家族成长意愿和二代的进入、企业主自身的价值观等。

1. 组织规模

在创业初期组织规模较小时，企业所需要的发展资金以及管理难度都不大，家族内部成员所具有的人力、物质和社会资本能够作为家族企业治理和发展的资源供给来源。但随着组织规模的扩大，一方面是资金需求增加，另一方面组织内部管理复杂度急剧增强，家族内部往往无法提供充足的资源供给，家族管理者和家族成员也难以有效应对各方面的管理和市场竞争需求，尤其是一些高度专业

[①] Chung C. N. and Kim Y. C. , "Global Institutions and Local Filtering: Introducing Independent Directors to Taiwanese Corporate Boards", *International Sociology*, Vol. 33, No. 3, 2018. 杨典：《金融全球化与"股东导向型"公司治理制度的跨国传播——对中国公司治理改革的社会学分析》，《社会》2018年第2期。

[②] 杨典：《金融全球化与"股东导向型"公司治理制度的跨国传播——对中国公司治理改革的社会学分析》，《社会》2018年第2期。

[③] Cohen W. M. and D. A. Levinthal, "Absorptive Capacity: A New Perspective on Learning and Innovation", *Administrative Science Quarterly*, Vol. 35, 1990.

化的管理岗位，比如市场、金融、财务等。① 此时，外部资金和人才的引入不可避免，而这一过程势必会削弱家族控制权，所有权和控制权开始分离，家族涉入降低，同时正式的组织决策程序也会被引入。进一步，当企业成长到一定阶段时，家族企业可能逐渐发展为现代公司制企业，甚至上市，这一阶段的家族企业将加速"去家族化"和"正式化"进程，这也是企业成长的必要性和紧迫性要求。② 基于对钱德勒关于家族企业和现代企业比较的论述，罗萨（Rosa）③指出，随着时间的演进和组织规模的扩大，家族企业将从传统的"家族所有"模式（所有权和控制权高度集中，非正式治理占据主导地位）向现代化的"家族控制"模式（所有权和控制权分离，家族企业治理带有明显的正式化特征）演进，其中的关键因素在于所有权的配置随着组织的成长而随之进行调试，进而影响企业的管理、决策和战略等。④ 蒙特穆洛（Montemerlo）等人⑤也发现，企业规模越大，组织管理情境越复杂，家族企业采纳正式治理机制和控制系统的需求就越高，这些机制和控制系统成为组织成长的关键影响因素之一。

---

① Dyer Jr. W. G., "Culture and Continuity in Family Firms", *Family Business Review*, Vol. 1, No. 1, 1988.

② 陈高林：《论家族制管理向现代企业管理转变的途径》，《管理世界》2003年第10期。

③ Rosa Nelly. and Trevinyo-Rodríguez., "From a Family-owned to A Family-controlled Business: Applying Chandler's Insights to Explain Family Business Transitional Stages", *Journal of Management History*, Vol. 15, No. 3, 2009.

④ Gersick K. E. and Gersick K. E., eds., *Generation to Generation: Life Cycles of the Family Business*. Harvard Business Press, 1997; Ward J. and Dolan C., "Defining and Describing Family Business Ownership Configurations", *Family Business Review*, Vol. 11, No. 4, 1998.

⑤ Montemerlo D. and L. Gnan, eds., "Governance Structures in Italian Family SMEs', in S. Tomaselli and L. Melin (eds.), Family Firms in the Wind of Change", *Research Forum Proceedings*, FBN, 2004.

2. 家族传承意愿和二代进入

当具有明确的传承意愿,家族企业的治理和战略选择将是更为长期导向的。但值得注意的是,绝大多数中国家族企业富不过三代,一个关键的问题是仅仅将企业控制权和管理权交给后代而不顾他们是否有能力胜任,同时也没有通过在企业中形成正式化和制度化的管理程序。[1] 尤其是,家族传承过程往往导致家族控制、权力甚至部分身份和地位的丧失,[2] 不少情况下还会出现"少主难以服众"的尴尬局面。[3] 此时,在内部建立正式治理,一方面可以保证家族企业的顺利传承,为二代在传承过程中培养个人权威和威信提供制度性保障;另一方面则可以约束网络和个人权威带来的负面破坏性。由此,具有传承意愿的家族企业,更可能引入或者建立正式治理机制作为家族权威身份和地位的补充,以期保持家族延续。此外,随着二代的进入,家族企业中将融入更多的非人格化成分,[4] 比如董事会的设置、职业经理人和家族外部董事的引入、正式控制系统的采用等。[5] 从实践经验来看,娃哈哈集团创始人宗庆后对"家文化"推崇至极,在治理过程中表现出很强的人格化特征,而宗馥莉接班后,更加主张正式化、制度化的企业治理原则,如推行"以财务管理为中心"的目标考核体系等。造成这一现象主要是由于二代比父辈受

---

[1] Wong S. , "The Chinese Family Firm: A Model", *Family Business Review*, Vol. 6, No. 3, 1993.

[2] Barnes L. B. and Herhon S. A. , "Transferring Power in the Family Business", *Harvard Business Review*, Vol. 54, No. 4, 1976.

[3] 李新春、韩剑、李炜文:《传承还是另创领地?——家族企业二代继承的权威合法性建构》,《管理世界》2015 年第 6 期。

[4] Brun de Pontet, S. and Wrosch, C. , eds. , "An Exploration of the Generational Differences in Levels of Control Held among Family Businesses Approaching Succession", *Family Business Review*, Vol. 20, No. 4, 2007.

[5] Reid R. S. and Adams J. S. , "Human Resource Management-ASurvey of Practices within Family and Non-family Firms", *Journal of European Industrial Training*, Vol. 25, No. 6, 2001; Bammens Y. and Voordeckers W. , eds. , "Boards of Directors in Family Firms: A Generational Perspective", *Small Business Economics*, Vol. 31, No. 2, 2008.

到更正规的教育并且拥有更广泛的国际视野,[①] 由此他们更可能受到欧美"股东价值导向"治理制度的影响。同时,随着家族二代的涉入,家族企业可能会引入更多的非家族管理者,这些非家族管理者往往具有更强异质性的人力资本和社会网络关系,从而加速家族企业治理的转型。

3. 企业主自身的价值观

组织研究者发现,东亚地区家族企业的行为逻辑普遍受到儒家文化和家族主义的深层次影响,往往不重视正式的管理制度和规则,更倾向于根据人情和关系来处理家族和企业事务。[②] 比如,吴超鹏等[③]发现,家族企业创始人的家族主义观念越强,企业越不愿意进行"去家族化"治理改革。同样地,潘越等[④]也发现,家族企业实际控制人的宗族观念越强,其亲属参与公司治理的程度越高。但也有不少家族企业主本身更加偏好正式的治理模式,讲求公私分明,按规矩办事。由此,不同价值观和理念的企业主所辖的家族企业,其治理结构也会存在差异。另外,相比没有受过正规教育的家族企业主,尤其是那些拥有海外求学或工作经历的企业主,他们更容易受到欧美"股东导向型"公司治理制度的影响,同时也更容易相信这一制度是"最佳实践"。这一类型企业家所辖家族企业的治理结构将是更为正式化的。

---

① Sonfield M. C. and Lussier R. N., "First-, Second-, and Third-generation Family Firms: A Comparison", *Family Business Review*, Vol. 17, No. 3, 2004.

② Redding S. G. and G. Y. Y. Wong, *The Psychology of Chinese Organizational Behaviour*. In: M. H. Bond (eds.), The Psychology of Chinese People. Hong Kong: Oxford University Press, 1986.

③ 吴超鹏、薛南枝、张琦、吴世农:《家族主义文化、"去家族化"治理改革与公司绩效》,《经济研究》2019 年第 2 期。

④ 潘越、翁若宇、纪翔阁等:《宗族文化与家族企业治理的血缘情结》,《管理世界》2019 年第 7 期。

（三）研究启示

过去研究关注了外部竞争市场[①]和内部成长意愿[②]对家族企业正式治理转型的驱动作用，但这一过程究竟是为了提升效率还是获取合法性，现有研究仍然莫衷一是。无论是效率逻辑还是合法性逻辑，最终指向的都是家族企业内部治理的理性因素，也正是在现代理性因素的推动下，家族企业的治理转型才得以持续推进。但一方面，过去研究仅仅关注有哪些组织内外部因素影响家族企业的治理转型，未对其中的转型逻辑进行详细考量；另一方面，代理理论和制度理论分别考察了家族企业治理转型过程中的效率逻辑和合法性逻辑，但过去的研究往往将两者对立起来，[③] 从而未获得一致的结论。

四 家族企业治理正式化过程的核心逻辑：制度逻辑

（一）效率逻辑和合法性逻辑

传统的组织理论认为，在协调和控制与现代技术或工作活动相

[①] Burkart M. and F. Panunzi eds., "Family Firms", *The Journal of Finance*, Vol. 58, 2003; Mueller H. M. and Philippon T., "Family Firms and Labor Relations", *American Economic Journal: Macroeconomics*, Vol. 3, No. 2, 2011; 李新春、马骏、何轩等：《家族治理的现代转型：家族涉入与治理制度的共生演进》，《南开管理评论》2018 年第 2 期。

[②] Brun de Pontet, S. and Wrosch, C., eds., "An Exploration of the Generational Differences in Levels of Control Held among Family Businesses Approaching Succession", *Family Business Review*, Vol. 20, No. 4, 2007; Kraiczy N. D. and Hack A., eds., "What Makes A Family Firm Innovative? CEO Risk-taking Propensity and the Organizational Context of Family Firms", *Journal of Product Innovation Management*, Vol. 32, No. 3, 2015.

[③] DiMaggio P. and Powell W. W., "The Iron Cage Revisited: Collective Rationality and Institutional Isomorphism in Organizational Fields", *American Sociological Review*, Vol. 48, No. 2, 1983; Fligstein N., "The Spread of the Multidivisional Form Among Large Firms, 1919–1979", *American Sociological Review*, Vol. 50, No. 3, 1985; Marquis C., "The Pressure of the Past: Network Imprinting in Intercorporate Communities", *Administrative Science Quarterly*, Vol. 48, No. 4, 2003.

关联的复杂关系网络时，理性的正式结构是最有效的方式，[1] 这里的"理性"强调的是目标的具体化和结构的正式化。其中，正式化结构是获得长期稳定性的主要目的和功能，[2] 这一假设源于韦伯对历史上随经济市场发展而出现的科层制组织的讨论——经济市场往往更加青睐理性和协调。而组织仅仅依靠自身的效率或绩效，是无法有效解决不可预测的技术偶然性和不确定性的环境变迁的。此时，内外部利益相关者将要求组织使用制度化的规则来防止组织失败。[3] 由此，组织不仅要关心自身的效率和绩效问题，其治理过程中的制度化和理性化因素及其合法性压力同样需要受到关注。

因此，从制度逻辑出发，组织的（治理）正式化过程实际包含了两类逻辑，一是效率逻辑，二是合法性逻辑。早期的组织理性系统学者们就已经关注组织正式化过程中的技术理性与形式理性的区分。[4] 比如，韦伯在描述科层制时，明确区分了技术理性和形式理性，前者强调的是"手段目的关系"的工具效率，而后者则强调形式规则和法规约束。同样地，西蒙在论述其行政行为理论时，也着重区分了形式理性和技术理性，他指出前者主要强调规则与惯例在支持组织中理性行为的作用，而后者则关注逻辑、效率和计算。由此，在组织正式化过程中，技术理性（强调效率逻辑）和形式理性（强调合法性逻辑）构成了组织结构转型的两种动力机制。同样地，迪马吉奥和鲍威尔（DiMaggio and Powell）[5] 在其经典的组织同形文

---

[1] Scott W. R., "Organizational Structure", *Annual Review of Sociology*, Vol. 1, No. 3, 1975.

[2] Scott W. R. and Davis G. F., *Organizations and Organizing*: Pearson New International Edition: *Rational*, Natural and Open Systems Perspectives. Routledge, 1981.

[3] Emery F. E. and Trist E. L., "The Causal Texture of Organizational Environments", *Human Relations*, Vol. 18, No. 1, 1965.

[4] Scott W. R. and Davis G. F., *Organizations and Organizing*: Pearson New International Edition: *Rational*, Natural and Open Systems Perspectives. Routledge, 1981.

[5] DiMaggio P. and Powell W. W., "The Iron Cage Revisited: Collective Rationality and Institutional Isomorphism in Organizational Fields", *American Sociological Review*, Vol. 48, No. 2, 1983.

章中指出，组织同形存在两种类型：一是竞争性同形，二是制度性同形。其中，竞争性同形强调市场竞争、组织在市场中的生存空间（Niche）变化和对环境适应的措施。这里的竞争性同形指代的就是组织的效率逻辑，部分解释了韦伯发现的科层化过程，但并不能充分地描述现代组织世界的全貌；而作为竞争性同形的重要补充，制度性同形则强调"其他组织的存在"——组织之间除了为资源而竞争外，还会为了政治权力、制度合法性而竞争，从而获得社会和经济的正当性。尤其是对于转型期的中国家族企业，其往往受到制度和合法性歧视，在其生存和发展过程中，除了考虑效率和绩效成长，制度合法性更可能成为其公司治理和战略选择的重要目标。[①]

1. 效率逻辑

现有研究主要从经济学的视角出发，以传统的委托代理理论和新制度经济学为理论基础。其一，从委托代理理论出发，家族企业的典型特征之一是企业所有权和控制权掌握在一个管理者或一个核心家族手中，这往往使得家族企业缺乏引入正式治理机制的动力，比如缺乏内部和外部正式的监督和控制系统、[②] 雇用更少的外部董事和管理者、[③] 更少的外部利益相关者监督和信息披露的压力，[④] 因而其治理和决策过程往往带有较强的人格化特征，表现为非正式的、

[①] 马骏、朱斌、何轩：《家族企业何以成为更积极的绿色创新推动者？——基于社会情感财富和制度合法性的解释》，《管理科学学报》2020b 年第 9 期。

[②] Randoy T. and Goel, S., "Ownership Structure, Founder Leadership, and Performance in Norwegian SMEs: Implications for Financing Entrepreneurial Opportunities", *Journal of Business Venturing*, Vol. 18, No. 5, 2003.

[③] Cowling, M., "Productivity and Corporate Governance in Smaller Firms", *Small Business Economics*, Vol. 20, No. 4, 2003.

[④] Schulze W. S. and Lubatkin M. H., eds., "Agency Relationships in Family Firms: Theory and Evidence", *Organization Science*, Vol. 12, No. 2, 2001; Carney M., "Corporate Governance and Competitive Advantage in Family-Controlled Firms", *Entrepreneurship Theory and Practice*, Vol. 29, No. 3, 2005.

依赖直觉的、缺乏严密计算的以及不可预测性。[1] 最终可能因为家族裙带主义（Nepotism）、过度的利他主义（Altruism）、自我控制（Self-control）、搭便车（Free Riding）、家族内部利益冲突等而增加代理成本，减弱治理效率和公司价值。[2] 较大型的家族企业往往采用金字塔等控制权放大机制，公司治理同时面临两类代理问题：创业者（家族）与职业经理人之间的第一重代理问题和创业者（家族）与中小股东之间的第二重代理问题，这两类问题都是增加公司代理成本和降低治理效率的根源所在。[3] 此时，对效率和绩效的追求将会驱动企业采纳更有效率的组织结构和治理机制，比如欧美提倡的"股东导向型"公司治理、正式的控制系统和成文的规章制度等，这些正式治理结构和机制能够降低代理成本、最大化股东价值、增加投资机会和获得外部资本、提升公司价值等。[4] 其二，按照新制度经济学的观点，企业的治理转型在很大程度上是由外部制度环境及其变迁所决定的。新制度经济学（New Institutional Economics）的奠基

---

[1] Naldi L. and Nordqvist M., eds., "Entrepreneurial Orientation, Risk Taking, and Performance in Family Firms", *Family Business Review*, Vol. 20, No. 1, 2007.

[2] Schulze W. S. and Lubatkin M. H., eds., "Agency Relationships in Family Firms: Theory and Evidence", *Organization Science*, Vol. 12, No. 2, 2001; Schulze W. S. and Lubatkin M. H., eds., "Altruism, Agency, and the Competitiveness of Family Firms", *Managerial and Decision Economics*, Vol. 23, 2002; Oswald S. L. and Muse L. A., eds., "The Influence of Large Stake Family Control on Performance: Is It Agency or Entrenchment?", *Journal of Small Business Management*, Vol. 47, No. 1, 2009.

[3] Almeida H. V. and Wolfenzon D., "A Theory of Pyramidal Ownership and Family Business Groups", *The Journal of Finance*, Vol. 61, No. 6, 2006; Villalonga B. and Amit R., "How Do Family Ownership, Control and Management Affect Firm Value?", *Journal of Financial Economics*, Vol. 80, No. 2, 2006.

[4] Manne H. G., "Mergers and the Market for Corporate Control", *Journal of Political Economy*, Vol. 73, No. 2, 1965; Jensen M. C., "Agency Costs of Free Cash Flow, Corporate Finance, and Takeovers", *The American Economic Review*, Vol. 76, No. 2, 1986; Dekker J. and Lybaert N., eds., "The Effect of Family Business Professionalization as AMultidimensional Construct on Firm Performance", *Journal of Small Business Management*, Vol. 53, No. 2, 2015.

人诺斯认为，制度是由人们设计并用以创造交易秩序和减少交易中的不确定性的一种社会博弈规则。[①] 在此基础上，战略管理学者们提出了制度基础观（Institution-Based View），并认为其逐渐成为代理理论、产业基础观和资源基础观之外研究特定组织现象的独特视角，其中一个关键问题是考察制度环境及其变迁如何影响企业的治理结构及其转型。因此，从新制度经济学的视角出发，良好的制度环境能够推动家族企业从过度依赖非正式治理逐步向正式治理转型。同样地，随着制度的演进，日趋完善的法律规则、产权保护以及要素市场发育成熟也成为推动家族企业治理正式化转型的动态性驱动力。这一文献实际上是从传统的经济学理性出发，强调在市场竞争条件下，对绩效的追求将会驱动企业采纳更有效率的治理结构，而这一组织结构有利于企业经济绩效的提升，否则将可能丧失竞争优势而被市场竞争所淘汰。

2. 合法性逻辑

现有研究主要从社会学的视角出发，以新制度主义为理论基础。组织社会学中的新制度主义则强调，制度合法性在组织治理和战略行为选择方面的意义。这一理论将注意力从技术环境转移到企业所嵌入的制度环境，这里的制度环境由强制性、规范性和认知性因素构成。[②] 由此，组织是外部环境的遵从和接受者，其治理结构、战略行为和绩效由外部制度环境决定。[③] 为了获取资源与合法性，组织不

[①] North D. C., *Institutions, Institutional Change and Economic Performance*, Cambridge: Cambridge University Press, 1990.

[②] Scott W. R., *Institutions And Organizations*, Sage: Thousand Oaks, CA, USA, 2001.

[③] Meyer J. W. and Rowan B., "Institutionalized Organizations: Formal Structure as Myth and Ceremony", *American Journal of Sociology*, Vol. 83, No. 2, 1977; DiMaggio P. and Powell W. W., "The Iron Cage Revisited: Collective Rationality and Institutional Isomorphism in Organizational Fields", *American Sociological Review*, Vol. 48, No. 2, 1983; Scott W. R., "The Adolescence of Institutional Theory", *Administrative Science Quarterly*, Vol. 32, 1987; Meyer J. and W. R. Scott, eds., "Centralization, Fragmentation, and School District Complexity", *Administrative Science Quarterly*, Vol. 32, 1987.

仅会通过遵从资源供给者的期望来实现这一目标,[①] 还能够主动吸纳那些被广为接受或被认定为规范的行为方式,此时,对效率的追求可能会退居其次。比如,虽然家族企业成立初期能够依靠创业者的个人权威和经验主义来提升企业的治理效率、决策质量,但企业往往也会因为权力的过度集中被利益相关者所诟病,从而导致企业的认知和社会政治合法性不足,影响其与组织内部成员、产品市场和资本市场的合作关系。[②] 因而随着组织的成长,为了获取合法性,不少家族企业开始逐渐引入正式化的治理机制,即使这些机制只是一种形式上的合法性象征(Symbolically)而非真正能够提高组织效率。[③] 而且,组织治理变革具有很大的风险性,转型的成本往往大于收益,即使管理者意识到需要进行变革,往往也会因为组织资源和能力的缺乏而不愿意或者无法及时使进行转型。[④] 由此,从新制度主义的视角出发,规制性、规范性和认知性的制度环境会对组织形成一种组织趋同效应,使得家族企业被动遵从或主动模仿制度场域内其他组织的行为模式来获取合法性,[⑤] 这里遵循的是一种制度合法性逻辑。

[①] Fisher G. and S. Kotha, eds., "Changing with the Times: An Integrated View of Identity, Legitimacy, and New Venture Life Cycles", *Academy of Management Review*, Vol. 41, 2016;田莉、张玉利、唐贵瑶、魏立群:《遵从压力或理性驱动? 新企业政治行为探析》,《管理科学学报》2015 年第 3 期。

[②] Aldrich H. E. and Fiol C. M., "Fools Rush in? The Institutional Context of Industry Creation", *Academy of Management Review*, Vol. 19, No. 4, 1994.

[③] Meyer J. W. and Rowan B., "Institutionalized Organizations: Formal Structure as Myth and Ceremony", *American Journal of Sociology*, Vol. 83, No. 2, 1977.

[④] Baum J. and Singh J., *Evolutionary Dynamics of Organizations*, New York: Oxford University Press, 1994; Barnett W. P. and Carroll G. R., "Modeling Internal Organizational Change", *Annual Review of Sociology*, Vol. 21, No. 1, 1995; Miller D. and Breton-Miller I. L., "The Best of Both Worlds: Exploitation and Exploration in Successful Family Businesses", *Advances in Strategic Management*, Vol. 23, 2006.

[⑤] Tsui-Auch L. S., "The Professionally Managed Family-ruled Enterprise: Ethnic Chinese Business in Singapore", *Journal of Management Studies*, Vol. 41, No. 4, 2004.

(二) 家族逻辑

在分析家族企业治理正式化背后的逻辑时，上文提出了制度逻辑框架下的效率和和合法性问题，但一个需要注意的问题是，家族企业本身也是一种制度安排，[1] 其内部特有的资源、价值观、治理结构在很多情况下可以作为外部正式制度缺失的一种有效替代，[2] 尤其是在欠发达国家和地区。[3] 从这个意义上来说，家族企业一定程度上是与市场平行的一种制度安排，其既需要关注内部的效率问题，同时也需要关注组织外部的形式合法性，因而其治理、行为和绩效实际上是效率逻辑与合法性逻辑的辨证统一体。实际上，家族企业是由家族系统和企业系统交织而成，是一个包含情感和理性因素的矛盾统一体。因此，在制度逻辑框架下，家族逻辑实际上包含了以情感性因素为基础的合法性逻辑以及以理性因素为基础的效率逻辑。亦即，作为一种制度安排，家族企业内部的治理及其转型过程实际上关注的就是一种制度化过程，这里涉及效率逻辑与合法性逻辑，其与家族逻辑并不相悖，而是家族逻辑的具体表征。

(三) 研究启示

通过以上文献分析可以发现，在制度转型期，中国家族企业治

---

[1] Soleimanof S. and Rutherford M. W., eds., "The Intersection of Family Firms and Institutional Contexts: A Review and Agenda for Future Research", *Family Business Review*, Vol. 31, No. 1, 2018.

[2] Webb J. W. and Pryor C. G., eds., "Household Enterprise in Base-of-the-pyramid Markets: The Influence of Institutions and Family Embeddedness", *Africa Journal of Management*, Vol. 1, No. 2, 2015.

[3] Gras D. and Nason R. S., "Bric by Bric: The Role of the Family Household in Sustaining AVenture in Impoverished Indian Slums", *Journal of Business Venturing*, Vol. 30, No. 4, 2015; Webb J. W. and Pryor C. G., eds., "Household Enterprise in Base-of-the-pyramid Markets: The Influence of Institutions and Family Embeddedness", *Africa Journal of Management*, Vol. 1, No. 2, 2015.

理的正式化过程实际上遵循不同的制度压力和行为逻辑,[1] 一是效率逻辑,二是制度合法性逻辑。传统的观点认为,基于理性的效率逻辑与基于合法性的组织趋同逻辑是相互对立和冲突的。[2] 因为按照合法性逻辑,组织采取正式化的治理结构被认为是一种"最佳治理模式",但其在多大程度上是有效率的,制度压力来源方则并不会过于关注。进一步,在很多情况下,组织的正式化治理仅仅是一种形式上的象征,是在外部制度压力下的一种组织趋同表现,而非真正去追求组织效率。比如,帕拉达(Parada)等人[3]发现,受到行业协会中其他组织的压力(主要是模仿和规范压力),为了获取必要的合法性,协会内部家族企业的治理实践会发生更替,这一旧治理实践的去制度化过程(Deinstitutionalization)和新治理实践的制度化过程(Institutionalization)主要是为了获取合法性而非效率。相反,效率逻辑下的治理,强调的是组织能够在治理效率、绩效和创新方面取得成就,否则将丧失竞争优势而被市场竞争淘汰。比如,企业通过治理结构的不断调试来识别、发现和利用新的市场机会,构建核心动态能力以保持长期竞争优势。但效率逻辑和合法性逻辑的一个重

---

[1] Lounsbury M. A., "Tale of Two Cities: Competing Logics and Practice Variation in the Professionalizing of Mutual Funds", *The Academy of Management Journal*, Vol. 50, No. 2, 2007; Greenwood R. and Díaz A. M., eds., "The Multiplicity of Institutional Logics and the Heterogeneity of Organizational Responses", *Organization Science*, Vol. 21, No. 2, 2010; Pache A. C. and Santos F., "Inside the Hybrid Organization: Selective Coupling as A Response to Competing Institutional Logics", *Academy of Management Journal*, Vol. 56, No. 4, 2013; Wry T. and Cobb J. A., eds., "More than A Metaphor: Assessing the Historical Legacy of Resource Dependence and Its Contemporary Promise as A Theory of Environmental Complexity", *Academy of Management Annals*, Vol. 7, No. 1, 2013; Kim Y. C. and Chung C. N., "Organizational Change under Institutional Logics: Family Control of Corporate Boards in Taiwan", *Sociological Perspectives*, Vol. 61, No. 3, 2018.

[2] Meyer J. W. and Rowan B., "Institutionalized Organizations: Formal Structure as Myth and Ceremony", *American Journal of Sociology*, Vol. 83, No. 2, 1977.

[3] Parada M. J. and Nordqvist M., eds., "Institutionalizing the Family Business: The Role of Professional Associations in Fostering A Change of Values", *Family Business Review*, Vol. 23, No. 4, 2010.

要区别在于，制度化的规则往往是具有较高普遍性和一般化特征的，从而形成绝对性的无条件规则，而基于效率的市场竞争则会随着非标准的、独特的条件变化而变化，从而绝对性的规则和相对性的效率在特定情境下产生冲突和矛盾。比如，为了获得外部投资者和证券分析师的认可，家族企业可能会聘请更多的外部董事、独立董事，或引入职业经理人。① 从合法性角度来说，这一做法实际上遵循了"最佳实践"的治理逻辑，但在实际操作过程中，家族外部董事和职业经理的引入是否真的能够为企业带来短期和长期收益，这可能不是外部投资者和证券分析师重点关注的。但至少在短期内，外部专业化人才的引入一方面减弱了家族控制，这显然削弱了家族企业最为关心的社会情感财富的保存；另一方面也可能因为家族成员与非家族成员之间的矛盾和冲突给企业带来额外的治理成本。而实际效果则可能会因为家族管理者、企业发展阶段和规模、企业所处的技术和制度环境所决定。也就是说，合法性逻辑下的正式治理的引入，实际上是一种普遍性、一般性的制度化规则，而效率逻辑下的正式治理机制，则具有一定的权变性和非标准性。这也是为何全世界范围内，即使在发达的西方国家，家族企业的正式治理程度和表现形式也具有显著差异的原因所在。

那么，中国家族企业的治理转型更多的是为了提升企业效率还是为了获得形式上的合法性？抑或同时遵从这两种逻辑？这两种逻辑之间是否存在权变性因素？过去的研究还没有足够的证据来回答这一问题，本书则希望借用中国家族企业数据对这一问题进行深入探索。

---

① Chung C. N. and Kim Y. C., "Global Institutions and Local Filtering: Introducing Independent Directors to Taiwanese Corporate Boards", *International Sociology*, Vol. 33, No. 3, 2018; Kim Y. C. and Chung C. N., "Organizational Change under Institutional Logics: Family Control of Corporate Boards in Taiwan", *Sociological Perspectives*, Vol. 61, No. 3, 2018; 杨典：《金融全球化与"股东导向型"公司治理制度的跨国传播——对中国公司治理改革的社会学分析》，《社会》2018年第2期。

第三节 家族企业的目标平衡性

一 家族企业双元目标

家族企业是由企业系统和家族系统共同构成的组织模态，前者作为一种组织系统，遵循理性—经济基础，强调效率和理性；后者作为一个社会群体，遵循生物—情感准则，强调情感和非理性。因此，家族企业是一个充满不同诉求的矛盾统一体，两个系统有时相互矛盾，有时相互促进、相辅相成，这使得家族企业面临着各类双元平衡与协调问题。事实上，家族企业的双元性与生俱来，家族目标与企业目标、短期生存和长期存续等一对对矛盾嵌入在家族企业的发展过程中。[1] "家族企业到底追求什么"，这是解释家族企业治理和行为的最根本问题。其中，家族企业面临的首要问题的就是目标二元性——企业系统最为关注的是经济目标，而家族系统更多地关注家族目标。因此，对于家族企业而言，经济目标与家族目标的权衡、取舍与平衡直接影响企业的行为和结果，这也是家族企业区别于非家族企业的独特性所在。[2]

值得注意的是，对于家族企业双元目标的分类，实际上有两对

---

[1] 李新春、宋丽红：《基于二元性视角的家族企业重要研究议题梳理与评述》，《经济管理》2013年第8期。

[2] Chua J. H. and Chrisman J. J., eds., "Defining the Family Business by Behavior", *Entrepreneurship Theory and Practice*, Vol. 23, No. 4, 1999; Kotlar J. and De Massis. A., "Goal Setting in Family Firms: Goal Diversity, Social Interactions, and Collective Commitment to Family-centered Goals", *Entrepreneurship Theory and Practice*, Vol. 37, No. 6, 2013; Kotlar J. and Fang H., eds., "Profitability Goals, Control Goals, and the R & D Investment Decisions of Family and Nonfamily Firms", *Journal of Product Innovation Management*, Vol. 31, No. 6, 2014; Zellweger T. M. and Nason R. S., eds., "Why do Family Firms Strive for Nonfinancial Goals? An Organizational Identity Perspective", *Entrepreneurship Theory and Practice*, Vol. 37, No. 2, 2013.

关系：家族与非家族，经济与非经济。基于此，科特拉尔和德马西斯（Kotlar and De Massis）[1]通过扎根研究，从经济性和家族两个维度将家族企业的目标分为四类——不以家族为中心的经济目标、不以家族为中心的非经济目标、以家族为中心的经济目标、以家族为中心的非经济目标。具体如表2—3所示：

表2—3　　　　　　　　　家族企业的目标分类

目标属性	核心利益相关者	
	家族	非家族
经济	家族控制、家族财富	企业成长、企业生存、财务绩效
非经济	家族和谐、家族社会地位、家族身份连接	企业内部和睦、外部社会关系

资料来源：作者整理。[2]

从上表可以发现，家族企业的目标实际上是多元且复杂的，[3]这涉及家族内外部利益相关者不同类型的目标。为了简化分析，本书主要关注不以家族为中心的经济目标和以家族为中心的非经济目标，前者指代经济目标，后者则指代家族目标。

（一）经济目标

家族企业的经济目标与一般意义上的企业的经济目标并无二致，作为一种自主经营的实体，获得经济收益是企业系统最基本的要求，也是企业获得外部投资者信任以及持续经营的物质性与合法性基础。对于家族企业而言，经济目标是其进行家族控制和

---

[1] Kotlar J. and De Massis. A., "Goal Setting in Family Firms: Goal Diversity, Social Interactions, and Collective Commitment to Family-centered Goals", *Entrepreneurship Theory and Practice*, Vol. 37, No. 6, 2013.

[2] Kotlar J. and De Massis. A., "Goal Setting in Family Firms: Goal Diversity, Social Interactions, and Collective Commitment to Family-centered Goals", *Entrepreneurship Theory and Practice*, Vol. 37, No. 6, 2013.

[3] Pieper T. M. and Klein S. B., "The Bulleye: A Systems Approach to Modeling Family Firms", *Family Business Review*, Vol. 20, No. 4, 2007.

代际传承的基本保障,① 其一般包括财务绩效的增长、分红、现金流水平、债务水平等。② 在研究家族企业的经济目标时,财务绩效是最为普遍的一类衡量标准,家族企业会通过调整治理模式、优化内部系统、实施成本优势和差异化战略等一系列手段来获得财务绩效的增长。在本书的研究框架下,家族企业的经济目标主要是指财务绩效。

(二) 家族目标

家族因素的融入使得家族企业在追求经济目标的同时,还追求一系列情感性的非经济目标,这些非经济目标往往比经济目标受到更多的重视,这也是家族企业区别于非家族企业的独特性所在。相对经济目标,非经济目标涵盖的内容更加宽泛,既包括家族外部利益相关者的非经济目标,比如对于企业内非家族成员的专业培训、为消费者提供高质量的产品和服务、与供应商保持良好的合作关系、对所在社区进行的慈善捐赠等;同时也包括家族内部的非经济目标,比如雇用家族成员进入企业工作或担任高管、③ 开发和留存家族遗产、④ 在企业

---

① Kaufman B. E., "A New Theory of Satisficing", *Journal of Behavioral Economics*, Vol. 19, No. 1, 1990.

② Adams III. A. F. and Manners Jr. G. E., eds., "The Importance of Integrated Goal Setting: The Application of Cost-of-capital Concepts to Private Firms", *Family Business Review*, Vol. 17, No. 4, 2004; Astrachan J. H. and Jaskiewicz P., "Emotional Returns and Emotional Costs in Privately Held Family Businesses: Advancing Traditional Business Valuation", *Family Business Review*, Vol. 21, No. 2, 2008.

③ Andersson T. and Carlsen J., eds., "Family Business Goals in the Tourism and Hospitality Sector: Case Studies and Cross-case Analysis from Australia, Canada, and Sweden", *Family Business Review*, Vol. 15, No. 2, 2002; Lin S. and Hu S. A., "Family Member or Professional Management? The Choice of A CEO and Its Impact on Performance", *Corporate Governance: An International Review*, Vol. 15, No. 6, 2007.

④ Andersson T. and Carlsen J., eds., "Family Business Goals in the Tourism and Hospitality Sector: Case Studies and Cross-case Analysis from Australia, Canada, and Sweden", *Family Business Review*, Vol. 15, No. 2, 2002.

中植入家族文化和家族价值观、[1] 维护家族声誉、[2] 跨代传承[3]等。在本书中，主要关注的是家族内部的非经济目标——家族目标。

从家族目标的来源上看，目前主要有两类具有代表性的理论渊源：管家理论和社会情感财富理论。首先，管家理论认为，家族管理者追求的是自我实现并表现出强烈的集体主义倾向，并非是一种纯粹的自利者。[4] 在家族企业中，天然的家族血缘关系使得家族成员之间具有高度的价值承诺、信任和利益一致性，同时，家族个人的职业机会、声誉与企业紧密相关，家族管理者对企业倾向于表现出管家态度，在很多情况下愿意牺牲个人利益来满足各类利益相关者利益的利益。[5]

近年来，越来越多的研究者开始关注家族企业社会情感财富（Socioemotional Wealth，SEW），并用此来概括和总结家族目标。[6] 这一理论认为，家族目标主要来自掌控企业过程中获取的家族情感价值和情感需求，[7] 保护家族社会情感财富的动机构成了各类家族目

---

[1] Chrisman J. J. and Patel P. C., "Variations in R & D Investments of Family and Nonfamily Firms: Behavioral Agency and Myopic Loss Aversion Perspectives", *Academy of Management Journal*, Vol. 55, No. 4, 2012.

[2] Zellweger T. M. and Nason R. S., eds., "Why do Family Firms Strive for Nonfinancial Goals? An Organizational Identity Perspective", *Entrepreneurship Theory and Practice*, Vol. 37, No. 2, 2013.

[3] Zellweger T. M. and Kellermanns F. W., eds., "Building A Family Firm Image: How Family Firms Capitalize on their Family Ties", *Journal of Family Business Strategy*, Vol. 3, No. 4, 2012b.

[4] Davis J. H. and Schoorman F. D., eds., "Toward AStewardship Theory of Management", *Academy of Management Review*, Vol. 22, No. 1, 1997.

[5] Le Breton-Miller. I. and Miller D., eds., "Stewardship or Agency? A Social Embeddedness Reconciliation of Conduct and Performance in Public Family Businesses", *Organization Science*, Vol. 22, No. 3, 2011.

[6] Gómez-Mejía L. R. and K. T. Haynes, eds., "Socioemotional Wealth and Business Risks in Family-Controlled Firms: Evidence from Spanish Olive Oil Mills", *Administrative Science Quarterly*, Vol. 52, 2007.

[7] Astrachan J. H. and Jaskiewicz P., "Emotional Returns and Emotional Costs in Privately Held Family Businesses: Advancing Traditional Business Valuation", *Family Business Review*, Vol. 21, No. 2, 2008.

标的基础,① 具体包括家族控制与影响、家族成员对企业的认同、社会连带、情感依恋以及跨代保持家族控制等五个维度。②

(三) 研究启示

从现有文献回顾来看,近年来越来越多的学者开始关注和进行家族目标的研究,如从目标的分类、来源、重要性到对家族企业行为的影响等方面,③ 但大部分学者关注的都是家族企业中的家族目标问题,一定程度上忽视了经济目标,认为家族企业对于家族目标的重视程度天然地大于经济目标。但也有研究指出,除了家族目标,家族企业对于短期的经济目标也愈发重视,因为这是保持家族控制和跨代传承的基础所在,过于注重非经济目标的实现而忽略经济目标可能会导致家族企业的经营陷入危机。④ 因此,更为迫切需要关注的问题是,家族企业如何权衡并兼顾这两类不同类型的目标,因为家族企业的行为决策正是其经济目标与非经济目标共同作用的结果,⑤ 但既有的研究还没有对此问题进行过深入的分析,这也成为将来的研究可以进一步拓展之处。

---

① Berrone P. and Cruz C. , eds. , "Socioemotional Wealth and Corporate Responses to Institutional Pressures: Do Family-controlled Firms Pollute Less?", *Administrative Science Quarterly*, Vol. 55, No. 1, 2010; Berrone P. and Cruz C. , eds. , "Socioemotional Wealth in Family Firms: Theoretical Dimensions, Assessment Approaches, and Agenda for Future Research." *Family Business Review*, Vol. 25, No. 3, 2012.

② Berrone P. and Cruz C. , eds. , "Socioemotional Wealth in Family Firms: Theoretical Dimensions, Assessment Approaches, and Agenda for Future Research." *Family Business Review*, Vol. 25, No. 3, 2012.

③ Williams R. I. and Pieper T. M. , eds. , *Private Family Business Goals: A Concise Review, Goal Relationships, and Goal Formation Processes*, The Palgrave Handbook of Heterogeneity among Family Firms. Palgrave Macmillan, Cham, 2019a.

④ Tyler B. B. and Caner T. , "New Product Introductions Below Aspirations, Slack and R & D Alliances: A Behavioral Perspective", *Strategic Management Journal*, Vol. 37, No. 5, 2016.

⑤ Gomez-Mejia L. R. and Patel P. C. , eds. , "In the Horns of the Dilemma: Socioemotional Wealth, Financial Wealth, and Acquisitions in Family Firms", *Journal of Management*, Vol. 44, No. 4, 2018.

二 家族企业双元目标的平衡

家族企业是由家族系统和企业系统共同组成,这两个系统各有自身的角色定位、价值观、情感或利益诉求,家族企业中的成员往往需要同时履行这两个系统职责,进而经常性地造成经济目标和家族目标的矛盾和冲突。[1] 比如,为了缩减企业用工成本来增强价格优势,家族企业需要通过降低家族成员的工资水平来达成这一目标。但在某些情况下,经济目标与家族目标又能够共融。比如,随着企业绩效的增长,家族企业能够雇用更多的家族成员。

本书认为,家族企业不仅需要在经济目标和家族目标之间进行权衡和取舍,更为重要的是如何兼顾和平衡好这一对目标。就现有的文献来看,对于这一问题的研究还有待深入。首先,一部分研究将视角局限在某一类目标,比如考察家族涉入与经济绩效之间的关系,或者讨论家族涉入对家族目标的影响作用,[2] 没有将两类目标同时纳入研究框架。另一部分研究则重点关注了两类目标之间的相互关系。泽尔韦格和内森(Zellweger and Nason)[3] 利用分类学的方法给出了家族企业经济目标与家族目标的四类关系——替代(Substitutional)、重叠(Overlapping)、因果(Causal)和协同(Synergistic)。具体而言,替代关系指的是经济目标与家族目标之间是一种替代性关系。比如,雇用更多的家族成员往往会增加代理成本,减弱企业

---

[1] Westhead P., "Company Performance and Objectives Reported by First and Multi-generation Family Companies: AResearch Note", *Journal of Small Business and Enterprise Development*, Vol. 10, No. 1, 2003.

[2] Chrisman J. J. and Chua J. H., eds., "Family Involvement, Family Influence, and Family-centered Non-economic Goals in Small Firms", *Entrepreneurship Theory and Practice*, Vol. 36, No. 2, 2012.

[3] Zellweger T. M. and Nason R. S., "A Stakeholder Perspective on Family Firm Performance", *Family Business Review*, Vol. 21, No. 3, 2008.

的治理效率和价值。① 重叠关系指的是，当家族目标与经济目标同时被满足，就形成了一种重叠关系。比如，当家族企业向其所在社区进行捐赠或支持学校发展时，家族企业在获得家族声誉和威望的同时，还增加了销售利润。此时，家族企业同时实现了家族目标和经济目标。因果关系指的是，某一目标促成了另一个目标的实现。比如，家族内部的和谐、凝聚力能够减少企业的代理成本、提升治理效率，进而提升企业价值。② 协同关系指的是，家族企业中的经济目标与家族目标作用方向一致，进而相互补充和促进。比如，为了实现跨代传承并获取长期竞争优势，家族企业往往会增强高风险性的创新投入。进一步，兰道夫等人（Randolph et al.）③ 考察了家族目标对经济目标的提升作用，同时分析了家族所有权在其中的调节作用。

三 研究启示

总体而言，上述研究给出了家族企业经济目标与家族目标之间的相互关系，对于如何兼顾和平衡好两类目标，仍然没有给出令人信服的答案。基于此，姜涛等④对此问题进行了探索，他们发现，家族二代的所有权涉入与经济目标正相关，与家族目标负相关；而家

---

① Schulze W. S. and Lubatkin M. H., eds., "Agency Relationships in Family Firms: Theory and Evidence", *Organization Science*, Vol. 12, No. 2, 2001; Schulze W. S. and Lubatkin M. H., eds., "Altruism, Agency, and the Competitiveness of Family Firms", *Managerial and Decision Economics*, Vol. 23, 2002; Cruz C. and Justo R., eds., "Does Family Employment Enhance MSEs Performance?: Integrating Socioemotional Wealth and Family Embeddedness Perspectives", *Journal of Business Venturing*, Vol. 27, No. 1, 2012.

② Pieper T. M. and Klein S. B., "The Bulleye: A Systems Approach to Modeling Family Firms", *Family Business Review*, Vol. 20, No. 4, 2007; Randolph R. V. and Alexander B. N., eds., "Untangling Non-economic Objectives in Family & Non-family SMEs: A Goal Systems Approach", *Journal of Business Research*, Vol. 98, 2019.

③ Randolph R. V. and Alexander B. N., eds., "Untangling Non-economic Objectives in Family & Non-family SMEs: A Goal Systems Approach", *Journal of Business Research*, Vol. 98, 2019.

④ 姜涛、杨明轩、王晗：《制度环境、二代涉入与目标二元性——来自中国家族上市公司的证据》，《南开管理评论》2019年第4期。

族二代的管理权涉入则与经济目标负相关，与家族目标正相关。这一研究从代际传承的视角研究了家族企业二元目标的兼顾与平衡问题，将来的研究则可以从家族企业治理的角度来研究这一问题。

由于家族企业存在目标复杂性和多元性的特征，为了达到不同类型的目标，家族企业往往需要采取不同的方法和手段，在这一过程中，不同的"方法—目标"配置模式都可能会出现。鉴于此，使用目标系统理论来分析家族企业双元目标的兼顾与平衡问题是非常合适的，这一理论最初由库鲁格兰斯克等人（Kruglanski et al.）[1] 提出，该理论认为，人的目标系统是由一系列方法（Means）和个人目标（Ends）以及双方之间的相互依存所形成的心智表征。将此概念应用到组织层面，即是指一个组织的目标系统是由一系列方法和组织目标以及双方之间的相互依存所形成的集合表征。[2] 亦即，组织像人一样，有许多目标，为了达成这些目标，需要有一系列可供选择的手段来实现，这些方法、目标共同构成了组织的目标系统。现有研究也已经使用该视角来来分析家族目标与经济目标之间的关系，[3] 本书也将借助这一理论来分析经济目标和家族目标的平衡性问题。

第四节　家族企业治理与企业创新

早期关于家族企业创新问题的研究，主要关注的是家族企业与

---

[1] Kruglanski A. W. and Shah J. Y., eds., "A Theory of Goal Systems", *Advances in Experimental Social Psychology*, Vol. 34, 2002.

[2] Kruglanski A. W. and Chernikova M., eds., "The Architecture of Goal Systems: Multifinality, Equifinality, and Counterfinality in Means—end Relations", *Advances in Motivation Science*. Elsevier, Vol. 2, 2015.

[3] Habbershon T. G. and Williams M., eds., "A Unified Systems Perspective of Family Firm Performance", *Journal of Business Venturing*, Vol. 18, No. 4, 2003; Zellweger T. M. and Nason R. S., "A Stakeholder Perspective on Family Firm Performance", *Family Business Review*, Vol. 21, No. 3, 2008; Randolph R. V. and Alexander B. N., eds., "Untangling Non-economic Objectives in Family & Non-family SMEs: A Goal Systems Approach", *Journal of Business Research*, Vol. 98, 2019.

非家族企业在创新活动和水平上的差异，但由于研究情境、制度背景、企业特征、变量测量等问题，并没有取得一致的结论。总体上而言，现有研究普遍发现，由于家族企业对于控制权的掌握的高度重视以及相对保守的风险偏好态度，家族企业的创新意愿和投入往往低于非家族企业，[1] 一旦家族企业决定进行创新，他们的创新决策将更快，[2] 其创新的转化效率和产出水平反而比非家族企业更高。[3] 随着家族企业创新问题研究的进一步深入，越来越多的学者指出，过往的研究往往过多地关注企业系统，对家族系统和家族要素对企业创新的影响作用或多或少地忽视了，[4] 这可能也是导致目前研究结论没有取得一致性的重要原因。基于此，贾斯基维茨和戴尔（Jaskiewicz and Dyer）[5] 和贾斯基维茨等人（Jaskiewicz et al.）[6] 回顾并剖析了家族系统和家族要素的重要性，并呼吁家族企业研究的学者们需要重点关注家族内部的异质性特征并应用家族科学理论来进

---

[1] Block J. H., "R & D Investments in Family and Founder Firms: An Agency Perspective", *Journal of Business Venturing*, Vol. 27, No. 2, 2012; Chen H. L. and Hsu W. T., "Family Ownership, Board Independence, and R & D Investment", *Family Business Review*, Vol. 22, No. 4, 2009.

[2] König A. and Kammerlander N., eds., "The Family Innovator's Dilemma: How Family Influence Affects the Adoption of Discontinuous Technologies by Incumbent Firms", *Academy of Management Review*, Vol. 38, No. 3, 2013.

[3] Duran P. and Kammerlander N., eds., "Doing More with Less: Innovation Input and Output in Family Firms", *Academy of Management Journal*, Vol. 59, No. 4, 2016.

[4] De Massis. A. and Di Minin. A., eds., "Family-driven Innovation: Resolving the Paradox in Family Firms", *California Management Review*, Vol. 58, No. 1, 2015a.

[5] Jaskiewicz P. and Dyer W. G., "Addressing the Elephant in the Room: Disentangling Family Heterogeneity to Advance Family Business Research", *Family Business Review*, Vol. 30, No. 2, 2017.

[6] Jaskiewicz P. and Combs J. G., eds., "Introducing the Family: A Review of Family Science with Implications for Management Research", *Academy of Management Annals*, Vol. 11, No. 1, 2017.

行剖析。① 而其中，作为连接目标和资源的关键桥梁，家族企业的治理结构有着举足轻重的作用，其关联着家族内部特殊的权威结构、激励机制、责任和规范等，② 从而对企业的创新决策有着显著的影响作用。

一 非正式治理与创新

就非正式治理与企业创新的关系而言，现有研究主要从两个视角展开，一是社会情感财富理论（SEW）视角，这一视角关注的是家族控制（非正式的家族成员涉入）对企业创新活动的影响作用。二是部分文献则从代理理论和社会网络视角出发，考察家族企业中非正式网络的作用。首先，从社会情感财富理论视角出发，学者们普遍发现，非正式治理中的结构性因素——家族成员的非正式涉入（主要指家族成员对于高管团队的涉入），将弱化企业的创新投入意愿。③ 这主要源于两个方面的原因，第一，企业创新活动往往需要足够的创新资金以及专业的人力资本要素，但家族企业内部的人力资本和物质资本经常无法满足创新所需要的资源和管理需求。此时，

---

① Combs J. G. and Shanine K. K., eds., "What do We Know about Business Families? Setting the Stage for Leveraging Family Science Theories", *Family Business Review*, Vol. 33, No. 1, 2020.

② Carney M., "Corporate Governance and Competitive Advantage in Family-Controlled Firms", *Entrepreneurship Theory and Practice*, Vol. 29, No. 3, 2005; Gedajlovic E. and Carney M., "Markets, Hierarchies, and Families: Toward a Transaction Cost Theory of the Family Firm", *Entrepreneurship Theory and Practice*, Vol. 34, No. 6, 2010.

③ Chen H. L. and Hsu W. T., "Family Ownership, Board Independence, and R & D Investment", *Family Business Review*, Vol. 22, No. 4, 2009; Munari F. and Oriani R., eds., "The Effects of Owner Identity and External Governance Systems on R & D Investments: A Study of Western European Firms", *Research Policy*, Vol. 39, No. 8, 2010; Block J. H., "R & D Investments in Family and Founder Firms: An Agency Perspective", *Journal of Business Venturing*, Vol. 27, No. 2, 2012; Liang Q. and Li X., eds., "How does Family Involvement Affect Innovation in China?", *Asia Pacific Journal of Management*, Vol. 30, No. 3, 2013; Matzler K. and Veider V., eds., "The Impact of Family Ownership, Management, and Governance on Innovation", *Journal of Product Innovation Management*, Vol. 32, No. 3, 2015.

就需要引入家族外部的资金和具有专业知识、能力、经验的职业管理者。但外部资金和管理者的引入需要家族让渡部分管理权和决策权给家族外成员，① 这将削弱家族对于企业的控制，这与家族对于企业的控制意愿产生了重大的矛盾。在这一背景下，家族企业往往不愿意通过稀释家族控制权和管理权的方式来进行创新。当家族成员过多地涉入管理层时，非家族成员往往会感到自己被排除在关键政策制定过程之外，同时也会感受到没有相对自由的权力来进行企业决策。而这些非家族成员还需要与家族管理者进行必要的沟通来保证他们支持自己的想法和决策。当非家族成员感受到自己被隔离或者自己的建议没有被及时或有效的采纳时，他们可能会不进行主动的建言行为甚至离开企业，② 而这些非家族成员又是企业创新知识、能力和经验的重要外部人力资本。此时，过度的非正式家族管理涉入可能会导致企业的创新不足。③ 第二，虽然非正式的治理和决策过程使得家族企业的决策速度较快，但这来源于家族企业在进行风险决策时无须进行过多严密的、系统的和无偏误的风险评估，④ 而这一过程也使得家族企业的风险决策在被管理者和执行者完全理解和评估之前做出，决策的结果充满了不确定性和高风险性。在这一背景下，家族管理者自身决策的不确定性，加上创新活动本身带有的高风险性和不确定性，往往使得保守的家族企业不太愿意进行过多的创新投入。⑤ 因此，从社会情感财富角度出发，非正式治理是不利于

---

① De Massis. A. and Frattini F., eds., "Product Innovation in Family Versus Nonfamily Firms: An Exploratory Analysis", *Journal of Small Business Management*, Vol. 53, No. 1, 2015b.

② Zahra S. A., "Entrepreneurial Risk Taking in Family Firms", *Family Business Review*, Vol. 18, No. 1, 2005.

③ Carney M., "Corporate Governance and Competitive Advantage in Family-Controlled Firms", *Entrepreneurship Theory and Practice*, Vol. 29, No. 3, 2005.

④ Naldi L. and Nordqvist M., eds., "Entrepreneurial Orientation, Risk Taking, and Performance in Family Firms", *Family Business Review*, Vol. 20, No. 1, 2007.

⑤ 马骏、罗衡军、肖宵:《私营企业家地位感知与企业创新投入》,《南开管理评论》2019年第2期。

企业进行创新活动投入的。

相反，从代理理论和社会网络视角出发，非正式治理的作用则刚好相反。一方面，从社会网络的视角出发，非正式治理带来的宽松自由、弹性、开放和友好的组织文化与氛围，[1] 能够加强非家族成员（尤其是那些具有专业创新知识、能力和经验的组织成员）的组织认同，[2] 更好地激发企业员工的创造性思维和创业活力。[3] 同时，由非正式治理所形成的知识共享网络（Informal Knowledge Sharing Network）能够充当组织异质性知识产生和共享的重要渠道，这一网络能够加快组织学习过程，并强化家族企业的创新能力。[4] 另一方面，从代理理论视角出发，非正式治理意味着家族企业没有正式的内部和外部的监督和控制系统，同时来自外部利益相关者（比如外部中小股东、机构投资者、证券分析师、外部董事等）的监督、信息披露和问责压力也相对较小，[5] 进而使得家族企业在进行风险决策时无须进行过多严密的、系统的和无偏误的风险评估，这能够加快

---

[1] De Massis. A. and Frattini F., eds., "Product Innovation in Family Versus Nonfamily Firms: An Exploratory Analysis", *Journal of Small Business Management*, Vol. 53, No. 1, 2015b.

[2] Vardaman J. M. and Allen D. G., eds., "We Are Friends But Are We Family? Organizational Identification and Nonfamily Employee Turnover", *Entrepreneurship Theory and Practice*, Vol. 42, No. 2, 2018.

[3] Tushman M. L. and AO'Reilly, C., "Sorting Organizational Hardware", *The Journal of Business Strategy*, Vol. 18, No. 4, 1997.

[4] Tsai W., "Knowledge Transfer in Intraorganizational Networks: Effects of Network Position and Absorptive Capacity on Business Unit Innovation and Performance", *Academy of Management Journal*, Vol. 44, No. 5, 2001; Zahra S. A., "Organizational Learning and Entrepreneurship in Family Firms: Exploring the Moderating Effect of Ownership and Cohesion", *Small Business Economics*, Vol. 38, No. 1, 2012.

[5] Schulze W. S. and Lubatkin M. H., eds., "Agency Relationships in Family Firms: Theory and Evidence", *Organization Science*, Vol. 12, No. 2, 2001; Schulze W. S. and Lubatkin M. H., eds., "Toward A Theory of Agency and Altruism in Family Firms", *Journal of Business Venturing*, Vol. 18, No. 4, 2003; Carney M., "Corporate Governance and Competitive Advantage in Family-Controlled Firms", *Entrepreneurship Theory and Practice*, Vol. 29, No. 3, 2005.

企业的决策速度和效率，当有一个创业或创新想法时，也能够更快地进行市场实验。①

二 正式治理与创新

就正式治理与企业创新的关系而言，现有文献也没有得到相对一致的结论。部分研究发现，正式化的治理能够增强企业的创新动力，这主要源于两个方面的原因。一方面正式的治理结构意味着企业的治理和决策更多地由职业经理人或者专业管理团队负责，这些管理者和管理团队往往比家族企业成员具有更专业的知识、经验和能力，进而为企业创新活动提供人力资本和物质资本。另一方面从代理理论出发，正式治理意味着的组织拥有更为严格的监督、控制和决策程序，这使得家族企业在进行风险决策时会进行严密的、系统的和无偏误的风险评估，② 同时更多的获得外部利益相关者的监督和建议，③从而更为有效地评估和控制风险，减小创新活动可能带来的不确定性和风险性，这会增强企业进行创新活动的意愿和信心。

另外一部分研究则发现，正式治理也可能成为阻碍企业创新的因素。正式治理是指组织通过正式化的规则来定义企业内部的角色、

---

① Naldi L. and Nordqvist M., eds., "Entrepreneurial Orientation, Risk Taking, and Performance in Family Firms", *Family Business Review*, Vol. 20, No. 1, 2007; Nordqvist M. and Habbershon T. G., eds., "Transgenerational Entrepreneurship: Exploring Entrepreneurial Orientation in Family Firms", *Entrepreneurship, Sustainable Growth and Performance: Frontiers in European Entrepreneurship Research*, Vol. 93, 2008.

② Naldi L. and Nordqvist M., eds., "Entrepreneurial Orientation, Risk Taking, and Performance in Family Firms", *Family Business Review*, Vol. 20, No. 1, 2007.

③ Schulze W. S. and Lubatkin M. H., eds., "Agency Relationships in Family Firms: Theory and Evidence", *Organization Science*, Vol. 12, No. 2, 2001; Schulze W. S. and Lubatkin M. H., eds., "Toward A Theory of Agency and Altruism in Family Firms", *Journal of Business Venturing*, Vol. 18, No. 4, 2003; Carney M., "Corporate Governance and Competitive Advantage in Family-Controlled Firms", *Entrepreneurship Theory and Practice*, Vol. 29, No. 3, 2005.

程序和权力范围,[1] 这一过程往往伴随着组织结构和活动的分散化,甚至出现过于科层化和官僚化的倾向,进而影响组织弹性和适应性。比如,贾沃斯基和科利(Jaworski and Kohli)[2] 发现,过度正式化的组织文化将阻碍知识、信息在组织内部的交流和扩散,在一定程度上抑制组织成员创新思维和活动的产生,同时也弱化了企业应对市场和外部环境的变化的效率和能力,[3] 最终不利于企业的创新活动。[4] 因此,正式治理机制在一定程度上能够强化组织的创新意愿,但当组织过度正式化和科层化以后,其创新活动则可能被抑制。

由以上文献梳理可以发现,正式治理和非正式治理对于创新的影响作用并非简单的线性关系,或者说并非一成不变。而组织创新也并非单独地由正式治理或非正式治理决定,更普遍的情况是,正式治理和非正式治理同时影响着企业的创新意愿和能力,正如诺德奎斯等人(Nordqvist et al.)[5] 所指出的,那些有效处理好正式治理需求(以应对由企业成长带来的管理复杂性)和非正式治理需求(为新的创业想法和创新提供一个相对自由灵活和创造性的氛围)张力的家族企业,能够更长期地保持创业导向和创新性。事实上,现代企业的有效治理很少是单独依靠正式的契约治理或非正式的关系

---

[1] Hall R. H. and Haas E. J., eds., "Organizational Size, Complexity, and Formalization", *American Sociological Review*, Vol. 32, 1967.

[2] Jaworski B. J. and Kohli A. K., "Market Orientation: Antecedents and Consequences", *Journal of Marketing*, Vol. 57, No. 3, 1993.

[3] Kirca A. H. and Jayachandran S., eds., "Market Orientation: A Meta-analytic Review and Assessment of Its Antecedents and Impact on Performance", *Journal of Marketing*, Vol. 69, No. 2, 2005.

[4] Naldi L. and Nordqvist M., eds., "Entrepreneurial Orientation, Risk Taking, and Performance in Family Firms", *Family Business Review*, Vol. 20, No. 1, 2007; Kraiczy N. D. and Hack A., eds., "What Makes A Family Firm Innovative? CEO Risk-taking Propensity and the Organizational Context of Family Firms", *Journal of Product Innovation Management*, Vol. 32, No. 3, 2015.

[5] Nordqvist M. and Habbershon T. G., eds., "Transgenerational Entrepreneurship: Exploring Entrepreneurial Orientation in Family Firms", *Entrepreneurship, Sustainable Growth and Performance: Frontiers in European Entrepreneurship Research*, Vol. 93, 2008.

治理的，更多的是凭借两者的协同治理，这不仅适用于企业财务目标的实现，对长期导向的创新性活动也同样如此。在决定是否进行创新活动时，程序往往是正式化的，需要经过管理层的正式授权，但当创新项目实施时，不仅需要正式化的程序规则，相对灵活的、非正式的决策过程也是需要的，因为创新项目往往有着极大的不确定性和风险性，无法准确预知过程和结果，因而随时根据创新项目的变化进行灵活的调试也是必需的，[1] 而非正式的家族决策和管理则具有这种灵活性，可以与正式制度发挥协同作用。

因此，无论是正式的治理机制还是非正式的治理，其单独对企业创新的影响都具有两面性，或者说，正式治理和非正式治理既可以提升企业的创新意愿，也可能产生抑制作用。具体如表2—4所示。

三 研究启示

从以上文献回顾可以发现，过去关于家族企业治理与创新活动的研究，并没有取得一致的结论。除了存在特定的情境因素，另一个重要原因则是企业的创新不仅仅存在水平的高低，同时还具有不同的类型。一个典型的创新活动分类是探索式创新（Exploration）和开发式创新（Exploitation），马奇（March）[2] 最早对探索式创新和利用式创新进行了区分。其中，探索式创新是对新知识、产品、市场、机会的搜索，具体包括探索、变异、风险承担、实验、发现等，这一创新活动有着较高的风险和成本，回报也具有不可预测性，但其对于企业的长期生存和竞争优势有着重要意义；而开发式创新则是对组织既有知识、能力、技术和模式的精炼和扩展，具体包括精

---

[1] De Massis. A. and Frattini F., eds., "Product Innovation in Family Versus Nonfamily Firms: An Exploratory Analysis", *Journal of Small Business Management*, Vol. 53, No. 1, 2015b.

[2] March J. G., "Exploration and Exploitation in Organizational Learning", *Organization Science*, Vol. 2, No. 1, 1991.

表2—4　正式治理与非正式治理对家族企业创新活动的影响作用

	优势	理论基础	文献	劣势	理论基础	文献
正式治理	职业经理人、专业管理团队、外部董事为家族企业提供创新所需的人力资本、物质资本、网络资源等	资源基础观	DiMaggio and Powell, 1983; Burkart et al., 2003; Bennedsen et al., 2007; Ling and Kellermanns, 2010①	科层化和官僚化的倾向，减弱知识、信息在组织内部的交流扩散的速度和效率，降低企业应对外部环境变化的效率和能力，减弱企业创新性	高阶理论，组织理论	Jaworski and Kohli, 1993; Kirca et al., 2005②

---

① DiMaggio P. and Powell W. W., "The Iron Cage Revisited: Collective Rationality and Institutional Isomorphism in Organizational Fields", *American Sociological Review*, Vol. 48, No. 2, 1983; Burkart M. and F. Panunzi eds., "Family Firms", *The Journal of Finance*, Vol. 58, 2003; Bennedsen M. and K. M. Nielsen, eds., "Inside the Family Firm: The Role of Families in Succession Decisions and Performance", *The Quarterly Journal of Economics*, Vol. 122, 2007; Ling Y. and F. W. Kellermanns, "The Effects of Family Firm Specific Sources of TMT Diversity: The Moderating Role of Information Exchange Frequency", *Journal of Management Studies*, Vol. 47, 2010.

② Jaworski B. J. and Kohli A. K., "Market Orientation: Antecedents and Consequences", *Journal of Marketing*, Vol. 57, No. 3, 1993; Kirca A. H. and Jayachandran S., eds., "Market Orientation: A Meta-analytic Review and Assessment of Its Antecedents and Impact on Performance", *Journal of Marketing*, Vol. 69, No. 2, 2005.

续表

	优势	理论基础	文献	劣势	理论基础	文献
正式治理	更为严格的监督，控制和决策程序，这使得家族企业在决策时会进行严密的风险决策的和无偏误的风险评估，减小创新活动可能带来的不确定性和风险性	代理理论	Schulze et al., 2001, 2003; Carney, 2005; Naldi et al., 2007[①]	过度复杂和严密的计算减弱了决策速度，同时使得企业在做决策时偏向于保守和风险规避	代理理论，社会情感财富理论	Gomez-Mejia et al., 2001; Naldi et al., 2007; Kraiczy et al., 2015[②]

[①] Schulze W. S. and Lubatkin M. H., eds., "Agency Relationships in Family Firms: Theory and Evidence", *Organization Science*, Vol. 12, No. 2, 2001; Schulze W. S. and Lubatkin M. H., eds., "Toward A Theory of Agency and Altruism in Family Firms", *Journal of Business Venturing*, Vol. 18, No. 4, 2003; Carney M., "Corporate Governance and Competitive Advantage in Family-Controlled Firms", *Entrepreneurship Theory and Practice*, Vol. 29, No. 3, 2005; Naldi L and Nordqvist M., eds., "Entrepreneurial Orientation, Risk Taking, and Performance in Family Firms", *Family Business Review*, Vol. 20, No. 1, 2007.

[②] Gomez-Mejia L. R. and Nunez-Nickel M., eds., "The Role of Family Ties in Agency Contracts", *Academy of Management Journal*, Vol. 44, No. 1, 2001; Naldi L and Nordqvist M., eds., "Entrepreneurial Orientation, Risk Taking, and Performance in Family Firms", *Family Business Review*, Vol. 20, No. 1, 2007; Kraiczy N. D. and Hack A., eds., "What Makes A Family Firm Innovative? CEO Risk-taking Propensity and the Organizational Context of Family Firms", *Journal of Product Innovation Management*, Vol. 32, No. 3, 2015.

续表

	优势	理论基础	文献	劣势	理论基础	文献
非正式治理	非正式治理带来的宽松自由、弹性、开放和友好的组织文化与氛围，激发企业员工的创造性思维和创业活力	社会网络理论、管家理论	Tushman and AO'Reilly, 1997; De Massis et al., 2015b①	家族管理者为了保持家族控制，阻碍家族从外部获得创	社会情感财富理论、代理理论、行为理论	Block, 2012; Chrisman and Patel, 2012; Matzler et al., 2015②

资料来源：作者依据已有文献整理。

---

① Tushman M. L. and AO'Reilly, C., "Sorting Organizational Hardware", *The Journal of Business Strategy*, Vol. 18, No. 4, 1997; De Massis. A. and Frattini F., eds., "Product Innovation in Family Versus Nonfamily Firms: An Exploratory Analysis", *Journal of Small Business Management*, Vol. 53, No. 1, 2015b.

② Block J. H., "R&D Investments in Family and Founder Firms: An Agency Perspective", *Journal of Business Venturing*, Vol. 27, No. 2, 2012; Chrisman J. J. and Patel P. C., "Variations in R&D Investments of Family and Nonfamily Firms: Behavioral Agency and Myopic Loss Aversion Perspectives", *Academy of Management Journal*, Vol. 55, No. 4, 2012; Matzler K. and Veider V., eds., "The Impact of Family Ownership, Management, and Governance on Innovation", *Journal of Product Innovation Management*, Vol. 32, No. 3, 2015.

炼、选择、生产、实施、执行等,这一创新活动的风险性和成本较低,关注的是短期的效率和业绩回报。

这两种创新活动形成了双元创新的问题,那些较为成功的家族企业往往是那些能够兼顾和平衡好这两种创新活动的组织——在有效利用现有资源和能力来进行开发式创新的同时,积极探索新的产品、市场和机会,最终实现短期财务的增长和长期竞争的获得。[1] 但在有限的组织资源约束条件下,家族企业往往无法有效兼顾这两种创新活动,[2] 即使有能力进行兼顾,家族企业也会因为其固有的保守态度以及对于家族社会情感财富的保存,而表现出较低的探索式创新意愿。[3] 因此,更为普遍的情况是,家族企业需要根据自身特征和资源禀赋来决定如何将有限的资源配置到这两种类型的创新活动中。因此,在过去就家族企业与创新活动关系未达成一致的可能原因之

---

[1] Levinthal D. A. and March J. G., "The Myopia of Learning", *Strategic Management Journal*, Vol. 14 (S2), 1993; Tushman M. L. and O'Reilly III. C. A., "Ambidextrous Organizations: Managing Evolutionary and Revolutionary Change", *California Management Review*, Vol. 38, No. 4, 1996; He Z. L. and Wong, P. K., "Exploration vs. Exploitation: An Empirical Test of the Ambidexterity Hypothesis", *Organization Science*, Vol. 15, No. 4, 2004.

[2] Lubatkin M. H. and Simsek Z., eds., "Ambidexterity and Performance in Small-to medium-sized Firms: The Pivotal Role of Top Management Team Behavioral Integration", *Journal of Management*, Vol. 32, No. 5, 2006; Moss T. W. and Payne G. T., eds., "Strategic Consistency of Exploration and Exploitation in Family Businesses", *Family Business Review*, Vol. 27, No. 1, 2014; Kollmann T. and Stöckmann C., "Filling the Entrepreneurial Orientation-performance Gap: The Mediating Effects of Exploratory and Exploitative Innovations", *Entrepreneurship Theory and Practice*, Vol. 38, No. 5, 2014.

[3] Allison T. H. and McKenny A. F., eds., "Integrating Time into Family Business Research: Using Random Coefficient Modeling to Examine Temporal Influences on Family Firm Ambidexterity", *Family Business Review*, Vol. 27, No. 1, 2014; Cassia L. and De Massis. A., eds., "Strategic Innovation and New Product Development in Family Firms: An Empirically Grounded Theoretical Framework", *International Journal of Entrepreneurial Behavior and Research*, Vol. 18, No. 2, 2012; Chrisman J. J. and Chua J. H., eds., "The Ability and Willingness Paradox in Family Firm Innovation", *Journal of Product Innovation Management*, Vol. 32, No. 3, 2015.

一是，没有进一步区分和讨论不同类型的创新活动。

第五节 本章小结

家族企业治理作为家族企业研究中的关键一环，历来受到家族企业研究学者们的关注，本章首先回顾了家族企业治理的基本概念、分类以及不同治理模式间的相互关系。在此基础上，本书进一步回顾并分析了现有关于家族企业正式治理的研究模型、理论基础、驱动因素和过程机制，并从中识别出三个将来可以进一步拓展的主题并对它们进行了系统的文献梳理和评述。

通过上文文献的梳理，现有研究存在如下三个方面的问题：第一方面，尽管过去研究基于不同的理论视角，讨论了家族企业治理正式化背后的驱动因素，但这些研究没有一个统合性的分析框架，研究结论也相对零散，更没有识别出家族企业治理正式化背后的核心逻辑到底是什么。第二方面，在讨论家族企业不同类型目标的文献中，过去研究更多地进行了理论阐述，也没有有效识别出不同类型目标之间的平衡机制。比如本书关注的家族目标和经济目标的兼顾、探索式创新和开发式创新的兼顾。第三方面，在讨论家族企业创新的文献中，现有研究往往将创新视为同质性的活动，忽视了其内部的异质性特征，比如本书关注的探索式创新和开发式创新的区别，同时也没有将家族治理引入双元创新分析框架内。

基于现有研究的不足，本书将进行三个具有理论逻辑联系的子研究，以期拓展现有研究文献。具体研究框架与逻辑如图 2—1 所示。第一个子研究基于制度逻辑，考察家族企业治理正式化过程中的效率逻辑和合法性逻辑，并识别出不同资源与合法性基础下，两类逻辑的具体表现；第二个子研究从家族企业双元目标平衡性出发，基于目标系统理论，考察家族企业如何应用正式治理和非正式治理来实现经济目标和非经济目标的权衡；第三个子研究关注家族企业短期生存和长期存续过程中,家族企业如何利用不同的治理模式来进行开发式创新和探索式创新,同时识别出组织内外部环境的情境性作用。从逻辑上说,这三个子研究共同聚焦中国家族企业的正式治理问题,从治理正式化过程的核心逻辑到战略目标的实现,对中国家族企业的正式治理问题进行了较为全面和透彻的研究。本书通过这三个逻辑紧密且层层递进的子研究,期望对家族企业治理正式化过程中的创新战略选择以及双元目标的平衡进行深化和拓展,同时为理解中国家族企业的治理提供更具解释力的分析框架。

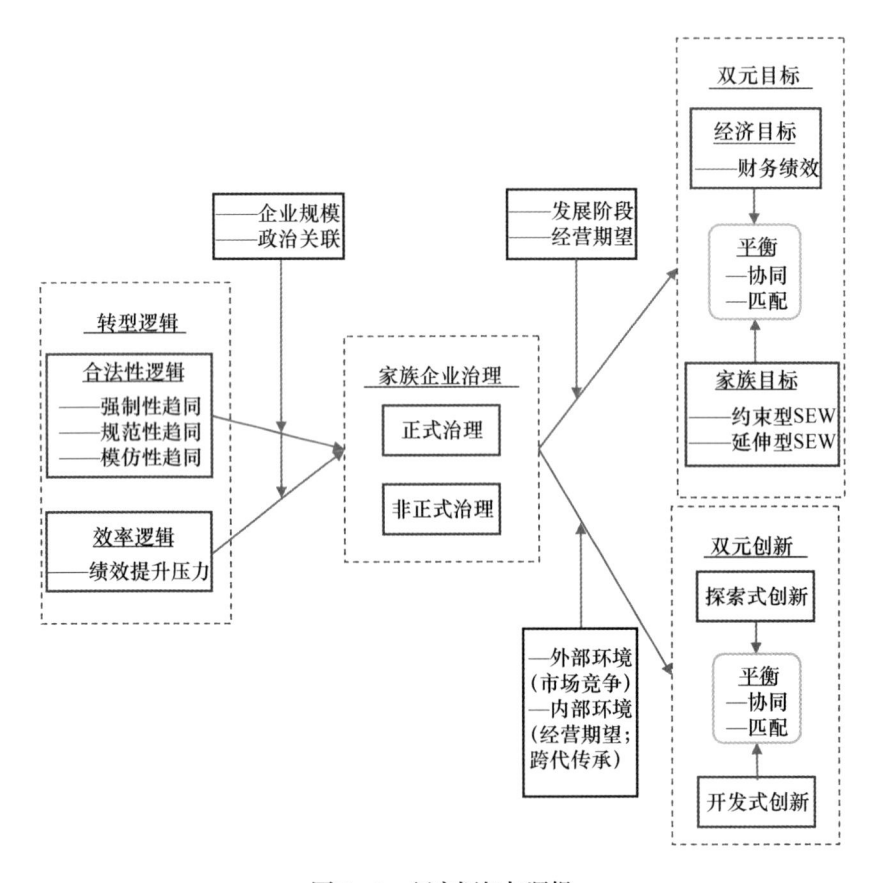

图 2—1 研究框架与逻辑

第 三 章

效率还是合法性？家族企业治理正式化的逻辑分析

第一节　引言

2018年11月1日，习近平总书记在北京主持召开民营企业座谈会时，旗帜鲜明地指出，"民营企业家要练好企业内功，特别是要提高经营能力、管理水平，完善法人治理结构，鼓励有条件的民营企业建立现代企业制度……"[①] 这一期望正是在目前中国民营（家族）企业面临转型升级的背景下提出的，但一个不容忽视的事实是，"转型动力不足"与"正式治理机制不健全"始终是中国家族企业治理正式化过程中的两大掣肘。与西方高度科层化的理性系统不同，中国的文化更多地强调为以人情和关系为主的自然系统，这使得家族企业带有传统文化和个人权威的历史烙印，以传统权威和魅力型权威主导，家长制、道德型领导成为主要治理机制，更多的是通过与身份、地位相关联的差序化的权威来治理，[②] 因此无法排除人情、血

---

① 资料来源：中国政府网：http：//www.gov.cn/xinwen/2018－11/01/content_5336540.htm。

② 李新春：《单位化企业的经济性质》，《经济研究》2001年第7期；李新春：《中国的家族制度与企业组织》，《中国社会科学季刊（香港）》2008年8月秋季卷。

缘和连带关系"私的"目标和行为在"公的"领域发挥作用。在创业初期，非正式的人格化管理有利于树立领导者的权威，减少企业代理成本并降低交易费用，但随着市场制度的完善以及组织规模的扩大，对于人情和网络的过度依赖，又成为限制家族企业发展法理型科层结构的制度因素。

也正是在这一意义上，学者们越来越多地关注家族企业治理的正式化问题。学者们发现，对于家族企业而言，其治理正式化过程受到两方面力量的推进。一是外部正式制度环境的不断完善，法律、规范和竞争秩序为企业生存发展提供制度合法性，这一合法性通过规制、规范和主流价值体系的建构而推动企业治理的正式化。比如，制度环境和法律系统的不断完善能够推动家族企业实现"现代化"和"去家族化"改革，[1] 并且将在组织场域中不断扩散，形成组织正式化治理的趋同现象。二是内部的自我转型动力，随着二代企业家的进入，家族企业治理中将会更多地融入非人格化的因素，[2] 这也是家族企业持续成长所必需的。经典的经济学理论认为，在市场竞争中，对组织绩效的追求会驱使组织采用更有效率的治理结构，效率成为组织正式治理的重要驱动因素。

在研究中国家族企业治理正式化的问题时，学者们同样发现，外部制度变迁、国际市场竞争以及组织内部成长意愿是重要的推动力量，[3]

---

[1] Burkart M. and F. Panunzi eds., "Family Firms", *The Journal of Finance*, Vol. 58, 2003; Mueller H. M. and Philippon T., "Family Firms and Labor Relations", *American Economic Journal: Macroeconomics*, Vol. 3, No. 2, 2011.

[2] Brun de Pontet, S. and Wrosch, C., eds., "An Exploration of the Generational Differences in Levels of Control Held among Family Businesses Approaching Succession", *Family Business Review*, Vol. 20, No. 4, 2007; Kraiczy N. D. and Hack A., eds., "What Makes A Family Firm Innovative? CEO Risk-taking Propensity and the Organizational Context of Family Firms", *Journal of Product Innovation Management*, Vol. 32, No. 3, 2015.

[3] Kim Y. C. and Chung C. N., "Organizational Change under Institutional Logics: Family Control of Corporate Boards in Taiwan", *Sociological Perspectives*, Vol. 61, No. 3, 2018; Chung C. N. and Kim Y. C., "Global Institutions and Local Filtering: Introducing Independent Directors to Taiwanese Corporate Boards", *International Sociology*, Vol. 33, No. 3, 2018; 李新春、马骏、何轩等：《家族治理的现代转型：家族涉入与治理制度的共生演进》，《南开管理评论》2018 年第 2 期。

国内发展较好的家族企业也越来越普遍地进行治理转型,[1] 而这一过程往往会产生家族观念、文化、价值观所形成的情感因素与现代理性组织制度的冲突。事实上,家族企业是典型的企业家控制型企业,企业家情感性因素直接影响企业治理,与此同时,家族企业治理中也存在着理性因素,因为企业不可能完全在情感因素的控制下实现持续性发展。由此,家族企业治理的正式化过程实际上也是企业内部情感因素与理性因素相互博弈的过程。

其中,情感因素主要源于家族涉入所形成的家族主义、家族意图、家族关系网络等,这些情感性特征往往使得家族企业更加偏好非正式治理,而不利于治理的正式化。理性因素则来源于泰勒的科学管理和韦伯的科层制管理,以及在此基础上形成的现代企业制度的扩散,这些现代理性思维的嵌入是家族企业治理正式化的重要推动力量。本书认为,现代理性思维作用的发挥超过情感因素的作用,是推动家族企业治理正式化的关键所在。而在理性因素中,又有两种形式的逻辑——效率逻辑和合法性逻辑。[2]

传统的观点认为,基于理性的效率逻辑与基于合法性的组织趋同逻辑是相互对立和冲突的。[3] 因为按照合法性逻辑,组织采取正式

---

[1] 陈凌、应丽芬:《代际传承:家族企业继任管理和创新》,《管理世界》2003年第6期。

[2] Lounsbury M. A. , "Tale of Two Cities: Competing Logics and Practice Variation in the Professionalizing of Mutual Funds", *The Academy of Management Journal*, Vol. 50, No. 2, 2007; Greenwood R. and Díaz A. M. , eds. , "The Multiplicity of Institutional Logics and the Heterogeneity of Organizational Responses", *Organization Science*, Vol. 21, No. 2, 2010; Pache A. C. and Santos F. , "Inside the Hybrid Organization: Selective Coupling as A Response to Competing Institutional Logics", *Academy of Management Journal*, Vol. 56, No. 4, 2013; Wry T. and Cobb J. A. , eds. , "More than A Metaphor: Assessing the Historical Legacy of Resource Dependence and Its Contemporary Promise as A Theory of Environmental Complexity", *Academy of Management Annals*, Vol. 7, No. 1, 2013; Kim Y. C. and Chung C. N. , "Organizational Change under Institutional Logics: Family Control of Corporate Boards in Taiwan", *Sociological Perspectives*, Vol. 61, No. 3, 2018.

[3] Meyer J. W. and Rowan B. , "Institutionalized Organizations: Formal Structure as Myth and Ceremony", *American Journal of Sociology*, Vol. 83, No. 2, 1977.

化的治理结构被认为是一种"最佳治理模式",但其在多大程度上是有效率的,制度压力来源方则并不会过于关注。进一步,在很多情况下,组织的正式化治理仅仅是一种形式上的象征,是在外部制度压力下的一种组织趋同表现,而非真正去追求组织效率。比如,帕拉达等人(Parada et al.)[①]发现,受到行业协会中其他组织的压力(主要是模仿和规范压力),为了获取必要的合法性,协会内部家族企业的治理实践会发生更替,这一旧治理实践的去制度化过程(Deinstitutionalization)和新治理实践的制度化过程(Institutionalization)主要是为了获取合法性而非效率。相反,效率逻辑下的治理,强调的是组织能够在治理效率、绩效和创新方面取得成就,否则将丧失竞争优势而被市场竞争淘汰。比如,企业通过治理结构的不断调试来识别、发现和利用新的市场机会,构建核心动态能力以保持长期竞争优势。但效率逻辑和合法性逻辑的一个重要区别在于,制度化的规则往往是具有较高普遍性和一般化特征的,从而形成绝对性的无条件规则,而基于效率的市场竞争则会随着非标准的、独特的条件变化而变化,从而绝对性的规则和相对性的效率在特定情境下产生冲突和矛盾。

本书认为,效率逻辑和合法性逻辑并不总是相互冲突的,相反,它们共同构成了组织内部的理性因素,成为推动家族企业治理正式化的动力。由此,本书关注的问题是,在理性因素的推动下,中国家族企业治理的正式化过程是否遵循合法性逻辑和效率逻辑?其次,在组织内部不同的资源与合法性基础上,家族企业正式化治理的逻辑是否存在差异?对于以上问题的探索则是本书需要做的核心工作。

本书的章节安排如下。第一部分引言给出了文章的缘起和意义;第二部分是理论与假设;第三部分是研究设计,介绍了样本选择、数

[①] Parada M. J. and Nordqvist M., eds., "Institutionalizing the Family Business: The Role of Professional Associations in Fostering A Change of Values", *Family Business Review*, Vol. 23, No. 4, 2010.

据来源和变量定义；第四部分是实证分析；第五部分是结论和讨论。

第二节 理论分析与研究假设

一 家族企业治理正式化的逻辑分析

（一）家族企业中的情感因素与理性因素

家族企业是由家族和企业这两个感情系统和任务系统、情感因素和理性因素交织而成，是一个包含情感和理性因素的矛盾统一体。目前中国相当一部分家族企业处于向现代理性组织转型的过程中，而这一过程往往会产生家族观念、文化、价值观所形成的情感因素与现代理性因素的冲突。事实上，家族企业是典型的企业家控制型企业，企业家情感性因素将直接影响企业治理，但是不可否认的是，家族企业治理中同时存在着理性因素，因为企业不可能完全在情感因素的控制下实现持续性发展。由此，家族企业治理的正式化过程实际上也是家族企业内部情感因素与理性因素的一种博弈过程。

其中，情感因素主要源于家族涉入所形成的家族主义、家族意图、家族关系网络等，这些情感性特征往往使得家族企业更加偏好非正式治理，从而成为阻碍企业正式治理的典型因素。而理性因素则来源于泰勒的科学管理和韦伯的科层制管理，以及在此基础上形成的现代企业制度的扩散，这些现代理性思维的嵌入是家族企业治理正式化的重要推动因素。本书认为，理性因素作用的发挥超过情感因素的阻碍作用，是推动家族企业治理正式化的关键所在。在理性因素中，有着两种形式的逻辑——效率逻辑和合法性逻辑。

（二）组织的正式化：合法性逻辑与效率逻辑

1. 合法性逻辑

组织合法性是一种制度化的产物，其是指，在特定的信念、规范和价值观等社会化建构过程中，组织的行为被认为是合意的、正确的或适当的。① 由此，组织的合法性来源于企业与外部环境的连接与互动，② 来自利益相关者对企业的组织模式、治理、行为等是否符合规范和期望的一种认知。在此基础上，合法性逻辑则是组织为了获取合法性，对自身的经营结构、治理模式、行为进行调试和改变的过程。③ 基于合法性逻辑，组织理论认为，理性的正式结构是协调和控制与现代技术或工作活动相关联的复杂关系网络最有效的方式，④ 这里的"理性"强调的是目标的具体化和结构的正式化。其中，组织的正式化是获得组织长期稳定性的主要目的和功能，⑤ 组织仅仅依靠其产生的绩效，是无法有效解决不可预测的技术偶然性和不确定性的环境制度变迁的。此时，组织的内部成员和外部利益相关者会要求使用制度化的规则来防止组织的失败。⑥ 因此，组织不仅要关心自身的效率和绩效问题，其治理过程中的制度化和理性化因素及其合法性压力同样需要受到关注。

2. 效率逻辑

效率逻辑强调的是，企业在市场竞争过程中经营治理和战略行为的目标是为了提升效率和绩效。效率逻辑下的正式化治理，要求组织能够在治理效率、绩效和创新方面取得成就，否则将可能丧失

---

① DiMaggio P. and Powell W. W., "The Iron Cage Revisited: Collective Rationality and Institutional Isomorphism in Organizational Fields", *American Sociological Review*, Vol. 48, No. 2, 1983; Suchman M. C., "Managing Legitimacy: Strategic and Institutional Approaches", *Academy of Management Review*, Vol. 20, No. 3, 1995.

② Jeong Y. C. and Kim T. Y., "Between Legitimacy and Efficiency: An Institutional Theory of Corporate Giving", *Academy of Management Journal*, Vol. 62, No. 5, 2019.

③ Cavotta V. and Dalpiaz E., "Good Apples in Spoiled Barrels: A Temporal Model of Firm Formalization in a Field Characterized by Widespread Informality", *Journal of Business Venturing*, Vol. 37, No. 2, 2022.

④ Scott W. R., "Organizational Structure", *Annual Review of Sociology*, Vol. 1, No. 3, 1975.

⑤ Scott W. R. and Davis G. F., *Organizations and Organizing: Pearson New International Edition: Rational*, Natural and Open Systems Perspectives. Routledge, 1981.

⑥ Emery F. E. and Trist E. L., "The Causal Texture of Organizational Environments", *Human Relations*, Vol. 18, No. 1, 1965.

竞争优势而被市场竞争所淘汰。比如，企业通过治理结构的不断调试来识别、发现和利用新的市场机会，构建核心动态能力以保持长期竞争优势。

二 研究假设

(一) 家族企业治理正式化过程中的合法性逻辑

从合法性的逻辑出发，家族企业寻求治理结构的正式化，可能并非因为正式治理制度能够为企业带来效率和绩效的提升，背后的真正原因在于，这些治理制度和规范被各类利益相关者所认可和接受，是公司现代化甚至国际化的一个重要信号：企业自身已经不再过于依靠传统的个人经验主义和人格化治理，相反，企业正在积极通过现代企业制度的引入来约束和规范企业结构和行为，即使这些治理制度并不能有效提升企业业绩水平，但可以向外界发出自己是"理性的、现代的、可靠的"信号来增强企业的社会形象和合法性。在这一过程中，合法性逻辑主要有三类影响机制，强制性趋同、规范性趋同和模仿性趋同。[1]

1. 强制性趋同

强制性趋同源于组织所依赖的其他组织向其施加的正式或非正式压力，以及由其所嵌入的社会中存在的文化期待对其所施加的压力。这些压力被组织识别为要求其加入同群的某一种强制力量、劝诱或邀请。根据"资源依赖理论"和"权力理论"，[2] 组织倾向于采用其关键资源提供者认可的行为模式。一般而言，政府及其相关机构被认为是强制性趋同的主要行动者，在某些情况下，组织的结构

---

[1] DiMaggio P. and Powell W. W., "The Iron Cage Revisited: Collective Rationality and Institutional Isomorphism in Organizational Fields", *American Sociological Review*, Vol. 48, No. 2, 1983.

[2] Palmer D. A. and Jennings P. D., eds., "Late Adoption of the Multidivisional Form by Large U. S. Corporations: Institutional, Political, and Economic Accounts", *Administrative Science Quarterly*, Vol. 38, No. 1, 1993.

变迁是对国家法律法规的一种直接反映。比如，中国政府及其相关机构通过一系列法律法规和国家权力，要求上市公司采用"股东导向型"公司治理制度，由此导致在 1997 年至 2006 年间，中国上市公司中两职分任比例和独立董事比例都显著提升。① 再如，倪志伟等人通过对长三角地区民营企业的访谈发现，当 1994 年国家颁布《公司法》以后，这些民营企业又迅速登记为公司制并建立配套的现代企业制度。② 随着 1997 年"抓大放小"政策的实施，大量较低层政府（比如市、县、乡镇政府）控制且不具有战略重要性地位的中小型国有企业进行了民营化改制，由此导致现在相当一部分民营家族企业中仍然有着相当比例的国有股或地方政府股份，而政府意志和相关政策则可以通过这些控股来传达和影响。

因此，本书认为，家族企业正式化治理的强制性趋同来源于两个方面：

第一，是直接的法律法规，这里主要是指家族企业依据《公司法》的规定，注册为有限责任公司或股份有限公司，按《公司法》的要求建立现代企业制度。这不仅可以减少企业在注册资本上的风险，也为家族企业提供了合法性的组织结构——向外部传递了自身合法性的信号。

一位长三角地区的制造业家族企业主曾坦言："起初，我们的厂很小，就是一个小作坊，厂里面也就 7—8 个工人，也不知道有限责任公司、股份有限公司是什么。但这两年订单多起来以后，我们租了一个很大的厂房，工人也增加到 50 多个。搬厂房不久后，管辖园区的一个负责人就到我的办公室和我说，你们的厂是规模以上（产值超过了 2000 万）公司，建议你们改个名字，你看园区其他大的公司都是这个名，这样我们好管理。后来，我们了解到，注册成为这

---

① 杨典：《金融全球化与"股东导向型"公司治理制度的跨国传播——对中国公司治理改革的社会学分析》，《社会》2018 年第 2 期。

② Nee V. and Opper S., *Capitalism from Below：Markets and Institutional Change in China*. Harvard University Press，2012.

些名字的公司会减少很多麻烦，有时候安全生产、税收、环保检查时，园区也会提前通知我们……但是这也带来了一些新的问题，比如改名后按照有关规定，我们公司需要有一些配套政策和制度来对标，之前公司大大小小的事务都是我自己说了算，但后来要有一些程序化的流程，开始确实不太适应。但这也没办法，有得有失嘛……"从这位厂长的话语中不难发现，在注册成为公司制企业以后，企业需要引入制度化和程序化的正式规则，不管是自愿还是被迫的，这一要求也体现出一定的强制性压力。

第二，间接的政府意志和政策传达，这里主要指家族企业内部的政府和国有控股。政府意志和相关政策可以通过控股来传递给家族企业的核心管理层，比如"公司制"在国家大力推动和宣传下，快速成为现代化和经济发展的代名词，成为在中国具有合法性和社会声望的象征，而其中重要的路径就是家族企业内部的政府和国有控股。[1] 梅耶和罗恩（Meyer and Rowan）[2] 同样指出，当政府将他们的支配和影响力扩张到其他社会组织中时，目标组织的结构就会逐渐体现出由政府倡导的制度化和合法化的规则特征。

基于以上分析，本章提出以下假设。

假设1.1a：相比没有注册成为公司制的家族企业，注册成为公司制的家族企业正式化治理程度更高。

假设1.1b：政府/国有控股比例越高，家族企业正式化治理程度越强。

2. 规范性趋同

规范性趋同主要来源于专业化进程，专业人士和专业网络是其中的重要推动者。专业人士在组织结构变迁过程中起着重要作用，他们能够形塑什么是"好的"或"合理的"组织结构与实践的观

---

[1] Nee V. and Opper S., *Capitalism from Below：Markets and Institutional Change in China*. Harvard University Press, 2012.

[2] Meyer J. W. and Rowan B., "Institutionalized Organizations：Formal Structure as Myth and Ceremony", *American Journal of Sociology*, Vol. 83, No. 2, 1977.

念，并通过一系列有影响力和约束作用的规范性因素来迫使组织采纳某种组织实践活动。[①] 在此基础上，这些规范性因素进一步通过专业网络（比如教育网络、专业化网络）进行传播，从而引起被整个制度场域所认可的组织结构和实践的扩散。

在规范性趋同机制影响下，推进家族企业治理的正式化过程主要有两个方面：

第一，企业获得的专业认证。专业认证反映了企业采取的认证文化及建立信任的来源，是外部专业机构对于企业在特定的产品、管理体系的认可和认证。作为一种合法性管理的工具，专业认证能够作为一种有效的信息传递机制，缓解交易双方的信息不对称程度，提高企业的规范合法性。[②] 这一专业认证要求企业在其经营治理过程中引入更为正式化的治理模式，比如质量管理系统、人力资源管理系统、金融控制系统、环境管理系统、安全管理系统等。

第二，企业所嵌入的专业网络，这里指企业是否加入行业协会，其是界定和传播组织特定结构和行为的规范性规则的重要渠道。行业协会作为一种社会中介，能够通过行业规则实行自律管理，进而规范行业竞争环境，同时为协会中的会员企业提供一个清晰准确的行为规范参考。在此基础上，那些参与行业协会的家族企业主，在与同行业其他企业主的交流互动中，往往更容易学习或者认识到当前企业中流行的组织结构（比如更加正式化的治理结构），进而影响他们自身的治理理念和实践活动。作者在对江苏无锡和常州的一些制造业家族企业调研时，其中一位企业主告诉作者："我们这边的行

[①] DiMaggio P. and Powell W. W., "The Iron Cage Revisited: Collective Rationality and Institutional Isomorphism in Organizational Fields", *American Sociological Review*, Vol. 48, No. 2, 1983.

[②] Gasbarro F. and Rizzi F., eds., "The Mutual Influence of Environmental Management Systems and the EU ETS: Findings for the Italian Pulp and Paper Industry", *European Management Journal*, Vol. 31, No. 1, 2013.

业协会经常会组织一些企业家联谊或者交流会，每次都会邀请1—2位做得很大的企业家来分享他们厂成功的经验。其中一位厂长的做法让我记忆犹新，他们去日本参观学习后，发现几乎所有的公司内部都很有秩序，遇到一些突发情况也有流程化的处理方式，每个人只需要按照提前制定好的'规则'办事就行。回来后，那个厂长也借鉴了日本的做法，从厂里面设备的摆放、使用方法和规范到办公室办事流程，都制定了一套标准化流程，后来工人的效率和安全事故发生率都得到了改善……后来我们很多会员企业也都开始做了这方面改进。"这位企业主的经历显示出，行业协会会员企业之间会进行先进理念和企业实践的经验交流，其中也包括正式治理模式的推广和扩散。

综上，家族企业获得的专业认证以及企业主的行业协会身份是其治理正式化的规范性趋同力量。

基于以上分析，本章提出以下假设。

假设1.2a：相比没有专业认证的家族企业，有专业认证的家族企业的正式化治理程度更强。

假设1.2b：相比没有行业协会会员身份的家族企业主，有行业协会会员身份的家族企业主所辖企业的正式化治理程度更强。

3. 模仿性趋同

模仿性趋同主要是对不确定性的一种回应。当面临激烈的市场竞争或不确定性时，组织会将制度场域中更为成功或具有合法性的组织作为参照点，模仿他们的结构和行为，进而降低不确定性和成本，[1] 由此形成一种模仿性压力。受到历史和外部制度环境的约束，家族性（基于家族团结、血缘关系和信任）基础上的人格化治理一度被证明是家族企业独特的竞争优势来源，其借助家长个人权威、

---

[1] DiMaggio P. and Powell W. W., "The Iron Cage Revisited: Collective Rationality and Institutional Isomorphism in Organizational Fields", *American Sociological Review*, Vol. 48, No. 2, 1983.

经验主义、差序格局和尊卑有序等家族伦理协调关系。在这一过程中，人格化的关系治理有利于形成以创始人为核心的强凝聚力团队，降低交易费用并提高家族企业的经济效率和价值。① 此时，贸然通过正式化的制度和规范来约束过去被认为是更为成功或合法性更高的人格化治理模式，可能具有极大的不确定性和高风险性。尤其是那些从未进行过大范围正式治理实践的家族企业，模仿和学习同一制度场域中其他企业的结构和行为可能是更为行之有效的方法，这一策略能够帮助它们获取对决策有价值的知识和经验，进而降低决策所面临的不确定性。② 并且，这种不确定性越大，决策者通过学习参照对象来制定决策的可能性越强。③ 而在现实实践中，企业往往会密切关注同行企业（比如竞争者）的动向，因而企业的组织结构、④ 治理结构⑤和其他战略行为都会受到同一制度场域中其他企业的显著影响，进而形成模仿性趋同。由此，家族企业所在制度场域中其他企业的治理结构特征是家族企业正式化转型的模仿性趋同力量，这里的制度场域主要包括行业和地区。基于此，本章提出以下假设。

---

① Fama E. F. and Jensen M. C. , "Agency Problems and Residual Claims", *The Journal of Law and Economics*, Vol. 26, No. 2, 1983; Miller D. and J. Lee, eds. , "Filling the Institutional Void: The Social Behavior and Performance of Family vs Non-Family Technology Firms in Emerging Markets", *Journal of International Business Studies*, Vol. 40, 2009; Gómez-Mejía L. R. and K. T. Haynes, eds. , "Socioemotional Wealth and Business Risks in Family-Controlled Firms: Evidence from Spanish Olive Oil Mills", *Administrative Science Quarterly*, Vol. 52, 2007; 贺小刚、连燕玲：《家族权威与企业价值：基于家族上市公司的实证研究》，《经济研究》2009 年第 4 期。

② Ellison G. and Fudenberg D. , "Rules of Thumb for Social Learning", *Journal of Political Economy*, Vol. 101, No. 4, 1993.

③ Abrahamson E. and Rosenkopf L. , "Social Network Effects on the Extent of Innovation Diffusion: A Computer Simulation", *Organization Science*, Vol. 8, No. 3, 1997.

④ Mahajan V. and Sharma S. , eds. , "The Adoption of the M-form Organizational Structure: A Test of Imitation Hypothesis", *Management Science*, Vol. 34, No. 10, 1988.

⑤ Bouwman C. H. S. , "Corporate Governance Propagation through Overlapping Directors", *Review of Financial Studies*, Vol. 24, No. 7, 2011.

假设 1.3a：同一行业中，家族企业平均正式治理程度越强，目标家族企业的正式治理程度也越强；

假设 1.3b：同一地区中，家族企业平均正式治理程度越强，目标家族企业的正式治理程度也越强。

（二）家族企业治理正式化过程中的效率逻辑

传统的组织理论认为，当组织的管理者发现组织结构不适应外部环境从而影响绩效时，会采取相应的措施以调整组织结构来适应环境，以期提升组织绩效水平。同样地，从经典的经济学理论出发，在市场竞争条件下，对效率和绩效的追求是驱动企业采取现代企业制度的重要推动型力量。新古典经济学家普遍认为，美式的"股东资本主义"是生产和资源分配最优效率的组织结构形式。

其一，代理理论认为，在现实世界中，尤其是处于转型期的中国家族企业，组织内部往往缺乏引入正式治理机制的动力和行动，比如缺乏企业内部和外部正式的监督和控制系统、[1]雇用更少的外部董事和管理者、[2]更少的外部利益相关者监督和信息披露的压力，[3]因而其治理和决策过程往往带有较强的人格化特征，表现为非正式的、依赖直觉的、缺乏严密计算的以及不可预测性。[4]最终可能因为家族裙带主义（Nepotism）、过度的利他主义（Altruism）、自我控制

---

[1] Randoy T. and Goel, S., "Ownership Structure, Founder Leadership, and Performance in Norwegian SMEs: Implications for Financing Entrepreneurial Opportunities", *Journal of Business Venturing*, Vol. 18, No. 5, 2003.

[2] Cowling, M., "Productivity and Corporate Governance in Smaller Firms", *Small Business Economics*, Vol. 20, No. 4, 2003.

[3] Schulze W. S. and Lubatkin M. H., eds., "Agency Relationships in Family Firms: Theory and Evidence", *Organization Science*, Vol. 12, No. 2, 2001; Carney M., "Corporate Governance and Competitive Advantage in Family-Controlled Firms", *Entrepreneurship Theory and Practice*, Vol. 29, No. 3, 2005.

[4] Naldi L. and Nordqvist M., eds., "Entrepreneurial Orientation, Risk Taking, and Performance in Family Firms", *Family Business Review*, Vol. 20, No. 1, 2007.

(Self-control)、搭便车（Free Riding）、家族内部利益冲突等而增加代理成本，减弱治理效率和公司价值。① 其二，较大型的家族企业往往采用金字塔等控制权放大机制，公司治理同时面临两类代理问题：创业者（家族）与职业经理人之间的第一重代理问题和创业者（家族）与中小股东之间的第二重代理问题，这两类问题都是增加公司代理成本和降低治理效率的根源所在。② 此时，理性的正式治理制度和结构将成为协调和控制家族企业内部过度人格化和个人主义治理的有效手段，对效率和绩效的追求将会驱动企业采纳更有效率的组织结构和治理机制，比如欧美提倡的"股东导向型"公司治理、正式的控制系统和成文的规章制度等，从而能够降低代理成本、最大化股东价值、增加投资机会和获得外部资本、提升公司价值等。③ 由此，组织中是否采用正式化的治理制度以约束过度依赖的非正式关系治理，成为家族企业能否持续经营和成长的保障。贺小刚等④就发现，通过设立正式的董事会制度有助于制衡家族权威，并对企业绩

---

① Schulze W. S. and Lubatkin M. H., eds., "Altruism, Agency, and the Competitiveness of Family Firms", *Managerial and Decision Economics*, Vol. 23, 2002; Schulze W. S. and Lubatkin M. H., eds., "Agency Relationships in Family Firms: Theory and Evidence", *Organization Science*, Vol. 12, No. 2, 2001; Oswald S. L. and Muse L. A., eds., "The Influence of Large Stake Family Control on Performance: Is It Agency or Entrenchment?", *Journal of Small Business Management*, Vol. 47, No. 1, 2009.

② Almeida H. V. and Wolfenzon D., "A Theory of Pyramidal Ownership and Family Business Groups", *The Journal of Finance*, Vol. 61, No. 6, 2006; Villalonga B. and Amit R., "How Do Family Ownership, Control and Management Affect Firm Value?", *Journal of Financial Economics*, Vol. 80, No. 2, 2006.

③ Manne H. G., "Mergers and the Market for Corporate Control", *Journal of Political Economy*, Vol. 73, No. 2, 1965; Jensen M. C. and Meckling W. H., "Theory of the Firm: Managerial Behavior, Agency Costs and Ownership Structure", *Journal of Financial Economics*, Vol. 3, No. 4, 1976; Dekker J. and Lybaert N., eds., "The Effect of Family Business Professionalization as A Multidimensional Construct on Firm Performance", *Journal of Small Business Management*, Vol. 53, No. 2, 2015.

④ 贺小刚、李新春、连燕玲：《家族权威与企业绩效：基于广东省中山市家族企业的经验研究》，《南开管理评论》2007年第10期。

效起到积极作用。由此，出于对效率和绩效的追求，家族企业往往希望通过正式化的治理来实现这一目标。基于此，本书提出以下假设：

假设2：对企业绩效提升的需求，将使得家族企业增强企业正式化治理程度。

（三）企业规模和政治关联的调节效应分析

过去不少研究将家族企业看作一类同质的群体，来比较家族企业与非家族企业在治理特征、战略选择和绩效表现之间的区别。但实际上，家族企业群体本身具有非常大的差异性，这不仅体现在家族维度，同时也体现在企业维度。① 由此，不同的家族企业面临着不同的组织内部和外部环境，在资源禀赋、合法性基础上也都有所差距，由此也会导致不同家族企业治理正式化过程的差异。上文分析发现，家族企业治理的正式化过程主要遵循合法性逻辑而非效率逻辑，那么，是否所有类型的家族企业都是如此？在不同的组织情境中，背后的驱动因素是否会存在差异？这是本书进一步想要论证的问题。具体而言，本书主要关注企业规模和政治关联。

1. 企业规模

企业规模是组织自身资源多寡以及合法性高低的重要反映。

对于小规模企业而言，其不仅受到严重的所有制歧视，往往还受到诸多市场歧视。由此带来的结果是，相比大规模企业，小规模企业往往没有获得外部环境赋予合法性权威的组织结构。在这一背

---

① Chua J. H. and Chrisman J. J., eds., "Sources of Heterogeneity in Family Firms: An Introduction", *Entrepreneurship Theory and Practice*, Vol. 36, No. 6, 2012; Jaskiewicz P. and Dyer W. G., "Addressing the Elephant in the Room: Disentangling Family Heterogeneity to Advance Family Business Research", *Family Business Review*, Vol. 30, No. 2, 2017; Rondi and Emanuela, eds., "Unlocking Innovation Potential: A Typology of Family Business Innovation Postures and the Critical Role of the Family System", *Journal of Family Business Strategy*, 2018.

景下，小规模家族企业治理结构的正式化过程更多是为了满足外部的认可以及合法性要求，故而遵循合法性逻辑。

相反，大规模企业往往是那些资源禀赋更强、税收和就业吸纳更多的组织，其拥有的经济和政治影响也相对较大，这可以为企业带来更高的社会地位、声誉和合法性。[1] 随着组织规模的扩大，外部环境和组织内部管理复杂性越来越大，家族管理者没有足够的精力和知识能力来处理好各项事务，加之所有权和管理权分离程度越来越大，导致代理问题日趋突出。在这一背景下，家族企业采纳正式治理机制和控制系统的需求逐渐提高，这些机制和控制系统成为改善治理效率的关键因素之一。[2] 因此，大规模家族企业治理结构的正式化过程实际上追求的是效率的提升而非合法性。基于此，本章提出以下假设。

假设 3.1：在中小规模家族企业中，制度合法性压力越大，企业正式治理程度越高，但绩效提升压力的作用不显著。

假设 3.2：在大规模家族企业中，绩效提升压力越大，企业正式治理程度越高，但制度合法性压力的作用不显著。

2. 政治联系

在正式制度缺失或不完备的转型经济中，政治联系能够作为正式制度的一种有效替代，[3] 既能够为企业带来融资便利、产权保护、税收优惠、政府补贴、行业准入、关键资源获取等一系列"政治租

---

[1] Ahlstrom D. and Bruton G. D., "Learning from Successful Local Private Firms in China: Establishing Legitimacy", *Academy of Management Executive*, Vol. 15, No. 4, 2001; Ndofor H. A. and Sirmon D. G., eds., "Firm Resources, Competitive Actions and Performance: Investigating a Mediated Model with Evidence from the In-vitro Diagnostics Industry", *Strategic Management Journal*, Vol. 32, No. 6, 2011.

[2] Montemerlo D. and L. Gnan, eds., "Governance Structures in Italian Family SMEs', in S. Tomaselli and L. Melin (eds.), Family Firms in the Wind of Change", *Research Forum Proceedings*, FBN, 2004.

[3] Xin K. K. and Pearce J. L., "Guanxi: Connections as Substitutes for Formal Institutional Support", *Academy of Management Journal*, Vol. 39, No. 6, 1996.

金"和政策支持,同时也是中国民营和家族企业寻求合法性的重要手段。[①] 因此,相比没有政治联系的家族企业,拥有政治联系的家族企业的合法性是更强的。

在这一背景下,对于没有政治联系的家族企业而言,其组织合法性相对较弱,因而其治理的正式化过程更多地可能是为了寻求合法性的提升而非效率。相反,对于拥有政治联系的家族企业,一方面,政治联系本身能够作为合法性的重要来源,治理的正式化过程中的合法性需求将被政治联系替代,此时更可能为了获得效率的提升而强化正式治理;另一方面,政治联系还能够为家族企业治理的正式化提供资源基础和政策支持,保证企业在治理转型过程中的绩效提升。基于此,本章提出以下假设。

假设4.1:在没有政治关联的家族企业中,制度合法性压力越大,企业正式治理程度越高,但绩效提升压力的作用不显著。

假设4.2:在拥有政治关联的家族企业中,绩效提升压力越大,企业正式治理程度越高,但制度合法性压力的作用不显著。

具体而言,本书的模型如图3—1所示。

[①] Li H. and Zhang Y., "The Role of Managers' Political Networking and Functional Experience in New Venture Performance: Evidence from China's Transition Economy", *Strategic Management Journal*, Vol. 28, No. 8, 2007; Wang H. and Qian C., "Corporate Philanthropy and Corporate Financial Performance: The Roles of Stakeholder Response and Political Access", *Academy of Management Journal*, Vol. 54, No. 6, 2011; Zhang J. and Marquis C., eds., "Do Political Connections Buffer Firms from or Bind Firms to the Government? A Study of Corporate Charitable Donations of Chinese Firms", *Organization Science*, Vol. 27, No. 5, 2016; Haveman H. A. and Jia N., eds., "The Dynamics of Political Embeddedness in China", *Administrative Science Quarterly*, Vol. 62, No1. 1, 2017; Ge J. and Carney M., eds., "Who Fills Institutional Voids? Entrepreneurs' Utilization of Political and Family Ties in Emerging Markets", *Entrepreneurship Theory and Practice*, Vol. 43, No. 6, 2019.

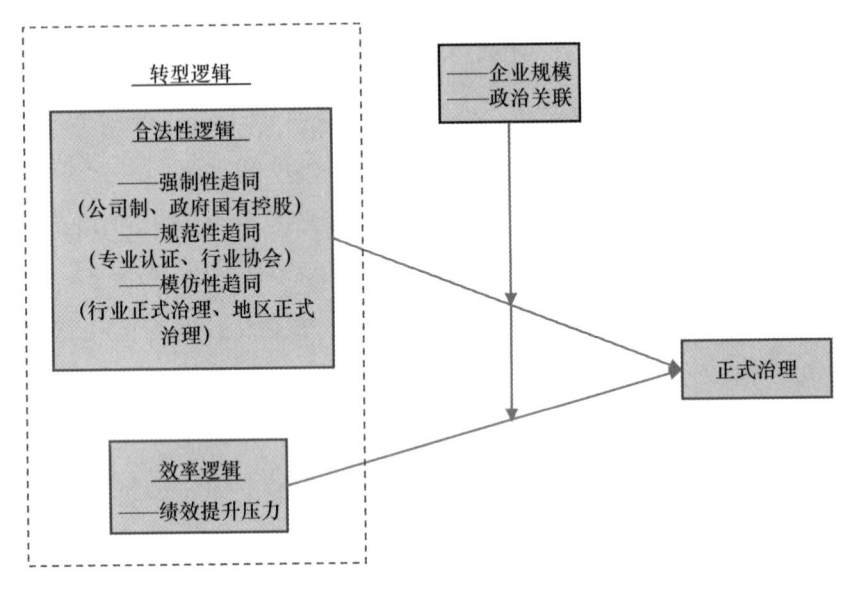

图 3—1 家族企业治理正式化的逻辑分析研究模型

第三节 研究设计

一 数据来源

本书的数据来源于中央统战部、全国工商联、中国社会科学院等课题组主持进行的"中国私营企业调查"（Chinese Private Enterprise Survey，CPES）。这一数据库是目前国内持续时间最长的大型全国性抽样调查之一，每两年进行一次，目前已分别于 1993 年、1995 年、1997 年、2000 年、2002 年、2004 年、2006 年、2008 年、2010 年、2012 年、2014 年、2016 年、2018 年进行了 13 次。历年调查范围包含了中国境内 31 个省、自治区和直辖市的不同规模、不同行业的民营企业，因而具有较好的代表性。该数据库历次调查内容虽有变动，但大部分题项均保持了较强的一致性，便于本书构建一个包含多期的混合截面数据集。混合截面数据分析的一个好处是，增加样本量进而获得更好的估计量和更有效的检验统计量。

本书使用2000年至2014年共计8次调研数据，原因在于：首先，2000年之前的数据库还在探索阶段，问题的题项、回答还很不一致，导致本书所关注的变量存在较多的缺失。其次，在2000年以前，相当一部分民营企业处于国有企业改制转型期，其内部正式治理结构的转型可能还未开始。最后，目前中国私营企业调查数据库只开放1993年至2014年的数据申请，无法获取2016年和2018年的数据。综合以上原因，采用2000年至2014年的数据进行本书的数据分析。在这8次调查中，每年对应的总样本数分别为3073、3256、3593、3837、4098、4614、5073、6144。为保证样本数据的准确性和一致性，本书剔除了不符合客观事实、缺失值过多和异常值样本，最终获得23571个样本。其中，2000年为1951个，2002年为2634个，2004年为2640个，2006年为2633个，2008年为2712个，2010年为3226个，2012年为3666个，2014年为4109个。

在样本选择和处理上，参照朱沆等[1]和何轩等[2]的做法，筛选出家族持股比例大于等于50%的企业作为家族企业样本。本书地区制度环境的指标来源于樊纲等[3]编著的《中国市场化指数（2011）》以及王小鲁等[4]编著的《中国分省份市场化指数报告（2016）》。需要说明的是，樊纲等[3]的市场化水平数据期间为1997—2009年，王小鲁等[4]的市场化水平数据期间为2008—2014年。由此，在2010年之前的调研问卷中，使用樊纲等[3]的市场化水平数据，2010年以后的问卷中，使用王小鲁等[4]的市场化水平数据。

---

[1] 朱沆、Eric Kushins、周影辉：《社会情感财富抑制了中国家族企业的创新投入吗?》，《管理世界》2016年第3期。

[2] 何轩、宋丽红、朱沆、李新春：《家族为何意欲放手？——制度环境感知、政治地位与中国家族企业主的传承意愿》，《管理世界》2014年第2期。

[3] 樊纲、王小鲁、朱恒鹏：《中国市场化指数：各地区市场化相对进程2011年报告》，经济科学出版社2011年版。

[4] 王小鲁、樊纲、余静文：《中国分省份市场化指数报告（2016）》，经济科学出版社2017年版。

二 变量测量

本书具体变量的测量（即原始问卷中的问题）和编码方法如表3—1所示。

（一）因变量

正式治理。在过去的研究中，不同的学者对于家族正式治理的定义和测量都不尽相同，使用的术语也有所差异，比如正式控制系统、现代企业制度、职业化/专业化、科层制等。通过文献梳理，现有研究主要从四个方面来测量家族正式治理：第一，家族正式制度的制定。正式制度是人们有意创造的一系列规则，这些规则是正式的和非人格化的，不以个体的特征和意志而变化。比如，家族内部制定的"家族股权继承政策""家族股权转让政策""家族成员聘用政策"等所有权和人事聘用制度，这类正式的制度体现了家族企

表3—1　　　　　　　　　　变量测量与设计

变量类型	变量名称	变量编码
因变量	正式治理	董事会、关键决策的非人格化、职业经理人，主成分分析将三个变量提取一个公因子
自变量	绩效差距	①绩效落差：目标企业绩效低于行业均值水平的绝对值 ②绩效顺差：目标企业绩效高于行业均值的水平
自变量	制度压力	①强制性压力：（1）公司制，是否登记为有限责任公司或股份有限公司；（2）政府/国有（集体）控股比例，各级政府、国有企业和集体企业持有的股份比例 ②规范性压力：（1）专业认证：企业是否获得专业认证；（2）行业协会会员，家族企业加入行业协会的编码为1，否则编码为0 ③模仿性压力：（1）行业正式治理：各行业所有家族企业正式治理程度均值；（2）地区正式治理：各地区所有家族企业正式治理程度均值
调节变量	企业规模	参照《中小企业划型标准规定》（国家统计局等发布，2011），根据不同的行业标准将样本分为大规模企业和中小规模企业
调节变量	政治关联	①人大或政协委员：企业主担任人大代表或政协委员赋值为1，否则赋值为0 ②党组织：企业中设立了党组织的赋值为1，否则赋值为0

续表

变量类型	变量名称	变量编码
控制变量	企业家性别	男性编码为1，女性编码为0
	企业家年龄	以问卷调查时间为基准，减去企业家出生年份
	教育程度	分别将小学及以下、初中、高中及中专、大专、大学、研究生依次赋值为1—6
	党员	若企业家是党员，则编码为1，否则编码为0
	政治身份	若企业家担任人大代表或政协委员，则编码为1，否则编码为0
	体制内经历	开办企业前，有过政府、事业单位、国有企业、集体企业工作经历，则编码为1，否则编码为0
	企业年龄	以问卷调查时间为基准，减去企业登记注册为私营企业的年份
	企业规模	控制变量中的企业规模使用企业员工人数衡量，取自然对数
	改制	企业是否改制，改制则编码为1，否则编码为0
	所有者权益	所有者权益，加1取自然对数
	资产负债率	企业的资产负债率
	公关招待费用	公关招待费用与营业收入的比值
	对外直接投资	对外直接投资与企业营业收入的比值
	沿海地区	企业是否处于沿海地区
	市场化水平	各地区滞后一年的市场化总指数，数据来源于樊纲等[1]和王小鲁等[2]
	地区虚拟变量	根据企业所在省市自治区，重新编码为30个虚拟变量
	年份虚拟变量	根据问卷所在年份，重新编码为7个虚拟变量
	行业虚拟变量	根据企业主要从事的行业进行虚拟变量转换，包括农林牧渔业、采矿业、制造业、电力煤气水、建筑业、交通运输、信息服务、批发零售、住宿餐饮、金融、房地产、租赁、科研技术、公共设施、居民服务、教育、卫生、文化体育、公共管理19个行业，重新编码为18个虚拟变量

---

[1] 樊纲、王小鲁、朱恒鹏：《中国市场化指数：各地区市场化相对进程2011年报告》，经济科学出版社2011年版。

[2] 王小鲁、樊纲、余静文：《中国分省份市场化指数报告（2016）》，经济科学出版社2017年版。

业在正规组织和家族网络关系之间建立家族企业治理的制度化隔离。① 此外，还有学者考察了家族企业采用的各类控制系统和制度，② 比如财务控制系统（Financial Control System）、人力资源控制系统等（Personnel Control System）。第二，家族正式机构。家族正式机构主要是将家族事务和企业事务隔离开，防止家业和企业的纠缠。③ 一个典型的案例就是李锦记集团的治理结构变革，在这一过程中，李锦记集团进行了两项制度创新，④ 包括家族委员会和家族宪法的制定。第三，正式的决策和管理程序。这主要包括两个方面，授权和决策的去中心化，前者主要是指企业将一定的决策权和控制权授权给各个职能部门的负责人，而后者则是决策和管理并非集中于家族企业主本人或家族管理者手中。⑤ 第四，现代公司治理制度的引入。随着制度的演进以及全球化竞争的加剧，家族企业同时面临着

---

① Hwang Kwang-Kuo. , "Modernization of the Chinese Family Business", *International Journal of Psychology*, Vol. 25, 1990；李新春、马骏、何轩等：《家族治理的现代转型：家族涉入与治理制度的共生演进》，《南开管理评论》2018 年第 2 期。

② Flamholtz E. and Y. Randle, *Growing Pains: Transitioning from an Entrepreneurship to a Professionally Managed Firm*. San Francisco, CA: Jossey-Bass, 2007；Songini L. , *The Professionalization of Family Firms: Theory and Practice*, in Handbook of Research on Family Business. eds. P. Z. Poutziouris, K. X. Smyrnios and S. B. Klein. Cheltenham: Edward Elgar, 2006；Stewart A. and Hitt M. A. , "Why Can't a Family Business be More Like A Nonfamily Business? Modes of Professionalization in Family Firms", *Family Business Review*, Vol. 25, No. 1, 2012.

③ Jaffe D. T. and Lane S. H. , "Sustaining a Family Dynasty: Key Issues Facing Complex Multigenerational Business-and Investment-Owning Families", *Family Business Review*, Vol. 17, No. 1, 2004.

④ 李新春、何轩、陈文婷：《战略创业与家族企业创业精神的传承——基于百年老字号李锦记的案例研究》，《管理世界》2008 年第 10 期。

⑤ Hofer C. W. and Charan R. , "The Transition to Professional Management: Mission Impossible?", *American Journal of Small Business*, Vol. 9, No. 1, 1984；Gulbrandse T. , "Flexibility in Norwegian Family-owned Enterprises", *Family Business Review*, Vol. 18, No. 1, 2005；Chua J. H. and Chrisman J. J. , eds. , "An Agency Theoretic Analysis of the Professionalized Family Firm. *Entrepreneurship Theory and Practice*, Vol. 33, No. 2, 2009.

现代经济活动的不确定性[①]以及西方"股东导向型"公司治理理念（肇始于20世纪80年代的美国）所带来的跨国影响，[②] 由此陷入了效率与合法性的双重危机，现代企业制度的引入和建立则是家族企业向现代企业转型的重要战略手段。这其中包括职业经理人的引入、董事会/监事会/股东会的建立、两职分离、独立董事的引入、高管薪酬激励制度、非家族董事会涉入、非家族高管团队涉入、董事会和高管团队的工作积极性等。[③]

[①] Nee V., "Organizational Dynamics of Market Transition: Hybrid Forms, Property Rights, and Mixed Economy in China", *Administrative Science Quarterly*, Vol. 37, No. 1, 1992；Guthrie D., "Between Markets and Politics: Organizational Responses to Reform in China", *American Journal of Sociology*, Vol. 102, No. 5, 1997.

[②] Kim Y. C. and Chung C. N., "Organizational Change under Institutional Logics: Family Control of Corporate Boards in Taiwan", *Sociological Perspectives*, Vol. 61, No. 3, 2018；Chung C. N. and Kim Y. C., "Global Institutions and Local Filtering: Introducing Independent Directors to Taiwanese Corporate Boards", *International Sociology*, Vol. 33, No. 3, 2018；杨典：《金融全球化与"股东导向型"公司治理制度的跨国传播——对中国公司治理改革的社会学分析》，《社会》2018年第2期。

[③] Bennedsen M. and K. M. Nielsen, eds., "Inside the Family Firm: The Role of Families in Succession Decisions and Performance", *The Quarterly Journal of Economics*, Vol. 122, 2007；Zhang J. and Ma H., "Adoption of Professional Management in Chinese Family Business: A Multilevel Analysis of Impetuses and Impediments", *Asia Pacific Journal of Management*, Vol. 26, No. 1, 2009；Ling Y. and F. W. Kellermanns, "The Effects of Family Firm Specific Sources of TMT Diversity: The Moderating Role of Information Exchange Frequency", *Journal of Management Studies*, Vol. 47, 2010；Dekker J. C. and Lybaert N., eds., "Family Firm Types Based on the Professionalization Construct: Exploratory Research", *Family Business Review*, Vol. 26, No. 1, 2013；Dekker J. and Lybaert N., eds., "The Effect of Family Business Professionalization as A Multidimensional Construct on Firm Performance", *Journal of Small Business Management*, Vol. 53, No. 2, 2015；Lu J. W. and Liang X., eds., "Internationalization and Performance of Chinese Family Firms: The Moderating Role of Corporate Governance", *Management and Organization Review*, Vol. 11, No. 4, 2015；Kim Y. C. and Chung C. N., "Organizational Change under Institutional Logics: Family Control of Corporate Boards in Taiwan", *Sociological Perspectives*, Vol. 61, No. 3, 2018；Chung C. N. and Kim Y. C., "Global Institutions and Local Filtering: Introducing Independent Directors to Taiwanese Corporate Boards", *International Sociology*, Vol. 33, No. 3, 2018；杨典：《金融全球化与"股东导向型"公司治理制度的跨国传播——对中国公司治理改革的社会学分析》，《社会》2018年第2期。

尽管正式治理的测量方式繁杂，但大部分研究仅仅从以上四类因素中选择其一作为正式治理的测量指标，由此导致无法全方位地体现这一变量的实质。基于此，Dekker et al.[①] 从控制系统（人力资源控制系统、财务控制系统）、非家族涉入、授权和决策的去中心化、高层管理积极性这四个维度综合衡量了家族企业的正式治理程度。借鉴这一思路，同时考虑到本书数据的可获得性，分别从董事会的设立、决策的非人格化、职业经理人的引入，这三个维度来衡量家族正式治理程度。首先，分别将这三个变量定义为虚拟变量。其中，"董事会"，考察家族企业是否设置了董事会，如果是则编码为1，否则为0；"决策的非人格化"，考察家族企业中关键决策由谁做出，如果是由"股东会、董事会、经理会、高层管理会议"做出则赋值为1，否则赋值为0；"职业经理人"，考察家族企业是否引入职业经理人，如果是则编码为1，否则为0。然后，利用这三个变量，运用主成分分析提取公因子，合成一个"正式治理程度"变量。同时，在稳健性检验中，将这三个变量相加，合成另一个"正式治理程度"变量。

（二）自变量

1. 绩效差距

为了考察本书关注的效率逻辑，采用目标企业的绩效与行业中所有家族企业（除目标企业自身）绩效均值的差异，作为目标企业的绩效差距。具体而言，使用企业的资产净利率（ROA）作为绩效的替代变量，如果目标企业的绩效水平低于行业均值水平，那么它们处于业绩落差境况，很有可能希望通过一些手段来弥补这一落差；相反，如果目标企业的绩效水平高于行业均值水平，它们处于业绩

---

① Dekker J. C. and Lybaert N., eds., "Family Firm Types Based on the Professionalization Construct: Exploratory Research", *Family Business Review*, Vol. 26, No. 1, 2013; Dekker J. and Lybaert N., eds., "The Effect of Family Business Professionalization as AMultidimensional Construct on Firm Performance", *Journal of Small Business Management*, Vol. 53, No. 2, 2015.

顺差境况，那么它们进行治理和战略变革的动机就会减弱。

2. 制度压力

合法性逻辑主要包括三类制度压力：强制性压力、规范性压力和模仿性压力。

（1）强制性压力：第一，公司制，考察家族企业是否采纳现代公司制，即是否登记为有限责任公司或股份有限公司，如果是则编码为1，否则为0；第二，政府/国有（集体）控股比例。采用家族企业中，各级政府、国有企业和集体企业持有的股份比例衡量。

（2）规范性压力：第一，专业认证。一般而言，专业认证包括多种体系认证，包括质量管理体系认证、环境管理体系认证、安全管理体系认证、科技型中小企业认定、信用评价认证以及其他行业资质认证等。在历年的问卷中，2000年和2002年询问了企业信用评价认证的情况，本书设置0—1的虚拟变量，获得专业认证的赋值为1，否则赋值为0；2004年、2006年和2008年询问了企业质量管理体系认证的情况，本书设置0—1的虚拟变量，获得专业认证的赋值为1，否则赋值为0。而2010年、2012年和2014年的问卷则没有涉及专业认证的问题；第二，行业协会会员。家族企业参加了各级政府主管的行业协会的，赋值为1，否则赋值为0。需要指出的是，在2012年问卷中，没有提及企业是否加入行业协会的信息，故这一年行业协会会员变量缺失。

（3）模仿性压力：模仿性压力主要来源于同一地区或同一行业其他企业的正式治理程度。基于此，本书使用各地区所有家族企业（除目标企业本身）的正式治理程度的均值作为地区正式治理程度的衡量指标，各行业所有家族企业（除目标企业本身）的正式治理程度的均值作为行业正式治理程度的衡量指标。

（三）调节变量

1. 企业规模

由于不同行业对于企业规模大小的划分标准不同，参照《中小企业划型标准规定》（国家统计局等发布，2011），根据不同的行业标准将样本企业分为大规模企业和中小规模企业进行分析。

2. 政治关联

本书关注两类政治联系，第一，个体层面的企业家政治身份，这里主要指人大或政协委员，这一个体层面的政治联系在过去的研究中已经被广泛关注。第二，组织层面的政治联系，这里主要指企业内部的基层党组织，其是一种"内向组织变革型"的政治纽带，不仅能够通过党组织为企业谋取信息和资源，还能够通过党组织建设的融入变革企业内部的组织体系，[①] 同样也是一种资源与合法性的重要来源。具体而言，分别根据家族企业主是否具有人大或政协委员身份、家族企业内部是否设立党组织，将样本企业分组进行分析。

（四）控制变量

本书的控制变量主要包括企业家和企业两个层面。第一个是企业家层面，包括企业家的性别、年龄、教育程度、党员身份、政治身份、体制内工作经历。第二个是企业层面，包括企业年龄、企业规模、改制、所有者权益、资产负债率、公关招待费用、对外直接投资、行业类型。另外，本书还控制了地区层面（包括企业是否在沿海地区和市场化水平）的变量和年度虚拟变量。

三 统计事实：家族企业正式治理的变化趋势

这一部分主要报告家族企业正式治理的年度变化趋势。为了使得报告结果更易理解，这一部分使用3个分项指标的加总来作为家族正式治理的测量标准，这一正式治理程度是一个值为0—3的变量。图3—2报告了2000年至2014年，全国范围内家族企业正式治理程度的变化趋势。从图表中可以发现，近十多年来，我国家族企业的正式治理转型趋势明显，尤其是2000年至2006年，正式治理

[①] 何轩、马骏：《党建也是生产力——民营企业党组织建设的机制与效果研究》，《社会学研究》2018年第3期；马骏、黄志霖、梁浚朝：《党组织参与公司治理与民营企业高管腐败》，《南方经济》2021年第7期。

程度提升水平非常快。到了 2008 年以后，家族企业正式治理程度总体保持稳中有升的态势。因此，随着我国市场化改革的深入以及制度的变迁，家族企业正式治理的程度越来越高。那么，其中的具体推动力是什么？这是本书需要探究的关键问题。

正式治理程度

	2000年	2002年	2004年	2006年	2008年	2010年	2012年	2014年
正式治理程度	0.99	1.10	1.13	1.21	1.25	1.28	1.28	1.31

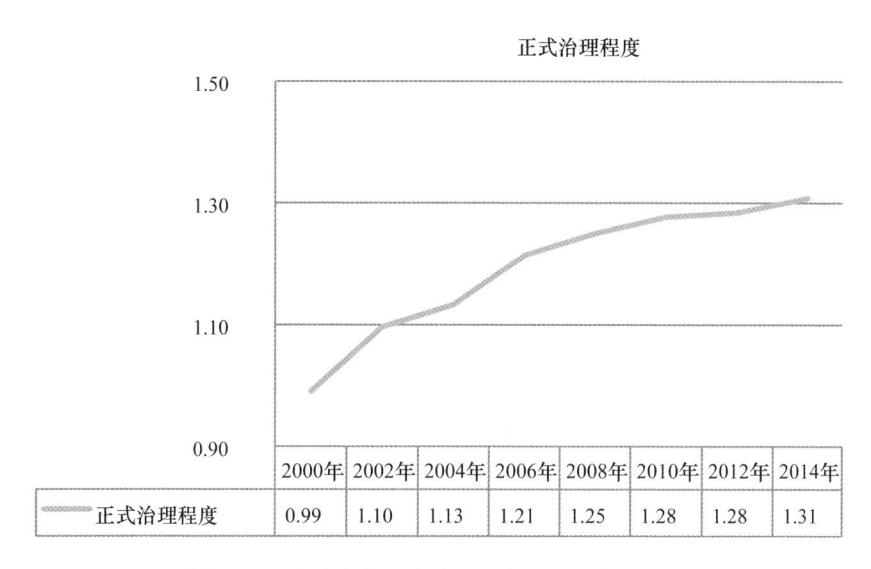

图 3—2　家族企业正式治理程度的年度变化趋势

第四节　数据分析

一　描述统计

表 3—2 汇报了本书主要变量的相关系数、均值和标准差。从表 3—2 可以看出，本书关注的核心变量之间的关系结果显示，公司制、政府/国有股权、专业认证、行业协会会员、正式治理—地区均值、正式治理—行业均值均与正式治理变量显著正相关，表明三种制度同形压力均是推动家族企业治理正式化的动力。其次，绩效落差与正式治理变量显著正相关，表明效率逻辑也是推动家族企业正式化治理的动力之一。就控制变量而言，总体来说，男性、年龄越大、教育程度越高、拥有体制内经历的家族企业主，其所辖企业的正式

表 3-2 变量的相关系数

	1	2	3	4	5	6	7	8	9	10	11	12
1. 正式治理	1.0000											
2. 公司制	0.3555*	1.0000										
3. 政府/国有控股	0.0886*	0.0416*	1.0000									
4. 专业认证	0.1850*	0.1458*	0.0378*	1.0000								
5. 行业协会会员	0.1436*	0.1009*	0.0138	0.1861*	1.0000							
6. 正式治理—地区均值	0.1579*	0.1408*	0.0212*	0.0482*	0.0503*	1.0000						
7. 正式治理—行业均值	0.1315*	0.0932*	0.0158*	0.0469*	0.0491*	0.0425*	1.0000					
8. 绩效顺差	0.00480	0.00510	−0.00110	0.0145	0.0111	−0.00730	−0.00470	1.0000				
9. 绩效落差	0.0160*	0.00790	−0.00230	0.0120	0.0100	0.00110	−0.00820	−0.000600	1.0000			
10. 性别	0.0275*	0.00770	0.00270	−0.0111	0.00880	0.0222*	0.0936*	−0.0123	0.00490	1.0000		
11. 企业家年龄	0.0382*	0.0267*	0.00750	0.0124	0.0381*	0.0100	0.0853*	0.000300	0.00500	0.0783*	1.0000	
12. 教育程度	0.1213*	0.1145*	0.0190*	0.0313*	0.0749*	0.0607*	0.0275*	−0.00260	0.00120	−0.0223*	−0.1413*	1.0000
13. 党员	0.0640*	0.0458*	0.0149*	0.0251*	0.0604*	0.0259*	0.0763*	0.00180	−0.00220	0.0958*	0.1995*	0.0966*
14. 政治身份	0.0913*	0.0218*	0.0162*	0.0213*	0.0458*	0.0184*	0.0931*	0.000200	−0.00120	0.0803*	0.1355*	0.0934*
15. 体制内经历	0.1089*	0.0597*	0.0215*	0.0152	0.0411*	0.0449*	0.0388*	−0.00260	−0.00110	0.0101	0.1428*	0.1157*
16. 企业年龄	0.0450*	0.0319*	−0.00460*	0.0313*	0.0780*	0.0117	0.0880*	0.00280	0.00100	0.0500*	0.3137*	0.0343*

续表

	1	2	3	4	5	6	7	8	9	10	11	12
17. 企业规模	0.2151*	0.0786*	0.0303*	0.0393*	0.0918*	0.0740*	0.2114*	0.00530	-0.00580	0.1457*	0.1660*	0.1690*
18. 改制	0.0533*	0.00470	0.0266*	-0.0138	-0.00320	0.0111	0.0447*	-0.00460	0.00210	0.0664*	0.1191*	0.0134*
19. 所有者权益	0.1194*	0.0547*	0.0364*	0.0292*	0.0375*	0.0445*	0.1349*	0.000500	-0.0144*	0.0995*	0.0911*	0.0776*
20. 资产负债率	0.0324*	0.0251*	0.00980	0.0251*	0.0152*	0.00600	0.0170*	-0.4081*	0.4191*	0.00970	0.0153*	0.00730
21. 公关招待费用	-0.0111	-0.00150	-0.00170	-0.0123	-0.0122	-0.00310	-0.0144*	-0.000200	0.00600	-0.0188*	0.0135*	-0.00480
22. 对外直接投资	-0.00340*	-0.0201*	-0.0107	0.00880	-0.0795*	0.0412*	0.00970	-0.00210	-0.00220	0.0124	-0.0135*	-0.0435*
23. 沿海地区	-0.0139*	-0.0171*	-0.00450	0.00780	0.0145*	-0.0919*	0.0413*	-0.0111	0.00250	0.0340*	0.0128	-0.0728*
24. 市场化水平	0.00190	0.0736*	-0.00790	0.1074*	0.1261*	-0.0459*	0.0432*	-0.00440	0.00840	0.0119	0.0795*	0.0619*
均值	0.0000	0.7342	0.7292	0.3176	0.5322	-0.0008	0.0000	80.2911	58.2641	0.8636	45.1186	3.7777
标准差	1.0000	0.4417	5.8785	0.4656	0.4990	0.1823	0.1443	3387.7210	2278.4440	0.3432	8.4880	1.1517

	13	14	15	16	17	18	19	20	21	22	23	24
13. 党员	1.0000											
14. 政治身份	0.0979*	1.0000										
15. 体制内经历	0.1191*	0.0654*	1.0000									
16. 企业年龄	0.0532*	0.2111*	0.0428*	1.0000								
17. 企业规模	0.1770*	0.3867*	0.0940*	0.2804*	1.0000							
18. 改制	0.2075*	0.0998*	0.1079*	-0.0831*	0.1883*	1.0000						
19. 所有者权益	0.0925*	0.1980*	0.0850*	0.1093*	0.3663*	0.1115*	1.0000					

续表

	13	14	15	16	17	18	19	20	21	22	23	24
20. 资产负债率	0.00790	0.0118	-0.00280	0.0184*	0.0177*	0.00360	0.0205*	1.0000				
21. 公关招待费用	-0.00680	-0.00990	0.00700	0.00620	-0.0108	-0.00260	0.000100	0.00490	1.0000			
22. 对外直接投资	-0.0146*	0.0192*	-0.0124	-0.0248*	0.0584*	0.0425*	0.0309*	-0.00760	0.000500	1.0000		
23. 沿海地区	0.00790	-0.0505*	-0.0238*	0.0579*	0.0476*	0.0228*	0.0490*	0.00690	0.00440	0.0475*	1.0000	
24. 市场化水平	0.0594*	-0.0609*	-0.0243*	0.1586*	0.0449*	-0.00890	0.0140*	0.0296*	0.00500	-0.0610*	0.5614*	1.0000
均值	0.3302	0.4268	0.5834	8.3249	3.9071	0.1450	4.7438	14.3542	0.1680	0.5883	0.5563	6.7560
标准差	0.4703	0.4946	0.5111	5.1112	1.5720	0.3521	2.7230	156.0200	8.9923	6.7369	0.4968	1.9943

注：N = 23571，* $p < 0.05$。

治理程度更高；就企业层面而言，企业经营时间越长，改制而来所有者权益越高；资产负债率越高，内陆地区的家族企业的正式治理的程度越高。从变量间的相关系数来看，合法性的三个维度和绩效落差均与家族企业的正式治理有显著的相关性，进一步的因果关系则需要回归分析加以论证。

二 数据分析与假设检验

本书采用 STATA12.0 进行数据处理以检验主要假设。本书的正式治理（三个虚拟变量的公因子）的变量是一个连续变量，故主要采用最小二乘法（OLS）进行假设检验。在稳健性检验中，使用正式治理1（三个虚拟变量的加总）作为因变量，由于这一变量是一个排序数据变量，故使用有序逻辑斯蒂回归（Ordered Logistic Regression）进行检验。为避免异常值的影响，对连续变量在1%水平上进行缩尾处理。同时，所有回归方程均进行了多重共线性检验，表明不存在严重的多重共线性问题〔所有方程中方差膨胀因子（VIF）均小于10〕。

（一）家族企业治理正式化过程的机制检验：合法性逻辑和效率逻辑

表3—3报告了家族企业正式治理转型机制检验的回归结果。其中模型（1）是基准模型，模型（2）检验强制性趋同压力，模型（3）检验规范性趋同压力，模型（4）检验模仿性趋同压力，模型（5）检验效率逻辑机制，模型（6）则是将制度合法性压力变量和效率变量均加入后的回归结果。

模型（2）的结果显示，公司制（$\beta = 0.753$，$P < 0.01$）和政府/国有持股（$\beta = 0.0112$，$P < 0.01$）均与正式治理显著正相关，表明注册成为公司制以及政府/国有企业的股权比例越高，对其所在家族企业正式化治理的要求也越严格，由此形成一种强制性的制度合法性压力。由此，假设1.1a和1.1b得到支持。模型（3）的结果显示，专业认证（$\beta = 0.327$，$P < 0.01$）和行业协会会员（$\beta = 0.235$，

表3—3　家族企业正式治理的机制检验：合法性逻辑和效率逻辑

	(1)	(2)	(3)	(4)	(5)	(6)
	正式治理	正式治理	正式治理	正式治理	正式治理	正式治理
公司制		0.753***				0.846***
		(54.78)				(49.09)
政府/国有控股		0.0112***				0.00991***
		(11.95)				(8.83)
专业认证			0.327***			0.218***
			(17.87)			(12.82)
行业协会会员			0.140***			0.106***
			(7.62)			(6.37)
正式治理—地区均值				0.744***		0.341***
				(20.10)		(7.35)
正式治理—行业均值				0.795***		0.426***
				(14.51)		(4.85)
绩效高于行业均值					0.00000486*	0.00000509
					(1.88)	(1.17)
绩效低于行业均值					0.000000861	0.00000127
					(0.30)	(0.60)
性别	-0.00836	-0.00985	-0.0204	-0.0115	-0.00793	-0.0219
	(-0.45)	(-0.56)	(-0.79)	(-0.62)	(-0.42)	(-0.94)
企业家年龄	0.00101	0.00106	-0.00309***	0.000974	0.00101	-0.00184*
	(1.21)	(1.36)	(-2.74)	(1.18)	(1.21)	(-1.82)
教育程度	0.0611***	0.0439***	0.00894	0.0572***	0.0611***	-0.00233
	(9.81)	(7.50)	(1.11)	(9.32)	(9.82)	(-0.32)
党员	0.0128	0.0113	-0.00269	0.0127	0.0128	0.00405
	(0.89)	(0.84)	(-0.14)	(0.89)	(0.89)	(0.23)
政治身份	0.0103	0.00922	0.0283	0.0107	0.0104	0.0166
	(0.72)	(0.69)	(1.48)	(0.76)	(0.72)	(0.96)

续表

	（1）	（2）	（3）	（4）	（5）	（6）
	正式治理	正式治理	正式治理	正式治理	正式治理	正式治理
体制内经历	0.134***	0.0947***	0.125***	0.121***	0.134***	0.0664***
	(10.40)	(7.76)	(6.97)	(9.50)	(10.40)	(4.11)
企业年龄	-0.00344**	-0.000891	0.000317	-0.00345**	-0.00345**	0.00144
	(-2.42)	(-0.67)	(0.15)	(-2.45)	(-2.42)	(0.77)
企业规模	0.119***	0.105***	0.0206***	0.116***	0.119***	0.0173***
	(23.00)	(21.57)	(2.84)	(22.70)	(22.96)	(2.62)
改制	0.0254	0.0149	0.0132	0.0345*	0.0254	0.00508
	(1.32)	(0.85)	(0.58)	(1.82)	(1.33)	(0.25)
所有者权益	0.0148***	0.00966***	0.00753*	0.0133***	0.0148***	0.00692*
	(5.73)	(3.89)	(1.68)	(5.21)	(5.71)	(1.70)
资产负债率	0.000172**	0.000134**	0.0000981**	0.000155**	0.000210***	0.000118
	(2.14)	(2.33)	(2.25)	(2.03)	(2.95)	(1.64)
公关招待费用	-0.000923***	-0.000980***	-0.00395*	-0.000846***	-0.000927***	-0.000458
	(-8.85)	(-7.48)	(-1.70)	(-6.81)	(-8.97)	(-0.22)
对外直接投资	0.000596	-0.000143	0.000671	0.000212	0.000598	-0.000262
	(0.64)	(-0.17)	(0.69)	(0.23)	(0.65)	(-0.31)
沿海地区	-0.174***	-0.101*	-0.197**	0.104	-0.174***	-0.0336
	(-2.68)	(-1.67)	(-2.34)	(1.57)	(-2.68)	(-0.45)
市场化水平	-0.0412***	-0.0354***	-0.0643***	-0.00783	-0.0410***	-0.00608
	(-3.26)	(-3.00)	(-3.74)	(-0.63)	(-3.25)	(-0.38)
地区、行业、年份	控制	控制	控制	控制	控制	控制
常数项	-0.819***	-1.146***	0.000386	-1.074***	-0.821***	-0.793***
	(-8.38)	(-12.52)	(0.00)	(-11.08)	(-8.40)	(-6.68)
N	23571	23571	12570	23571	23571	12570
F	33.65***	93.83***	14.46***	45.66***	32.90***	65.70***
$R2$	0.0813	0.1906	0.0676	0.1040	0.0816	0.2403

注：模型为OLS稳健标准误估计，括号内为T值；* $p<0.1$，** $p<0.05$，*** $p<0.01$。

P<0.01)与正式治理均显著正相关,表明获得专业认证以后,家族企业的正式治理水平将有所上升。当家族企业主加入行业协会时,其受到协会中其他企业会员的影响,在专业化网络的制度压力下,正式治理的程度也将会变强。由此,假设 1.2a 和假设 1.2b 得到支持。模型(4)的结果显示,正式治理—地区均值($\beta = 744$,P<0.01)和正式治理—行业均值($\beta = 0.795$,P<0.01)均与正式治理显著正相关,表明在某一地区或行业的场域中,整体家族企业的正式治理程度越高,对所在地区或行业内目标企业的模型性压力越强,进而推动这些家族企业进行正式治理的意愿也越强。由此,假设 1.3a 和 1.3b 得到支持。模型(5)的结果显示,绩效低于行业均值($\beta = 000000861$,P>0.1)与正式治理没有显著性关系。这表明,处于业绩落差的家族企业,虽然其有提升效率和绩效的追赶压力,并可能会通过调整战略决策来弥补这一绩效落差,[①]但这一绩效落差并未推动家族企业通过更加正式的治理结构来进行绩效追赶。[②]由此,假设 2 没有得到支持。进一步,模型(6)的结果与模型(2)—模型(5)的结果并没有显著性的差别。

以上结果表明,推动家族企业正式治理转型的关键因素是制度合法性压力,其中,强制性压力、规范性压力和模仿性压力均发挥着重要的推动作用。相反,效率因素则并非家族企业正式化治理的推动力量。亦即,在过去的十多年间,对于中国家族企业而言,其治理的正式化主要遵循合法性逻辑而非效率逻辑。

从模型(1)中的控制变量来看,教育程度越高以及具有体制

---

① Patel P. C. and Chrisman J. J., "Risk Abatement as A Strategy for R & D Investments in Family Firms", *Strategic Management Journal*, Vol. 35, No. 4, 2014; Chrisman J. J. and Patel P. C., "Variations in R & D Investments of Family and Nonfamily Firms: Behavioral Agency and Myopic Loss Aversion Perspectives", *Academy of Management Journal*, Vol. 55, No. 4, 2012.

② 同样地,我将"绩效高于地区均值"和"绩效低于地区均值"放入模型(5)和模型(6)时,结果并没有发生实质性变化。

内经历的家族企业主，其所辖家族企业的正式治理程度越强。教育程度是规范性制度压力的一个重要维度，① 也是家族企业进行正式化治理的重要推动力量；体制内经历则是家族企业创立时为企业主留下的一个重要"烙印"，会对组织结构形式产生强烈而深远的影响，并且不会随着外部条件和时间的改变而发生重大变动。② 而现代企业制度最初是在中国国有企业进行推广和传播的，故拥有体制内经历的家族企业主必然也会受到这种制度结构推广的影响，进而推动其在企业中进行正式化治理。就企业层面而言，企业规模越大、所有者权益越大、资产负债率越高，家族企业的正式治理程度也越强。

(二) 稳健性检验

1. 正式治理的替换

首先，将基于三个虚拟变量（是否设立董事会、决策的非人格化、是否引入职业经理人）的加总值（正式治理1）作为因变量进行回归，考察三类合法性逻辑以及效率逻辑的存在性，表3—4中模型（1）—模型（5）报告了回归结果，结果与表3—3中的结果没有本质性的区别。其次，将上述正式治理的加总值变量与家族非正式治理变量（家族成员在高层管理团队中的任职数量）的比值（正式治理2）作为企业正式治理程度的替代变量。实际上，这一比值衡量的是家族企业中正式治理与非正式治理的相对重要程度。表3—4中模型（6）—模型（10）报告了回归结果，结果与表3—3中的结果没有本质性的区别。③

---

① DiMaggio P. and Powell W. W. , "The Iron Cage Revisited：Collective Rationality and Institutional Isomorphism in Organizational Fields", *American Sociological Review*, Vol. 48, No. 2, 1983.

② Stinchcombe A. L. , *Social Structure and Organizations*, Economics meets sociology in strategic management. Emerald Group Publishing Limited, 2000.

③ 表4—4模型（10）中，虽然政府/国有控股、专业认证和正式治理—行业均值都没有表现出正的显著性，但公司制、行业协会会员和正式治理—地区均值都表现出了正的显著性，本书给出的合法性逻辑假设仍然得以成立。

表3—4　家族企业正式治理的稳健性检验：正式治理的替换

	(1)	(2)	(3)	(4)	(5)	(6)	(7)	(8)	(9)	(10)
	正式治理1	正式治理1	正式治理1	正式治理1	正式治理1	正式治理2	正式治理2	正式治理2	正式治理2	正式治理2
公司制	1.541***				1.782***	0.411***				0.497***
	(49.13)				(43.39)	(14.84)				(11.80)
政府/国有控股	0.0239***				0.0228***	0.00968**				0.00775
	(10.77)				(7.57)	(2.04)				(1.60)
专业认证		0.634***			0.470***		0.0828**			0.0404
		(17.15)			(12.23)		(2.19)			(1.09)
行业协会会员		0.253***			0.209***		0.153***			0.147***
		(6.94)			(5.60)		(3.79)			(3.76)
正式治理—地区均值			1.481***		0.777***			0.441***		0.323*
			(19.16)		(6.98)			(4.58)		(1.80)
正式治理—行业均值			1.501***		0.985***			0.329***		0.122
			(13.98)		(4.99)			(2.85)		(0.39)
绩效高于行业均值				0.00000826	0.0000114				-0.00000757	-0.0000595
				(1.12)	(0.96)				(-0.14)	(-0.79)
绩效低于行业均值				0.00000193	0.00000539				-0.00000203	0.00000263
				(0.19)	(0.88)				(-0.53)	(0.70)

续表

	(1)	(2)	(3)	(4)	(5)	(6)	(7)	(8)	(9)	(10)
	正式治理1	正式治理1	正式治理1	正式治理1	正式治理1	正式治理2	正式治理2	正式治理2	正式治理2	正式治理2
性别	-0.0256	-0.0363	-0.0316	-0.0252	-0.0300	0.0142	0.119**	0.0290	0.0267	0.115**
	(-0.70)	(-0.70)	(-0.87)	(-0.70)	(-0.57)	(0.39)	(2.07)	(0.78)	(0.72)	(2.05)
企业家年龄	0.00171	-0.00629***	0.00171	0.00177	-0.00457**	0.000277	-0.00145	-0.000667	-0.000418	-0.000797
	(1.05)	(-2.81)	(1.06)	(1.10)	(-1.99)	(0.18)	(-0.57)	(-0.42)	(-0.26)	(-0.32)
教育程度	0.0896***	0.0156	0.111***	0.117***	-0.00544	0.0416***	-0.00674	0.0431***	0.0454***	-0.00907
	(7.38)	(0.99)	(9.32)	(9.77)	(-0.33)	(3.30)	(-0.36)	(3.33)	(3.50)	(-0.50)
党员	0.0199	-0.00791	0.0168	0.0166	0.000518	0.0344	0.00681	0.0425	0.0396	0.00827
	(0.71)	(-0.20)	(0.61)	(0.60)	(0.01)	(1.31)	(0.16)	(1.56)	(1.45)	(0.21)
政治身份	0.0195	0.0564	0.0236	0.0223	0.0399	-0.00777	0.00110	-0.0173	-0.0169	0.0254
	(0.70)	(1.50)	(0.85)	(0.81)	(1.03)	(-0.28)	(0.03)	(-0.60)	(-0.58)	(0.61)
体制内经历	0.190***	0.248***	0.233***	0.255***	0.150***	0.108***	0.131***	0.119***	0.125***	0.114***
	(7.46)	(6.99)	(9.31)	(10.23)	(4.10)	(4.24)	(3.35)	(4.57)	(4.80)	(3.01)
企业年龄	-0.00248	0.000449	-0.00757***	-0.00755***	0.00322	0.00204	0.000245	0.000573	0.000577	0.00391
	(-0.88)	(0.11)	(-2.74)	(-2.74)	(0.76)	(0.74)	(0.56)	(0.20)	(0.20)	(0.94)
企业规模	0.220***	0.0393***	0.227***	0.229***	0.0389***	0.0582***	-0.0131	0.0614***	0.0622***	-0.00941
	(21.35)	(2.73)	(22.21)	(22.55)	(2.60)	(5.57)	(-0.89)	(5.77)	(5.82)	(-0.66)

续表

	(1) 正式治理1	(2) 正式治理1	(3) 正式治理1	(4) 正式治理1	(5) 正式治理1	(6) 正式治理2	(7) 正式治理2	(8) 正式治理2	(9) 正式治理2	(10) 正式治理2
改制	0.0303 (0.84)	0.0322 (0.72)	0.0687* (1.87)	0.0533 (1.46)	0.0143 (0.31)	0.0266 (0.71)	0.0160 (0.30)	0.0357 (0.93)	0.0349 (0.90)	0.0166 (0.32)
所有者权益	0.0204*** (3.92)	0.0156* (1.76)	0.0257*** (5.08)	0.0279*** (5.53)	0.0168* (1.82)	0.00345 (0.64)	-0.00291 (-0.34)	0.00432 (0.78)	0.00361 (0.65)	0.00252 (0.31)
资产负债率	0.000290 (1.36)	0.000192 (1.44)	0.000402 (1.53)	0.000431 (1.38)	0.000261 (1.34)	0.0000529 (1.32)	0.0000369 (1.00)	0.0000718* (1.85)	0.000119 (1.03)	-0.0000610 (-0.52)
公关招待费用	-0.00253*** (-2.76)	-0.00603 (-1.38)	-0.00237** (-2.39)	-0.00273** (-2.40)	-0.000336 (-0.08)	0.00255 (0.52)	-0.00393 (-0.68)	-0.0000925 (-0.02)	0.000683 (0.12)	-0.000699 (-0.14)
对外直接投资	-0.000455 (-0.28)	0.00154 (0.82)	0.000621 (0.35)	0.00120 (0.71)	-0.000709 (-0.37)	0.207 (1.11)	0.0819 (0.40)	0.192 (1.04)	0.240 (1.29)	0.0705 (0.36)
沿海地区	-0.213* (-1.68)	-0.398** (-2.45)	0.199 (1.56)	-0.342*** (-2.75)	-0.0903 (-0.55)	0.273 (1.22)	-0.0685 (-0.18)	0.315 (1.40)	0.206 (0.91)	0.144 (0.38)
市场化水平	-0.0788*** (-3.22)	-0.127*** (-3.73)	-0.0229 (-0.95)	-0.0844*** (-3.51)	-0.0196 (-0.54)	0.0932 (1.43)	-0.0670 (-0.62)	0.0830 (1.26)	0.0780 (1.17)	0.0466 (0.41)
地区、行业、年份	控制	控制	控制	控制	控制	控制	控制	控制	控制	控制

续表

	(1)	(2)	(3)	(4)	(5)	(6)	(7)	(8)	(9)	(10)
	正式治理1	正式治理1	正式治理1	正式治理1	正式治理1	正式治理2	正式治理2	正式治理2	正式治理2	正式治理2
常数项	5.324***	3.373***	4.935***	4.371***	5.357***	−0.607	1.370	−0.187	−0.0964	−0.0409
	(27.65)	(13.23)	(25.97)	(23.23)	(19.69)	(−1.10)	(1.52)	(−0.34)	(−0.17)	(−0.04)
N	23571	12570	23571	23571	12570	3647	1831	3647	3647	1831
Wald chi2	4389.21***	847.43***	2485.90***	1905.03***	3033.53***					
Pseudo R2	0.0818	0.0284	0.0432	0.0334	0.1064					
F						17.48***	9.46***	12.77***	11.89***	10.39***
R2						0.2002	0.0650	0.1597	0.1528	0.1361

注：模型（1）—模型（5）为 ologit 稳健标准误估计，括号内为 Z 值；模型（6）—模型（10）为 OLS 稳健标准误估计，括号内为 T 值；* $p<0.1$，** $p<0.05$，*** $p<0.01$。当因变量为正式治理1时，模仿性压力对应的自变量为正式治理1—地区均值和正式治理1—行业均值。同样地，当因变量为正式治理2时，模仿性压力对应的自变量分别为正式治理2—地区均值和正式治理2—行业均值；同样地，将"绩效高于地区均值"和"绩效低于地区均值"放入模型（4），模型（5），模型（9），模型（10）时，结果并没有发生实质性变化。

2. 绩效差距替换

为了进一步考察家族企业正式治理的效率逻辑，本书使用企业的经营效率作为替代指标。具体而言，使用资产周转率（Asset Turnover Ratio）进行测量（营业收入/资产总额），这一指标衡量的是企业在既有资产规模基础上的盈利能力，亦即企业资产管理效率，在财会金融、[①] 经济学[②]和管理学[③]领域有着广泛应用，贾（Jia）[④]也将之视为企业市场能力的指标。表3—5 中的模型报告了回归结果，结果与表3—3 中的结果没有本质性的区别。

表3—5　　家族企业正式治理的稳健性检验：绩效差距的替换

	（1）	（2）	（3）	（4）	（5）
	正式治理	正式治理	正式治理	正式治理	正式治理
公司制	0.753***				0.855***
	(54.78)				(39.95)
政府/国有控股	0.0112***				0.00934***
	(11.95)				(6.30)
专业认证		0.327***			0.184***
		(17.87)			(7.94)
行业协会会员		0.140***			0.0616***
		(7.62)			(2.91)

---

① Altman and Edward I., "Financial Ratios, Discriminant Analysis and the Prediction of Corporate Bankruptcy", *The Journal of Finance*, Vol. 23, No. 4, 1968.

② Braguinsky and Serguey, eds., "Acquisitions, Productivity, and Profitability: Evidence from the Japanese Cotton Spinning Industry", *American Economic Review*, Vol. 105, No. 7, 2015.

③ Cochran Philip L. and Robert A. Wood., "Corporate Social Responsibility and Financial Performance", *Academy of Management Journal*, Vol. 27, No. 1, 1984.

④ Jia Nan., "Political Strategy and Market Capabilities: Evidence from the Chinese Private Sector", *Management and Organization Review*, Vol. 12, No. 1, 2016.

续表

	（1）	（2）	（3）	（4）	（5）
	正式治理	正式治理	正式治理	正式治理	正式治理
正式治理—地区均值			0.744***		0.321***
			(20.10)		(5.01)
正式治理—行业均值			0.795***		0.406***
			(14.51)		(3.53)
资产周转率高于行业均值				0.00255	-0.0101
				(0.28)	(-1.05)
资产周转率低于行业均值				0.00536	0.0202
				(0.21)	(0.73)
性别	-0.00985	-0.0204	-0.0115	-0.0237	-0.0246
	(-0.56)	(-0.79)	(-0.62)	(-0.90)	(-0.79)
企业家年龄	0.00106	-0.00309***	0.000974	0.000232	-0.00154
	(1.36)	(-2.74)	(1.18)	(0.20)	(-1.15)
教育程度	0.0439***	0.00894	0.0572***	0.0415***	0.00204
	(7.50)	(1.11)	(9.32)	(4.74)	(0.22)
党员	0.0113	-0.00269	0.0127	-0.0187	-0.0105
	(0.84)	(-0.14)	(0.89)	(-0.92)	(-0.47)
政治身份	0.00922	0.0283	0.0107	0.0106	0.0287
	(0.69)	(1.48)	(0.76)	(0.52)	(1.30)
体制内经历	0.0947***	0.125***	0.121***	0.161***	0.0776***
	(7.76)	(6.97)	(9.50)	(8.90)	(3.71)
企业年龄	-0.000891	0.000317	-0.00345**	-0.00718***	-0.00132
	(-0.67)	(0.15)	(-2.45)	(-3.55)	(-0.55)
企业规模	0.105***	0.0206***	0.116***	0.0650***	0.0152
	(21.57)	(2.84)	(22.70)	(7.19)	(1.50)
改制	0.0149	0.0132	0.0345*	0.0000246	-0.0227
	(0.85)	(0.58)	(1.82)	(0.00)	(-0.88)
所有者权益	0.00966***	0.00753*	0.0133***	0.0648***	0.0259***
	(3.89)	(1.68)	(5.21)	(8.71)	(2.94)

续表

	（1）	（2）	（3）	（4）	（5）
	正式治理	正式治理	正式治理	正式治理	正式治理
资产负债率	0.000134**	0.0000981**	0.000155**	0.0000513	0.0000403
	(2.33)	(2.25)	(2.03)	(1.35)	(1.53)
公关招待费用	-0.000980***	-0.00395*	-0.000846***	0.00194	0.00106
	(-7.48)	(-1.70)	(-6.81)	(0.63)	(0.40)
对外直接投资	-0.000143	0.000671	0.000212	0.00154	0.000309
	(-0.17)	(0.69)	(0.23)	(1.43)	(0.31)
沿海地区	-0.101*	-0.197**	0.104	-0.170**	-0.0252
	(-1.67)	(-2.34)	(1.57)	(-2.03)	(-0.26)
市场化水平	-0.0354***	-0.0643***	-0.00783	-0.0132	-0.00914
	(-3.00)	(-3.74)	(-0.63)	(-0.77)	(-0.43)
地区、行业、年份	控制	控制	控制	控制	控制
常数项	-1.146***	0.000386	-1.074***	-0.822***	-0.810***
	(-12.52)	(0.00)	(-11.08)	(-6.06)	(-5.09)
N	23571	12570	23571	12148	7581
F	93.83***	14.46***	45.66***	15.27***	39.59***
R^2	0.1906	0.0676	0.1040	0.0760	0.2450

注：模型为OLS稳健标准误估计，括号内为T值；*$p<0.1$，**$p<0.05$，***$p<0.01$；将"资产周转率高于地区均值"和"资产周转率低于地区均值"放入模型（4）和模型（5）时，结果并没有发生实质性变化。

（三）企业规模和政治关联的情境性作用检验

表3—6报告了家族企业正式治理的分组回归结果。

其中模型（1）和模型（2）分别为中小规模企业和大规模企业的分组回归结果，结果显示，在中小规模企业中，公司制、政府/国有控股、专业认证、行业协会会员、正式治理—地区均值、正式治理—行业均值均与正式治理显著正相关，而绩效低于行业均值变量无显著性。这表明，中小家族企业治理的正式化过程主要遵循合法性逻辑；在大规模企业中，公司制、政府/国有控股、专业认证、行业协会会员、正式治理—地区均值均无显著性,而绩效低于行业均值变量与正式治理显著正相关。这表明,大规模家族企业治理的正式化过程主要是为了提升效率而非合法性。周(Chow)的检验进一步表明,两个分样本中合法性逻辑的三个维度变量系数之间均存在显著性差异,两个样本中绩效低于行业均值变量的系数也存在显著差异。由此,假设3.1和假设3.2得到支持。

表 3—6　　　　　　　　　　家族企业正式治理的分组分析

	(1)	(2)	(3)	(4)	(5)	(6)
	正式治理	正式治理	正式治理	正式治理	正式治理	正式治理
样本分组	中小规模企业	大规模企业	非人大政协委员	人大政协委员	无党组织	有党组织
公司制	0.849***	0.806	0.851***	0.841	0.817***	0.794
	(43.88)	(0.96)	(36.47)	(0.60)	(42.63)	(1.63)
政府/国有控股	0.0107***	0.00650	0.0109***	0.00914	0.0127***	0.00485
	(8.88)	(1.07)	(8.43)	(1.01)	(6.79)	(0.99)
专业认证	0.211***	0.229	0.226***	0.203	0.171***	0.0916
	(10.99)	(1.19)	(9.82)	(1.02)	(7.86)	(1.16)
行业协会会员	0.101***	0.134	0.108***	0.102	0.0813***	0.0219
	(5.41)	(1.59)	(4.81)	(1.12)	(4.22)	(0.66)
正式治理—地区均值	0.327***	0.278	0.316***	0.334	0.378***	0.230
	(6.37)	(1.32)	(4.84)	(0.93)	(7.12)	(1.29)
正式治理—行业均值	0.480***	0.0706	0.483***	0.357	0.421***	0.313*
	(4.85)	(0.36)	(4.02)	(0.65)	(4.12)	(1.81)
绩效高于行业均值	−0.00000807	−0.0000122	−0.00000749	0.00000433	0.00000103	0.000120
	(−0.36)	(−0.86)	(−0.32)	(0.58)	(0.18)	(1.49)
绩效低于行业均值	0.000000943	0.0000110**	0.00000204	0.000000589**	0.00000424	4.49e-08**
	(0.51)	(2.17)	(0.92)	(2.12)	(0.82)	(2.01)
性别	−0.0181	−0.00762	−0.00952	−0.0363	−0.00541	−0.0687*
	(−0.73)	(−0.11)	(−0.32)	(−0.94)	(−0.19)	(−1.74)

续表

	(1)	(2)	(3)	(4)	(5)	(6)
	正式治理	正式治理	正式治理	正式治理	正式治理	正式治理
样本分组	中小规模企业	大规模企业	非人大政协委员	人大政协委员	无党组织	有党组织
企业家年龄	-0.00148	-0.00278	0.00000372	-0.00425***	-0.00148	-0.00283
	(-1.33)	(-1.09)	(0.00)	(-2.61)	(-1.24)	(-1.53)
教育程度	0.00152	-0.00836	-0.00975	0.00584	-0.00227	0.00314
	(0.19)	(-0.52)	(-0.97)	(0.54)	(-0.27)	(0.23)
党员	-0.0111	0.0760**	-0.0333	0.0460*	-0.000370	0.0128
	(-0.56)	(1.98)	(-1.38)	(1.80)	(-0.02)	(0.41)
政治身份	0.0278	0.0400			0.0113	0.0298
	(1.48)	(0.99)			(0.56)	(0.95)
体制内经历	0.0740***	0.0569	0.0668***	0.0683***	0.0618***	0.0507*
	(4.10)	(1.53)	(3.09)	(2.78)	(3.28)	(1.66)
企业年龄	0.000269	0.0101**	0.000625	0.00341	0.00163	0.000705
	(0.13)	(2.43)	(0.23)	(1.27)	(0.74)	(0.20)
企业规模			0.0190**	0.0183*	0.0148*	0.0135
			(2.11)	(1.87)	(1.89)	(1.15)
改制	0.0117	0.0237	-0.0335	0.0383	0.000914	0.0134
	(0.50)	(0.58)	(-1.15)	(1.34)	(0.04)	(0.37)
所有者权益	0.0105**	0.00613	0.00650	0.00610	0.00859*	-0.00143
	(2.20)	(0.83)	(1.11)	(1.07)	(1.79)	(-0.19)
资产负债率	0.000157**	-0.000182	0.000114	0.000101	0.0000424	0.000148
	(1.99)	(-0.77)	(1.18)	(0.81)	(0.44)	(1.29)
公关招待费用	-0.000262	0.0489	-0.000583	0.000637	0.000926	-0.00529
	(-0.13)	(0.44)	(-0.24)	(0.21)	(0.41)	(-1.24)
对外直接投资	-0.000691	-0.00148	-0.000807	0.000253	-0.000430	-0.000650
	(-0.70)	(-0.96)	(-0.68)	(0.21)	(-0.44)	(-0.38)
沿海地区	-0.0195	-0.223	-0.0724	0.0168	-0.0847	0.137
	(-0.24)	(-1.21)	(-0.77)	(0.14)	(-0.97)	(1.08)

续表

	（1）	（2）	（3）	（4）	（5）	（6）
	正式治理	正式治理	正式治理	正式治理	正式治理	正式治理
样本分组	中小规模企业	大规模企业	非人大政协委员	人大政协委员	无党组织	有党组织
市场化水平	-0.0162	0.0114	-0.0265	0.0169	-0.00961	0.00168
	(-0.91)	(0.29)	(-1.22)	(0.68)	(-0.51)	(0.05)
地区、行业、年份	控制	控制	控制	控制	控制	控制
常数项	-0.822***	-0.310	-0.752***	-0.813***	-0.817***	-0.384*
	(-6.26)	(-1.09)	(-4.68)	(-4.41)	(-5.91)	(-1.65)
N	10060	2513	6896	5674	9234	3336
F	63.67***	12.17***	48.41***	30.69***	43.87***	9.04
R2	0.2498	0.2229	0.2530	0.2336	0.2270	0.1742

注：模型为OLS稳健标准误估计，括号内为T值；* $p<0.1$，** $p<0.05$，*** $p<0.01$。同样的，将"绩效高于地区均值"和"绩效低于地区均值"放入模型（1）—模型（6）时，结果并没有发生实质性变化。

为了验证调节效应的稳健性，本书使用自变量与调节变量的交乘项进行回归检验，结果并未发生本质性改变。

模型（3）和模型（4）分别为无人大或政协身份和有人大或政协身份的分组回归结果，结果显示，在无人大或政协身份的样本企业中，公司制、政府/国有控股、专业认证、行业协会会员、正式治理—地区均值、正式治理—行业均值均与正式治理显著正相关，而绩效低于行业均值变量没有表现出显著性。这表明，没有政治身份的家族企业主所辖企业的治理正式化过程主要遵循合法性逻辑；在有人大或政协身份的样本企业中，公司制、政府/国有控股、专业认证、行业协会会员、正式治理—地区均值、正式治理—行业均值均没有表现出显著性，而绩效低于行业均值与正式治理显著正相关。这表明，有政治身份的家族企业主所辖企业的治理正式化过程主要遵循效率逻辑。周（Chow）的检验进一步表明，两个分样本中合法性逻辑的三个维度变量系数之间均存在显著性差异，两个样本中绩效低于行业均值变量的系数也存在显著差异。模型（5）和模型（6）分别为企业中没有设立党组织和设立党组织的分组回归结果，回归结果与模型（3）和模型（4）没有实质性差别。由此，假设 4.1 和假设 4.2 得到支持。

综上所述，对于中小规模以及没有政治联系（包括企业主个人的政治身份以及企业内部的党组织设立）的家族企业，其治理的正式化过程更多地遵循合法性逻辑。而对于大规模以及有政治联系的家族企业，其正式化的治理更多的是为了寻求效率的提升而非寻求合法性。

第五节　本章小结

在现代科学理性成为西方社会的主流文化时，理性主义成为西方现代社会生产和生活中无法动摇的核心价值理念，这一理念不仅成为一个囚禁人性的"牢笼"，[①] 同时也给西方现代组织的生产和经营刻下了深刻的"理性化"烙印。随着全球化和欧美"股东资本主义"的兴起和扩散，现代公司治理制度在全世界范围内迅速扩散，这主要是由专业人士（机构投资者、证券分析师等）而非政府推动，这印证了迪马吉奥和鲍威尔（DiMaggio and Powell）[②] 曾经指出的，"理性化和科层化（Rationalization and Bureaucratization）的动因已经从韦伯所强调的市场竞争逐渐转移到政府和专业人士"。进一步，现

---

① [德] 马克斯·韦伯：《新教伦理与资本主义精神》，广西师范大学出版社 2007 年版。

② DiMaggio P. and Powell W. W., "The Iron Cage Revisited: Collective Rationality and Institutional Isomorphism in Organizational Fields", *American Sociological Review*, Vol. 48, No. 2, 1983.

代公司治理制度在中国扩散的过程中，主要是政府通过法律法规和政策手段，强制性要求企业采用现代企业治理模式，这主要集中在国有企业和上市公司中，[①] 具体的机制是强制性趋同作用。那么，在现代公司治理机制扩散的过程中，作为中国经济增长的另一支重要力量——中小家族企业，现代公司治理机制在这一群体中的扩散效果如何？具体的影响机制又是什么？现有研究还没有给出令人信服的答案。

基于此，本书利用2000—2014年中国私营企业调查数据库，基于家族企业数据对以上问题进行了分析。研究发现：第一，家族企业正式治理主要受到制度合法性压力的推动，这包括强制性压力（《公司法》以及政府/国有控股）、规范性压力（专业认证以及行业协会）、模仿性压力（同一行业/地区其他家族企业的趋同性要求）。而对于那些绩效水平低于行业（或地区）均值的家族企业，绩效追赶的压力无法有效推动其采纳正式治理机制。第二，当组织面对不同的环境时，正式治理的逻辑将有所差异。具体而言，对于中小规模以及没有政治联系的家族企业，其治理的正式化过程更多的遵循合法性逻辑。而对于大规模以及有政治联系的家族企业，其正式化的治理更多的是为了寻求效率的提升而非合法性。

本书的研究能够带来以下三个方面的理论贡献：第一，家族企业正式化治理究竟是为了提升效率还是获取合法性，现有研究没有获得一致的结论。基于此，本书的结论揭示出中国情境下家族企业治理正式化过程的背后逻辑，为家族企业治理及其转型文献提供了来自中国情境下的经验性证据。第二，本书突破了部分新制度主义学者以环境两分论假设为基础的研究视角，指出效率逻辑与合法性逻辑并非总是相互对立的，相反，这两种逻辑实际上会呈现出共生演化的关系。第三，从社会情感财富视角出发，对于效率逻辑而言，

---

① 杨典：《金融全球化与"股东导向型"公司治理制度的跨国传播——对中国公司治理改革的社会学分析》，《社会》2018年第2期。

企业为了提升效率，会采用更加正式化的治理模式，但本书发现，这一效率逻辑并不成立。一种可能的解释是，正式治理意味着家族人格化因素的褪去，家族控制将减弱，这会威胁家族企业的约束型社会情感财富。[1] 此时，即使家族企业的绩效或效率面临下降的风险，家族企业也会将更多的注意力集中在保存家族控制而非提升效率上。[2] 相反，对于合法性逻辑来说，家族企业对于延伸型社会情感财富的保存[1]使得其更加重视外部制度压力，而正式治理实际上就是一种积极的信号——家族企业更加注重非人格化的治理，符合利益相关者对于其正式治理的制度压力和要求。从这个意义上来说，家族企业治理的转型并非总是因为效率推动，对于合法性的追求，延伸型社会情感财富的保存也是推动其成功转型的重要动力之一。由此，本书则聚焦家族企业治理文献，指出不同类型的社会情感财富保存动机在家族企业正式治理转型中的作用，丰富了家族企业社会情感财富的研究文献。

---

[1] 朱沆、Eric Kushins、周影辉：《社会情感财富抑制了中国家族企业的创新投入吗？》，《管理世界》2016 年第 3 期；Miller D. and Le Breton-Miller. I., "Deconstructing-Socioemotional Wealth", *Entrepreneurship Theory and Practice*, Vol. 38, No. 4, 2014.

[2] Gómez-Mejía L. R. and K. T. Haynes, eds., "Socioemotional Wealth and Business Risks in Family-Controlled Firms: Evidence from Spanish Olive Oil Mills", *Administrative Science Quarterly*, Vol. 52, 2007.

第四章

家族企业治理与双元目标平衡性

第一节 引言

第三章的研究发现，近年来，在现代理性思维的驱动下，中国的家族企业治理的正式化程度日趋提升，主要受到制度合法性压力的驱动，包括强制性压力、规范性压力和模仿性压力，从而形成一种制度性同形。[1] 事实上，这些合法性压力存在于特定的制度环境中，是建构组织形式、结构和行为的重要约束性力量，企业不仅能通过遵从利益相关者的期望来获取合法性与必要的资源，[2] 同样也会主动吸纳那些被广为接受或被认定为规范的行为方式，此时，对效率的追求可能就退居其次。比如，虽然家族企业成立初期能够依靠创业者的个人权威和经验主义来提升企业的治理效率、决策质量，但企业

---

[1] DiMaggio P. and Powell W. W., "The Iron Cage Revisited: Collective Rationality and Institutional Isomorphism in Organizational Fields", *American Sociological Review*, Vol. 48, No. 2, 1983.

[2] Fisher G. and S. Kotha, eds., "Changing with the Times: An Integrated View of Identity, Legitimacy, and New Venture Life Cycles", *Academy of Management Review*, Vol. 41, 2016；田莉、张玉利、唐贵瑶、魏立群：《遵从压力或理性驱动？新企业政治行为探析》，《管理科学学报》2015 年第 3 期。

往往也会因为权力的过度集中被利益相关者所诟病,从而导致企业的认知和社会政治合法性不足,影响其与组织内部成员、产品市场和资本市场的合作关系。[1] 因而随着组织的成长,为了获取合法性,不少家族企业开始逐渐引入正式化的治理机制,即使这些机制只是一种形式上的合法性象征(Symbolically)而不能真正提高组织效率。[2]

从这个意义上来说,外部合法性成为企业在正式化治理及其转型过程中的核心动力。但不可忽视的事实是,家族企业毕竟也是以营利为目的组织实体,尤其是对于中小家族企业而言,必要的经济绩效是保证其家族控制和基业长青的物质基础,学者们也指出,家族企业对经济目标尤其是短期绩效水平也愈发重视。[3] 因此,家族企业治理的正式化能够达成企业的经济目标这一效率逻辑,从第一个子研究的结论来看,似乎是不成立的。但不容忽视的是,即使家族企业进行正式治理的变革,其内部非正式治理仍然发挥着重要作用,尤其是在转型期的中国。在这一背景下,非正式治理是否能够作为正式治理的补充,来达到家族企业的经济目标呢?家族企业作为家族系统和企业系统的结合体,不仅需要关注经济目标的达成,对于家族目标这一内部合法性的重视程度往往更甚,它们天然地被作为家族企业战略决策的首要参考点。[4] 家族企业治理的正式化能够带来更强的外部合法性,但是否也能够带来更强的内部合法性——达成

---

[1] Aldrich H. E. and Fiol C. M., "Fools Rush in? The Institutional Context of Industry Creation", *Academy of Management Review*, Vol. 19, No. 4, 1994.

[2] Meyer J. W. and Rowan B., "Institutionalized Organizations: Formal Structure as Myth and Ceremony", *American Journal of Sociology*, Vol. 83, No. 2, 1977.

[3] Kotlar J. and De Massis. A., "Goal Setting in Family Firms: Goal Diversity, Social Interactions, and Collective Commitment to Family-centered Goals", *Entrepreneurship Theory and Practice*, Vol. 37, No. 6, 2013;李新春、宋丽红:《基于二元性视角的家族企业重要研究议题梳理与评述》,《经济管理》2013 年第 8 期。

[4] Gómez-Mejía L. R. and K. T. Haynes, eds., "Socioemotional Wealth and Business Risks in Family-Controlled Firms: Evidence from Spanish Olive Oil Mills", *Administrative Science Quarterly*, Vol. 52, 2007.

家族目标呢？

这就引出了本书想要研究的问题——家族企业双元目标的平衡问题。近年来越来越多的学者开始关注和进行家族目标的研究，如从目标的分类、来源、重要性到对家族企业行为的影响等方面，① 但大部分学者关注的都是家族企业中的家族目标问题，一定程度上忽视了经济目标，学者们认为家族企业对于家族目标的重视程度天然地大于经济目标。但也有研究指出，除了家族目标，家族企业对于短期的经济目标也愈发重视，因为这是保持家族控制和跨代传承的基础所在，过于注重非经济目标的实现而忽略经济目标可能会导致家族企业的经营陷入危机。② 因此，更为迫切需要关注的问题是，家族企业如何权衡并兼顾这两类不同类型的目标，因为家族企业的行为决策正是其经济目标与非经济目标共同作用的结果，③ 但既有的研究还没有对此问题进行过深入的分析。正是在这一意义上，本书试图引入家族企业治理的视角，对以上问题进行剖析。虽然部分学者从非正式治理的角度出发，发现家族所有权和管理权的涉入有利于家族目标的实现，④ 但这些研究仅仅关注家族目标，忽略了家族目标与经济目标的权衡和兼顾问题。

具体而言，本书将重点关注家族正式治理和非正式治理如何影响经济目标和家族目标的达成，并考虑这一过程中的情境性因素。

---

① Williams R. I. and Pieper T. M., eds., *Private Family Business Goals: A Concise Review, Goal Relationships, and Goal Formation Processes*, The Palgrave Handbook of Heterogeneity among Family Firms. Palgrave Macmillan, Cham, 2019a.

② Tyler B. B. and Caner T., "New Product Introductions Below Aspirations, Slack and R & D Alliances: A Behavioral Perspective", *Strategic Management Journal*, Vol. 37, No. 5, 2016.

③ Gomez-Mejia L. R. and Patel P. C., eds., "In the Horns of the Dilemma: Socioemotional Wealth, Financial Wealth, and Acquisitions in Family Firms", *Journal of Management*, Vol. 44, No. 4, 2018.

④ Chrisman J. J. and Chua J. H., eds., "Family Involvement, Family Influence, and Family-centered Non-economic Goals in Small Firms", *Entrepreneurship Theory and Practice*, Vol. 36, No. 2, 2012.

本章安排如下。第一节引言给出了文章的缘起和意义；第二节是文献理论与研究假设；第三节是研究设计，介绍了样本选择、数据来源和变量定义；第四节是实证分析；第五节是结论和讨论。

第二节 文献理论与研究假设

一 家族企业的双元目标

家族企业是由企业系统和家族系统共同构成的组织模态，前者作为一种组织系统，遵循理性—经济基础，强调效率和理性；后者作为一个社会群体，遵循生物—情感准则，强调情感和非理性。因此，家族企业是一个充满不同诉求的矛盾统一体，两个系统有时相互矛盾，有时相互促进、相辅相成，这使得家族企业面临着各类双元平衡与协调问题。事实上，家族企业的双元性与生俱来，家族目标与企业目标、短期生存和长期存续等一对对矛盾嵌在家族企业的发展过程中。[①] "家族企业到底追求什么"，这是解释家族企业治理和行为的最根本问题。其中，家族企业面临的首要问题就是目标二元性——企业系统最为关注的是经济目标，而家族系统更多地关注家族目标。因此，对于家族企业而言，经济目标与家族目标的权衡、取舍与平衡直接影响企业的行为和结果，这也是家族企业区别于非家族企业的独特性所在。[②]

[①] 李新春、宋丽红：《基于二元性视角的家族企业重要研究议题梳理与评述》，《经济管理》2013 年第 8 期。

[②] Chua J. H. and Chrisman J. J., eds., "Defining the Family Business by Behavior", *Entrepreneurship Theory and Practice*, Vol. 23, No. 4, 1999; Kotlar J. and De Massis. A., "Goal Setting in Family Firms: Goal Diversity, Social Interactions, and Collective Commitment to Family-centered Goals", *Entrepreneurship Theory and Practice*, Vol. 37, No. 6, 2013; Kotlar J. and Fang H., eds., "Profitability Goals, Control Goals, and the R & D Investment Decisions of Family and Nonfamily Firms", *Journal of Product Innovation Management*, Vol. 31, No. 6, 2014; Zellweger T. M. and Nason R. S., eds., "Why do Family Firms Strive for Nonfinancial Goals? An Organizational Identity Perspective", *Entrepreneurship Theory and Practice*, Vol. 37, No. 2, 2013.

值得注意的是，对于家族企业双元目标的分类，实际上有两对关系：家族与非家族，经济与非经济。基于此，有学者通过扎根研究，从经济性和家族两个维度将家族企业的目标分为四类——不以家族为中心的经济目标、不以家族为中心的非经济目标、以家族为中心的经济目标、以家族为中心的非经济目标。[1] 具体如表4—1所示。

表4—1　　　　　　　　　　家族企业的目标分类

目标属性	核心利益相关者	
	家族	非家族
经济	家族控制、家族财富	企业成长、企业生存、财务绩效
非经济	家族和谐、家族社会地位、家族身份连接	企业内部和睦、外部社会关系

资料来源：作者整理。

从表4-1可以发现，家族企业的目标实际上是多元且复杂的，[2]这涉及家族内外部利益相关者不同类型的目标。为了简化分析，本书主要关注不以家族为中心的经济目标、以家族为中心的经济目标、以家族为中心的非经济目标。其中，第一类指代经济目标，后两类以社会情感财富为基础，指代家族目标。

（一）经济目标

家族企业的经济目标与一般意义上的企业的经济目标并无二致，作为一种自主经营的实体，获得经济收益是企业系统最基本的要求，也是企业获得外部投资者信任以及持续经营的物质性与合法性基础。对于家族企业而言，经济目标是其进行家族控制和代际传承的基本

---

[1] Kotlar J. and De Massis. A., "Goal Setting in Family Firms: Goal Diversity, Social Interactions, and Collective Commitment to Family-centered Goals", *Entrepreneurship Theory and Practice*, Vol. 37, No. 6, 2013.

[2] Pieper T. M. and Klein S. B., "The Bulleye: A Systems Approach to Modeling Family Firms", *Family Business Review*, Vol. 20, No. 4, 2007.

保障,[1] 在评估家族企业的经济目标时,财务绩效指标是最为普遍的一类衡量标准,家族企业会通过调整治理模式、优化内部系统、实施成本优势和差异化战略等一系列手段来获得财务绩效的增长。在本书的研究框架下,家族企业的经济目标主要是指财务绩效。

(二) 家族目标

家族因素的融入使得家族企业在追求经济目标的同时,还追求一系列情感性的非经济目标,这些非经济目标往往比经济目标受到更多的重视,这也是家族企业区别于非家族企业的独特性所在。相对经济目标,非经济目标涵盖的内容更加宽泛,既包括家族外部利益相关者的非经济目标,比如对于企业内非家族成员的专业培训、为消费者提供高质量的产品和服务、与供应商保持良好的合作关系、对所在社区进行的慈善捐赠等;同时也包括家族内部的非经济目标,比如雇用家族成员进入企业工作或担任高管、[2] 开发和留存家族遗产、[3] 在企业中植入家族文化和家族价值观、[4] 维护家族声誉、[5] 跨代传承[6]等。

---

[1] Kaufman B. E., "A New Theory of Satisficing", *Journal of Behavioral Economics*, Vol. 19, No. 1, 1990.

[2] Andersson T. and Carlsen J., eds., "Family Business Goals in the Tourism and Hospitality Sector: Case Studies and Cross-case Analysis from Australia, Canada, and Sweden", *Family Business Review*, Vol. 15, No. 2, 2002; Lin S. and Hu S. A., "Family Member or Professional Management? The Choice of A CEO and Its Impact on Performance", *Corporate Governance: An International Review*, Vol. 15, No. 6, 2007.

[3] Andersson T. and Carlsen J., eds., "Family Business Goals in the Tourism and Hospitality Sector: Case Studies and Cross-case Analysis from Australia, Canada, and Sweden", *Family Business Review*, Vol. 15, No. 2, 2002.

[4] Chrisman J. J. and Patel P. C., "Variations in R & D Investments of Family and Nonfamily Firms: Behavioral Agency and Myopic Loss Aversion Perspectives", *Academy of Management Journal*, Vol. 55, No. 4, 2012.

[5] Zellweger T. M. and Nason R. S., eds., "Why do Family Firms Strive for Nonfinancial Goals? An Organizational Identity Perspective", *Entrepreneurship Theory and Practice*, Vol. 37, No. 2, 2013.

[6] Zellweger T. M. and Kellermanns F. W., eds., "Building A Family Firm Image: How Family Firms Capitalize on their Family Ties", *Journal of Family Business Strategy*, Vol. 3, No. 4, 2012b.

本书主要关注的是家族内部的非经济目标——家族目标。近年来，越来越多的研究者开始关注家族企业社会情感财富（Socioemotional Wealth，SEW），并用此来概括和总结家族目标。[1] 这一理论认为，家族目标主要来自掌控企业过程中获取的家族情感价值和情感需求，[2] 保护家族社会情感财富的动机构成了各类家族目标的基础，[3] 具体包括家族控制与影响、家族成员对企业的认同、社会连带、情感依恋以及跨代保持家族控制五个维度。[4]

基于以上分析，本书将社会情感财富保存视为家族企业追求的家族目标。值得注意的是，社会情感财富并非同质，而是蕴含了不同维度和时域特征的目标，本书主要基于米勒和布雷顿－米勒（Miller and Breton-Miller）[5] 对社会情感财富的分类，即约束型（Restricted）和延伸型（Extended）两类。具体而言，约束型社会情感财富是一类短期的非经济目标，将导致企业战略的相对保守，保持家族控制是其核心要素。事实上，家族控制是实现其他家族目标的基础，尤其是在中国防御性文化背景下，家族控制受到更多的重视。[6] 在家族企业中，家

---

[1] Gómez-Mejía L. R. and K. T. Haynes, eds., "Socioemotional Wealth and Business Risks in Family-Controlled Firms: Evidence from Spanish Olive Oil Mills", *Administrative Science Quarterly*, Vol. 52, 2007.

[2] Astrachan J. H. and Jaskiewicz P., "Emotional Returns and Emotional Costs in Privately Held Family Businesses: Advancing Traditional Business Valuation", *Family Business Review*, Vol. 21, No. 2, 2008.

[3] Berrone P. and Cruz C., eds., "Socioemotional Wealth and Corporate Responses to Institutional Pressures: Do Family-controlled Firms Pollute Less?", *Administrative Science Quarterly*, Vol. 55, No. 1, 2010; Berrone P. and Cruz C., eds., "Socioemotional Wealth in Family Firms: Theoretical Dimensions, Assessment Approaches, and Agenda for Future Research." *Family Business Review*, Vol. 25, No. 3, 2012.

[4] Berrone P. and Cruz C., eds., "Socioemotional Wealth in Family Firms: Theoretical Dimensions, Assessment Approaches, and Agenda for Future Research." *Family Business Review*, Vol. 25, No. 3, 2012.

[5] Miller D. and Le Breton-Miller. I., "Deconstructing Socioemotional Wealth", *Entrepreneurship Theory and Practice*, Vol. 38, No. 4, 2014.

[6] 陈凌、吴炳德：《市场化水平、教育程度和家族企业研发投资》，《科研管理》2014年第7期。

族企业主和管理者利用企业资源来满足家族需要、家族对企业的认同和依恋、家族文化和传统的维持以及跨代传承,均需要通过家族控制来实现。因此,家族控制可以作为约束型社会情感财富的重要表征。① 相对地,延伸型社会情感财富指向的是家族企业的长期导向性,强调家族企业的声誉与合法性,将促进企业对长期成长和家族声誉的投资。① 在家族企业的研究文献中,传承意愿是一类特殊的价值观,衡量的是家族企业希望保持跨代延续的意愿。② 为了达到这一目的,家族企业需要平衡好家族与非家族成员、内部与外部成员的利益,并与各类利益相关者保持长期的合作关系。③ 而家族传承意愿则是激发家族企业维护家族声誉、兼顾内外部利益相关者福利的根源。④ 由此,家族传承意愿是延伸型社会情感财富的关键维度和重要表征。

(三) 家族企业双元目标的兼顾与平衡

家族企业是由家族系统和企业系统组成,这两个系统各有自身的角色定位、价值观、情感或利益诉求,家族企业中的成员往往需要同时履行这两个系统职责,进而经常性地造成经济目标和家族目标的冲突。⑤ 比如,为了缩减企业用工成本来增强企业的价格优势,家族企业可能需要通过缩减家族成员的工资水平来达成这一目标。

---

① 朱沆、Eric Kushins、周影辉:《社会情感财富抑制了中国家族企业的创新投入吗?》,《管理世界》2016 年第 3 期。

② Chua J. H. and Chrisman J. J., eds., "Defining the Family Business by Behavior", *Entrepreneurship Theory and Practice*, Vol. 23, No. 4, 1999.

③ Miller D. and Le Breton-Miller. I., *Managing for the Long Run: Lessons in Competitive Advantage from Great Family Businesses*. Boston: Harvard Business Press, 2005.

④ 朱沆、Eric Kushins、周影辉:《社会情感财富抑制了中国家族企业的创新投入吗?》,《管理世界》2016 年第 3 期; Miller D. and Le Breton-Miller. I., *Managing for the Long Run: Lessons in Competitive Advantage from Great Family Businesses*. Boston: Harvard Business Press, 2005.

⑤ Westhead P., "Company Performance and Objectives Reported by First and Multi-generation Family Companies: A Research Note", *Journal of Small Business and Enterprise Development*, Vol. 10, No. 1, 2003.

但在某些情况下，经济目标与家族目标又能够相辅相成。比如，随着企业绩效的增长，家族企业能够雇用更多的家族成员。

本书认为，家族企业不仅需要在经济目标和家族目标之间进行权衡和取舍，更为重要的是如何兼顾和平衡好这一对目标。尽管现有研究讨论了家族企业经济目标与家族目标之间的相互关系，[①] 对于如何兼顾和平衡好两类目标，仍然没有给出令人信服的答案。基于此，姜涛等[②]对此问题进行了探索，他们发现，家族二代的所有权涉入与经济目标正相关，与家族目标负相关；而家族二代的管理权涉入则与经济目标负相关，与家族目标正相关。这一研究从代际传承的视角研究了家族企业二元目标的兼顾与平衡问题，本书则试图从治理模式的角度来探讨这一问题，因为治理能够作为一种手段或方式保证企业有效利用资源从而实现家族企业目标，[③] 但过去的研究或多或少地忽视了这一因素的作用。

二 目标系统理论

目标系统理论最初由库鲁格兰斯克等人（Kruglanski et al.）[④] 提出，该理论认为，人的目标系统是由一系列方法（Means）和个人目标（Ends）以及双方的相互依存所形成的心智表征。将此概念应用到组织层面，即是指一个组织的目标系统是由一系列方法和组织目标以及双方的相互依存所形成的集合表征。[⑤] 亦即，组织像人一样，

[①] Zellweger T. M. and Nason R. S., "A Stakeholder Perspective on Family Firm Performance", *Family Business Review*, Vol. 21, No. 3, 2008.

[②] 姜涛、杨明轩、王晗:《制度环境、二代涉入与目标二元性——来自中国家族上市公司的证据》,《南开管理评论》2019 年第 4 期。

[③] Chrisman J. J. and Chua J. H., eds., "Governance Mechanisms and Family Firms", *Entrepreneurship Theory and Practice*, Vol. 42, No. 2, 2018.

[④] Kruglanski A. W. and Shah J. Y., eds., "A Theory of Goal Systems", *Advances in Experimental Social Psychology*, Vol. 34, 2002.

[⑤] Kruglanski A. W. and Chernikova M., eds., "The Architecture of Goal Systems: Multifinality, Equifinality, and Counterfinality in Means—end Relations", *Advances in Motivation Science*. Elsevier, Vol. 2, 2015.

有许多目标,为了达成这些目标,需要有一系列可供选择的手段来实现,这些方法、目标共同构成了组织的目标系统。在这一系统中,有四类"方法—目标"配置模式——单一性(Unifinality)、多重性(Multifinality)、等价性(Equifinality)、对抗性(Counterfinality)。具体如表4—2所示。

表4—2　　　　　　　　家族企业中的目标系统配置模式

"方法—目标"配置	定义	例子
单一性(Unifinality)	一种方法实现(对应)一种目标	雇用家族成员增加社会情感财富
多重性(Multifinality)	一种方法实现多种目标	慈善捐赠既帮助被捐赠者,同时增加社会情感财富
等价性(Equifinality)	一种目标可以由多种方法实现	增加社会情感财富,既可以通过雇用家族成员,也可以通过慈善捐赠
对抗性(Counterfinality)	一种方法实现一种目标是以牺牲另一种目标的实现为代价	雇用无足够能力的家族成员,虽然增加社会情感财富,但损害企业绩效

资料来源:作者整理。[1]

单一性是指,一种手段达到一种目标。比如,家族企业雇用有能力的家族成员进入企业,来达到增加社会情感财富的目标。在这里,雇用家族成员是手段,增加社会情感财富是目标;多重性是指,一种手段可以达到多重目标。比如,社会捐赠既能够为被捐赠者提供帮助,同时能够通过提升家族声誉来增加社会情感财富。在这里,社会捐赠是手段,两种目标分别是为被捐赠者提供帮助以及增加社会情感财富。值得一提的是,多重性会引发另外两种效应——稀释效应(Dilution Effect)和约束效应(Constraint Effect)。稀释效应指的是,由于一种方法可以达到多重目标,进而这种方法对于每一个

---

[1] Kruglanski A. W. and Chernikova M., eds., "The Architecture of Goal Systems: Multifinality, Equifinality, and Counterfinality in Means—end Relations", *Advances in Motivation Science*. Elsevier, Vol. 2, 2015.

目标而言的工具性价值就被削弱了,并且目标越多,这种削弱越强。① 约束效应是指,为了达到多重目标,行动者会将方法集限制在能够同时满足多重目标的那些方法上。② 等价性是指,为了实现一个目标,可以有多种方法供选择,并且这些方法是相互等价或可以相互替代的。比如,为了增加社会情感财富,家族企业既可以通过雇用家族成员,也可以通过慈善捐赠来实现。在这里,增加社会情感财富是目标,雇用家族成员和慈善捐赠都是手段,这两种方法之间是可以相互替代的,但不相互冲突。此外,也存在多种方法同时使用来达到某一目标的情况。对抗性是指,某一种方法在达成某一目标时会阻碍另一目标的实现。比如,雇用没有足够能力和经验的家族成员,虽然能够增加家族社会情感财富,但可能会损害企业绩效。③ 在这里,方法是雇用没有足够能力和经验的家族成员,达成的目标是增加社会情感财富,而被阻碍的目标是企业绩效的提升。

由于家族企业存在目标复杂性和多元性的特征,为了达到不同类型的目标,家族企业往往需要采取不同的方法和手段,在这一过程中,四类"方法—目标"配置模式都可能出现。因此,应用目标系统视角来分析家族企业双元目标的兼顾与平衡问题是非常合适的,现有研究也已经使用该理论来分析家族目标与经济目标之间的关系。④

---

① Zhang Y. and Fishbach A., eds., "The Dilution Model: How Additional Goals Undermine the Perceived Instrumentality of A Shared Path", *Journal of Personality and Social Psychology*, Vol. 92, No. 3, 2007.

② Köpetz C. and Faber T., eds., "The Multifinality Constraints Effect: How Goal Multiplicity Narrows the Means Set to A Focal End", *Journal of Personality and Social Psychology*, Vol. 100, No. 5, 2011.

③ Le Breton-Miller. I. and Miller D., "Family Firms and Practices of Sustainability: A Contingency View", *Journal of Family Business Strategy*, Vol. 7, No. 1, 2016.

④ Habbershon T. G. and Williams M., eds., "A Unified Systems Perspective of Family Firm Performance", *Journal of Business Venturing*, Vol. 18, No. 4, 2003; Zellweger T. M. and Nason R. S., "A Stakeholder Perspective on Family Firm Performance", *Family Business Review*, Vol. 21, No. 3, 2008; Randolph R. V. and Alexander B. N., eds., "Untangling Non-economic Objectives in Family & Non-family SMEs: A Goal Systems Approach", *Journal of Business Research*, Vol. 98, 2019.

三 研究假设

(一) 家族企业治理与经济目标

本书认为,无论是正式治理还是非正式治理,其对于经济目标的实现都具有两面性,因此要有效提升企业的绩效水平,需要正式治理与非正式治理发挥协同作用。

就非正式治理对企业绩效的影响而言,在制度转型期,由于正式规则的缺失和政策的高度不确定性,基于关系网络的非正式治理成为企业获得竞争优势并提升绩效的首要驱动力。[1] 在这一背景下,中国的家族企业带有明显的传统文化和权威类型的历史烙印,在治理过程中带有非正式的经验主义和个人意志特征,非正式治理能够依靠家族信任、共享价值观、家族纽带、关系网络、利他主义等社会控制机制,[2] 降低交易费用并提高家族企业的经济效率和价值。[3] 但随着制度的演进、市场竞争的日趋激烈以及家族企业自

---

[1] Peng M. W., "Institutional Transitions and Strategic Choices", *Academy of Management Review*, Vol. 28, No. 2, 2003.

[2] Schulze W. S. and Lubatkin M. H., eds., "Agency Relationships in Family Firms: Theory and Evidence", *Organization Science*, Vol. 12, No. 2, 2001; Mustakallio M. and Autio E., eds., "Relational and Contractual Governance in Family Firms: Effects on Strategic Decision Making", *Family Business Review*, Vol. 15, No. 3, 2002; Pieper T. M. and Klein S. B., eds., "The Impact of Goal Alignment on Board Existence and Top Management Team Composition: Evidence from Family-influenced Businesses", *Journal of Small Business Management*, Vol. 46, No. 3, 2008; Eddleston K. A. and Chrisman J. J., eds., "Governance and Trust in Family Firms: An Introduction", *Entrepreneurship Theory and Practice*, Vol. 34, No. 6, 2010.

[3] Fama E. F. and Jensen M. C., "Agency Problems and Residual Claims", *The Journal of Law and Economics*, Vol. 26, No. 2, 1983; Miller D. and J. Lee, eds., "Filling the Institutional Void: The Social Behavior and Performance of Family vs Non-Family Technology Firms in Emerging Markets", *Journal of International Business Studies*, Vol. 40, 2009; Gómez-Mejía L. R. and K. T. Haynes, eds., "Socioemotional Wealth and Business Risks in Family-Controlled Firms: Evidence from Spanish Olive Oil Mills", *Administrative Science Quarterly*, Vol. 52, 2007;贺小刚、连燕玲:《家族权威与企业价值:基于家族上市公司的实证研究》,《经济研究》2009 年第 4 期。

身的成长，非正式治理产生的边际效用逐渐减弱，在很多情况下成为阻碍家族企业转型和成长的关键因素。

首先，由关系网络形成的裙带主义容易任人唯亲而非任人唯贤，这加大了家族成员与外部人之间的矛盾与冲突，进而导致家族与非家族成员间交易成本的上升以及优秀人才的流失。其次，过度的家族非正式涉入往往意味着抵制外部投资者进入，进而无法通过内部治理机制对家族成员进行有效的监督和制衡，[①] 削弱了家族企业经营与治理效率。最后，为了维持和增强权威控制，家族企业中董事会和重要管理岗位往往充斥着家族成员，他们的社交对象基本相同，进而其社会网络具有同质性，导致他们无法为家族企业带来充分的异质性社会资源，[②] 进而阻碍企业持续成长。

就正式治理对企业绩效的影响而言，同样存在着两面性。

一方面，代理理论认为，处于转型期的中国家族企业，组织内部往往缺乏引入正式治理机制的动力和行动，因而其治理和决策过程往往带有较强的人格化特征，表现为非正式的、依赖直觉的、缺乏严密计算的以及表现出不可预测性。[③] 最终可能因为家族裙带主义（Nepotism）、过度的利他主义（Altruism）、自我控制（Self-control）、搭便车（Free Riding）、家族内部利益冲突等而增加代理成本，减弱治理效率和公司价值。[④] 较大型的家族企业往往采用金字塔等控制权

[①] Kaplan S. N. and Stromberg P. , "Financial Contracting Theory Meets the Real World: An Empirical Analysis of Venture Capital Contracts", *Review of Economic Studies*, Vol. 70, No. 2, 2003.

[②] 连燕玲、贺小刚、张远飞：《家族权威配置机理与功效——来自我国家族上市公司的经验证据》，《管理世界》2011年第11期。

[③] Naldi L. and Nordqvist M. , eds. , "Entrepreneurial Orientation, Risk Taking, and Performance in Family Firms", *Family Business Review*, Vol. 20, No. 1, 2007.

[④] Schulze W. S. and Lubatkin M. H. , eds. , "Altruism, Agency, and the Competitiveness of Family Firms", *Managerial and Decision Economics*, Vol. 23, 2002; Schulze W. S. and Lubatkin M. H. , eds. , "Agency Relationships in Family Firms: Theory and Evidence", *Organization Science*, Vol. 12, No. 2, 2001; Oswald S. L. and Muse L. A. , eds. , "The Influence of Large Stake Family Control on Performance: Is It Agency or Entrenchment?", *Journal of Small Business Management*, Vol. 47, No. 1, 2009.

放大机制，公司治理同时面临两类代理问题：创业者（家族）与职业经理人之间的第一重代理问题和创业者（家族）与中小股东之间的第二重代理问题，这两类问题都是增加公司代理成本和降低治理效率的根源。[①] 此时，正式治理制度和结构将成为协调和控制家族企业内部过度人格化和个人主义治理的有效手段，对效率和绩效的追求将会驱动企业采纳更有效率的组织结构和治理机制，从而能够降低代理成本、最大化股东价值、增加投资机会和获得外部资本、提升公司价值等。[②] 贺小刚等[③]发现，通过设立正式的董事会制度有助于制衡家族权威，并对企业绩效起到积极作用。阿廷格等人（Arteaga et al.）[④]则发现，家族宪法的实施有利于增强家族企业的凝聚力，进而提升绩效水平。

另一方面，正式治理往往伴随着组织结构和活动的分散化，甚至出现过于科层化和官僚化的倾向，进而影响组织弹性和适应性。比如，贾沃斯基和科利（Jaworski and Kohli）[⑤]发现，过度正式化的组织文化将阻碍知识、信息在组织内部的交流和扩散，在一定程度上抑制组织成员创新思维和活动的产生，同时也弱化了企业应对市

[①] Almeida H. V. and Wolfenzon D., "A Theory of Pyramidal Ownership and Family Business Groups", *The Journal of Finance*, Vol. 61, No. 6, 2006; Villalonga B. and Amit R., "How Do Family Ownership, Control and Management Affect Firm Value?", *Journal of Financial Economics*, Vol. 80, No. 2, 2006.

[②] Manne H. G., "Mergers and the Market for Corporate Control", *Journal of Political Economy*, Vol. 73, No. 2, 1965; Jensen M. C. and Meckling W. H., "Theory of the Firm: Managerial Behavior, Agency Costs and Ownership Structure", *Journal of Financial Economics*, Vol. 3, No. 4, 1976; Dekker J. and Lybaert N., eds., "The Effect of Family Business Professionalization as A Multidimensional Construct on Firm Performance", *Journal of Small Business Management*, Vol. 53, No. 2, 2015.

[③] 贺小刚、李新春、连燕玲：《家族权威与企业绩效：基于广东省中山市家族企业的经验研究》，《南开管理评论》2007年第10期。

[④] Arteaga R. and Menéndez-Requejo S., "Family Constitution and Business Performance: Moderating Factors", *Family Business Review*, Vol. 30, No. 4, 2017.

[⑤] Jaworski B. J. and Kohli A. K., "Market Orientation: Antecedents and Consequences", *Journal of Marketing*, Vol. 57, No. 3, 1993.

场和外部环境的变化的效率和能力,[1] 最终可能会减弱企业的绩效水平。

基于以上分析,本书认为,家族企业单独的正式或是非正式治理是很少存在或可能是无效的,更多的情况是凭借两者的协同治理。比如,穆斯塔卡利奥等人(Mustakallio et al.)[2] 就发现,在家族企业中,非正式的关系治理和正式的契约治理同时对绩效产生作用,且是相互补充关系。在实地调研访谈中,不少家族企业主也对作者坦言:"很多时候,并不是我们不想按照规则和流程办事,但股东会、董事会开会往往太耗时间,一来二去不仅浪费了时间,还错过了好的机会。以前虽然我自己拍板会有一些失误,但绝大部分时候我还是对的……当然,也不是说我们公司就是我自己说了算,有些流程化和标准化的事情还是按照文件和制度来更有效率。"从以上访谈中可以发现,正式治理和非正式治理各有利弊,更多的情况是两者需要有一个协调和平衡,在不同的情况下,两者也需要有一定的权衡取舍。

从目标系统理论出发,作为方法的正式治理和非正式治理与作为目标的企业绩效之间的配置是等价性模式——两类治理都能够推动企业绩效的提升,进一步从泽尔韦格和内森(Zellweger and Nason)[3] 的分类学视角出发,它们两者之间还存在着协同效应。

基于以上分析,本章提出假设1。

假设1:在家族企业中,正式治理和非正式治理对于企业绩效的提升具有协同作用。

---

[1] Kirca A. H. and Jayachandran S., eds., "Market Orientation: A Meta-analytic Review and Assessment of Its Antecedents and Impact on Performance", *Journal of Marketing*, Vol. 69, No. 2, 2005.

[2] Mustakallio M. and Autio E., eds., "Relational and Contractual Governance in Family Firms: Effects on Strategic Decision Making", *Family Business Review*, Vol. 15, No. 3, 2002.

[3] Zellweger T. M. and Nason R. S., "A Stakeholder Perspective on Family Firm Performance", *Family Business Review*, Vol. 21, No. 3, 2008.

(二) 家族企业治理与家族目标

本书关注两类家族目标，一是以家族控制目标为基础的约束型社会情感财富，二是以家族传承目标为基础的延伸型社会情感财富。

就约束型社会情感财富而言，在家族企业中，家族企业主和管理者利用企业资源来满足家族需要（比如为家族成员提供工作岗位；为家族成员提供更高的薪酬水平）、家族对企业的认同和依恋、家族文化和传统的维持以及跨代传承，均需要通过家族控制来实现。家族控制有两个重要的来源：一是家族企业主个人的经验、魅力和权威，二是家族所有权和管理权的涉入。

对于正式治理而言，其是指家族企业在组织内部制定正式的规章制度、设立正式的治理机构、采取正式的决策和管理程序、引入职业经理人以及现代公司治理制度等。[①] 从这个意义上来说，家族正式治理机制的引入是对家族以及泛家族化的非正式关系网络和身份权威进行正式的治理或约束，用具有普遍性意义的"法"而非人格化的身份地位以及人际关系来治理企业。因为只有在这一正式制度的约束下，家族的特权和私人利益对现代组织理性价值的替代或负

[①] Flamholtz E. and Y. Randle, *Growing Pains: Transitioning from an Entrepreneurship to a Professionally Managed Firm*. San Francisco, CA: Jossey-Bass, 2007; Songini L., *The Professionalization of Family Firms: Theory and Practice*, in Handbook of Research on Family Business. eds. P. Z. Poutziouris, K. X. Smyrnios and S. B. Klein. Cheltenham: Edward Elgar, 2006; Zhang J. and Ma H., "Adoption of Professional Management in Chinese Family Business: A Multilevel Analysis of Impetuses and Impediments", *Asia Pacific Journal of Management*, Vol. 26, No. 1, 2009; Stewart A. and Hitt M. A., "Why Can't a Family Business be More Like A Nonfamily Business? Modes of Professionalization in Family Firms", *Family Business Review*, Vol. 25, No. 1, 2012; Dekker J. C. and Lybaert N., eds., "Family Firm Types Based on the Professionalization Construct: Exploratory Research", *Family Business Review*, Vol. 26, No. 1, 2013; Dekker J. and Lybaert N., eds., "The Effect of Family Business Professionalization as A Multidimensional Construct on Firm Performance", *Journal of Small Business Management*, Vol. 53, No. 2, 2015; Kim Y. C. and Chung C. N., "Organizational Change under Institutional Logics: Family Control of Corporate Boards in Taiwan", *Sociological Perspectives*, Vol. 61, No. 3, 2018; Chung C. N. and Kim Y. C., "Global Institutions and Local Filtering: Introducing Independent Directors to Taiwanese Corporate Boards", *International Sociology*, Vol. 33, No. 3, 2018.

面作用才可能被减弱或消除。由此，正式治理既会通过正式的程序和规则约束企业主个人的决策随意性，同时也能够通过引入外部的职业经理和董事来约束家族成员的过度涉入，进而削弱家族控制。作者在调研时，很多企业主都坦言："刚开始弄厂的时候，厂里面大大小小的事务都是我说了算，家里人也经常过来帮忙。但是现在上市了，不一样了，很多事情都要规范化，比如开发一个新的产品需要经过董事会的讨论投票，引进一个亲戚也都要按照正规的流程来办……尽管这套程序能够保证公平和效率，但是明显感觉我自己的话语权被削弱了，很多时候也不是我一个人说了算了……"通过这段访谈可以发现，正式治理制度的引入使得企业在人事、管理和决策等方面限制了个人权威和家长制领导，对于家族所有者的权力和地位都产生了一定的稀释。

相反，非正式治理具有浓厚的经验主义和个人意志特征，这一治理模式主要依靠社会控制机制（Social Control Mechanisms），比如家族信任、共享价值观、家族纽带、关系网络、利他主义等实现，[1]这既会强化以血缘和亲缘为纽带的家族内部权力的积累和分配，同时也是构成家族涉入的合法性来源。[2] 由此，非正式治理能够显著地强化家族对于企业的控制和影响。从目标系统理论出发，正式治理与非正式治理均与家族控制目标构成了单一性的配置模式。

基于以上分析，本章提出以下假设。

假设2.1：在家族企业中，正式治理程度越高，越不利于约束型

---

[1] Schulze W. S. and Lubatkin M. H., eds., "Agency Relationships in Family Firms: Theory and Evidence", *Organization Science*, Vol. 12, No. 2, 2001; Mustakallio M. and Autio E., eds., "Relational and Contractual Governance in Family Firms: Effects on Strategic Decision Making", *Family Business Review*, Vol. 15, No. 3, 2002; Eddleston K. A. and Chrisman J. J., eds., "Governance and Trust in Family Firms: An Introduction", *Entrepreneurship Theory and Practice*, Vol. 34, No. 6, 2010.

[2] Berrone P. and Cruz C., eds., "Socioemotional Wealth in Family Firms: Theoretical Dimensions, Assessment Approaches, and Agenda for Future Research." *Family Business Review*, Vol. 25, No. 3, 2012.

社会情感财富的保存。

假设 2.2：在家族企业中，非正式治理程度越高，越有利于约束型社会情感财富的保存。

就延伸型社会情感财富而言，家族传承是其最为重要的维度和表征。① 一是跨代延续家族的文化、价值观和声誉是杰出家族企业战略持续性的根源所在，② 更是激励家族管理者关注家族声誉、兼顾其他利益相关者的福利并驱动企业进行长期布局的关键。③ 但值得注意的是，绝大多数中国家族企业富不过三代，一个重要的原因是仅仅将企业的接力棒交给后代而不顾他们是否有能力胜任，同时也没有通过在企业中形成规范化、正式化的管理制度和程序。④ 尤其是家族传承过程往往导致家族控制、权力甚至部分身份和地位的丧失，⑤ 不少情况下还会出现"少主难以服众"的尴尬局面，⑥ 这不仅包括创业一代不愿放手企业控制权，也包括家族和非家族元老们的不认可。此时，在家族企业中建立正式治理制度，不仅可以保证家族所有权的顺利传承，为二代在传承过渡期培养个人能力和权威进而获得组织成员的认可提供保障，同时也能约束个人意志带来的负面破坏性。

在作者的实地调研中就发现，相比那些没有提前规划和布局家族传承的企业，有明确传承规划和方案的家族企业，其传承开始得

---

① 朱沆、Eric Kushins、周影辉：《社会情感财富抑制了中国家族企业的创新投入吗?》，《管理世界》2016 年第 3 期。

② Miller D. and Le Breton-Miller. I. , *Managing for the Long Run*: *Lessons in Competitive Advantage from Great Family Businesses*. Boston: Harvard Business Press, 2005.

③ Zellweger T. M. and Kellermanns F. W. , eds. , "Family Control and Family Firm Valuation by Family CEOs: The Importance of Intentions for Transgenerational Control", *Organization Science*, Vol. 23, No. 3, 2012a.

④ Wong S. , "The Chinese Family Firm: A Model", *Family Business Review*, Vol. 6, No. 3, 1993.

⑤ Barnes L. B. and Herhon S. A. , "Transferring Power in the Family Business", *Harvard Business Review*, Vol. 54, No. 4, 1976.

⑥ 李新春、韩剑、李炜文：《传承还是另创领地？——家族企业二代继承的权威合法性建构》，《管理世界》2015 年第 6 期。

更早，过程也更加顺利。江苏江阴的一位二代创业者告诉作者："我爸爸在我很小的时候就告诉我以后要接班企业，所以我从上初中时每周周末都会跟着他到公司里面去开会，虽然不知道那些大人在说什么，但是总会耳濡目染。后来，我进入公司上班后，很多公司的老领导都认得我，后面我正式接手企业后，他们也都挺相信我的……"这位二代的经历表明，创业一代的提前布局不仅能够让二代在接班意愿和能力上有所准备，同时让公司创业元老们提前认可二代，这将显著提升传承效率和效果。

二是随着二代的进入，家族企业必然会被更多地融入非人格化管理的成分，[1] 比如董事会的设置、职业经理人和家族外部董事的引入、正式控制系统的采用等。[2] 因此，为了顺利实现跨代传承的目标，家族企业会提前布局正式治理机制，通过约束非人格化的治理来为传承提供制度性的保障。由此，就家族传承目标来看，正式治理能够推动这一目标的实现，而非正式治理则成为其阻碍性力量。从目标系统理论出发，正式治理与非正式治理均与家族传承目标构成了单一性的配置模式。

基于以上分析，本章提出以下假设。

假设2.3：在家族企业中，正式治理程度越高，越有利于延伸型社会情感财富的保存。

假设2.4：在家族企业中，非正式治理程度越高，越不利于延伸型社会情感财富的保存。

（三）企业发展阶段的调节作用

企业发展阶段是解释组织间差异的基本维度之一，因为不同发

---

[1] Brun de Pontet, S. and Wrosch, C., eds., "An Exploration of the Generational Differences in Levels of Control Held among Family Businesses Approaching Succession", *Family Business Review*, Vol. 20, No. 4, 2007.

[2] Reid R. S. and Adams J. S., "Human Resource Management-ASurvey of Practices within Family and Non-family Firms", *Journal of European Industrial Training*, Vol. 25, No. 6, 2001; Bammens Y. and Voordeckers W., eds., "Boards of Directors in Family Firms: A Generational Perspective", *Small Business Economics*, Vol. 31, No. 2, 2008.

展阶段的企业在组织结构、内外部环境以及管理行为方面都存在着显著性的差异，这尤其体现在企业目标上。从生命周期理论出发，组织在创业初期，存在资源与合法性同时不足的现象，但对于绩效的追求更可能被放在首要位置，因为组织得以存活往往是企业的头等大事，即使是家族企业，也需要在保证财务绩效的前提下来追求家族目标。而当企业进入成熟期后，短期财务增长目标不再是家族企业追求的最重要目标，基业长青、家族的延续、社会认可和声誉等将逐步取而代之，甚至家族企业愿意牺牲财务目标来追求上述社会情感财富的保存。[1] 因此，初创期和成熟期的家族企业，对于经济目标和家族目标的重视程度是不同的，随着企业的成长，家族企业对经济目标的重视程度将逐渐减弱，对家族目标的重视程度则逐渐增强，[2] 这也导致在不同发展阶段的家族企业，兼顾和平衡经济目标和家族目标的手段有所差异。

就经济目标而言。在家族企业发展过程中，创业初期的组织外部环境和内部组织复杂性相对较低，所有权和管理权往往集中于核心家族手中，非正式的关系治理成为这一阶段家族企业治理的主导力量，具体表现为决策的高度集中化、正式治理机制和控制系统的缺失以及高度的家族涉入水平，对于企业治理效率和价值均具有显著的提升作用，而正式治理更多地作为一种象征性的意义存在。随着组织的成长，外部环境和组织内部管理复杂性越来越大，家族管理者没有足够的精力和知识能力来处理好各项事务，此时所有权和管理权逐步分离，正式治理机制和控制系统逐步引入，与非正式治理机制发挥协同作用。随着组织的进一步扩张，

---

[1] Gómez-Mejía L. R. and K. T. Haynes, eds., "Socioemotional Wealth and Business Risks in Family-Controlled Firms: Evidence from Spanish Olive Oil Mills", *Administrative Science Quarterly*, Vol. 52, 2007.

[2] Perry J. T. and Ring J. K., eds., "Which Type of Advisors Do Family Businesses Trust Most? An Exploratory Application of Socioemotional Selectivity Theory", *Family Business Review*, Vol. 28, No. 3, 2015.

越来越多的非核心家族成员和非家族成员进入企业,所有权和管理权分离程度越来越大,导致代理问题日趋突出。此时,所有权不再集中于核心家族,管理权和决策权逐渐被下放,正式治理结构和制度日趋完善,企业越来越多地依靠正式治理,表现出明显的"去家族化特征"。此时,正式治理成为约束非正式治理的有效手段,能够降低代理成本、最大化股东价值、增加投资机会和获得外部资本、提升公司价值等。①

因此,随着组织的成长,家族企业将积极寻求在企业内部设立正式的家族企业治理结构和制度规则,伴随其中的便是非正式治理作用的减弱和正式治理机制作用的加强。从目标系统理论出发,在初创期,更为显著的关系是非正式治理对企业绩效的提升,它们之间是一种单一性的目标系统配置模式;在成熟期,更为显著的关系是正式治理对企业绩效的提升,它们之间也是一种单一性的目标系统配置模式。

基于以上分析,本章提出以下假设。

假设3.1:在初创期的家族企业中,相比正式治理,非正式治理对于企业绩效的提升作用更强。

假设3.2:在成熟期的家族企业中,相比非正式治理,正式治理对于企业绩效的提升作用更强。

就家族目标而言,处于初创期的家族企业往往更加关注企业的经济目标,只有在经济目标实现的基础上,家族目标才会被激发。②

---

① Manne H. G., "Mergers and the Market for Corporate Control", *Journal of Political Economy*, Vol. 73, No. 2, 1965; Jensen M. C., "Agency Costs of Free Cash Flow, Corporate Finance, and Takeovers", *The American Economic Review*, Vol. 76, No. 2, 1986; Dekker J. and Lybaert N., eds., "The Effect of Family Business Professionalization as AMultidimensional Construct on Firm Performance", *Journal of Small Business Management*, Vol. 53, No. 2, 2015.

② Kaufman B. E., "A New Theory of Satisficing", *Journal of Behavioral Economics*, Vol. 19, No. 1, 1990; Williams R. I. and Pieper T. M., eds., *Private Family Business Goals: A Concise Review, Goal Relationships, and Goal Formation Processes*, The Palgrave Handbook of Heterogeneity among Family Firms. Palgrave Macmillan, Cham, 2019a.

因此，在这一阶段，家族企业将集中精力提升企业的财务绩效，家族目标则不会被太多地关注，因而正式治理和非正式治理对于家族目标的影响作用相对较小。相反，在成熟期，家族企业积累了一定的资源、经验、关系网络和社会合法性，经济目标的达成将激发家族更加关注家族目标。在这一阶段，家族企业既可以通过非正式治理来加强家族企业控制，也能够通过正式治理来实现家族传承的目标。从目标系统理论出发，非正式治理与家族控制目标构成单一性的配置模式，正式治理与家族传承目标构成单一性的配置模式。

基于以上分析，本章提出以下假设。

假设 3.3：在初创期的家族企业中，非正式治理和正式治理对家族目标的达成效果不显著。

假设 3.4：在成熟期的家族企业中，非正式治理程度越高，越有利于约束型社会情感财富的保存；正式治理程度越高，越有利于延伸型社会情感财富的保存。

（四）经营期望的调节作用

组织倾向于将过去历史和同行业竞争者的绩效作为期望绩效和比较的参考点，实际绩效与经营期望的差距将影响企业对后续战略行为的选择。[1] 当实际绩效低于经营期望绩效时，管理者会认为组织处于经营不善和内外部利益受损的状态，将及时搜寻新的方法促使组织绩效恢复到期望水平上。相反，而当实际绩效超过组织期望绩效时，表明企业已实现期望目标，管理者倾向于维持现有战略行为。[2] 本书认为，在不同的经营期望状况下，家族企业对两类目标的重视程度是不一样的，因而兼顾和平衡好两类目标的方

---

[1] Cyert R. M. and March J. G., *A Behavioral Theory of the Firm*, Englewood Cliffs, NJ: Prentice-Hall, 1963.

[2] Chen W. R., "Determinants of Firms' Backward-and Forward-looking R & D Search Behavior", *Organization Science*, Vol. 19, No. 4, 2008; Greve H. R., "A Behavioral Theory of R & D Expenditures and Innovations: Evidence from Shipbuilding", *Academy of Management Journal*, Vol. 46, No. 6, 2003.

法也有所差异。

就经济目标而言。当实际绩效低于经营期望绩效时，管理者会认为组织处于相对亏损的状态，企业将及时搜寻新的方法以改善资源配置效率并促使组织绩效恢复到期望水平上。此时，根据短视损失规避假说（Myopic Loss Aversion），企业主及其家族成员的目标与企业目标（经济目标）趋于一致，[①] 家族企业会将注意力集中在企业的经济目标，希望通过一系列调整来达到短期内绩效提升的目的。比如，徐等人（Xu et al.）[②] 发现，当实际绩效低于经营期望时，企业的战略决策是更为短期导向的问题搜寻（贿赂行为），以期在短期内获得绩效提升。为了达到这一目标，一个行之有效的方法就是，利用正式治理和非正式治理的协同作用，共同促进企业的绩效提升。此时，作为方法的正式治理和非正式治理与作为目标的绩效增长构成一种等价性且具有协同作用的目标系统配置模式。相反，当实际绩效超过组织期望绩效时，组织的前期战略选择、资源配置活动受到利益相关者的认同与支持，组织的合法性得到增强，企业达到一种相对满意水平，短期经济目标不再是企业的核心关注点，家族企业将更为关注企业的家族目标。此时，家族企业通过正式治理和非正式治理来提升企业绩效的动力将被弱化。

基于以上分析，本章提出以下假设。

假设4.1：在实际绩效低于经营期望绩效的家族企业中，正式治理与非正式治理对于企业绩效的提升起到协同作用。

假设4.2：在实际绩效高于经营期望绩效的家族企业中，正式治理与非正式治理对于企业绩效提升的协同作用并不显著。

[①] Chrisman J. J. and Patel P. C., "Variations in R & D Investments of Family and Nonfamily Firms: Behavioral Agency and Myopic Loss Aversion Perspectives", *Academy of Management Journal*, Vol. 55, No. 4, 2012.

[②] Xu D. and Zhou K. Z., eds., "Deviant Versus Aspirational Risk Taking: The Effects of Performance Feedback on Bribery Expenditure and R&D Intensity", *Academy of Management Journal*, Vol. 62, No. 4, 2019.

就家族目标而言。当实际绩效低于经营期望绩效,家族企业在注重经济目标的同时,也不会放弃对于家族控制目标的追求。比如,贺小刚等[1]发现,在企业实际业绩未达到经营期望水平时,业绩的落差越大则家族企业主越倾向于采取拯救行为而不是放弃对家族企业的控制,同时倾向于培养能力更强的家庭成员。进而家族企业在增加对正式治理强调的同时,也会增加对非正式治理的强调(实现家族控制目标)。此时,正式治理与经济目标之间是一种单一性目标系统配置模式,而非正式治理既可以与正式治理发挥协同作用,又可以加强企业的家族控制,因而非正式治理与经济目标和家族目标之间形成一种多重性的目标系统配置模式。相反,当实际绩效高于经营期望绩效,家族企业对于经济目标的重视程度将下降,取得的超额收益使得家族企业主更倾向于将权威配置给经营能力最强的家族代理人以实现家族跨代传承的梦想,[2] 亦即更加重视家族传承目标。此时,企业将更具长期导向性,[3] 有动力加强正式治理机制以期实现家族的跨代传承。正式治理和家族传承目标构成了一种单一性的目标系统配置模式。

基于以上分析,本章提出以下假设。

假设 4.3:在实际绩效低于经营期望绩效的家族企业中,非正式治理与约束型社会情感财富保存的正相关关系更强。

假设 4.4:在实际绩效高于经营期望绩效的家族企业中,正式治理与延伸型社会情感财富保存的正相关关系更强。

具体而言,本书的模型如图 4—1 所示。

---

[1] 贺小刚、连燕玲、张远飞:《经营期望与家族内部的权威配置——基于中国上市公司的数据分析》,《管理科学学报》2013 年第 4 期。

[2] 贺小刚、连燕玲、张远飞:《经营期望与家族内部的权威配置——基于中国上市公司的数据分析》,《管理科学学报》2013 年第 4 期。

[3] Xu D. and Zhou K. Z., eds., "Deviant Versus Aspirational Risk Taking: The Effects of Performance Feedback on Bribery Expenditure and R&D Intensity", *Academy of Management Journal*, Vol. 62, No. 4, 2019.

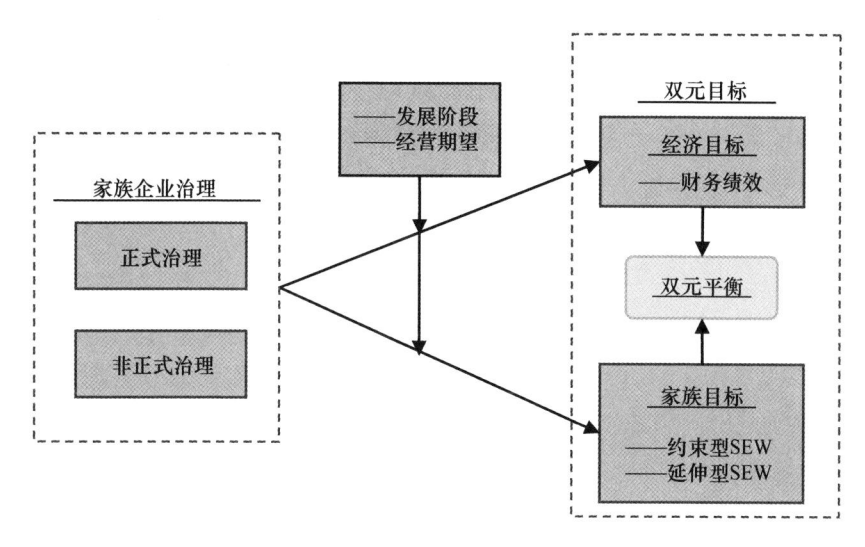

图4—1　家族企业治理与双元平衡性研究模型

第三节　研究设计

一　数据来源

本研究使用 2010 年中国私营企业调查数据，主要原因在于，2010 年的问卷涵盖了本书所关注的家族企业治理、目标、绩效等一系列详细的变量，而其他年份的问卷都缺失部分本书所关注的核心变量。为保证样本数据的准确性和一致性，本书删除了不符合客观事实、缺失值过多和异常值样本，最终获得 3226 个样本。

在样本选择和处理上，本书参照朱沆等[1]和何轩等[2]的做法，筛

---

[1] 朱沆、Eric Kushins、周影辉：《社会情感财富抑制了中国家族企业的创新投入吗?》，《管理世界》2016 年第 3 期。

[2] 何轩、宋丽红、朱沆、李新春：《家族为何意欲放手？——制度环境感知、政治地位与中国家族企业主的传承意愿》，《管理世界》2014 年第 2 期。

选出家族持股比例大于等于50%的企业作为家族企业样本。本书地区制度环境的指标来源于樊纲等[1]编著的《中国市场化指数（2011）》。

二 变量测量

本书具体变量的测量（即原始问卷中的问题）和编码方法如表4—3所示。

（一）因变量

1. 经济目标

本书使用企业的财务绩效作为经济目标的代理变量，具体使用净利润作为测量指标。

2. 家族目标

本书关注两类家族目标——约束型社会情感财富保存和延伸型社会情感财富保存。本书参照朱沆等[2]的做法，使用家族控制意愿来反映约束型社会情感财富，用家族传承意愿来反映延伸型社会情感财富。对于家族控制目标，参照朱沆等[1]的做法，本书选择问卷中询问企业家所有权控制、战略控制和管理控制这3个层面的题项来测量（具体问项见表4—3）。问卷采用5点Likert尺度，1表示"很不同意"，5表示"非常同意"，主观量表的Cronbach's α为0.80，表明量表信度较好，本书使用3个测项的均值来衡量。对于家族传承目标，本书使用家族传承意愿作为代理变量，将打算让子女接班的界定为具有传承意愿的企业，而无意让子女接班以及仅有意传承财富股权和财富的企业为无传承意愿的企业，并设置虚拟变量。

---

[1] 樊纲、王小鲁、朱恒鹏：《中国市场化指数：各地区市场化相对进程2011年报告》，经济科学出版社2011年版。

[2] 朱沆、Eric Kushins、周影辉：《社会情感财富抑制了中国家族企业的创新投入吗?》，《管理世界》2016年第3期。

表4—3　　　　　　　　　　　　变量测量与设计

变量类型	变量名称	变量编码
因变量	企业绩效	净利润，加1取自然对数
	家族控制	题项："家族应该拥有企业50%以上的股权""企业的战略决策权必须由家族成员掌控""企业的关键性岗位应该由家族成员担任" 设计：三项取均值
	家族传承	题项：您是否考虑过子女接班问题（1＝让子女接班管理本企业，2＝不要让子女在本企业工作，3＝让子女继承股权，但不要在本企业工作，4＝只留给子女一笔生活费，5＝其他，6＝没有考虑过这个问题）？ 设计：编码虚拟变量，若选择1赋值为1，否则编码为0
自变量	家族股权继承制度	题项：您企业是否有"股权继承政策"规定来协调在企业工作的家族成员的关系？ 设计：编码为虚拟变量，若有赋值为1，否则赋值为0
	家族股权转让制度	题项：您企业是否有"家族股权转让政策"规定来协调在企业工作的家族成员的关系？ 设计：编码为虚拟变量，若有赋值为1，否则赋值为0
	家族成员聘用制度	题项：您企业是否有"家族成员聘用政策"规定来协调在企业工作的家族成员的关系？ 设计：编码为虚拟变量，若有赋值为1，否则赋值为0
	正式治理	将上述"股权继承政策""家族股权转让政策""家族成员聘用政策"加总为一个连续变量
	家族涉入	股东会家族成员数、董事会家族成员数、高层管理团队家族成员数，三个连续变量
	决策的人格化	来源：您企业的重大决策由谁作出（1. 企业主本人；2. 股东会；3. 董事会；4. 经理会；5. 其他）？ 设计：若选择1（企业主本人）则赋值为1，否则赋值为0
	非正式治理	运用主成分分析，将上述"家族涉入"和"决策的人格化"合成一个公因子
调节变量	企业年龄	以8年为界，将企业分为成熟企业和初创企业
	经营期望差距	以实际绩效与期望绩效的差距为界，将企业分为经营期望落差和经营期望顺差两组样本

续表

变量类型	变量名称	变量编码
控制变量	企业家性别	男性编码为1，女性编码为0
	企业家年龄	以问卷调查时间为基准，减去企业家出生年份
	教育程度	分别将小学及以下、初中、高中及中专、大专、大学、研究生依次赋值为1—6
	党员	若企业家是党员，则编码为1，否则编码为0
	政治身份	若企业家担任人大代表或政协委员，则编码为1，否则编码为0
	体制内经历	开办企业前，有过政府、事业单位、国有企业、集体企业工作经历，则编码为1，否则编码为0
	企业规模	企业员工人数，取自然对数
	改制	企业是否改制，改制则编码为1，否则编码为0
	家族股权比例	家族成员的股权比例
	所有者权益	所有者权益，加1取自然对数
	资产负债率	企业的资产负债率
	公关招待费用	公关招待费用与营业收入的比值
	制度环境	企业所在省份滞后一年的市场化指数
	地区虚拟变量	根据企业所在省市自治区，重新编码为30个虚拟变量
	行业虚拟变量	根据企业主要从事的行业进行虚拟变量转换，包括农林牧渔业、采矿业、制造业、电力煤气水、建筑业、交通运输、信息服务、批发零售、住宿餐饮、金融、房地产、租赁、科研技术、公共设施、居民服务、教育、卫生、文化体育、公共管理19个行业，重新编码为18个虚拟变量

（二）自变量

1. 正式治理

在子研究一中，使用"董事会""决策的非人格化"和"职业经理人"三个变量的合成因子作为正式治理的替代变量，这主要是因为受到历年问卷中对于家族企业正式制度题项不一致的限制。在2010年的调查中，除了以上题项，问卷还详细询问了家族企业中是否有明文规定的政策性制度，这包括是否有"家族股权继承政策""家族股权转让政策"和"家族成员聘用政策"。这三个政策涉及家族企业内部所有权、控制权和管理权的问题，体现了家族企业在正规组织和家族网络关系之间建立家族企业治理的制度化隔离，能够作为正式治理的有效测度。[①] 由此，本书使用这三个变量作为正式治理的代理变量，将三个虚拟变量加总来衡量正式治理程度。

2. 非正式治理

家族企业的非正式治理由两类因素组成包含两类，一是结构因素，二是关系性因素。结构因素通过非正式网络和个人权威等非正式结构来实现，如在家族企业中普遍存在的家族涉入，[②] 这包括家族成员涉入关键管理岗位或者董事会。[③] 一般而言，家族涉入程度越大，家族企业的非正式干预和关系治理越强。就关系性因素而言，在华人家族企业中，创业者及其他家族成员往往利用自身的经验、魅力、地位和权威进行资源配置和家族企业治理，这体现在企业的关键决策和管理由个人而非团队做出。基于此，本书使用结构和关系性因素来作为非正式治理的代理变量。其中，结构性因素使用股东华、董事会和高层管理中的家族成员数来衡量，三个子变量都是连续变量；关系性因素使用"企业关键决策由企业主个人而非团队做出"，设置为虚拟变量。进一步将结构性因素和关系性因素运用主成分分析，合成一个"非正式治理"变量。

（三）调节变量

1. 企业发展阶段

以企业成立的年限衡量，在实证检验中，本书使用分组回归的

[①] 李新春、马骏、何轩等：《家族治理的现代转型：家族涉入与治理制度的共生演进》，《南开管理评论》2018 年第 2 期。

[②] 贺小刚、连燕玲：《家族权威与企业价值：基于家族上市公司的实证研究》，《经济研究》2009 年第 4 期。

[③] Le Breton-Miller. I. and Miller D., "Commentary: Family Firms and the Advantage of Multitemporality", *Entrepreneurship Theory and Practice*, Vol. 35, No. 6, 2011; Matzler K. and Veider V., eds., "The Impact of Family Ownership, Management, and Governance on Innovation", *Journal of Product Innovation Management*, Vol. 32, No. 3, 2015; 李新春、马骏、何轩等：《家族治理的现代转型：家族涉入与治理制度的共生演进》，《南开管理评论》2018 年第 2 期。

方式进行，以 8 年作为分组标准，① 将成立年限大于 8 年的定义为成熟企业，小于 8 年的定义为初创企业。在作为控制变量时，使用企业成立年限的原始值。

2. 经营期望差距

本书使用历史经营期望差距（$P_{i,t-1} - A_{i,t-1}$）作为测量指标。② 其中，$P_{i,t-1}$ 代表公司 i 第 t-1 期的实际业绩，相对于因变量取了滞后一期的业绩水平。③ $A_{i,t-1}$ 代表公司 i 第 t-1 期的历史业绩期望 (historical Aspiration)，具体计算公式为：$A_{i,t-1} = (1-\alpha_1)P_{i,t-2} + \alpha_1 A_{i,t-2}$。其中 α_1 代表权重，是 [0, 1] 范围内的数值，本书借鉴 Chen④ 的方法，汇报了 $\alpha_1 = 0.4$ 时的检验结果。公司 i 在 t-1 的历史业绩期望值 $A_{i,t-1}$ 是公司 i 在 t-2 期的实际绩效（权重为 0.6）和 t-2 期的历史业绩期望（权重为 0.4）的加权组合。公司 i 在 t-1 期的历史业绩期望差距（$P_{i,t-1} - A_{i,t-1}$），即为实际绩效 $P_{i,t-1}$ 与历史业绩期望 $A_{i,t-1}$ 之差。当（$P_{i,t-1} - A_{i,t-1}$）< 0，则公司 i 在 t-1 期的实际绩效低于历史业绩期望，反之则公司 i 在 t-1 期的实际绩效高于历史业绩期望。然后，本书将实际绩效低于期望绩效的样本定义为历史经营期望落差的企业，将实际绩效高于期望绩效的样本定义为历史经营期望顺差的企业。

（四）控制变量

本书的控制变量主要包括企业家和企业两个层面。第一个是企业家层面，包括企业家的性别、年龄、教育程度、党员身份、政治身份、体制内工作经历。第二个是企业层面，包括企业年龄、企业

---

① 张玉利、杨俊、任兵：《社会资本、先前经验与创业机会——一个交互效应模型及其启示》，《管理世界》2008 年第 7 期。

② 由于问卷中无法获得企业目标年份前一年和前两年的 ROA 数据，只询问了当年、前一年和前两年的净利润水平，故本书选取企业净利润作为测量指标。

③ Chen W. R., "Determinants of Firms' Backward-and Forward-looking R & D Search Behavior", *Organization Science*, Vol. 19, No. 4, 2008.

④ Chen W. R., "Determinants of Firms' Backward-and Forward-looking R & D Search Behavior", *Organization Science*, Vol. 19, No. 4, 2008.

规模、改制、家族股权比例、所有者权益、资产负债率、公关招待费用。另外，本书还控制了制度环境、所在地区和所在行业变量。

第四节 数据分析

一 变量的描述性统计

表4—4报告了各个变量的描述性统计结果。从样本分布来看，有85.77%的企业家为男性，平均年龄在46岁左右，平均受教育程度介于高中与大专之间（但近年来，本科及以上学历的企业家越来越多）。就政治身份来看，有40%左右的企业家具有党员身份，44%左右的企业家担任各级地方的人大代表或政协委员，接近52%的企业家在开办企业前有着体制内经历。因此，可以看到，就家族企业主的社会来源来看，相当一部分企业家是从体制内"下海"进行创业的。就企业特征而言，企业平均成立年限在8年以上，平均拥有164名企业员工，有14.82%的家族企业是由国有企业改制而来，家族成员的平均控股比例高达81.67%。

表4—4 变量的描述统计

变量	样本数	均值	标准差	最小值	最大值
净利润	2959	3.4884	2.2840	-2.9957	11.8246
家族控制	3226	3.0368	1.0988	1.0000	5.0000
家族传承	3226	0.2167	0.4120	0.0000	1.0000
正式治理	3226	0.6085	0.5117	0.0000	3.0000
非正式治理	3226	0.0005	0.9999	-1.7891	1.5712
企业家性别	3226	0.8577	0.3494	0.0000	1.0000
企业家年龄	3226	45.8549	8.8036	19.0000	93.0000
教育程度	3226	3.8497	1.0898	1.0000	6.0000
党员	3226	0.3996	0.4899	0.0000	1.0000

续表

变量	样本数	均值	标准差	最小值	最大值
政治身份	3226	0.4427	0.4968	0.0000	1.0000
体制内经历	3226	0.5164	0.4998	0.0000	1.0000
企业年龄	3226	8.6680	4.6399	0.0000	21.0000
企业规模	3226	3.7670	1.6136	0.0000	9.1919
改制	3226	0.1482	0.3553	0.0000	1.0000
家族股权比例	3226	81.6707	26.8516	0.5000	100.0000
所有者权益	3226	4.9330	2.7145	0.0000	12.7167
资产负债率	3226	16.6560	27.1669	0.0000	360.0000
公关招待	3226	0.0196	0.2020	0.0000	8.3333
制度环境	3226	8.2214	1.9487	1.3600	11.1600

二　关键变量的相关性检验

表4—5汇报了本书主要变量的相关系数。从表4—5可看出，本书关注的核心变量之间的关系结果显示，正式治理和非正式治理与净利润水平均无显著相关性；正式治理与家族传承显著正相关，而非正式治理则与家族控制显著正相关。从控制变量来看，就经济目标而言，男性、年长、教育程度越高、具有党员身份或政治身份、拥有体制内经历的家族企业主，其所辖企业的绩效水平更高；就企业层面而言，企业经营时间越长、规模越大、改制、家族股权比例越低、所有者权益越高、资产负债率越高的家族企业的绩效水平更高；就家族控制目标而言，教育程度越低、无党员身份或政治身份、无体制内经历的家族企业主，家族控制意愿越强；企业规模越小、非改制、家族股权比例越高、所有者权益和资产负债率越低，家族控制意愿越强；就家族传承目标而言，男性、教育程度越高、拥有政治身份或体制内经历的家族企业主，家族传承意愿越强；企业经营时间越长、规模越大、家族股权比例越高、资产负债率越高，家族传承意愿越强。为了进一步验证相关变量的因果关系，接下来本书将进行回归分析。

表4—5 变量的相关系数

	1	2	3	4	5	6	7
1. 净利润	1.0000						
2. 家族控制	-0.0807*	1.0000					
3. 家族传承	0.0280	0.1751*	1.0000				
4. 正式治理	-0.0062	0.0205	0.1260*	1.0000			
5. 非正式治理	0.0123	0.2596*	0.2188	0.1588*	1.0000		
4. 性别	0.0957*	0.0223	0.0505*	-0.0307	0.0267	1.0000	
5. 企业家年龄	0.1421*	0.0236	0.2072*	-0.0593*	0.0470*	0.1033*	1.0000
6. 教育程度	0.1754*	-0.1484*	-0.1581*	0.00280	-0.1967*	-0.0261	-0.1550*
7. 党员	0.1411*	-0.0479*	0.0134	0.0119	-0.0482*	0.0949*	0.1836*
8. 政治身份	0.3345*	-0.0493*	0.0372*	-0.0365*	0.0269	0.0950*	0.1531*

	6	7	8
6. 教育程度	1.0000		
7. 党员	0.1102*	1.0000	
8. 政治身份	0.1121*	0.1088*	1.0000

续表

	1	2	3	4	5	6	7								
9. 体制内经历	0.1315*	-0.1116*	-0.0527*	-0.0579*	-0.0917*	0.0480*	0.2189*	0.2046*	0.2005*	0.1106*	1.0000				
10. 企业年龄	0.2385*	0.0121	0.1416*	-0.0503*	0.0881*	0.0577*	0.2632*	0.0140	0.0370*	0.3032*	0.0863*	1.0000			
11. 企业规模	0.6039*	-0.1215*	0.0521*	-0.0612*	-0.0303	0.1195*	0.2408*	0.1785*	0.1707*	0.4071*	0.1551*	0.2958*	1.0000		
12. 改制	0.1583*	-0.0653*	0.0136	-0.0407*	-0.0681*	0.0775*	0.1890*	0.0439*	0.2280*	0.1272*	0.1801*	0.00770	0.2467*	1.0000	
13. 家族股权	-0.0970*	0.1892*	0.1236*	0.1002*	0.3177*	-0.0259	-0.0586*	-0.1411*	-0.1308*	0.00910	-0.1720*	0.0803*	-0.1214*	-0.1962*	1.0000
14. 所有者权益	0.4175*	-0.0488*	0.00240	-0.0106	0.00400	0.1153*	0.1316*	0.0975*	0.0816*	0.2343*	0.0927*	0.1491*	0.3763*	0.1140*	-0.0845*	1.0000
15. 资产负债率	0.1988*	-0.0436*	0.0365*	0.0111	-0.0231	0.0696*	0.0904*	0.0311	0.0665*	0.1145*	0.0365*	0.0575*	0.2303*	0.0862*	-0.0652*	0.2011*	1.0000
16. 公关招待	0.0285	-0.00680	0.0270	-0.00230	-0.00410	-0.00460	0.0121	0.0150	-0.00530	0.00730	-0.00720	0.0100	-0.000500	0.00700	-0.0163	-0.0557*	0.0123	1.0000

注：N = 3226，* p < 0.05。

三 数据分析与假设检验

本书采用 STATA 12.0 进行数据处理以检验主要假设。本书的净利润和家族控制是连续变量,为了克服可能存在的异方差问题,使用最小二乘法(OLS)时采用稳健标准误进行假设估计;家族传承是一个 0—1 虚拟变量,本书使用 Logistic 回归,同样地采用稳健标准误进行假设估计。为避免异常值的影响,本书对连续变量在 1% 水平上进行缩尾处理。同时,所有回归方程均进行了多重共线性检验,表明不存在严重的多重共线性问题[所有方程中方差膨胀因子(VIF)均小于 10]。

(一)家族企业治理与双元目标的关系检验

1. 家族企业治理与经济目标

表 4—6 模型(1)—模型(4)报告了净利润对正式治理、非正式治理以及两者的交互项的回归结果。模型(3)的结果显示,正式治理与净利润无显著相关性($\beta = 0.120$,$P > 0.1$),非正式治理与净利润显著正相关($\beta = 0.217$,$P < 0.05$)。模型(4)的结果显示,正式治理与非正式治理的交互项的系数显著为正($\beta = 0.248$,$P < 0.05$)。以上结果表明,家族企业中正式制度对于绩效的提升作用并不明显,这也进一步印证了子研究一中效率逻辑不成立,但正式治理能够与非正式治理发挥协同作用,共同促进企业绩效的提升,进而实现经济目标。由此,本书假设 1 得到支持。

2. 家族企业治理与家族目标

表 4—6 模型(5)—模型(8)报告了家族控制目标对正式治理、非正式治理以及两者的交互项的回归结果。模型(7)的结果显示,正式治理与家族控制尽管负相关但无显著性($\beta = -0.0471$,$P > 0.1$),非正式治理与家族控制显著正相关($\beta = 0.531$,$P < 0.01$)。模型(8)的结果显示,正式治理与非正式治理的交互项的系数不显著($\beta = 0.0442$,$P > 0.1$)。以上结果表明,家族企业中正式治理对于家族控制目标的实现没有明显抑制作用,而非正式治理

则有利于家族控制目标的实现,同时,正式治理与非正式治理对于家族控制目标的实现没有表现出协同作用。由此,本书假设2.1没有得到支持,假设2.2得到支持。

表4—6模型(9)—模型(12)报告了家族传承目标对正式治理、非正式治理以及两者的交互项的回归结果。模型(11)的结果显示,正式治理与家族传承显著正相关($\beta = 0.594$,$P < 0.01$),非正式治理与家族传承无显著相关性($\beta = 0.854$,$P > 0.1$)。模型(12)的结果显示,正式治理与非正式治理的交互项的系数显著为负($\beta = -0.440$,$P < 0.1$)。以上结果表明,家族企业中正式治理有利于家族传承目标的实现,但非正式治理的作用并不显著,并且弱化了正式治理的积极作用。由此,本书假设2.3得到支持,假设2.4得到部分支持。

从目标系统理论出发,[①] 正式治理与家族传承目标之间是一种单一性配置模式,即正式治理只能实现延伸型社会情感财富保存目标。而对于非正式治理而言,其主要表现出一种多重性配置模式——既可以实现经济目标,又可以实现约束型社会情感财富保存目标。同时,也表现出一种对抗性模式——虽然其能够与正式治理共同推动经济目标的实现,但也在一定程度上削弱(牺牲)了正式治理对于延伸型社会情感财富保存目标实现的积极作用。

(二)家族企业治理与双元目标的关系检验:调节效应

1. 企业发展阶段

表4—7和表4—8分别报告了企业发展阶段对于家族企业治理与企业双元目标关系间的调节效应检验结果。

表4—7报告了以经济目标为因变量的分组回归结果。模型(1)—模型(4)为初创企业样本。模型(3)的结果显示,正式治

[①] Kruglanski A. W. and Chernikova M., eds., "The Architecture of Goal Systems: Multifinality, Equifinality, and Counterfinality in Means—end Relations", *Advances in Motivation Science*. Elsevier, Vol. 2, 2015.

表4—6　正式治理、非正式治理与双元目标回归结果：主效应

	(1) 净利润	(2) 净利润	(3) 净利润	(4) 净利润	(5) 家族控制	(6) 家族控制	(7) 家族控制	(8) 家族控制	(9) 家族传承	(10) 家族传承	(11) 家族传承	(12) 家族传承
正式治理	0.143 (1.24)		0.120 (0.86)	0.112 (0.74)	0.0120 (0.32)		−0.0471 (−1.25)	−0.0453 (−1.21)	0.678*** (7.13)		0.594*** (6.16)	0.614*** (6.32)
非正式治理		0.236*** (2.61)	0.217** (2.39)	0.400*** (2.77)		0.523*** (6.54)	0.531*** (6.54)	0.498*** (5.29)		0.946 (1.49)	0.854 (0.98)	1.180 (1.28)
正式治理×非正式治理				−0.248** (−2.50)				0.0442 (0.37)				−0.440* (−1.69)
性别	0.0220 (0.26)	0.0147 (0.17)	0.0167 (0.19)	0.0182 (0.21)	0.0895* (1.68)	0.0766 (1.45)	0.0750 (1.42)	0.0747 (1.42)	0.242* (1.67)	0.198 (1.34)	0.224 (1.51)	0.228 (1.55)
企业家年龄	−0.0100** (−2.37)	−0.0106** (−2.52)	−0.0103** (−2.45)	−0.0102** (−2.42)	0.00607** (2.49)	0.00558** (2.35)	0.00546** (2.30)	0.00545** (2.29)	0.0563*** (8.39)	0.0542*** (8.15)	0.0555*** (8.32)	0.0555*** (8.34)
教育程度	0.0755** (2.15)	0.0883** (2.50)	0.0867** (2.45)	0.0879** (2.49)	−0.0732*** (−3.74)	−0.0463** (−2.39)	−0.0457** (−2.36)	−0.0459** (−2.37)	−0.252*** (−5.18)	−0.196*** (−3.94)	−0.205*** (−4.13)	−0.204*** (−4.10)
党员	0.108 (1.51)	0.119* (1.66)	0.111 (1.55)	0.112 (1.56)	0.0109 (0.26)	0.0115 (0.28)	0.0141 (0.35)	0.0138 (0.34)	−0.00627 (−0.06)	0.0263 (0.26)	−0.00408 (−0.04)	−0.00343 (−0.03)
政治身份	0.400*** (5.22)	0.393*** (5.14)	0.396*** (5.18)	0.393*** (5.15)	−0.0515 (−1.18)	−0.0575 (−1.34)	−0.0583 (−1.36)	−0.0576 (−1.35)	−0.0664 (−0.62)	−0.0984 (−0.91)	−0.0840 (−0.77)	−0.0883 (−0.81)

续表

	(1)	(2)	(3)	(4)	(5)	(6)	(7)	(8)	(9)	(10)	(11)	(12)
	净利润	净利润	净利润	净利润	家族控制	家族控制	家族控制	家族控制	家族传承	家族传承	家族传承	家族传承
体制内经历	0.0659	0.0635	0.0683	0.0699	−0.126***	−0.118***	−0.120***	−0.120***	−0.321***	−0.332***	−0.324***	−0.323***
	(0.96)	(0.92)	(0.99)	(1.02)	(−3.09)	(−2.96)	(−3.00)	(−3.01)	(−3.17)	(−3.28)	(−3.17)	(−3.17)
企业年龄	0.0194**	0.0179**	0.0182**	0.0183**	0.00405	0.00107	0.000932	0.000907	0.0528***	0.0468***	0.0489***	0.0493***
	(2.53)	(2.34)	(2.38)	(2.39)	(0.90)	(0.24)	(0.21)	(0.21)	(4.89)	(4.38)	(4.49)	(4.53)
企业规模	0.634***	0.635***	0.636***	0.636***	−0.0722***	−0.0651***	−0.0655***	−0.0655***	0.0615	0.0752*	0.0779**	0.0775**
	(20.97)	(20.98)	(21.04)	(21.02)	(−4.39)	(−4.04)	(−4.06)	(−4.06)	(1.61)	(1.94)	(2.00)	(1.98)
改制	0.0399	0.0429	0.0433	0.0485	−0.0256	−0.0155	−0.0158	−0.0168	0.107	0.0931	0.100	0.108
	(0.38)	(0.41)	(0.41)	(0.46)	(−0.45)	(−0.27)	(−0.28)	(−0.29)	(0.77)	(0.66)	(0.70)	(0.75)
家族所有权	−0.00150	−0.00226*	−0.00242*	−0.00259*	0.00624***	0.00395***	0.00401***	0.00404***	0.0120***	0.00853***	0.00785***	0.00760***
	(−1.13)	(−1.65)	(−1.77)	(−1.91)	(7.99)	(4.60)	(4.66)	(4.75)	(5.37)	(3.50)	(3.19)	(3.15)
所有者权益	0.161***	0.160***	0.160***	0.160***	0.00271	−0.00005	0.000007	0.00008	−0.0279	−0.0330*	−0.0338*	−0.0346*
	(9.44)	(9.39)	(9.38)	(9.37)	(0.33)	(−0.01)	(0.00)	(0.01)	(−1.44)	(−1.70)	(−1.72)	(−1.76)
资产负债率	0.000775	0.000881	0.000832	0.000843	−0.00017	−0.000001	0.00002	0.000016	0.00166	0.00229	0.00196	0.00197
	(0.58)	(0.66)	(0.62)	(0.63)	(−0.23)	(−0.00)	(0.03)	(0.02)	(0.95)	(1.33)	(1.12)	(1.13)
公共招待费用	0.395***	0.394***	0.394***	0.392***	0.00425	−0.00582	−0.00588	−0.00567	0.200	0.173	0.178	0.176
	(4.62)	(4.43)	(4.55)	(4.45)	(0.04)	(−0.06)	(−0.06)	(−0.06)	(0.98)	(0.91)	(0.86)	(0.83)

续表

	(1)	(2)	(3)	(4)	(5)	(6)	(7)	(8)	(9)	(10)	(11)	(12)
	净利润	净利润	净利润	净利润	家族控制	家族控制	家族控制	家族控制	家族传承	家族传承	家族传承	家族传承
制度环境	0.0999	0.0969	0.0975	0.0978	0.124**	0.113**	0.113**	0.113**	0.0191	0.0130	0.0140	0.0161
	(1.45)	(1.41)	(1.42)	(1.42)	(2.40)	(2.30)	(2.29)	(2.29)	(0.15)	(0.10)	(0.11)	(0.13)
地区、行业	控制	控制	控制	控制	控制	控制	控制	控制	控制	控制	控制	控制
常数项	-0.576	-0.421	-0.497	-0.477	1.498***	1.705***	1.736***	1.732***	-5.655***	-5.041***	-5.436***	-5.431***
	(-0.93)	(-0.69)	(-0.81)	(-0.77)	(3.05)	(3.66)	(3.71)	(3.71)	(-4.54)	(-4.23)	(-4.57)	(-4.57)
N	2959	2959	2959	2959	3226	3226	3226	3226	3226	3226	3226	3226
F	47.44***	47.21***	46.77***	46.06***	5.66***	6.77***	6.66***	6.58***				
R2	0.4501	0.4509	0.4515	0.4520	0.0952	0.1311	0.1316	0.1316				
Wald chi2									361.03***	354.13***	395.62***	400.39***
Pseudo R2									0.1288	0.1346	0.1460	0.1471

注：模型 (1) —模型 (8) 为 OLS 稳健标准误估计，括号内为 T 值；模型 (9) —模型 (12) 为 Logistic 稳健标准误估计，括号内为 Z 值；* $p < 0.1$，** $p < 0.05$，*** $p < 0.01$。

理与净利润无显著相关性（$\beta=0.0532$，$P>0.1$），非正式治理与净利润显著正相关（$\beta=0.338$，$P<0.01$）。模型（4）的结果显示，正式治理与非正式治理的交互项系数不显著。这表明，在初创企业中，相比正式治理，非正式治理对于企业绩效的提升作用更强，但两者没有起到协同作用，假设3.1得到支持。

模型（5）—模型（8）为成熟企业样本，模型（7）的结果显示，正式治理与净利润显著正相关（$\beta=0.183$，$P<0.1$），非正式治理与净利润无显著相关性（$\beta=0.111$，$P>0.1$）。模型（8）的结果显示，正式治理与非正式治理的交互项系数显著为正（$\beta=0.483$，$P<0.1$）。这表明，在成熟企业中，相比非正式治理，正式治理对于企业绩效的提升作用更强，并且两者表现出显著的协同作用，假设3.2得到支持。

表4—8报告了以家族目标为因变量的分组回归结果。模型（1）—模型（4）为初创企业样本的回归结果。模型（1）和模型（3）的结果显示，正式治理与家族控制显著负相关（$\beta=-0.100$，$P<0.1$），而与家族传承显著正相关（$\beta=0.753$，$P<0.01$），而非正式治理与家族控制和家族传承均无显著相关性。模型（2）和模型（4）的结果显示，正式治理与非正式治理的交互项的系数均无显著性。以上结果表明，对于初创期的家族企业而言，非正式治理对家族目标的实现没有积极意义，而正式治理在弱化家族控制目标的同时，对家族传承目标的实现具有积极意义。由此，假设3.3得到部分支持。

模型（5）—模型（8）为成熟企业样本的回归结果。模型（5）的结果显示，非正式治理与家族控制显著正相关（$\beta=0.486$，$P<0.01$），正式治理与家族控制无显著相关性。模型（6）的结果显示，正式治理与非正式治理的交互项无显著相关性。模型（7）的结果显示，正式治理与家族传承显著正相关（$\beta=0.512$，$P<0.01$），非正式治理与家族传承无显著相关性。模型（8）的结果显示，正式治理与非正式治理的交互项显著为负（$\beta=0.623$，$P<0.1$）。模型

表4—7　正式治理、非正式治理与经济目标回归结果：企业发展阶段的调节效应

	(1)	(2)	(3)	(4)	(5)	(6)	(7)	(8)
	初创企业				成熟企业			
	净利润	净利润	净利润	净利润	净利润	净利润	净利润	净利润
正式治理	0.0797		0.0542	0.0482	0.198**		0.183*	0.179*
	(0.90)		(0.61)	(0.55)	(2.09)		(1.89)	(1.87)
非正式治理		0.345***	0.338***	0.419**		0.147	0.111	0.476**
		(3.42)	(3.34)	(2.26)		(1.07)	(0.81)	(2.12)
正式治理×非正式治理				−0.114				0.483*
				(−0.57)				(1.89)
性别	−0.00453	−0.0135	−0.0150	−0.0134	0.0468	0.0346	0.0453	0.0463
	(−0.04)	(−0.12)	(−0.14)	(−0.12)	(0.33)	(0.25)	(0.32)	(0.33)
企业家年龄	−0.00873	−0.00938*	−0.00923*	−0.00918*	−0.0101	−0.0107	−0.0104	−0.0102
	(−1.59)	(−1.71)	(−1.68)	(−1.67)	(−1.54)	(−1.62)	(−1.58)	(−1.55)
教育程度	0.0714	0.0903*	0.0890*	0.0891*	0.0869*	0.0909*	0.0920*	0.0971*
	(1.45)	(1.83)	(1.80)	(1.80)	(1.69)	(1.76)	(1.78)	(1.89)
党员	0.0477	0.0559	0.0527	0.0529	0.212**	0.228**	0.213**	0.216**
	(0.48)	(0.56)	(0.53)	(0.53)	(1.99)	(2.13)	(2.00)	(2.03)

续表

	初创企业					成熟企业			
	(1)	(2)	(3)	(4)	(5)	(6)	(7)	(8)
	净利润	净利润	净利润	净利润	净利润	净利润	净利润	净利润
政治身份	0.428***	0.409***	0.412***	0.411***	0.409***	0.411***	0.409***	0.402***
	(3.76)	(3.61)	(3.63)	(3.62)	(3.92)	(3.94)	(3.93)	(3.87)
体制内经历	0.145	0.146	0.149	0.151	-0.0189	-0.0222	-0.0176	-0.0167
	(1.49)	(1.52)	(1.54)	(1.56)	(-0.19)	(-0.22)	(-0.17)	(-0.17)
企业规模	0.670***	0.673***	0.675***	0.675***	0.596***	0.601***	0.597***	0.595***
	(15.41)	(15.58)	(15.61)	(15.63)	(13.32)	(13.43)	(13.30)	(13.19)
改制	-0.0609	-0.0504	-0.0507	-0.0509	0.102	0.0996	0.102	0.119
	(-0.36)	(-0.30)	(-0.30)	(-0.30)	(0.74)	(0.72)	(0.73)	(0.86)
家族所有权	0.000405	-0.000860	-0.000932	-0.00101	-0.00381*	-0.00408*	-0.00432**	-0.00474**
	(0.23)	(-0.48)	(-0.51)	(-0.55)	(-1.84)	(-1.91)	(-2.02)	(-2.23)
所有者权益	0.156***	0.155***	0.154***	0.154***	0.164***	0.163***	0.163***	0.164***
	(6.62)	(6.59)	(6.57)	(6.55)	(6.65)	(6.60)	(6.62)	(6.62)
资产负债率	0.000460	0.000417	0.000385	0.000390	0.000688	0.000834	0.000787	0.000824
	(0.25)	(0.23)	(0.21)	(0.21)	(0.35)	(0.43)	(0.40)	(0.42)
公关招待费用	1.923**	1.973**	1.959**	1.968**	0.346***	0.344***	0.344***	0.338***
	(2.41)	(2.47)	(2.47)	(2.48)	(4.93)	(4.78)	(4.91)	(4.72)

续表

	初创企业				成熟企业			
	(1)	(2)	(3)	(4)	(5)	(6)	(7)	(8)
	净利润	净利润	净利润	净利润	净利润	净利润	净利润	净利润
制度环境	0.143	0.126	0.126	0.127	0.108	0.109	0.110	0.109
	(1.49)	(1.30)	(1.30)	(1.31)	(1.12)	(1.12)	(1.14)	(1.11)
地区、行业	控制	控制	控制	控制	控制	控制	控制	控制
常数项	−1.186	−0.933	−0.962	−0.958	−0.158	−0.0323	−0.148	−0.0952
	(−1.39)	(−1.08)	(−1.12)	(−1.11)	(−0.17)	(−0.04)	(−0.16)	(−0.10)
N	1516	1516	1516	1516	1443	1443	1443	1443
F	24.23***	24.82***	24.57***	24.14***	22.66***	22.33***	22.29***	22.04***
$R2$	0.4463	0.4497	0.4498	0.4499	0.4249	0.4238	0.4253	0.4270

注：模型为 OLS 稳健标准误估计，括号内为 T 值；* $p < 0.1$，** $p < 0.05$，*** $p < 0.01$。

表4—8　正式治理、非正式治理与家族目标回归结果：企业发展阶段的调节效应

	(1)	(2)	(3)	(4)	(5)	(6)	(7)	(8)
	\multicolumn{4}{c}{初创企业}	\multicolumn{4}{c}{成熟企业}
	家族控制	家族控制	家族传承	家族传承	家族控制	家族控制	家族传承	家族传承
正式治理	−0.100*	−0.101*	0.753***	0.769***	0.0149	0.0163	0.512***	0.542***
	(−1.82)	(−1.79)	(4.92)	(4.99)	(0.28)	(0.31)	(3.82)	(3.96)
非正式治理	0.576	0.580	0.790	1.054	0.486***	0.414***	0.947	1.400
	(0.93)	(0.99)	(1.31)	(0.96)	(4.35)	(3.30)	(0.89)	(0.94)
正式治理×非正式治理		−0.00581		−0.345		0.0959		−0.623*
		(−0.03)		(−0.89)		(0.55)		(−1.67)
性别	0.151**	0.151**	0.666***	0.676***	−0.0160	−0.0158	−0.0766	−0.0738
	(2.20)	(2.20)	(2.69)	(2.72)	(−0.19)	(−0.19)	(−0.38)	(−0.36)
企业家年龄	0.00340	0.00340	0.0579***	0.0576***	0.00712**	0.00706**	0.0665***	0.0667***
	(1.05)	(1.04)	(6.39)	(6.38)	(2.03)	(2.01)	(6.67)	(6.69)
教育程度	−0.0440	−0.0440	−0.255***	−0.255***	−0.0342	−0.0351	−0.164**	−0.160**
	(−1.59)	(−1.59)	(−3.16)	(−3.16)	(−1.24)	(−1.28)	(−2.41)	(−2.35)
党员	−0.0145	−0.0145	0.0626	0.0627	0.0438	0.0434	−0.0607	−0.0591
	(−0.25)	(−0.24)	(0.38)	(0.38)	(0.75)	(0.74)	(−0.43)	(−0.42)

续表

	(1)	(2)	(3)	(4)	(5)	(6)	(7)	(8)
	\multicolumn{4}{c	}{初创企业}	\multicolumn{4}{c}{成熟企业}				
	家族控制	家族控制	家族传承	家族传承	家族控制	家族控制	家族传承	家族传承
政治身份	-0.0966	-0.0967	0.0697	0.0644	-0.00618	-0.00485	-0.107	-0.113
	(-1.51)	(-1.52)	(0.38)	(0.35)	(-0.11)	(-0.08)	(-0.76)	(-0.80)
体制内经历	-0.143**	-0.143**	-0.201	-0.195	-0.0988*	-0.0989*	-0.446***	-0.450***
	(-2.49)	(-2.50)	(-1.24)	(-1.20)	(-1.76)	(-1.76)	(-3.24)	(-3.26)
企业规模	-0.0565**	-0.0565**	-0.0484	-0.0467	-0.0907***	-0.0903***	0.157***	0.154***
	(-2.37)	(-2.37)	(-0.73)	(-0.70)	(-4.06)	(-4.03)	(2.97)	(2.88)
改制	0.0396	0.0396	0.525**	0.524**	-0.0406	-0.0441	-0.290	-0.271
	(0.45)	(0.45)	(2.35)	(2.32)	(-0.54)	(-0.58)	(-1.49)	(-1.38)
家族所有权	0.00398***	0.00398***	0.0146***	0.0145***	0.00402***	0.00411***	0.00373	0.00321
	(3.27)	(3.32)	(3.60)	(3.64)	(3.25)	(3.35)	(1.15)	(1.00)
所有者权益	0.0113	0.0113	-0.00606	-0.00801	-0.00835	-0.00827	-0.0602**	-0.0602**
	(0.95)	(0.95)	(-0.19)	(-0.24)	(-0.76)	(-0.75)	(-2.38)	(-2.38)
资产负债率	-0.000820	-0.000820	0.00102	0.00107	0.000834	0.000822	0.00386	0.00383
	(-0.75)	(-0.75)	(0.38)	(0.40)	(0.84)	(0.83)	(1.61)	(1.58)
公关招待费用	-0.670*	-0.669*	-0.101	-0.0549	0.0160	0.0175	0.0955	0.0873
	(-1.96)	(-1.95)	(-0.10)	(-0.05)	(0.18)	(0.19)	(0.41)	(0.37)

续表

	(1)	(2)	(3)	(4)	(5)	(6)	(7)	(8)
	初创企业				成熟企业			
	家族控制	家族控制	家族传承	家族传承	家族控制	家族控制	家族传承	家族传承
制度环境	0.0855	0.0856	-0.0687	-0.0622	0.0931	0.0939	-0.161	-0.166
	(1.20)	(1.20)	(-0.61)	(-0.55)	(1.34)	(1.35)	(-1.08)	(-1.11)
地区、行业	控制	控制	控制	控制	控制	控制	控制	控制
常数项	1.956***	1.956***	-5.461***	-5.482***	1.955***	1.939***	-3.234**	-3.155**
	(2.97)	(2.97)	(-5.60)	(-5.61)	(2.89)	(2.87)	(-2.25)	(-2.18)
N	1680	1680	1653	1653	1546	1546	1532	1532
F	4.46***	4.40***			3.79***	3.73***		
R2	0.1472	0.1472			0.1432	0.1435		
Wald chi2			220.59***	219.58***			206.03***	222.59***
Pseudo R2			0.1701	0.1707			0.1588	0.1608

注：模型（1）—模型（4）为 OLS 稳健标准误估计，括号内为 T 值；模型（5）—模型（8）为 Logistic 稳健标准误估计，括号内为 Z 值；* $p < 0.1$，** $p < 0.05$，*** $p < 0.01$。

（5）和模型（7）的结果支持了假设3.4。以上结果意味着，当家族企业进入成熟期后，其能够通过非正式治理来实现家族控制目标，同时通过正式治理来实现家族传承目标。但对于家族传承目标而言，非正式治理在一定程度上弱化了正式治理的积极作用。

从目标系统理论出发，[①] 在初创企业中，正式治理与家族目标表现出一种单一性配置，即正式治理只能实现延伸型社会情感财富目标，无法帮助家族企业实现经济目标。但进一步细化家族目标后，又表现出一种对抗性——虽然正式治理有利于延伸型社会情感财富的保存，但也在一定程度上牺牲了约束型社会情感财富目标。对于非正式治理而言，其表现出一种单一性配置模式，即非正式治理只能实现经济目标，无法帮助家族企业实现家族目标；在成熟的家族企业中，正式治理表现出了多重性配置特征，其既有利于经济目标的实现，也有利于延伸型社会情感财富的保存。对于非正式治理而言，同时表现出单一性特征和对抗性特征——单一性表现在其仅能够帮助家族企业实现经济目标而非家族目标。对抗性表现在，虽然其能够与正式治理共同推动经济目标的实现，但也在一定程度上削弱（牺牲）了正式治理对于延伸型社会情感财富保存的积极作用。

2. 经营期望

表4—9和表4—10分别报告了企业经营期望对于家族企业治理与企业双元目标关系间的调节效应检验结果。

表4—9报告了以经济目标为因变量的分组回归结果。模型（1）—模型（4）为经营期望落差的企业样本，模型（3）的结果显示，正式治理与净利润显著正相关（$\beta = 0.207$，$P < 0.1$），非正式治理与净利润无显著相关性（$\beta = 0.229$，$P > 0.1$）。模型（4）的结果显示，正式治理与非正式治理的交互项系数显著为正（$\beta = 0.364$，

[①] Kruglanski A. W. and Chernikova M., eds., "The Architecture of Goal Systems: Multifinality, Equifinality, and Counterfinality in Means—end Relations", *Advances in Motivation Science*. Elsevier, Vol. 2, 2015.

表4—9 正式治理、非正式治理与经济目标回归结果：经营期望的调节效应

	(1)	(2)	(3)	(4)	(5)	(6)	(7)	(8)
	净利润	净利润	净利润	净利润	净利润	净利润	净利润	净利润
	经营期望落差企业				经营期望顺差企业			
正式治理	0.233** (2.00)		0.207* (1.77)	0.192 (1.64)	0.0798 (1.24)		0.0565 (0.87)	0.0514 (0.79)
非正式治理		0.259* (1.70)	0.229 (1.52)	0.494** (2.11)		0.233*** (3.08)	0.223*** (2.92)	0.367** (2.43)
正式治理×非正式治理				0.364** (2.34)				-0.194 (-1.18)
性别	-0.108 (-0.75)	-0.0936 (-0.66)	-0.107 (-0.75)	-0.101 (-0.71)	0.0728 (0.77)	0.0608 (0.65)	0.0642 (0.68)	0.0648 (0.69)
企业家年龄	-0.00956 (-1.36)	-0.0106 (-1.51)	-0.00995 (-1.42)	-0.00993 (-1.42)	-0.00507 (-1.16)	-0.00548 (-1.26)	-0.00537 (-1.23)	-0.00526 (-1.21)
教育程度	-0.0216 (-0.34)	-0.00783 (-0.12)	-0.0113 (-0.18)	-0.00582 (-0.09)	0.131*** (3.84)	0.143*** (4.20)	0.142*** (4.18)	0.143*** (4.19)
党员	-0.135 (-1.05)	-0.102 (-0.80)	-0.127 (-0.99)	-0.123 (-0.96)	0.167** (2.37)	0.169** (2.40)	0.167** (2.36)	0.167** (2.37)

续表

	(1)	(2)	(3)	(4)	(5)	(6)	(7)	(8)
	经营期望落差企业				经营期望顺差企业			
	净利润	净利润	净利润	净利润	净利润	净利润	净利润	净利润
政治身份	0.458***	0.439***	0.451***	0.435***	0.357***	0.356***	0.356***	0.357***
	(3.34)	(3.21)	(3.30)	(3.18)	(4.73)	(4.72)	(4.73)	(4.73)
体制内经历	0.205*	0.188	0.201*	0.198	0.0167	0.0206	0.0221	0.0253
	(1.70)	(1.56)	(1.67)	(1.64)	(0.24)	(0.30)	(0.32)	(0.36)
企业年龄	0.0409***	0.0389***	0.0394***	0.0404***	0.0242***	0.0229***	0.0231***	0.0229***
	(3.03)	(2.90)	(2.92)	(2.99)	(3.18)	(3.02)	(3.05)	(3.02)
企业规模	0.411***	0.417***	0.416***	0.412***	0.692***	0.692***	0.693***	0.694***
	(7.24)	(7.30)	(7.32)	(7.24)	(22.82)	(22.93)	(22.91)	(22.91)
改制	0.0524	0.0452	0.0481	0.0512	0.0954	0.105	0.105	0.110
	(0.28)	(0.25)	(0.26)	(0.28)	(0.90)	(0.99)	(0.99)	(1.04)
家族所有权	-0.0000342	-0.000798	-0.00111	-0.00146	-0.00322**	-0.00398***	-0.00406***	-0.00419***
	(-0.01)	(-0.33)	(-0.46)	(-0.61)	(-2.45)	(-2.97)	(-3.04)	(-3.13)
所有者权益	0.173***	0.173***	0.172***	0.170***	0.110***	0.109***	0.109***	0.109***
	(6.27)	(6.22)	(6.21)	(6.12)	(6.86)	(6.84)	(6.84)	(6.85)
资产负债率	0.00587**	0.00605**	0.00603**	0.00613**	-0.00250*	-0.00245*	-0.00248*	-0.00248*
	(2.02)	(2.07)	(2.07)	(2.11)	(-1.81)	(-1.79)	(-1.81)	(-1.81)

续表

	(1)	(2)	(3)	(4)	(5)	(6)	(7)	(8)
		经营期望落差企业				经营期望顺差企业		
	净利润	净利润	净利润	净利润	净利润	净利润	净利润	净利润
公关招待费用	0.627	0.866	0.723	0.762	0.255***	0.251***	0.251***	0.249***
	(0.45)	(0.64)	(0.53)	(0.55)	(3.99)	(3.85)	(3.92)	(3.84)
	0.0218	0.0244	0.0250	0.0301	0.180**	0.174**	0.173**	0.170*
	(0.23)	(0.26)	(0.27)	(0.32)	(2.03)	(1.99)	(1.97)	(1.92)
制度环境	控制	控制	控制	控制	控制	控制	控制	控制
地区、行业	0.0405	0.183	0.0871	0.0855	-1.065	-0.925	-0.956	-0.917
常数项	(0.05)	(0.21)	(0.10)	(0.10)	(-1.33)	(-1.17)	(-1.20)	(-1.14)
N	1088	1088	1088	1088	1871	1871	1871	1871
F	78.04***	76.25***	74.78***	72.79***	48.98***	50.10***	48.89***	47.72***
$R2$	0.3701	0.3700	0.3720	0.3731	0.5778	0.5793	0.5795	0.5798

注：模型为 OLS 稳健标准误估计，括号内为 T 值；* $p<0.1$，** $p<0.05$，*** $p<0.01$。

$P<0.05$)。这表明,在实际绩效没有达到预期的家族企业中,相比非正式治理,正式治理对于企业绩效的提升作用更强,同时两者能够发挥协同作用,假设4.1得到支持。

模型(5)—模型(8)为经营期望顺差的企业样本,模型(7)的结果显示,正式治理与净利润无显著相关性($\beta=0.0565$,$P>0.1$),非正式治理与净利润显著正相关($\beta=0.223$,$P<0.01$)。模型(8)的结果显示,正式治理与非正式治理的交互项系数不显著。这表明,在实际绩效超过预期的家族企业中,相比正式治理,非正式治理对于企业绩效的提升作用更强,但两者没有表现出显著的协同作用,假设4.2得到支持。

以上结果意味着,在经营期望落差的情况下,企业需要通过一系列调整来改善经营状况,过去研究主要关注了企业如何通过战略行为的调整来达到这一目的,而本书则发现,企业可以通过治理模式的调整来实现这一目标。由于中国的家族企业带有浓郁的关系治理特征,进而在企业经营过程中更多地依靠非正式治理,尤其是在业绩良好的情况下,企业主更倾向于维持现有结构和行为,[①] 进而在经营期望顺差时,家族企业更多地依靠传统的非正式治理来保证经济目标。而在业绩不好时,家族企业会调整治理模式,更多地依靠非人格化的治理而非传统的关系治理来实现绩效增长的目标。这不仅表现在正式治理的单独作用,还表现在其与非正式治理的协同作用。

表4—10报告了以家族目标为因变量的分组回归结果。模型(1)—模型(4)为经营期望落差的企业样本,模型(1)和模型(3)的结果显示,非正式治理与家族控制显著正相关($\beta=0.498$,$P<0.01$),与家族传承无显著相关性($\beta=0.680$,$P>0.1$)。而正

[①] Chen W. R., "Determinants of Firms' Backward-and Forward-looking R & D Search Behavior", *Organization Science*, Vol. 19, No. 4, 2008; Greve H. R., "A Behavioral Theory of R & D Expenditures and Innovations: Evidence from Shipbuilding", *Academy of Management Journal*, Vol. 46, No. 6, 2003.

表4—10　正式治理、非正式治理与家族目标回归结果：经营期望的调节效应

	(1)	(2)	(3)	(4)	(5)	(6)	(7)	(8)
	经营期落差企业				经营期顺差企业			
	家族控制	家族控制	家族传承	家族传承	家族控制	家族控制	家族传承	家族传承
正式治理	−0.0247	−0.0264	0.700	0.717	−0.0531	−0.0499	0.530***	0.558***
	(−0.40)	(−0.42)	(1.16)	(1.32)	(−1.13)	(−1.06)	(4.34)	(4.50)
非正式治理	0.498***	0.522***	0.680	1.086	0.538	0.462	0.938	1.349
	(3.78)	(3.20)	(1.55)	(0.70)	(1.57)	(1.46)	(1.18)	(1.00)
正式治理×非正式治理		−0.0326		−0.551		0.103		−0.544*
		(−0.15)		(−1.22)		(0.72)		(−1.76)
性别	0.0519	0.0525	0.341	0.363	0.0885	0.0881	0.236	0.233
	(0.61)	(0.62)	(1.39)	(1.49)	(1.30)	(1.29)	(1.26)	(1.25)
企业年龄	0.00383	0.00382	0.0531***	0.0528***	0.00723**	0.00717**	0.0622***	0.0623***
	(1.05)	(1.05)	(4.89)	(4.91)	(2.27)	(2.25)	(6.92)	(6.94)
教育程度	−0.0697**	−0.0693**	−0.270***	−0.266***	−0.0361	−0.0363	−0.133**	−0.132**
	(−2.31)	(−2.32)	(−3.39)	(−3.34)	(−1.43)	(−1.43)	(−2.03)	(−2.02)
党员	0.0693	0.0696	0.118	0.121	−0.0286	−0.0289	−0.0725	−0.0756
	(1.07)	(1.08)	(0.70)	(0.73)	(−0.53)	(−0.54)	(−0.54)	(−0.56)

续表

	(1)	(2)	(3)	(4)	(5)	(6)	(7)	(8)
	\multicolumn{4}{c}{经营期望落差企业}	\multicolumn{4}{c}{经营期望顺差企业}				
	家族控制	家族控制	家族传承	家族传承	家族控制	家族控制	家族传承	家族传承
政治身份	-0.0559	-0.0573	-0.0167	-0.0363	-0.0654	-0.0657	-0.0583	-0.0557
	(-0.81)	(-0.83)	(-0.09)	(-0.20)	(-1.18)	(-1.18)	(-0.41)	(-0.39)
体制内经历	-0.0797	-0.0799	-0.147	-0.158	-0.136***	-0.138***	-0.427***	-0.418***
	(-1.24)	(-1.24)	(-0.89)	(-0.96)	(-2.62)	(-2.65)	(-3.20)	(-3.14)
企业年龄	-0.000472	-0.000374	0.0311*	0.0333*	0.00218	0.00228	0.0620***	0.0618***
	(-0.07)	(-0.05)	(1.72)	(1.85)	(0.38)	(0.40)	(4.26)	(4.23)
企业规模	-0.0432	-0.0434	0.0590	0.0558	-0.0874***	-0.0878***	0.0889*	0.0910*
	(-1.64)	(-1.64)	(0.91)	(0.86)	(-4.21)	(-4.23)	(1.73)	(1.76)
改制	-0.0333	-0.0329	0.435**	0.451**	0.0120	0.00942	-0.0909	-0.0833
	(-0.36)	(-0.36)	(2.02)	(2.06)	(0.16)	(0.13)	(-0.46)	(-0.42)
家族所有权	0.00542***	0.00539***	0.00808**	0.00764**	0.00304***	0.00310***	0.00810**	0.00781**
	(3.94)	(3.96)	(2.16)	(2.06)	(2.72)	(2.79)	(2.35)	(2.32)
所有者权益	0.00387	0.00366	-0.00786	-0.0118	-0.000372	-0.000450	-0.0626**	-0.0626**
	(0.31)	(0.30)	(-0.25)	(-0.37)	(-0.03)	(-0.04)	(-2.39)	(-2.38)
资产负债率	-0.00104	-0.00103	0.000632	0.000770	0.000435	0.000433	0.00335	0.00334
	(-0.80)	(-0.79)	(0.19)	(0.24)	(0.47)	(0.46)	(1.55)	(1.55)

续表

	经营期望落差企业				经营期望顺差企业			
	(1)	(2)	(3)	(4)	(5)	(6)	(7)	(8)
	家族控制	家族控制	家族传承	家族传承	家族控制	家族控制	家族传承	家族传承
公关招待费用	-0.603	-0.600	3.068**	3.121**	0.0137	0.0143	0.0592	0.0539
	(-1.27)	(-1.26)	(2.43)	(2.43)	(0.15)	(0.15)	(0.33)	(0.30)
制度环境	0.133*	0.134*	0.0183	0.0309	0.0629	0.0644	-0.175	-0.203
	(1.88)	(1.88)	(0.12)	(0.21)	(0.99)	(1.02)	(-1.10)	(-1.24)
地区、行业	控制	控制	控制	控制	控制	控制	控制	控制
常数项	1.320*	1.320*	-5.637***	-5.704***	2.409***	2.389***	-4.353***	-4.104***
	(1.93)	(1.92)	(-3.78)	(-3.77)	(4.00)	(3.99)	(-3.10)	(-2.88)
N	1305	1305	1300	1300	1921	1921	1908	1908
F	3.87***	3.81***			6.45***	6.10***		
$R2$	0.1604	0.1604			0.1396	0.1399		
$Wald\ chi2$			207.77***	206.96***			257.78***	264.28***
$Pseudo\ R2$			0.1719	0.1736			0.1648	0.1663

注：模型（1）—模型（4）为 OLS 稳健标准误估计，括号内为 T 值；模型（5）—模型（8）为 Logistic 稳健标准误估计，括号内为 Z 值；* $p < 0.1$，** $p < 0.05$，*** $p < 0.01$。

式治理与家族控制和家族传承均无显著相关性。模型（2）和模型（4）的结果显示，正式治理与非正式治理的交互项对家族控制和家族传承均没有显著作用。

模型（5）—模型（8）为经营期望顺差的企业样本，模型（5）和模型（7）的结果显示，正式治理与家族传承显著正相关（β = 0.530，P < 0.01），与家族控制无显著相关性（β = -0.0531，P > 0.1）。而非正式治理与家族控制和家族传承均无显著相关性。模型（6）和模型（8）的结果显示，正式治理与非正式治理的交互项与家族传承显著负相关（β = -0.544，P < 0.1），与家族控制无显著相关性。

以上结果表明，非正式治理对于家族控制目标的积极作用只有在企业实际绩效低于预期时才显著；而正式治理对于家族传承目标的积极作用则只在企业实际绩效高于预期时才显著。由此，假设4.3和假设4.4得到支持。

从目标系统理论出发，[1]在经营期望落差的企业中，正式治理与经济目标表现出一种单一性配置，即正式治理只能实现经济目标，无法帮助家族企业实现家族目标。对于非正式治理而言，表现出一定的多重性配置特征，既能够与正式治理共同推动经济目标的实现，同时有利于约束型社会情感财富的保存；在经营期望顺差的企业中，正式治理与家族目标表现出一种单一性配置，即正式治理只能实现延伸型社会情感财富目标，无法帮助家族企业实现经济目标和约束型社会情感财富目标。非正式治理表现出一定的对抗性特征，虽然能够帮助家族企业实现经济目标，但也在一定程度上削弱（牺牲）了正式治理对于延伸型社会情感财富保存的积极作用。

---

[1] Kruglanski A. W. and Chernikova M., eds., "The Architecture of Goal Systems: Multifinality, Equifinality, and Counterfinality in Means—end Relations", *Advances in Motivation Science*. Elsevier, Vol. 2, 2015.

(三) 稳健性检验

1. 内生性问题

本书可能存在内生性问题，为了克服这一问题，尝试使用工具变量对模型进行两阶段最小二乘法（2SLS）估计。具体而言，本书使用行业—地区内所有企业（除去目标企业自身）正式治理和非正式治理的均值作为目标企业正式治理和非正式治理的工具变量。选择这一工具变量的原因在于，企业的生存和发展有赖于其对外部制度压力的遵从，企业的治理和战略不可避免受到同一地区和行业中其他企业行为的影响。① 而且，子研究一也确实发现，家族企业正式治理受到地区和行业内模仿性制度压力的影响。同时，本书的工具变量对企业家族目标的直接影响较为有限。沿着这一思路，过去的研究在考察企业的战略行为时，使用行业—地区的行为均值水平作为工具变量，② 本书关注的治理问题也可以从中得到借鉴。

表4—11报告了工具变量估计结果，关键变量的统计结果与表4—6中的结果没有本质性区别，由此证明上文结论的相对稳健。

2. 核心变量的替换

（1）本书将经济目标用销售收入替换。

（2）正式治理变量的测量：第一，使用0—1虚拟变量衡量，只要家族企业中有"股权继承政策""家族股权转让政策""家族成员聘用政策"中的任何一项，则赋值为1，否则赋值为0；第二，德克

---

① DiMaggio P. and Powell W. W., "The Iron Cage Revisited: Collective Rationality and Institutional Isomorphism in Organizational Fields", *American Sociological Review*, Vol. 48, No. 2, 1983.

② Fisman R. and Svensson J., "Are Corruption and Taxation Really Harmful to Growth? Firm Level Evidence", *Journal of Development Economics*, Vol. 83, No. 1, 2007; Cai H. and Fang, H., eds., "Eat, Drink, Firms, Government: An Investigation of Corruption from the Entertainment and Travel Costs of Chinese Firms", *The Journal of Law and Economics*, Vol. 54, No. 1, 2011.

表4—11　正式治理、非正式治理与双元目标的回归结果：2SLS分析

	(1)	(2)	(3)	(4)	(5)	(6)	(7)	(8)	(9)	(10)	(11)	(12)
	净利润	净利润	净利润	净利润	家族控制	家族控制	家族控制	家族控制	家族传承	家族传承	家族传承	家族传承
正式治理	0.774		0.802	1.102	-0.0937		-0.246	-0.299	0.180**		0.176**	0.131**
	(1.31)		(1.59)	(.41)	(-0.52)		(-1.33)	(-1.44)	(2.54)		(2.36)	(2.45)
非正式治理		0.140**	0.0567***	4.246***		0.667**	0.710**	1.471**		0.0497	0.0159	0.706
		(2.30)	(2.91)	(2.86)		(2.51)	(2.56)	(2.46)		(0.53)	(0.16)	(0.65)
正式治理× 非正式治理				6.861*				1.193				-1.082*
				(1.93)				(0.78)				(-1.75)
性别	0.0472	0.0336	0.0493	-0.00570	0.0977*	0.0809	0.0728	0.0817	0.0379**	0.0314*	0.0373**	0.0455**
	(0.54)	(0.38)	(0.55)	(-0.05)	(1.83)	(1.52)	(1.35)	(1.47)	(2.06)	(1.68)	(2.01)	(2.01)
企业家年龄	-0.0079*	-0.0094**	-0.0077*	-0.0133**	0.0060**	0.0052**	0.0048**	0.0056**	0.0086***	0.0083***	0.0086***	0.0093***
	(-1.87)	(-2.22)	(-1.77)	(-2.11)	(2.50)	(2.23)	(1.97)	(2.05)	(8.99)	(8.53)	(8.91)	(7.92)
教育程度	0.0908***	0.108**	0.0872*	0.0706	-0.0869***	-0.0475**	-0.0425*	-0.0389	-0.0419***	-0.0371***	-0.0409***	-0.0376***
	(2.72)	(2.46)	(1.89)	(1.20)	(-4.65)	(-1.97)	(-1.69)	(-1.50)	(-6.14)	(-4.10)	(-4.37)	(-3.38)
党员	0.0612	0.107	0.0595	-0.000713	0.00509	-0.000927	0.0113	0.0227	-0.00150	0.00743	-0.00134	0.00886
	(0.84)	(1.53)	(0.82)	(-0.01)	(0.12)	(-0.02)	(0.28)	(0.51)	(-0.10)	(0.50)	(-0.09)	(0.47)
政治身份	0.425***	0.397***	0.427***	0.506***	-0.0209	-0.0278	-0.0340	-0.0523	-0.00553	-0.0103	-0.00584	-0.0224
	(5.57)	(5.26)	(5.53)	(4.65)	(-0.49)	(-0.66)	(-0.80)	(-1.04)	(-0.35)	(-0.64)	(-0.36)	(-1.06)

续表

	(1)	(2)	(3)	(4)	(5)	(6)	(7)	(8)	(9)	(10)	(11)	(12)
	净利润	净利润	净利润	净利润	家族控制	家族控制	家族控制	家族控制	家族传承	家族传承	家族传承	家族传承
体制内经历	0.0999	0.0707	0.0999	0.0547	−0.142***	−0.123***	−0.133***	−0.123***	−0.0461***	−0.0524***	−0.0459***	−0.0374**
	(1.42)	(1.02)	(1.42)	(0.57)	(−3.50)	(−3.08)	(−3.29)	(−2.86)	(−2.97)	(−3.43)	(−2.97)	(−2.05)
企业年龄	0.0218***	0.0190**	0.0222***	0.0184*	0.0037	0.0005	−0.0004	0.0005	0.0084***	0.0076***	0.0083***	0.0091***
	(2.83)	(2.39)	(2.67)	(1.72)	(0.82)	(0.11)	(−0.09)	(0.10)	(4.79)	(4.24)	(4.50)	(4.17)
企业规模	0.648***	0.640***	0.648***	0.667***	−0.0661***	−0.0649***	−0.0676***	−0.0700***	0.00870	0.00679	0.00866	0.00650
	(23.14)	(23.10)	(23.06)	(18.36)	(−4.42)	(−4.41)	(−4.57)	(−4.46)	(1.62)	(1.28)	(1.61)	(1.01)
改制	0.0370	0.0291	0.0368	−0.0983	−0.0221	−0.0105	−0.0141	0.0111	0.0124	0.01000	0.0126	0.0355
	(0.34)	(0.28)	(0.34)	(−0.64)	(−0.39)	(−0.18)	(−0.25)	(0.17)	(0.56)	(0.46)	(0.57)	(1.18)
家族所有权	−0.0028*	−0.0019	−0.0026	−0.0017	0.0065***	0.0032**	0.0035**	0.0032**	0.0013***	0.0014***	0.0012**	0.0009
	(−1.91)	(−0.72)	(−0.99)	(−0.54)	(7.74)	(2.23)	(2.42)	(2.13)	(4.52)	(2.81)	(2.48)	(1.61)
所有者权益	0.167***	0.170***	0.167***	0.165***	0.0027	−0.0012	−0.0004	−0.0007	−0.0045	−0.0040	−0.0045	−0.0048
	(9.90)	(10.15)	(9.90)	(8.02)	(0.34)	(−0.15)	(−0.05)	(−0.09)	(−1.55)	(−1.36)	(−1.56)	(−1.44)
资产负债率	0.0014	0.0019	0.0014	0.0005	−0.0007	−0.0006	−0.0004	−0.0003	0.0003	0.0004	0.0003	0.0004
	(1.01)	(1.41)	(0.99)	(0.27)	(−0.85)	(−0.81)	(−0.57)	(−0.33)	(0.92)	(1.41)	(0.93)	(1.28)
公关招待费用	0.362***	0.367***	0.362***	0.408***	−0.0156	−0.0205	−0.0212	−0.0264	0.0520	0.0513	0.0518	0.0471
	(5.26)	(5.35)	(5.25)	(7.12)	(−0.15)	(−0.22)	(−0.21)	(−0.27)	(1.18)	(1.38)	(1.18)	(1.02)

续表

	(1)	(2)	(3)	(4)	(5)	(6)	(7)	(8)	(9)	(10)	(11)	(12)
	净利润	净利润	净利润	净利润	家族控制	家族控制	家族控制	家族控制	家族传承	家族传承	家族传承	家族传承
制度环境	0.131***	0.115***	0.131***	0.140***	0.0217**	0.0276***	0.0226**	0.0208*	0.00374	0.000165	0.00375	0.00215
	(7.20)	(6.87)	(7.22)	(6.02)	(2.02)	(2.81)	(2.15)	(1.84)	(0.96)	(0.04)	(0.96)	(0.46)
常数项	-1.644***	-1.055***	-1.679***	-1.863***	2.658***	2.755***	2.948***	3.001***	-0.361***	-0.216***	-0.355***	-0.308***
	(-4.54)	(-3.23)	(-3.85)	(-3.35)	(12.34)	(14.92)	(12.22)	(11.64)	(-4.61)	(-3.25)	(-4.10)	(-2.96)
N	2959	2959	2959	2959	3226	3226	3226	3226	3226	3226	3226	3226
Wald chi2	2470.84***	2593.35***	2485.11***	1519.08***	231.61***	240.74***	243.28***	230.66***	310.74***	304.15***	312.75***	237.29***
R2	0.4131	0.4311	0.4110	0.424	0.0637	0.1004	0.0933	0.0464	0.0959	0.0998	0.1003	0.1002

注：模型为2SLS稳健标准误估计，括号内为Z值；* p < 0.1, ** p < 0.05, *** p < 0.01。

等人①从控制系统（人力资源控制系统、财务控制系统）、非家族涉入、授权和决策的去中心化、高层管理积极性这四个维度综合衡量家族企业的正式治理程度。借鉴这一思路，同时考虑到本书数据的可获得性，本书分别从董事会的设立、关键决策的非人格化、职业经理人的引入，这三个维度来衡量家族正式治理程度。首先，分别将这三个变量定义为虚拟变量。其中，"董事会"，考察家族企业是否设置了董事会，如果是则编码为1，否则为0；"决策的非人格化"，考察家族企业中关键决策由谁做出，如果是由"股东会、董事会、经理会、高层管理会议"做出则赋值为1，否则赋值为0；"职业经理人"，考察家族企业是否引入职业经理人，如果是则编码为1，否则为0。然后，利用这三个变量，运用主成分分析提取公因子，合成一个"正式治理程度"变量。

（3）经营期望测量使用行业经营期望替代。②

将以上三个关键变量的替代变量放入上文模型中进行回归，结果均没有发生根本性改变。③

3. 调节效应检验方法改变

为了验证调节效应的稳健性，本书使用自变量与调节变量的交乘项进行回归检验，结果并未发生本质性改变。

（四）进一步分析：经济目标和家族目标的取舍和平衡

上文的结论表明，家族企业可以通过合理配置正式治理和非正式治理来兼顾经济目标和家族目标。接下来进一步关心的问题是，家族企业在发展过程中如何权衡和取舍家族目标和经济目标。具体而言，

---

① Dekker J. C. and Lybaert N., eds., "Family Firm Types Based on the Professionalization Construct: Exploratory Research", *Family Business Review*, Vol. 26, No. 1, 2013; Dekker J. and Lybaert N., eds., "The Effect of Family Business Professionalization as AMultidimensional Construct on Firm Performance", *Journal of Small Business Management*, Vol. 53, No. 2, 2015.

② Chen W. R., "Determinants of Firms' Backward-and Forward-looking R & D Search Behavior", *Organization Science*, Vol. 19, No. 4, 2008.

③ 受到篇幅限制，回归结果没有报告，有需要的读者可向作者索要。

相较于非家族企业，家族企业最为重要的理想是基业长青，因此，家族企业往往有着很强的长期导向性，这就要求家族企业需要通过更为长期的投资行为来实现这一目标。由此，为了探讨上述问题，考察经济目标和家族目标在提升企业长期投资行为过程中的平衡性问题。

组织和战略管理学者们认为，组织适应性要求企业平衡好不同的目标，但由于企业的资源有限，因而企业往往面临如何有效分配不同资源的投入问题。马奇（March）[1]及其后来的追随者认为，不同目标需要竞争企业的资源，因而认为两者是相互对立的关系，这些学者重点关注的是两者之间的相对平衡观，亦即一种匹配均衡关系（Balance）。[2]而另一部分学者则认为，不同目标并非简单的二元对立和竞争关系，两种活动可以形成互补或协同作用，[3]亦即一种联合均衡关系（Combined）。[2]

在家族企业中，经济目标和家族目标并不是相互对立和竞争关系，经济目标是家族目标实现的物质基础，两者更多地表现为一种联合均衡关系。因此，在考察经济目标和家族目标的平衡时，重点关注两者的联合均衡关系——替代效应与互补效应。这一均衡关系反映的是两类目标之间的协同作用，一般使用两者的交互项表示，值越大，表明两者的协同作用越强。对于家族目标，分别使用家族控制和家族传承测量；对于经济目标，分别使用净利润的经营期望和销售收入的经营期望测量；[4]对于企业长期投行为的衡量，使用研

---

[1] March J. G., "Exploration and Exploitation in Organizational Learning", *Organization Science*, Vol. 2, No. 1, 1991.

[2] He Z. L. and Wong, P. K., "Exploration vs. Exploitation: An Empirical Test of the Ambidexterity Hypothesis", *Organization Science*, Vol. 15, No. 4, 2004; Cao Q. and Gedajlovic E., eds., "Unpacking Organizational Ambidexterity: Dimensions, Contingencies, and Synergistic Effects", *Organization Science*, Vol. 20, No. 4, 2009.

[3] Gupta A. K. and Smith K. G., eds., "The Interplay between Exploration and Exploitation", *Academy of Management Journal*, Vol. 49, No. 4, 2006.

[4] Chen W. R., "Determinants of Firms' Backward-and Forward-looking R & D Search Behavior", *Organization Science*, Vol. 19, No. 4, 2008.

表4—12　经济目标和家族目标的平衡效应检验

	(1)	(2)	(3)	(4)	(5)	(6)	(7)	(8)
	研发强度	研发强度	研发强度	研发强度	研发强度	研发强度	研发强度	研发强度
家族控制	-0.0765***	0.0877**			-0.0773***	0.0789		
	(-2.86)	(2.05)			(-2.99)	(1.52)		
家族传承			0.0924	0.179*			0.0921	0.328**
			(1.49)	(1.72)			(1.52)	(2.55)
净利润经营期望	0.182***	0.335***	0.181***	0.154***				
	(8.95)	(6.81)	(8.87)	(6.73)				
家族控制 × 净利润经营期望		-0.0515***						
		(-3.55)						
家族传承 × 净利润经营期望				0.0822**				
				(2.34)				
销售收入经营期望					0.0808***	0.159***	0.0798***	0.0594***
					(6.07)	(4.80)	(5.98)	(3.92)
家族控制 × 销售收入经营期望						-0.0263***		
						(-2.65)		
家族传承 × 销售收入经营期望								0.0690***
								(2.82)

第四章 家族企业治理与双元目标平衡性　205

续表

	(1)	(2)	(3)	(4)	(5)	(6)	(7)	(8)
	研发强度	研发强度	研发强度	研发强度	研发强度	研发强度	研发强度	研发强度
性别	0.00822	0.00915	0.00149	0.00487	-0.00190	-0.00707	-0.00912	-0.00210
	(0.11)	(0.12)	(0.02)	(0.06)	(-0.03)	(-0.09)	(-0.12)	(-0.03)
企业家年龄	0.00472	0.00501	0.00347	0.00329	0.00265	0.00295	0.00150	0.00127
	(1.29)	(1.36)	(0.95)	(0.90)	(0.74)	(0.83)	(0.42)	(0.36)
教育程度	0.217***	0.215***	0.226***	0.224***	0.218***	0.219***	0.226***	0.224***
	(6.92)	(6.86)	(7.18)	(7.14)	(7.12)	(7.13)	(7.36)	(7.31)
党员	-0.0266	-0.0312	-0.0288	-0.0334	0.00591	0.00216	0.00488	0.00147
	(-0.43)	(-0.51)	(-0.47)	(-0.55)	(0.10)	(0.04)	(0.08)	(0.02)
政治身份	0.123*	0.120*	0.130*	0.135**	0.121*	0.117*	0.125*	0.119*
	(1.80)	(1.77)	(1.91)	(1.98)	(1.84)	(1.77)	(1.89)	(1.80)
体制内经历	-0.0312	-0.0227	-0.0198	-0.0171	-0.0359	-0.0316	-0.0244	-0.0231
	(-0.51)	(-0.37)	(-0.32)	(-0.28)	(-0.60)	(-0.53)	(-0.41)	(-0.39)
企业年龄	-0.000700	-0.000245	-0.00152	-0.00156	0.00187	0.00208	0.000905	0.000749
	(-0.11)	(-0.04)	(-0.23)	(-0.24)	(0.29)	(0.32)	(0.14)	(0.12)
企业规模	0.243***	0.241***	0.248***	0.248***	0.284***	0.283***	0.290***	0.290***
	(8.56)	(8.55)	(8.78)	(8.84)	(10.54)	(10.47)	(10.73)	(10.77)

续表

	(1)研发强度	(2)研发强度	(3)研发强度	(4)研发强度	(5)研发强度	(6)研发强度	(7)研发强度	(8)研发强度
改制	0.0737 (0.73)	0.0555 (0.55)	0.0732 (0.73)	0.0765 (0.76)	0.0652 (0.67)	0.0600 (0.61)	0.0660 (0.68)	0.0690 (0.71)
家族所有权	-0.000646 (-0.52)	-0.000476 (-0.39)	-0.00132 (-1.07)	-0.00140 (-1.14)	-0.000205 (-0.18)	-0.000109 (-0.09)	-0.000854 (-0.74)	-0.000873 (-0.75)
所有者权益	0.0313** (2.24)	0.0305** (2.20)	0.0324** (2.31)	0.0331** (2.37)	0.0460*** (3.45)	0.0461*** (3.46)	0.0468*** (3.50)	0.0464*** (3.48)
资产负债率	0.00265** (2.08)	0.00264** (2.07)	0.00263** (2.06)	0.00258** (2.04)	0.00125 (1.07)	0.00124 (1.06)	0.00123 (1.05)	0.00116 (1.00)
公关招待费用	0.295*** (6.21)	0.299*** (5.75)	0.291*** (6.23)	0.286*** (5.63)	0.479*** (8.95)	0.482*** (9.40)	0.476*** (8.97)	0.487*** (10.28)
制度环境	0.128** (2.34)	0.123** (2.24)	0.121** (2.20)	0.123** (2.26)	0.111** (2.12)	0.109** (2.06)	0.0996* (1.91)	0.108** (2.08)
地区、行业	控制	控制	控制	控制	控制	控制	控制	控制
常数项	-1.969*** (-4.11)	-2.431*** (-4.96)	-2.091*** (-4.37)	-2.029*** (-4.24)	-1.926*** (-4.23)	-2.377*** (-4.95)	-2.012*** (-4.43)	-1.952*** (-4.35)
N	3226	3226	3226	3226	3226	3226	3226	3226
F	24.14***	23.36***	24.24***	23.22***	21.77***	21.91***	21.78***	22.43***
R2	0.3695	0.3742	0.3682	0.3702	0.3379	0.3399	0.3366	0.3388

注：模型为 OLS 稳健标准误估计，括号内为 T 值；* $p<0.1$，** $p<0.05$，*** $p<0.01$。

发强度测量（研发费用与企业规模的比值）。

表4—12报告了经济目标和家族目标的平衡效应检验。模型（1）和模型（2）检验家族控制和净利润经营期望的交互作用，结果显示，家族控制和净利润经营期望的交互项系数显著为负（β = -0.0515，P<0.01），表明两者之间是一种替代关系；模型（3）和模型（4）检验家族传承和净利润经营期望的交互作用，结果显示，家族传承和净利润经营期望的交互项系数显著为正（β = 0.0822，P<0.05），表明两者之间是一种互补关系；模型（5）和模型（6）检验家族控制和销售收入经营期望的交互作用，结果显示，家族控制和销售收入经营期望的交互项系数显著为负（β = -0.0263，P<0.01），表明两者之间是一种替代关系；模型（7）和模型（8）检验家族传承和销售收入经营期望的交互作用，结果显示，家族传承和销售收入经营期望的交互项系数显著为正（β = 0.0690，P<0.01），表明两者之间是一种互补关系。

以上结果表明，在追求长期导向的过程中，约束型社会情感财富目标（家族控制）和经济目标是一种替代性关系，而延伸型社会情感财富目标（家族传承）和经济目标则是一种互补协同关系。这意味着，为了实现基业长青，一方面，家族企业需要在家族控制和经济目标中进行一定的取舍；另一方面，家族企业的家族传承和经济目标呈现出协同作用，可以同时增强两者的资源投入。

第五节 本章小结

家族企业双元目标的平衡问题一直是学术界关心的问题，但近年来的研究过度关注家族企业中非经济的家族目标，如从目标的分类、来源、重要性到对家族企业行为的影响等方面，[1] 一定程度上忽

---

[1] Williams R. I. and Pieper T. M., eds., "Family Business Goal Formation: A Literature Review and Discussion of Alternative Algorithms", *Management Review Quarterly*, Vol. 69, No. 3, 2019b.

视了经济目标,认为家族企业对于家族目标的重视程度天然地大于经济目标。但家族企业毕竟也是需要以营利为目的的组织实体,经济目标的实现是家族目标的基础所在,其中,经济目标的实现是效率逻辑的体现,而家族目标的实现则是组织内部合法性的体现。在现有研究基础上,本书引入家族企业治理的视角,重点关注家族企业中,正式治理和非正式治理如何影响经济目标和家族目标的达成,并考虑这一过程中的情境性因素。

基于目标系统理论,利用2010年全国私营企业调查数据库,本书有以下发现。

第一,家族企业一方面能够通过非正式治理来实现经济目标和约束型社会情感财富保存目标,同时依靠正式治理来实现延伸型社会情感财富保存目标,进而实现经济目标与家族目标的权衡与兼顾。

第二,在不同的组织情境下,企业权衡和兼顾经济目标和家族目标的手段有所不同。就企业发展阶段而言,处于初创期的家族企业,家族企业一方面通过非正式治理来实现经济目标,同时通过正式治理来保存延伸型社会情感财富,对于约束型社会情感财富则不会给予足够的重视;处于成熟期的家族企业,一方面通过非正式治理来保存约束型社会情感财富,另一方面则通过正式治理同时实现经济目标和延伸型社会情感财富目标。就经营期望差距而言,当实际绩效低于期望水平时,家族企业一方面通过正式治理来实现经济目标,同时通过非正式治理来保存约束型社会情感财富,而对于延伸型社会情感财富则不会给予足够的重视;当实际绩效超过期望水平时,家族企业一方面通过非正式治理来实现经济目标,同时通过正式治理来保存延伸型社会情感财富,而对于约束型社会情感财富则不会给予足够的重视。从目标系统理论出发,[1] 家族企业的两类治

---

[1] Kruglanski A. W. and Chernikova M., eds., "The Architecture of Goal Systems: Multifinality, Equifinality, and Counterfinality in Means—end Relations", *Advances in Motivation Science*. Elsevier, Vol. 2, 2015.

理模式和两类目标又形成了多对"方法—目标"配置模式，具体如表4—13所示。同样地，从表4—13也可以发现，家族企业能够利用不同的治理模式来兼顾和平衡好经济目标和家族目标，并且能够根据不同的情境来调整治理模式配置进而实现双元目标平衡。

表4—13　　　不同情境下，家族企业目标系统配置模式整理

"方法—目标"配置	定义	实证例子	情境
单一性（Unifinality）	一种方法实现（对应）一种目标	正式治理只能实现延伸型社会情感财富保存目标	初创期家族企业
		非正式治理只能实现经济目标	初创期家族企业
		非正式治理只能实现经济目标	成熟期家族企业
		正式治理只能实现经济目标	经营期望落差家族企业
		正式治理只能实现延伸型社会情感财富保存目标	经营期望顺差家族企业
多重性（Multifinality）	一种方法实现多种目标	正式治理既可以实现经济目标，又可以实现延伸型社会情感财富保存目标	成熟期家族企业
		非正式治理既能够与正式治理共同推动经济目标的实现，同时有利于约束型社会情感财富保存目标的实现	经营期望落差家族企业
等价性（Equifinality）	一种目标可以由多种方法实现	—	—
对抗性（Counterfinality）	一种方法实现一种目标是以牺牲另一种目标的实现为代价	正式治理有利于延伸型社会情感财富保存目标的实现，但削弱（牺牲）了约束型社会情感财富的保存	初创期家族企业
		非正式治理能够与正式治理共同推动经济目标的实现，但削弱（牺牲）了正式治理对于延伸型社会情感财富保存目标的积极作用	成熟期家族企业
		非正式治有利于经济目标的实现，但削弱（牺牲）了正式治理对于延伸型社会情感财富保存目标实现的积极作用	经营期望顺差家族企业

资料来源：作者根据本书实证结果整理。

第三，为了实现基业长青，一方面，家族企业需要在约束型社会情感财富目标和经济目标中进行一定的取舍；另一方面，家族企业的延伸型社会情感财富目标和经济目标呈现出协同作用，可以同时增强两者的资源投入。结合本书假设1和假设2的检验结果，家族企业应该适当强化正式治理机制，同时保证一定程度的非正式治理，这样一方面能够发挥两者对于长期投资行为的协同效应，同时不会因为过高的非正式治理水平而弱化正式治理的作用。从这个意义上来说，长远来看，家族企业的正式治理转型确实能够在保证经济目标的同时，推动企业的长期发展。

本书的理论贡献体现在以下三个方面：其一，强调了家族企业中经济目标和家族目标平衡的重要性，并通过引入家族企业治理给出了企业兼顾双元目标的具体途径。在此基础上，进一步提示家族企业的正式治理转型有利于在保证经济目标的同时获得长期竞争优势。其二，丰富了目标系统理论在家族企业研究中的应用文献。过去对于目标系统理论的研究主要停留在组织"方法—目标"配置模式的定义和定性分类上，① 部分学者进一步将此理论运用到家族企业研究中，② 分析了家族企业中家族目标与经济目标之间的关系。在此基础上，本书通过实证分析发现，为了达到不同类型的目标，家族企业往往需要采取不同的方法和手段，在这一过程中，形成了"单一性""多重性"和"对抗性"这三类"方法—目标"配置模式。本书的发现为将来研究家族企业双元目标提供了经验性基础，同时

---

① Kruglanski A. W. and Chernikova M., eds., "The Architecture of Goal Systems: Multifinality, Equifinality, and Counterfinality in Means—end Relations", *Advances in Motivation Science*. Elsevier, Vol. 2, 2015.

② Habbershon T. G. and Williams M., eds., "A Unified Systems Perspective of Family Firm Performance", *Journal of Business Venturing*, Vol. 18, No. 4, 2003; Zellweger T. M. and Nason R. S., "A Stakeholder Perspective on Family Firm Performance", *Family Business Review*, Vol. 21, No. 3, 2008; Randolph R. V. and Alexander B. N., eds., "Untangling Non-economic Objectives in Family & Non-family SMEs: A Goal Systems Approach", *Journal of Business Research*, Vol. 98, 2019.

丰富了这一理论的应用情境。其三，丰富了组织理论中合法性逻辑和效率逻辑的研究情境。传统的组织理论认为，合法性逻辑和效率逻辑存在矛盾和冲突，[1] 这在家族企业中也普遍存在。本书则发现，效率逻辑和合法性逻辑并非总是相互冲突或者相互兼容，在不同的情境下，其表现有所不同，呈现出共生演化的关系。

---

[1] Meyer J. W. and Rowan B., "Institutionalized Organizations: Formal Structure as Myth and Ceremony", *American Journal of Sociology*, Vol. 83, No. 2, 1977.

第五章

家族企业治理与双元创新

第一节 引言

第三章和第四章的研究发现，近年来，中国的家族企业越来越多地引入正式治理机制来约束过度人格化治理的弊端，而这一过程主要受到合法性逻辑的驱动。但家族企业是由家族和企业这两个系统组成，它既需要追求必要的经济目标以保障组织正常运行，也需要追求家族目标以获得内外部合法性支持，由此形成家族企业双元目标的权衡与兼顾问题，而家族正式治理和非正式治理的合理配置能够推进经济目标和家族目标的平衡。但值得注意的是，在子研究二中，经济目标主要关注的是短期财务绩效，实际上经济目标还包含了长期竞争优势的获取和可持续发展。由此，另一个值得关注的问题是，除了经济目标和家族目标的双元性问题，家族企业还存在着短期生存和长期存续的取舍和平衡问题。

对于家族企业而言，一方面，短期财务绩效是保证其生存的物质基础;[1] 另一方面，家族企业区别于非家族企业的一个重要特征是

---

[1] Kotlar J. and De Massis. A., "Goal Setting in Family Firms: Goal Diversity, Social Interactions, and Collective Commitment to Family-centered Goals", *Entrepreneurship Theory and Practice*, Vol. 37, No. 6, 2013.

具有显著的长期导向性,首要关注的目标是家族延续和基业长青,[1]而创新则是保证家族企业达到这一目标的关键手段。[2] 在这一背景下,子研究三关注的问题是,为了兼顾和平衡短期生存和长期存续,家族企业如何进行战略选择,背后的机制是什么。本书认为,家族企业要想获得短期和长期竞争优势,进行技术创新是必要举措。

无论是国内学界还是国际学界,创新都是被持续关注和讨论的热点话题,创新不仅是提升地区经济增长的重要动力,同样也是企业获取竞争优势的重要路径。[3] 但就目前关于家族企业创新研究的文献来看,无论是关注家族企业与非家族企业组间创新水平差异的研究,[4] 还是关注家族企业之间组内创新水平差异的研究,[5] 都没有取

---

[1] Chua J. H. and Chrisman J. J. , eds. , "Defining the Family Business by Behavior", *Entrepreneurship Theory and Practice*, Vol. 23, No. 4, 1999.

[2] De Massis. A. and Frattini, F. , eds. , "Research on Technological Innovation in Family Firms: Present Debates and Future Directions", *Family Business Review*, Vol. 26, No. 1, 2013.

[3] Porter M. E. , *Competitive Strategy: Techniques for Analyzing Industries and Competitors.* New York: Free Press, 1980; Schumpeter, J. A. , *The Theory of Economic Development.* Cambridge, MA, Harvard University, 1934; Garud R. and Tuertscher P. , eds. , "Perspectives on Innovation Processes", *Academy of Management Annals*, Vol. 7, No. 1, 2013.

[4] Block J. H. , "R & D Investments in Family and Founder Firms: An Agency Perspective", *Journal of Business Venturing*, Vol. 27, No. 2, 2012; Chen H. L. and Hsu W. T. , "Family Ownership, Board Independence, and R & D Investment", *Family Business Review*, Vol. 22, No. 4, 2009; König A. and Kammerlander N. , eds. , "The Family Innovator's Dilemma: How Family Influence Affects the Adoption of Discontinuous Technologies by Incumbent Firms", *Academy of Management Review*, Vol. 38, No. 3, 2013; Duran P. and Kammerlander N. , eds. , "Doing More with Less: Innovation Input and Output in Family Firms", *Academy of Management Journal*, Vol. 59, No. 4, 2016.

[5] Naldi L. and Nordqvist M. , eds. , "Entrepreneurial Orientation, Risk Taking, and Performance in Family Firms", *Family Business Review*, Vol. 20, No. 1, 2007; Matzler K. and Veider V. , eds. , "The Impact of Family Ownership, Management, and Governance on Innovation", *Journal of Product Innovation Management*, Vol. 32, No. 3, 2015; De Massis. A. and Di Minin. A. , eds. , "Family-driven Innovation: Resolving the Paradox in Family Firms", *California Management Review*, Vol. 58, No. 1, 2015a; Vardaman J. M. and Allen D. G. , eds. , "We Are Friends But Are We Family? Organizational Identification and Nonfamily Employee Turnover", *Entrepreneurship Theory and Practice*, Vol. 42, No. 2, 2018.

得一致的结论。除了存在特定的情境因素,另一个重要原因是企业的创新活动不仅仅存在水平的高低,同时还具有不同的类型。一个典型的创新活动分类是探索式创新(Exploration)和开发式创新(Exploitation)。

因此,采取不同类型的创新活动所产生的效果是不同的,开发式创新能够提升企业的短期效率和绩效水平,而探索式创新则能够引导企业获取长期竞争优势。从这个意义上来说,对于探索式创新和开发式创新的选择及其平衡可能是家族企业兼顾短期和长期目标的重要手段,而家族企业治理又是保证企业有效利用资源从而实现这些目标的关键所在。[1] 基于此,在本书的研究框架下,家族企业面临着三对双元性问题——短期目标与长期目标的选择和平衡、正式治理和非正式治理的选择和平衡、开发式创新和探索式创新的选择和平衡。布雷顿-米勒和米勒[2]曾经指出,家族企业具有多时域性,同时成功应对短期和长期挑战的能力是其独特的竞争优势所在,但他们没有指出如何实现这一过程,这在一定程度上限制了现有研究结论的解释力。基于此,本书试图对这一问题进行回应,具体考察的问题是,为了兼顾短期财务目标和长期存续目标,家族企业是否能够以及如何通过不同的治理模式来引导其在探索式创新和开发式创新进行选择与平衡?本书将考察组织外部环境因素(行业竞争)和组织内部环境因素(经营期望和跨代传承)在对上述关系的影响,进而探索家族企业治理影响企业双元创新的情境因素。

本章安排如下。第一节引言给出了文章的缘起和意义;第二节是文献回顾与研究假设;第三节是研究设计,介绍了样本选择、数据来源和变量定义;第四节是数据分析;第五节是结论和讨论。

---

[1] Chrisman J. J. and Chua J. H., eds., "Governance Mechanisms and Family Firms", *Entrepreneurship Theory and Practice*, Vol. 42, No. 2, 2018.

[2] Le Breton-Miller. I. and Miller D., "Commentary: Family Firms and the Advantage of Multitemporality", *Entrepreneurship Theory and Practice*, Vol. 35, No. 6, 2011.

第二节 文献回顾与研究假设

一 家族企业双元性

(一) 目标双元性

在家族经营过程中,一个不容忽视的问题是家族企业在短期绩效和长期成长间的权衡取舍。一部分研究发现,出于管理权和控制权的偏爱,家族企业往往表现出短视主义,[①] 另一部分研究则认为,强烈的长期导向是家族企业区别于其他形式企业的重要特征。[②] 事实上,现实及研究的发展趋向则要求将短期目标和长期导向同时考虑,[③] 因为家族企业具有"多时域性","同时成功应对短期和长期挑战的能力"是其独特的竞争优势所在。[④]

(二) 治理模式双元性

家族企业内部往往同时具有正式和非正式因素,单独的正式治理或非正式治理是很少存在的,也可能是无效的,更多的情况是两者协同治理,亦即企业中正式治理和非正式治理往往是相互作用、共存和共演的,这种互动与共生演进关系则是决定组织行为与绩效

[①] Westhead P. and Cowling M., "Performance Contrasts between Family and Non-family Unquoted Companies in the UK", *International Journal of Entrepreneurial Behavior and Research*, Vol. 3, No. 1, 1997; Poutziouris P. Z., "The Views of Family Companies on Venture Capital: Empirical Evidence from the UK Small to Medium-Size Enterprising Economy", *Family Business Review*, Vol. 14, No. 3, 2001.

[②] Miller D. and Breton-Miller L., "Governance, Social Identity, and Entrepreneurial Orientation in Closely Held Public Companies", *Entrepreneurship Theory and Practice*, Vol. 35, No. 5, 2011.

[③] 李新春、宋丽红:《基于二元性视角的家族企业重要研究议题梳理与评述》,《经济管理》2013 年第 8 期。

[④] Le Breton-Miller. I. and Miller D., "Commentary: Family Firms and the Advantage of Multitemporality", *Entrepreneurship Theory and Practice*, Vol. 35, No. 6, 2011.

的关键因素。① 具体而言，本书重点关注正式治理和非正式治理对探索式创新和开发式创新的影响机制和效果。

（三）双元创新

本书重点关注两类创新活动——探索式创新（Exploration）和开发式创新（Exploitation）。前者是对新知识、产品、市场、机会的搜索，具体包括探索、变异、风险承担、实验、发现等，这一创新活动往往会破坏组织原有的资源基础、程序、组织惯例和关系网络结构，具有高风险性和不可预测性，但其对于企业的长期生存和竞争优势有着重要意义；后者则是在既定的组织资源禀赋下，利用已有的知识、经验、关系网络、技能、产品，进行进一步的增量式创新，因而这种创新活动不会破坏或大范围地更替组织原有的知识能力、程序、惯例以及业已存在的网络关系，这一创新活动的风险性和成本较低，关注的是短期的效率和业绩回报。

基于以上三对双元性特征，本书认为，家族企业为了兼顾短期绩效和长期存续，需要合理配置开发式创新和探索式创新活动，而正式治理和非正式治理则是影响这两类创新活动的重要基础。

二 探索式创新与开发式创新：文献回顾

早期关于家族企业创新问题的研究，主要关注的是家族企业与非家族企业在创新活动和水平上的差异，但由于研究情境、制度背景、企业特征、变量测量等问题，并没有取得一致的结论。除了存在特定的情境因素，另一个重要原因则是企业的创新不仅仅存在水平的高低，同时还具有不同的类型。一个典型的创新活动分类是探索式创新（Exploration）和开发式创新（Exploitation），马奇②最早

---

① McEvily B. and Soda G., eds., "More Formally: Rediscovering the Missing Link between Formal Organization and Informal Social Structure", *The Academy of Management Annals*, Vol. 8, No. 1, 2014.

② March J. G., "Exploration and Exploitation in Organizational Learning", *Organization Science*, Vol. 2, No. 1, 1991.

对探索式创新和利用式创新进行了区分。其中，探索式创新是对新知识、产品、市场、机会的搜索，具体包括探索、变异、风险承担、实验、发现等，这一创新活动有着较高的风险和成本，回报也具有不可预测性，但其对于企业的长期生存和竞争优势有着重要意义；而开发式创新则是对组织既有知识、能力、技术和模式的精炼和扩展，具体包括精炼、选择、生产、实施、执行等，这一创新活动的风险性和成本较低，关注的是短期的效率和业绩回报。

这两种创新活动形成了组织双元性（Ambidexterity）的概念，那些较为成功的家族企业往往是那些能够兼顾和平衡好这两种创新活动的组织——在有效利用现有资源和能力来进行开发式创新的同时，积极探索新的产品、市场和机会，最终实现短期财务的增长和长期竞争的获得。[1] 但在有限的组织资源约束条件下，家族企业往往无法有效兼顾这两种创新活动，[2] 即使有能力进行兼顾，家族企业也会因为其固有的保守态度以及对于家族社会情感财富的保存，而表现出较低的探索式创新意愿。[3] 因此，更为普遍的情况是，家族企业需要

---

[1] Levinthal D. A. and March J. G., "The Myopia of Learning", *Strategic Management Journal*, Vol. 14（S2），1993；Tushman M. L. and O'Reilly III. C. A., "Ambidextrous Organizations: Managing Evolutionary and Revolutionary Change", *California Management Review*, Vol. 38, No. 4, 1996；He Z. L. and Wong, P. K., "Exploration vs. Exploitation: An Empirical Test of the Ambidexterity Hypothesis", *Organization Science*, Vol. 15, No. 4, 2004.

[2] Lubatkin M. H. and Simsek Z., eds., "Ambidexterity and Performance in Small-to medium-sized Firms: The Pivotal Role of Top Management Team Behavioral Integration", *Journal of Management*, Vol. 32, No. 5, 2006；Moss T. W. and Payne G. T., eds., "Strategic Consistency of Exploration and Exploitation in Family Businesses", *Family Business Review*, Vol. 27, No. 1, 2014；Kollmann T. and Stöckmann C., "Filling the Entrepreneurial Orientation-performance Gap: The Mediating Effects of Exploratory and Exploitative Innovations", *Entrepreneurship Theory and Practice*, Vol. 38, No. 5, 2014.

[3] Allison T. H. and McKenny A. F., eds., "Integrating Time into Family Business Research: Using Random Coefficient Modeling to Examine Temporal Influences on Family Firm Ambidexterity", *Family Business Review*, Vol. 27, No. 1, 2014；Cassia L. and De Massis. A., eds., "Strategic Innovation and New Product Development in Family Firms: An Empirically Grounded Theoretical Framework", *International Journal of Entrepreneurial Behavior and Research*, Vol. 18, No. 2, 2012；Chrisman J. J. and Chua J. H., eds., "The Ability and Willingness Paradox in Family Firm Innovation", *Journal of Product Innovation Management*, Vol. 32, No. 3, 2015.

根据自身特征和资源禀赋来决定如何将有限的资源配置到这两种类型的创新活动中。由此,在过去就家族企业与创新活动关系未达成一致的可能原因之一是,没有进一步区分和讨论不同类型的创新活动,就以上问题,学者们进行了热烈的讨论。

首先,就家族企业与非家族企业的对比分析来看,皮蒂诺(Pittino)等人[1]发现,家族企业往往比非家族企业更加注重开发式创新而非探索式创新。同样地,德马西斯等人(De Massis et al.)[2]也发现,家族企业更倾向于采取渐进性创新(指代开发式创新),而非家族企业则更倾向于采取激进性创新(指代探索式创新),这一现象可以由代理理论和行为理论解释。代理理论认为,家族企业所具有的节俭主义[3]使得家族企业更加注重自己资源的使用效率,而且家族企业本身冗余资源有限,同时家族所有者和借款者之间的信息不对称使得家族企业从外部借款的能力下降;[4] 行为理论则认为,为了保存家族控制等社会情感财富,[5] 家族企业也不愿意引入外部资金,[6] 从

---

[1] Pittino D. and Visintin F., eds., "Collaborative Technology Strategies and Innovation in Family Firms", *International Journal of Entrepreneurship and Innovation Management*, Vol. 17, 2013.

[2] De Massis. A. and Frattini F., eds., "Product Innovation in Family Versus Nonfamily Firms: An Exploratory Analysis", *Journal of Small Business Management*, Vol. 53, No. 1, 2015b.

[3] Carney M., "Corporate Governance and Competitive Advantage in Family-Controlled Firms", *Entrepreneurship Theory and Practice*, Vol. 29, No. 3, 2005.

[4] Jensen M. C. and Meckling W. H., "Theory of the Firm: Managerial Behavior, Agency Costs and Ownership Structure", *Journal of Financial Economics*, Vol. 3, No. 4, 1976.

[5] Gómez-Mejía L. R. and K. T. Haynes, eds., "Socioemotional Wealth and Business Risks in Family-Controlled Firms: Evidence from Spanish Olive Oil Mills", *Administrative Science Quarterly*, Vol. 52, 2007.

[6] Gomez-Mejia L. R. and Hoskisson R. E., eds., "Innovation and the Preservation of Socioemotional Wealth: The Paradox of R&D Investment in Family Controlled High Technology Firms" (Unpublished manuscript), *Mays Business School*, Texas A&M University, 2011.

而限制了其进行探索式创新活动。进一步,纽曼等人(Newman et al.)[①]还探讨了家族管理对于企业市场导向与两种创新活动间的调节作用。基于资源基础观和代理理论,他们发现,家族企业比非家族企业能够更有效地激发企业消费者导向(市场导向的一个维度,强调与消费者的互动和信任关系)与探索式创新的作用。这一结果的解释是,家族企业往往能够依靠独特的关系网络战略与消费者进行更长久的互动并产生信任,而且家族管理者的长任期加强了这一作用;相反,相比家族企业,非家族企业则能够更有效地激发企业竞争者导向(市场导向的一个维度,强调与竞争者的互动与比较)与开发式创新和探索式创新的作用。这一结果的解释是,相比家族企业,非家族企业更愿意引入外部专业管理者,从而能够更有效地了解产品、市场和竞争者的信息,进而更好地激发竞争者导向和两类创新之间的作用。

其次,诸多学者都指出,家族企业并不是一个同质性的群体,它们之间也会由于家族涉入程度、发展阶段、治理结构、代际涉入等存在显著的差异。在这一背景下,学者们关注了家族企业自身的异质性所导致的两类创新活动的差异性。夏尔马和萨尔瓦托(Sharma and Salvato)[②]和埃里森(Allison)等人[③]基于生命周期理论,探讨了随着时间的演进,组织在不同发展阶段以及外部产品和技术市场变迁对两种创新活动选择和配置组合的影响作用。他们认为,在创业初期,受到资源和能力的限制,家族企业更可能采取开发式创新,而随着组织的成长,家族企业需要慢慢通过探索式创新来拓展

[①] Newman A. and Prajogo D., eds., "The Influence of Market Orientation on Innovation Strategies", *Journal of Service Theory and Practice*, Vol. 26, No. 1, 2016.

[②] Sharma P. and Salvato C., "Commentary: Exploiting and Exploring New Opportunities over Life Cycle Stages of Family Firms", *Entrepreneurship Theory and Practice*, Vol. 35, No. 6, 2011.

[③] Allison T. H. and McKenny A. F., eds., "Integrating Time into Family Business Research: Using Random Coefficient Modeling to Examine Temporal Influences on Family Firm Ambidexterity", *Family Business Review*, Vol. 27, No. 1, 2014.

和创造新的产品和市场，进而保持长期竞争优势。威德尔和马特纳（Veider and Matzler）[①] 则基于代理理论、资源基础观、管家理论和社会情感财富理论，从"意愿—能力"视角分析了家族企业的资源、治理和目标如何共同来影响其进行探索式创新和开发式创新活动的权衡。帕特尔和克里斯曼（Patel and Chrisman）[②] 基于行为代理模型和风险规避模型，发现当企业的绩效高于业绩期望时，家族企业更可能进行低风险的开发式创新；而当企业的绩效低于业绩期望时，家族企业则更可能进行高风险的探索式创新。

以上研究集中关注了家族企业的资源、目标、发展阶段和绩效特征等因素对于两类创新活动的影响作用，但一定程度上忽视了家族企业治理的作用。比如，在总结了现有关于家族企业探索式创新和开发式创新的研究文献后，戈埃尔和琼斯（Goel and Jones）[③] 认为，将来的一个重要研究方向是，正式治理如何影响家族企业的开发式创新、探索式创新以及两者的双元平衡问题。同样地，夏尔马和萨尔瓦托（Sharma and Salvato）[④] 也呼吁，学者们需要重点关注家族企业中不同的治理模式在探索式创新和开发式创新之间的选择和权衡作用。

三 研究假设
（一）家族企业治理与双元创新

本书认为，家族企业双元目标的实现应是家族系统与企业系统

[①] Veider V. and Matzler K., "The Ability and Willingness of Family-controlled Firms to Arrive at Organizational Ambidexterity", *Journal of Family Business Strategy*, Vol. 7, No. 2, 2016.

[②] Patel P. C. and Chrisman J. J., "Risk Abatement as A Strategy for R & D Investments in Family Firms", *Strategic Management Journal*, Vol. 35, No. 4, 2014.

[③] Goel S. and Jones III. R. J., "Entrepreneurial Exploration and Exploitation in Family Business: A Systematic Review and Future Directions", *Family Business Review*, Vol. 29, No. 1, 2016.

[④] Sharma P. and Salvato C., "Commentary: Exploiting and Exploring New Opportunities over Life Cycle Stages of Family Firms", *Entrepreneurship Theory and Practice*, Vol. 35, No. 6, 2011.

的平衡或家族企业系统内部的平衡,这一平衡应具有如下特点:首先,存在两类可供选择的决策,这两类决策有助于企业实现不同的目标;其次,这两类决策具有明显的差异;最后,这两类决策通常面临权衡与取舍的问题,但它们对家族企业的发展都是有利的。根据以上三个特点,本书认为家族企业在开发式创新和探索式创新的选择和兼顾是实现家族企业长期导向和短期目标的有效路径,在这一过程中,家族企业治理又起到了关键的基础性作用。

借鉴威德尔和马特纳(Veider and Matzler)[1]的研究,本书主要从"意愿—能力"的视角来分析不同治理模式对两种创新活动的异质性影响作用。

就开发式创新而言,其是在既定的组织资源禀赋下,利用已有的知识、经验、关系网络、技能、产品,进行进一步的增量式创新,因而这种创新活动不会破坏或大范围地更替组织原有的知识能力、程序、惯例以及业已存在的网络关系,具有低风险性和短期导向特征。首先,从"意愿"角度出发,开发式创新对企业原有的程序、惯例、结构网络不具有破坏性威胁,也不会破坏家族企业所追求的家族控制等社会情感财富。此时,约束型的社会情感财富(Restricted SEW,主要关注家族控制这一维度的社会情感财富)保存动机将引导家族重视对企业的控制,导致企业战略偏向保守并注重短期收益,[2]而这些特征与开发式创新所具有的渐进性和短期性特征相一致。因而,家族企业在约束型社会情感财富保存的动机下,更加愿意使用既有的资源和关系网络(非正式治理的基础)来进行开发式创新活

---

[1] Veider V. and Matzler K. , "The Ability and Willingness of Family-controlled Firms to Arrive at Organizational Ambidexterity", *Journal of Family Business Strategy*, Vol. 7, No. 2, 2016.

[2] Miller D. and Le Breton-Miller. I. , "Deconstructing Socioemotional Wealth", *Entrepreneurship Theory and Practice*, Vol. 38, No. 4, 2014; Chua J. H. and Chrisman J. J. , eds. , "A Closer Look at Socioemotional Wealth: Its Flows, Stocks, and Prospects for Moving Forward", *Entrepreneurship Theory and Practice*, Vol. 39, No. 2, 2015.

动。其次，从"能力"角度出发，基于资源基础观（RBV）和管家理论，家族企业所具备特殊的资源和关系能力，比如家族人力资本供应和社会关系网络，[1] 以及家族成员间的信任、承诺，[2] 均是企业进行开发式创新的重要资源基础。而且，由于开发式创新活动的实施是在既有知识和能力基础上进行的增量式创新，家族企业也无须过多引入和探索外部资源，在现有资源基础上构成的非正式治理能够充分发挥其灵活性和适应性特征，[3] 进行精炼和开发式创新。

就探索式创新而言，其是一种探索新的知识、技能、产品、市场和机会，进行实验和探索的创新活动，往往会破坏组织原有的资源基础、程序、组织惯例和关系网络结构，具有高风险性和长期导向特征。首先，从"意愿"视角出发，由于探索式创新会对企业原有的程序、惯例和结构网络具有破坏性威胁，同时会对组织管理者的权威合法性以及内部人员结构构成极大的挑战。[4] 尤其是对家族企业而言，管理者的权威合法性以及家族涉入是非正式治理的基础，而探索式创新会显著地削弱这一治理基础，导致非正式治理机制作用的式微。此时，正式治理机制能够作为非正式治理的替代或者补充发挥其法定权威和正规化程序的作用。[5] 因此，在进行探索式创新

---

[1] Carney M., "Corporate Governance and Competitive Advantage in Family-Controlled Firms", *Entrepreneurship Theory and Practice*, Vol. 29, No. 3, 2005.

[2] Pieper T. M. and Klein S. B., eds., "The Impact of Goal Alignment on Board Existence and Top Management Team Composition: Evidence from Family-influenced Businesses", *Journal of Small Business Management*, Vol. 46, No. 3, 2008.

[3] De Massis. A. and Frattini F., eds., "Product Innovation in Family Versus Nonfamily Firms: An Exploratory Analysis", *Journal of Small Business Management*, Vol. 53, No. 1, 2015b.

[4] Pittino D. and Visintin F., eds., "Collaborative Technology Strategies and Innovation in Family Firms", *International Journal of Entrepreneurship and Innovation Management*, Vol. 17, 2013.

[5] Carson S. J. and Madhok, A., eds., "Uncertainty, Opportunism, and Governance: The Effects of Volatility and Ambiguity on Formal and Relational Contracting", *Academy of Management Journal*, Vol. 49, No. 5, 2006; McEvily B. and Soda G., eds., "More Formally: Rediscovering the Missing Link between Formal Organization and Informal Social Structure", *The Academy of Management Annals*, Vol. 8, No. 1, 2014.

活动时，家族管理者的延伸型社会情感财富（Extended SEW，主要关注家族传承、家族声誉等）保存动机将引导家族企业重视长期投资布局，[①] 这一长期视野与探索式创新所具有的长期导向性特征相一致。其次，从"能力"视角出发，家族企业内部的资金、人力资本和关系资源无法满足探索式创新的资源要求，此时，家族企业需要引入外部资金（比如专业的机构投资者）、职业化经理人、外部非家族董事和独立董事，而这些都是正式治理的重要手段。这些正式治理机制的引入一方面能够为家族企业进行探索式创新提供外部资源，同时也能够约束家族管理者的机会主义行为，降低代理成本。[②] 进一步，非正式的个人决策具有高度的不确定性和随意性，[③] 这将加大探索式创新本身的风险性和失败的可能性。此时，正式治理机制的引入能够约束家族管理者的权力，同时赋予职业经理人和专业决策机构合法性，降低探索式创新活动的风险。因此，正式治理一方面能够发挥其特有的外部资源优势，同时通过正式的控制程序和制度来降低决策风险，从而更好地实施探索式创新。

作者在调研江苏省无锡市和常州市的医药和制造业家族企业后发现，很多企业在进行开发式创新的过程中，决策流程都相对简单，主要由企业主或者职业经理人决定，效率也很高。而在进行探索式创新时，因为没有太多的经验、知识和产品开发基础，往往需要召集公司高层管理者、技术研发团队以及一些科研机构的专家学者共同讨论，讨论和最终决策的时间动辄几个月之久。一

[①] Miller D. and Le Breton-Miller. I., "Deconstructing Socioemotional Wealth", *Entrepreneurship Theory and Practice*, Vol. 38, No. 4, 2014; Chua J. H. and Chrisman J. J., eds., "A Closer Look at Socioemotional Wealth: Its Flows, Stocks, and Prospects for Moving Forward", *Entrepreneurship Theory and Practice*, Vol. 39, No. 2, 2015.

[②] Veider V. and Matzler K., "The Ability and Willingness of Family-controlled Firms to Arrive at Organizational Ambidexterity", *Journal of Family Business Strategy*, Vol. 7, No. 2, 2016.

[③] Naldi L. and Nordqvist M., eds., "Entrepreneurial Orientation, Risk Taking, and Performance in Family Firms", *Family Business Review*, Vol. 20, No. 1, 2007.

位企业主曾告诉作者,"我们公司在推新产品时,其实是有两套程序的。对于那些我们非常熟悉并且市场成熟的成品,我们不会花很多时间去讨论,有时候我自己就拍板了。但是对那些我们不太熟悉,或者市场前景不明的产品,在决定是否进行研发和生产之前,我会找我们的陈总(总经理)、李总(技术开发总监)、管总(生产部部长)和何教授(一位当地的大学教授)反复讨论论证可行性,当然公司里面也有一套开发和生产新产品的完整流程和规定,我们会按照这些流程规范化走下来。因为新产品的开发和生产成本很高,风险又大,我不可能自己一个人拍板,出了问题会影响公司的正常运作……"

基于以上分析,本书预期,为了兼顾短期业绩增长和长期竞争优势获取,家族企业将利用非正式治理来推动企业在开发式创新方面的投入,同时利用正式治理来推动企业在探索式创新方面的投入。基于此,本章提出假设1。

假设1.1:家族企业的非正式治理程度越强,其开发式创新将越强;

假设1.2:家族企业的正式治理程度越强,其探索式创新将越强。

(二)家族企业治理与双元创新的情境机制分析

在主假设中,本书预期不同类型的治理模式将引导家族企业采取对应的创新活动,但家族企业之间本身也会因为资源、发展阶段、内外部环境压力的差异导致企业治理与双元创新关系之间存在情境性因素。夏尔马和萨尔瓦托(Sharma and Salvato)[①] 就指出,除了关注特定的治理模式与两种类型创新活动之间的直接关系,还需要考察不同的情境性因素,比如企业所处的生命周期、企业外部环境等。

[①] Sharma P. and Salvato C., "Commentary: Exploiting and Exploring New Opportunities over Life Cycle Stages of Family Firms", *Entrepreneurship Theory and Practice*, Vol. 35, No. 6, 2011.

曹等人（Cao et al.）[1] 也发现，对于受到资源约束更大的企业而言，企业更好地策略是在开发式创新和探索式创新之间寻求均衡（Balance dimension of ambidexterity）；而资源充裕的企业则可以同时兼顾两种创新活动（Combined dimension of ambidexterity）。由此，本书将进一步探讨影响家族企业治理和双元创新间关系的情境机制，主要从组织外部环境因素（行业竞争性）和组织内部环境因素（经营期望和跨代传承）进行分析。

1. 市场竞争的调节作用

本书认为，行业市场竞争是影响家族企业治理与双元创新的重要因素，这体现在组织和企业主两个层面。

其一，就组织层面而言，激烈的市场竞争将减小企业的市场地位和垄断利润，企业面临着市场份额和投资机会损失、现金流波动以及破产的风险，[2] 导致其持续性地处于高压状态。[3] 此时，传统的资源、知识、经验和能力已经很难再维持企业的竞争优势或发现新的市场机会，激烈的市场竞争要求企业寻求长期解决办法，比如改变战略或环境，[4] 进而及时适应激烈的市场竞争和不断变化的竞争规则。[5] 此时，探索式创新能够更有效地应对激烈的市场竞争，[6] 而保

---

[1] Cao Q. and Gedajlovic E., eds., "Unpacking Organizational Ambidexterity: Dimensions, Contingencies, and Synergistic Effects", *Organization Science*, Vol. 20, No. 4, 2009.

[2] Peress J., "Product Market Competition, Insider Trading, and Stock Market Efficiency", *Journal of Finance*, Vol. 65, No. 1, 2010.

[3] Baucus M. S., "Pressure, Opportunity and Predisposition: A Multivariate Model of Corporate Illegality", *Journal of Management*, Vol. 20, No. 4, 1994.

[4] 贺小刚、邓浩、吕斐斐、李新春：《期望落差与企业创新的动态关系——冗余资源与竞争威胁的调节效应分析》，《管理科学学报》2017年第5期；连燕玲、叶文平、刘依琳：《行业竞争期望与组织战略背离——基于中国制造业上市公司的经验分析》，《管理世界》2019年第8期。

[5] Biedenbach T. and Söderholm A., "The Challenge of Organizing Change in Hypercompetitive Industries: A Literature Review", *Journal of Change Management*, Vol. 8, No. 2, 2008.

[6] Newman A. and Prajogo D., eds., "The Influence of Market Orientation on Innovation Strategies", *Journal of Service Theory and Practice*, Vol. 26, No. 1, 2016.

守型的开发式创新则不利于企业应对激烈的市场竞争。在这一背景下，家族企业将更愿意引入正式治理机制，比如外部专业的管理者和投资者，更加有效地了解产品、市场和竞争者的信息，从而加强企业探索式创新。同时，家族企业也会减少对传统非正式治理的依赖作用，进而开发式创新的投入将随之减少。

其二，就企业管理者层面而言，激烈的市场竞争将加强管理者进行冒险性变革的动机。一方面，市场竞争所带来的被兼并或破产威胁将威胁管理者自身（比如职位风险、市场声誉等）以及整个家族的利益，这将显著提高管理者的警惕性。[1] 此时，为了规避自身和家族整体利益的损失，管理者通过冒险性的探索行为来弱化风险的动机将得到增强。[2] 另一方面，激烈的市场竞争是检验企业和管理者之前战略是否有效的重要试金石，这会推动管理者回溯和反思当前的治理模式和战略行为是否恰当，激励他们及时调整企业的治理和战略行为。由此，随着市场竞争的越发激烈，既有的开发式创新将无法为企业提供持续的竞争力，此时，家族企业管理者的冒险倾向被激发出来，将更多地依靠正式治理而不是非正式治理来推动探索式创新的投入。

基于以上分析，本章提出假设2。

假设2.1：非正式治理与开发式创新的正相关关系在所处行业市场竞争程度较低的家族企业中更加显著；

假设2.2：正式治理与探索式创新的正相关关系在所处行业市场竞争程度较高的家族企业中更加显著。

2. 经营期望的调节作用

组织倾向于将过去以及同行业竞争者的绩效作为比较参考的对

---

[1] Labianca G. and Fairbank J. F., eds., "Striving Toward the Future: Aspiration—performance Discrepancies and Planned Organizational Change", *Strategic Organization*, Vol. 7, No. 4, 2009.

[2] Baum J. A. C. and Dahlin K. B., "Aspiration Performance and Railroads' Patterns of Learning from Train Wrecks and Crashes", *Organization Science*, Vol. 18, No. 3, 2007.

象，实际绩效与经营期望的差距将影响企业对后续战略行为的选择。① 当实际绩效低于经营期望绩效时，管理者会认为组织处于经营不善和内外部利益受损的状态，企业将及时搜寻新的方法以改善资源配置效率并促使组织绩效恢复到期望水平上。相反，当实际绩效超过组织期望绩效时，表明企业已实现期望目标，管理者倾向于维持现有战略行为。② 本书认为，在不同的经营期望状况下，家族企业对两类创新活动的重视程度是不同的，因而家族企业治理与双元创新的关系也将存在差异。

当实际绩效低于经营期望绩效时，管理者会认为过去的治理模式已经不适宜当前的经营状况，企业处于一种"损失"的状态，相比采取更为保守的或既有的战略，企业更倾向于突破组织传统束缚以寻求新的发展，采取高风险的决策以使绩效回到目标期望水平上。③ 此外，实际绩效低于经营期望水平意味着企业现有的战略已失去了行业竞争优势，企业必须采取差别化的战略来实现竞争优势的赶超，这就需要企业进行探索新的知识、技能、产品、市场和机会，进行实验和探索的创新活动，亦即进行探索式创新。比如，帕特尔和克里斯曼④就发现，当企业的绩效低于经营期望时，家族企业更可能进行高风险的探索式创新。由此，当企业经营期望处于落差水平时，"损失"状态不仅会威胁企业的短期成长，也会威胁到家族对于企业的控制以及长期存续。此时，家族企业更可能利用正式治理来

---

① Cyert R. M. and March J. G., *A Behavioral Theory of the Firm*. Englewood Cliffs, NJ：Prentice-Hall, 1963.

② Chen W. R., "Determinants of Firms' Backward-and Forward-looking R & D Search Behavior", *Organization Science*, Vol. 19, No. 4, 2008; Greve H. R., "A Behavioral Theory of R & D Expenditures and Innovations：Evidence from Shipbuilding", *Academy of Management Journal*, Vol. 46, No. 6, 2003.

③ 连燕玲、周兵、贺小刚、温丹玮：《经营期望、管理自主权与战略变革》，《经济研究》2015 年第 8 期。

④ Patel P. C. and Chrisman J. J., "Risk Abatement as A Strategy for R & D Investments in Family Firms", *Strategic Management Journal*, Vol. 35, No. 4, 2014.

推动探索式创新活动的投入，利用非正式治理推动开发式创新活动的意愿将有所减弱。

当实际绩效超过经营期望时，企业处于一种"获益"的状态，前期的治理模式和战略受到利益相关者的认同与支持，进而企业具有较好的绩效水平和合法性。此时，企业将倾向于采取相对保守的决策，[①] 利用既有的知识、经验、能力进行增量式创新，[②] 因为这种创新活动已经被认为是成功的，而且不会破坏家族对于企业的控制水平，而探索式创新则因为高风险性将不被重视。企业取得的超额收益一方面能够加强企业管理者的个人权威，另一方面也使得家族企业更倾向于将权威配置给经营能力最强的家族代理人，[③] 以加强家族涉入水平。此时，家族企业更可能利用非正式治理来推动开发式创新活动的投入，而利用正式治理推动探索式创新活动的意愿将有所减弱。

基于以上分析，本章提出假设3。

假设3.1：非正式治理与开发式创新的正相关关系在实际绩效高于经营期望绩效的家族企业中更加显著。

假设3.2：正式治理与探索式创新的正相关关系在实际绩效低于经营期望绩效的家族企业中更加显著。

3. 跨代传承的调节作用

代际传承是家族企业目标中的关键一环，也是其区别于其他类型企业最显著的特征。[④] 对于家族企业而言，跨代延续家族的文化、

---

① Bromiley P., "Testing ACausal Model of Corporate Risk Taking and Performance", *Academy of Management Journal*, Vol. 34, No. 1, 1991.

② Patel P. C. and Chrisman J. J., "Risk Abatement as A Strategy for R & D Investments in Family Firms", *Strategic Management Journal*, Vol. 35, No. 4, 2014.

③ 贺小刚、连燕玲、张远飞：《经营期望与家族内部的权威配置——基于中国上市公司的数据分析》，《管理科学学报》2013年第4期。

④ Chua J. H. and Chrisman J. J., eds., "Defining the Family Business by Behavior", *Entrepreneurship Theory and Practice*, Vol. 23, No. 4, 1999; Burkart M. and F. Panunzi eds., "Family Firms", *The Journal of Finance*, Vol. 58, 2003.

价值观和声誉是家族企业战略持续性的根源所在,[1] 也是家族长期导向的清晰表达,能够引导家族企业更加关注企业长期生存和投资。[2] 在中国情境下,跨代传承同样是驱动企业管理者进行高风险和长期投资回报活动的关键因素。[3] 由此,具有明确传承意愿或已经有二代介入的家族企业,短期的业绩成长不再是最为重要的目标,长期竞争优势的获取和家族存续才是最为关键的,此时,家族企业对于风险的容忍性更高,也更可能进行高风险的探索式创新。

但值得注意的是,家族传承意味着权力、身份和地位的丧失,[4] 进而引起凝聚核心的实质性功能的丧失,致使家族内部各自为政、增加内耗,[5] 也可能形成"少帅难以服众"的局面。[6] 此时,具有传承意愿的家族企业往往希望引入正式治理机制作为家族权威身份和地位的补充,以期保持家族后代跨代创业和持续创业。[7] 随着二代的

---

[1] Miller D. and Le Breton-Miller. I. , *Managing for the Long Run*:*Lessons in Competitive Advantage from Great Family Businesses*. Boston:Harvard Business Press, 2005.

[2] Chrisman J. J. and Patel P. C. , "Variations in R & D Investments of Family and Nonfamily Firms:Behavioral Agency and Myopic Loss Aversion Perspectives", *Academy of Management Journal*, Vol. 55, No. 4, 2012; Lumpkin G. T. and Brigham K. H. , "Long-term Orientation and Intertemporal Choice in Family Firms", *Entrepreneurship Theory and Practice*, Vol. 35, No. 6, 2011; Miller D. and Le Breton-Miller. I. , "Deconstructing Socioemotional Wealth", *Entrepreneurship Theory and Practice*, Vol. 38, No. 4, 2014.

[3] 朱沆、Eric Kushins、周影辉:《社会情感财富抑制了中国家族企业的创新投入吗?》,《管理世界》2016年第3期;黄海杰、吕长江、朱晓文:《二代介入与企业创新——来自中国家族上市公司的证据》,《南开管理评论》2018年第1期。

[4] Barnes L. B. and Herhon S. A. , "Transferring Power in the Family Business", *Harvard Business Review*, Vol. 54, No. 4, 1976.

[5] 王明琳、周生春:《控制性家族类型、双重三层委托代理问题与企业价值》,《管理世界》2006年第8期。

[6] 李新春、韩剑、李炜文:《传承还是另创领地?——家族企业二代继承的权威合法性建构》,《管理世界》2015年第6期。

[7] 李新春、马骏、何轩等:《家族治理的现代转型:家族涉入与治理制度的共生演进》,《南开管理评论》2018年第2期。

进入，家族企业必然会被更多地融入非人格化管理的成分，[1] 比如董事会的设置、职业经理人和家族外部董事的引入、正式控制系统的采用，[2] 这些正式治理机制能够作为探索式创新的资源、经验、知识和能力基础。

因此，当家族企业具有明确的传承意愿或二代介入企业时，其将引入更为正式的治理机制，从而增加探索式创新活动的投入水平。基于此，本章提出假设4。

假设4.1：非正式治理与开发式创新的正相关关系在没有跨代传承的家族企业中更加显著。

假设4.2：正式治理与探索式创新的正相关关系在有跨代传承的家族企业中更加显著。

具体而言，模型如图5—1所示。

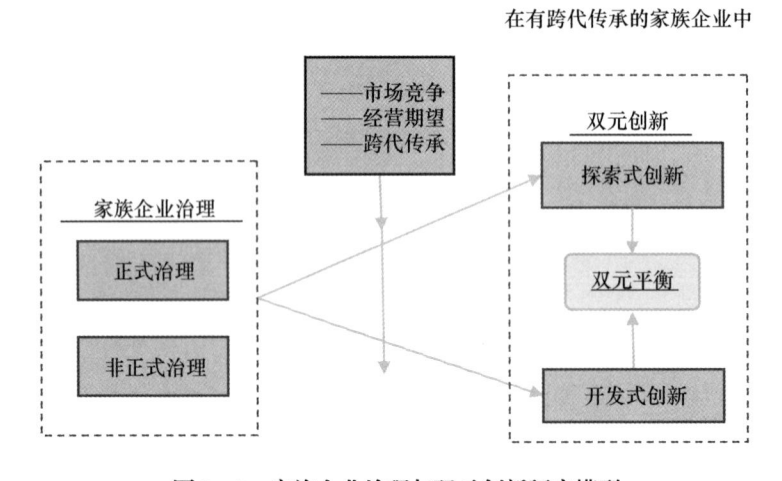

图5—1 家族企业治理与双元创新研究模型

---

[1] Brun de Pontet, S. and Wrosch, C., eds., "An Exploration of the Generational Differences in Levels of Control Held among Family Businesses Approaching Succession", *Family Business Review*, Vol. 20, No. 4, 2007.

[2] Reid R. S. and Adams J. S., "Human Resource Management-A Survey of Practices within Family and Non-family Firms", *Journal of European Industrial Training*, Vol. 25, No. 6, 2001; Bammens Y. and Voordeckers W., eds., "Boards of Directors in Family Firms: A Generational Perspective", *Small Business Economics*, Vol. 31, No. 2, 2008.

第三节 研究设计

一 数据来源

本书采用沪深上市家族企业作为研究对象,构建了时间跨度为 2004 年到 2017 年的面板数据样本。借鉴李新春等[1]对家族企业的定义,即"实际控制人为自然人,且实际控制人的家族成员或持有股份,或进入董事会,或进入监事会,或担任高管成员,必须满足上述条件之一",本书按以下步骤获得上市家族企业研究样本:先根据深圳国泰安信息技术有限公司提供的 CSMAR 上市公司数据库,获取了 2004 年至 2017 年所有"实际控制人类型"为"自然人或家族"的企业;再根据上市公司招股说明书和年报中披露的公司实际控制人、持股情况、董事会成员和高管成员等信息,确定是否满足家族企业的定义。其中,关于家族亲缘关系的确定,在数据收集过程中还通过互联网搜索引擎来进行佐证和补充。在此基础上,进一步手工编码家族高管的名称,以此构成家族高管团队的数据来源。

本书的因变量、自变量、调节变量以及主要的控制变量数据均来自 Wind 数据库和 CSMAR 上市公司数据库,并通过多个数据来源交互印证。在进一步剔除主要变量存在缺失的样本之后,得到一份非平衡的面板数据一共 8654 个观测值(企业数×观察年份)。

二 变量测量

(一)因变量

探索式创新和利用式创新。现有关于两类创新活动的测量主要

---

[1] 李新春、韩剑、李炜文:《传承还是另创领地?——家族企业二代继承的权威合法性建构》,《管理世界》2015 年第 6 期。

有两种方法，一种是基于问卷调查数据，[①] 另一种是基于企业披露的专利数据。[②] 鉴于本书使用的是中国上市家族企业数据，故使用上市公司年报中披露的专利数据。具体而言，现有研究主要是基于专利分类号前4位识别不同的技术领域，[③] 若企业每年申请专利所处的技术领域与该企业过去5年已进入的技术领域不同，则定义为探索式创新，以这类专利数总和作为测量指标；若企业每年申请专利所处的技术领域与该企业过去5年已进入的技术领域相同，则定义为开发式创新，以这类专利数总和作为测量指标。

（二）自变量

1. 正式治理

根据现有文献对正式治理程度的测量，同时考虑到本书数据的可获得性，分别从董事会独立性、董事会/高管团队工作积极性以及职业经理的引入，这三个维度来衡量家族正式治理程度。具体而言，董事会独立性以董事会中独立董事占比衡量；董事会/高管团队工作积极性以公司目标年份内董事会会议次数衡量；职业经理人引入以高管团队中职业经理人占比衡量。然后，利用这三个变量，运用主成分分析提取公因子，合成一个"正式治理程度"变量。

2. 非正式治理

家族企业的非正式治理由两类因素组成，一类是结构因素，另一类是关系性因素。结构因素通过非正式的网络和权威主义等非正式结构来实现，如在家族企业中普遍存在的家族涉入，[④] 这包括家族

---

① Nielsen B. B. and Gudergan S., "Exploration and Exploitation Fit and Performance in International Strategic Alliances", *International Business Review*, Vol. 21, No. 4, 2012.

② Guan J. and Liu N., "Exploitative and Exploratory Innovations in Knowledge Network and Collaboration Network: A Patent Analysis in the Technological Field of Nano-energy", *Research Policy*, Vol. 45, No. 1, 2016.

③ Guan J. and Liu N., "Exploitative and Exploratory Innovations in Knowledge Network and Collaboration Network: A Patent Analysis in the Technological Field of Nano-energy", *Research Policy*, Vol. 45, No. 1, 2016.

④ 贺小刚、连燕玲：《家族权威与企业价值：基于家族上市公司的实证研究》，《经济研究》2009年第4期。

成员涉入关键管理岗位或者董事会。[①] 一般而言，家族涉入程度越大，家族企业的非正式干预和关系治理也将越强。就关系性因素而言，在华人家族企业中，创业者及其他家族成员往往利用自身较高的地位、身份和个人权威进行资源配置和家族企业治理，这体现在企业的关键决策和管理由个人而非团队做出。此外，非正式治理还包括家族内部的非正式社会交往、互动以及在此过程中产生的共同愿景、目标等。[②] 根据现有文献对非正式治理程度的测量，同时考虑到本书数据的可获得性，分别使用结构性因素和关系性因素来衡量非正式治理。首先，结构性因素指的是家族涉入，以董事会中家族成员占比和高管团队中家族成员占比衡量。其次，关系性因素主要体现在决策权的配置问题上。法玛和詹森（Fama and Jensen）[③] 将决策权分为决策制定权和决策控制权，并分别由董事会和总经理负责，从而形成决策权的配置问题。现有文献普遍认为，董事长和总经理是否两职兼任是反映决策权配置方式的重要代理变量[④]：若两职分离，则表明决策控制权和决策制定权的分离程度高；反之，则表明决策控制权和决策制定权的分离程度低。这一决策配置权同样适用

[①] Le Breton-Miller. I. and Miller D., eds., "Stewardship or Agency? A Social Embeddedness Reconciliation of Conduct and Performance in Public Family Businesses", *Organization Science*, Vol. 22, No. 3, 2011; Matzler K. and Veider V., eds., "The Impact of Family Ownership, Management, and Governance on Innovation", *Journal of Product Innovation Management*, Vol. 32, No. 3, 2015；李新春、马骏、何轩等：《家族治理的现代转型：家族涉入与治理制度的共生演进》，《南开管理评论》2018 年第 2 期。

[②] Mustakallio M. and Autio E., eds., "Relational and Contractual Governance in Family Firms: Effects on Strategic Decision Making", *Family Business Review*, Vol. 15, No. 3, 2002; Vardaman J. M. and Allen D. G., eds., "We Are Friends But Are We Family? Organizational Identification and Nonfamily Employee Turnover", *Entrepreneurship Theory and Practice*, Vol. 42, No. 2, 2018.

[③] Fama E. F. and Jensen M. C., "Agency Problems and Residual Claims", *The Journal of Law and Economics*, Vol. 26, No. 2, 1983.

[④] Boyd B. K., "CEO Duality and Firm Performance: A Contingency Model", *Strategic Management Journal*, Vol. 16, No. 4, 1995；刘慧龙、王成方、吴联生：《决策权配置、盈余管理与投资效率》，《经济研究》2014 年第 8 期。

于家族企业，在家族企业中，如果关键决策的提议、审批、执行和监督都集中于某一核心领导人，则表明非正式治理程度较高，反之则较低。由此，本书以董事长和总经理是否两职合一来衡量关系性因素。最后，利用这三个变量，运用主成分分析提取公因子，合成一个"非正式治理程度"变量。

（三）调节变量

1. 市场竞争

参考豪沙尔特等人（Haushalter et al.）[①]的做法，本书采用赫芬达尔指数（Herfindahl-Hirschman Index，HHI）来测量行业间的市场竞争程度。首先根据证监会行业门类标准将样本企业分为16个细分行业，然后计算出各行业内所有企业的主营业务收入和，据此再计算出每个企业所占的市场份额，最后算出各行业内所有企业市场份额的平方和，得到各行业当年的HHI，HHI越大表明行业市场竞争越弱。为了更直观地对变量进行解释，本书对HHI进行反向处理，使用1-HHI作为市场竞争的测量。

2. 经营期望

本书使用历史经营期望，选取ROA作为经营期望差距测量的基础指标。历史经营期望差距的测量为：$P_{i,t-1} - A_{i,t-1}$。其中，$P_{i,t-1}$代表公司i第t-1期的实际业绩，相对于因变量取了滞后一期的业绩水平。[②] $A_{i,t-1}$代表公司i第t-1期的历史业绩期望，具体计算公式为：$A_{i,t-1} = (1-\alpha_1)P_{i,t-2} + \alpha_1 A_{i,t-2}$。其中$\alpha_1$代表权重，介于[0，1]之间的数值，本书借鉴Chen[①]的方法，汇报了$\alpha_1 = 0.4$时的检验结果。公司i在t-1的历史业绩期望值$A_{i,t-1}$是公司i在t-2期的实际绩效（权重为0.6）和t-2期

[①] Haushalter D. and Klasa S., eds., "The Influence of Product Market Dynamics on a Firm's Cash Holdings and Hedging Behavior", *Journal of Financial Economics*, Vol. 84, No. 3, 2007.

[②] Chen W. R., "Determinants of Firms' Backward-and Forward-looking R & D Search Behavior", *Organization Science*, Vol. 19, No. 4, 2008.

的历史业绩期望（权重为 0.4）的加权组合。公司 i 在 t-1 期的历史业绩期望差距（Pi, t-1 - Ai, t-1），即为实际绩效 Pi, t-1 与历史业绩期望 Ai, t-1 之差。当（Pi, t-1 - Ai, t-1）<0，则公司 i 在 t-1 期的实际绩效低于历史业绩期望，反之则公司 i 在 t-1 期的实际绩效高于历史业绩期望。

3. 跨代传承

本书使用二代正式涉入家族企业作为跨代传承的代理变量，在中国情境下，二代的涉入意味着家族企业主有意培养二代并让他们在未来接班。具体而言，参考徐等人（Xu et al.）[1]的做法，当二代担任董事长、董事或高层管理时，则认为有二代涉入。在此基础上设置虚拟变量，有二代涉入的定义为1，否则定义为0。

(四) 控制变量

除本书聚焦的家族企业正式治理和非正式治理因素外，企业其他治理情况、企业发展情况和外部环境因素都可能影响家族企业的探索式创新和开发式创新。在企业的治理方面，主要控制：(1) 家族所有权。既有研究普遍发现，家族所有权涉入会对企业两种创新活动产生重要的影响，[2] 以家族成员持股比例衡量。(2) 董事会规模。董事会负责掌管和决定企业的业务经营活动，其规模对企业战略决策会产生重要影响，以董事会人数衡量。(3) 股权集中度。同样地，股权比例越集中，对于企业创新战略选择的影响也将越大，

---

[1] Xu N. and Yuan Q., eds., "Founder's Political Connections, Second Generation Involvement, and Family Firm Performance: Evidence from China", *Journal of Corporate Finance*, Vol. 33, 2015.

[2] Pittino D. and Visintin F., eds., "Collaborative Technology Strategies and Innovation in Family Firms", *International Journal of Entrepreneurship and Innovation Management*, Vol. 17, 2013; De Massis. A. and Frattini F., eds., "Product Innovation in Family Versus Nonfamily Firms: An Exploratory Analysis", *Journal of Small Business Management*, Vol. 53, No. 1, 2015b; Newman A. and Prajogo D., eds., "The Influence of Market Orientation on Innovation Strategies", *Journal of Service Theory and Practice*, Vol. 26, No. 1, 2016.

以前十大股东持股比例衡量。

在企业的发展情况方面，主要控制：（1）企业年龄。企业的技术创新是一个知识积累的过程，企业经营时间越长，积累的知识越多，对于企业创新战略选择的影响越大。（2）企业规模。企业规模衡量的是企业资源的多寡，创新活动具有很高的风险和不确定性，需要大量的资源投入，企业规模越大，能够投入到创新活动中的资源越丰富。本书以资产总额的自然对数衡量。（3）多元化程度。一般而言，行业多元化程度越高，企业在不同领域积累的知识就越丰富，这些知识能够成为企业进行探索式创新和开发式创新的重要知识基础。本书使用赫芬德尔指数（Herfindahl Index）来衡量企业多元化程度——企业各个经营行业的主营业务收入与营业总收入比重的平方和。[①] 该指数越小，企业多元化程度越高。（4）企业财务绩效。财务绩效反映了企业经营状况，也是影响企业创新活动的重要因素，因此本书控制了企业的资产收益率（企业净利润除以总资产的比重）和资产负债率（企业总负债除以总资产的比重）。（5）企业上市时间。融资能力是影响企业创新的重要因素，企业上市时间是对企业从资本市场获取资源的一个代理测度。

在外部环境方面，主要控制：（1）地区因素。考虑到不同地区的经济水平、文化氛围等因素都可能对家族企业创新活动选择造成影响，因此同时生成了 30 个虚拟变量加入回归模型。（2）行业因素。本书根据证监会行业门类标准生成 15 个虚拟变量加以控制，这是考虑到，不同细分行业内部的治理结构也存在差异。（3）时间因素。中国市场和制度在过去十几年内迅速发展，中国企业的治理结构也随时间推移而发生变化，因此本书生成了 13 个虚拟变量加以控制。

各变量的测量详见表 5—1。

[①] Berry C. H., "Corporate Growth and Diversification", *The Journal of Law and Economics*, Vol. 14, No. 2, 1971.

表 5—1　　　　　　　　　　　变量测量与设计

变量类型	变量名称	变量编码
因变量	探索式创新	企业目标年份申请专利与过去 5 年已进入的技术领域不同的专利数总和
	开发式创新	企业目标年份申请专利与过去 5 年已进入的技术领域相同的专利数总和
自变量	正式治理	①董事会独立性（独立董事比例）；②董事会/高管团队工作积极性（董事会会议次数）；③职业经理的引入（以高管团队中职业经理人占比衡量） 以上三个子变量主成分分析提取公因子
	非正式治理	①董事会中家族成员占比；②高管团队中家族成员占比；③两职合一 以上三个子变量主成分分析提取公因子
调节变量	市场竞争	赫芬德尔指数（HHI）：各行业内所有企业市场份额的平方和。使用"1－HHI"衡量
	经营期望	以实际绩效与期望绩效的差距为界，将企业分为经营期望落差和经营期望顺差两组样本
	跨代传承	设置虚拟变量，有二代涉入（担任董事长、董事、高管）的样本赋值为 1，否则赋值为 0
控制变量	家族所有权	家族成员控股比例
	董事会规模	董事会人数
	股权集中度	前十大股东股权比例
	企业年龄	企业注册起到目标年份的年数
	企业规模	企业资产总额，取自然对数
	多元化程度	赫芬德尔指数：企业各个行业的主营业务收入与营业总收入比重的平方和
	资产收益率	净利润/平均资产总额
	资产负债率	企业总负债/总资产
	上市时间	企业上市起到目标年份的年数
	地区虚拟变量	根据企业所在省市自治区，重新编码为 30 个虚拟变量
	年份虚拟变量	根据问卷所在年份，重新编码为 13 个虚拟变量
	行业虚拟变量	根据证监会行业门类标准生成 15 个虚拟变量

第四节　数据分析

一　变量的描述统计

表5—2汇报了主要变量的相关系数、均值和标准差。从表5—2可看出，本书关注的核心变量之间的关系结果显示，正式治理与探索式创新显著正相关，与开发式创新显著负相关；非正式治理与探索式创新显著负相关，与开发式创新显著正相关。就控制变量而言，总体来说，市场竞争越激烈、经营时间越长、规模越大、上市时间越长，企业进行探索式创新和开发式创新的强度越大，而家族所有权比例则弱化了两种创新活动的强度。从变量间的相关系数来看，初步证实了正式治理能够推动企业进行探索式创新活动，而非正式治理则能够推动企业进行开发式创新活动，这一结论则需要进一步地回归分析加以论证。

二　数据分析与假设检验

在实证检验前，对数据做如下处理：（1）为避免异常值的影响，对连续变量在1%水平上进行缩尾处理。（2）为避免多重共线性的影响，对相互项变量进行了中心化处理。同时，对所有进入模型的解释变量和控制变量进行方差膨胀因子（VIF）诊断，结果显示不存在多重共线性问题（所有方程中VIF的值均小于10）。（3）为了克服面板数据可能存在的异方差、时序相关和横截面相关等问题，本书采用Driscoll-Kraay标准差进行估计。

（一）正式治理和非正式治理与双元创新活动关系的检验

表5—3报告了家族企业正式治理、非正式治理与两类创新活动回归结果。模型（1）—模型（4）以探索式创新作为因变量，模型（5）—模型（8）以开发式创新作为因变量，模型（1）和模型（5）为基准回归模型。模型（2）和模型（3）的结果显示，正

表 5—2　变量的相关系数

	1	2	3	4	5	6	7	8	9	10	11	12	13	14	15	16
1. 探索式创新	1.0000															
2. 开发式创新	0.5258*	1.0000														
3. 正式治理	0.0863*	-0.1045*	1.0000													
4. 非正式治理	-0.0114*	0.0419*	-0.1423*	1.0000												
5. 市场竞争	0.0459*	0.0950*	-0.0253*	0.0640*	1.0000											
6. 经营期望	-0.00270	-0.00110	0.0146	-0.00960	0.000700	1.0000										
7. 二代涉入	-0.0127	-0.00340	-0.1136*	0.1598*	0.0391*	0.000100	1.0000									
8. 家族所有权	-0.0494*	-0.0722*	-0.000900	0.3193*	0.0155	0.00310	-0.0678*	1.0000								
9. 董事会规模	0.00380	0.0449*	-0.3928*	-0.1758*	0.00610	-0.0156	0.0488*	-0.1569*	1.0000							
10. 股权集中度	0.00650	-0.00860	0.0385*	0.1369*	0.00380	0.00200	-0.0524*	0.4004*	-0.0268*	1.0000						
11. 企业年龄	0.0880*	0.0927*	0.1338*	-0.0747*	0.0131	-0.00560	0.1058*	-0.1806*	-0.00270	-0.1494*	1.0000					
12. 企业规模	0.2643*	0.3798*	0.2231*	-0.1176*	0.00110	-0.00920	0.0739*	-0.0739*	0.1367*	0.0687*	0.2218*	1.0000				
13. 多元化程度	0.00640	-0.0254*	-0.00610	0.00840	-0.00570	-0.00920	-0.00770	0.0121	-0.00710	0.0147	-0.0517*	0.00580	1.0000			
14. 资产负债率	-0.00260	0.00440	0.0257*	-0.0521*	-0.0499*	0.4140*	-0.00760	-0.0492*	-0.000100	-0.0542*	0.0734*	-0.0905*	-0.00880	1.0000		
15. 企业绩效	-0.0142	-0.00270	-0.0267*	-0.00260	0.00320	0.5310*	-0.0117	0.0559*	0.00790	0.0281*	-0.0399*	-0.00710	-0.0153	0.0867*	1.0000	
16. 上市时间	0.0487*	0.0819*	0.1635*	-0.3088*	-0.1200*	-0.00550	0.0812*	-0.4002*	0.0181	-0.4949*	0.5069*	0.2901*	-0.0465*	0.0775*	-0.0340*	1.0000
均值	7.0439	23.5856	0.0000	0.0000	0.9916	0.3243	0.5841	0.4044	8.2871	0.6034	15.3410	21.4987	0.7503	41.5371	6.6768	11.1690
标准差	14.7608	55.6073	1.0000	1.0000	0.0213	9.9693	0.7993	0.1788	1.4869	0.1746	5.2373	1.0614	0.2948	160.5421	5.5705	2.8432

注：N=8654，*p<0.05。

表 5—3　两种治理模式与两类创新活动关系检验

	(1)	(2)	(3)	(4)	(5)	(6)	(7)	(8)
		探索式创新				开发式创新		
正式治理		1.174***		1.112***		−4.575***		−3.857***
		(4.64)		(4.62)		(−6.56)		(−5.31)
非正式治理			−0.260**	−0.151*			2.110***	1.732***
			(−2.64)	(−1.79)			(4.38)	(3.63)
家族所有权	−1.672*	−1.722*	−1.355	−1.535	−9.666**	−9.862*	−7.096	−7.721
	(−1.89)	(−1.90)	(−1.51)	(−1.68)	(−2.17)	(−2.16)	(−1.47)	(−1.59)
董事会规模	−0.152*	0.0144	−0.171*	−0.00560	0.0537	0.701*	−0.103	0.471
	(−1.96)	(0.26)	(−2.14)	(−0.10)	(0.12)	(1.87)	(−0.23)	(1.26)
股权集中度	−6.914***	−6.863***	−6.992***	−6.911***	−23.61**	−23.41**	−24.24**	−23.96**
	(−3.04)	(−3.07)	(−3.10)	(−3.11)	(−2.31)	(−2.32)	(−2.39)	(−2.39)
企业年龄	−0.0509***	−0.0526***	−0.0472***	−0.0503***	−0.226***	−0.232***	−0.196***	−0.207***
	(−3.06)	(−3.41)	(−2.96)	(−3.37)	(−4.92)	(−5.09)	(−5.14)	(−5.34)
企业规模	3.634***	3.498***	3.625***	3.500***	22.05***	21.53***	21.98***	21.55***
	(5.32)	(5.35)	(5.34)	(5.37)	(6.18)	(6.17)	(6.22)	(6.22)
多元化程度	0.137	0.147	0.138	0.147	−4.914**	−4.878**	−4.907**	−4.878**
	(0.41)	(0.43)	(0.40)	(0.42)	(−2.62)	(−2.61)	(−2.73)	(−2.70)

续表

	(1)	(2)	(3)	(4)	(5)	(6)	(7)	(8)
	探索式创新				开发式创新			
资产负债率	0.00316**	0.00304**	0.00315**	0.00304**	0.0177***	0.0172***	0.0175***	0.0172***
	(2.80)	(2.81)	(2.81)	(2.82)	(3.25)	(3.26)	(3.28)	(3.29)
企业绩效	−0.00717	−0.00682	−0.00747	−0.00701	−0.0140	−0.0126	−0.0164	−0.0148
	(−1.47)	(−1.47)	(−1.53)	(−1.51)	(−0.56)	(−0.51)	(−0.65)	(−0.58)
上市时间	−0.0199	−0.0246	−0.0309	−0.0307	0.00291	−0.0153	−0.0859	−0.0853
	(−0.42)	(−0.53)	(−0.68)	(−0.68)	(0.02)	(−0.09)	(−0.51)	(−0.51)
行业、地区、年份	控制	控制	控制	控制	控制	控制	控制	控制
常数项	−70.22***	−68.83***	−70.13***	−68.85***	−447.1***	−441.7***	−446.4***	−441.9***
	(−5.34)	(−5.36)	(−5.37)	(−5.38)	(−6.51)	(−6.50)	(−6.58)	(−6.56)
N	8654	8654	8654	8654	8654	8654	8654	8654
F	688.27***	701.35***	726.12***	680.80***	2587.87***	3001.20***	783.23***	604.66***
R2	0.1398	0.1410	0.1400	0.1411	0.2229	0.2241	0.2240	0.2248

注：＊＊＊表示 $p<0.01$，＊＊表示 $p<0.05$，＊表示 $p<0.10$；括号内为 t 值；上述模型为经过 Driscoll-Kraay 标准误调整后的结果。

式治理与探索式创新显著正相关（β=1.174，p<0.01），非正式治理与探索式创新显著负相关（β=-0.260，p<0.05），模型（4）中的结果与模型（2）和模型（3）保持一致；模型（6）和模型（7）的结果显示，正式治理与开发式创新显著负相关（β=-4.575，p<0.01），非正式治理与开发式创新显著正相关（β=2.110，p<0.01），模型（8）中的结果与模型（6）和模型（7）保持一致。以上回归结果表明，家族企业中，正式治理程度越高，其探索式创新水平越高，而开发式创新水平越低；非正式治理程度越高，其开发式创新水平越高，而探索式创新水平越低。这一结果支持了本章的假设1.1和假设1.2。

就控制变量来看［模型（1）和模型（5）］，第一，家族所有权水平越高，探索式创新和开发式创新水平都越低，这一结果实际上支持了社会情感财富理论——家族涉入水平越高，企业表现得越为保守，为了保持家族控制，越不愿意进行创新活动。股权集中度也表现出了相似的结果。第二，企业年龄越大，家族企业进行两类创新活动的水平则越低。一般而言，年龄越大，企业的市场地位和积累的知识丰富，其进行创新活动的意愿也将更强，但本书却发现了相反的结论。可能的原因是，随着企业年龄的增长，业已存在的组织惯例将形成组织惰性，[①] 由制度化和复杂化特征所带来的组织惰性将抑制企业进行冒险活动的意愿。[②] 而且，受到组织惰性的影响，创新活动可能与既有组织惯例相冲突，进而威胁企业的生存。[③] 相反，企业规模越大，家族企业进行两类创新活动

[①] Nelson R. R. and Winter S. G., *An Evolutionary Theory of Economic Change*, Harvard University Press, 2009.

[②] Hannan Michael, T. and Freeman, J., "The Population Ecology of Organizations", *American Journal of Sociology*, Vol. 82, No. 5, 1997.

[③] Gurkov I. and Settles A., "Managing Organizational Stretch to Overcome the Uncertainty of the Great Recession of 2008", *International Journal of Organizational Analysis*, Vol. 19, No. 4, 2011.

的水平则越强。这与本书的预测是一致的，企业规模代表着资源禀赋，创新活动需要投入大量的有形和无形资源，而组织规模则是资源的保障。

（二）正式治理和非正式治理与双元创新活动关系的检验：调节效应

1. 市场竞争

本书以市场竞争程度的中位数为标准，将样本区分为低市场竞争样本和高市场竞争样本进行分组回归，表5—4和表5—5报告了市场竞争的调节效应回归结果。

表5—4报告了以探索式创新为因变量的回归结果。其中，模型（1）—模型（3）是低市场竞争样本回归结果，模型（4）—模型（6）是高市场竞争样本回归结果。模型（3）和模型（6）的回归结果显示，正式治理与探索式创新的正相关关系只在高市场竞争样本中显著（$\beta = 1.579$，$p < 0.01$），在低市场竞争样本中系数不显著（$\beta = 1.120$，$p > 0.1$）。此外，在低市场竞争样本中，非正式治理与探索式创新呈现出显著的负相关关系（$\beta = -0.354$，$p < 0.01$），而在高市场竞争样本中则不存在显著性关系。

表5—5报告了以开发式创新为因变量的回归结果。其中，模型（1）—模型（3）是低市场竞争样本回归结果，模型（4）—模型（6）是高市场竞争样本回归结果。模型（3）和模型（6）的回归结果显示，非正式治理与开发式创新的正相关关系只在低市场竞争样本中显著（$\beta = 0.947$，$p < 0.05$），在高市场竞争样本中系数不显著（$\beta = 0.979$，$p > 0.1$）。此外，无论在低市场竞争样本还是高市场竞争样本中，正式治理与开发式创新的关系均不显著。

以上回归结果意味着，随着市场竞争的加剧，正式治理对探索式创新的推动作用将得到强化，而非正式治理对开发式创新的推动作用则被弱化。由此，本章假设2.1和假设2.2得到支持。

表 5—4 市场竞争的调节效应检验：探索式创新为因变量的回归结果

	（1）	（2）	（3）	（4）	（5）	（6）
	探索式创新					
	低市场竞争			高市场竞争		
正式治理	1.222		1.120	1.552***		1.579***
	(1.16)		(0.85)	(4.98)		(5.44)
非正式治理		−0.453***	−0.354**		−0.104	0.0563
		(−3.28)	(−2.42)		(−0.85)	(0.53)
家族所有权	−0.994	−0.400	−0.604	−1.760*	−1.558	−1.831*
	(−0.67)	(−0.26)	(−0.42)	(−1.93)	(−1.65)	(−1.85)
董事会规模	0.0969	−0.0924*	0.0587	0.0570	−0.178	0.0653
	(1.57)	(−2.02)	(0.94)	(0.61)	(−1.70)	(0.70)
股权集中度	−10.67**	−10.83**	−10.84**	−3.992**	−4.173**	−3.980**
	(−2.51)	(−2.57)	(−2.62)	(−2.19)	(−2.31)	(−2.18)
企业年龄	−0.000438	0.0184	0.00572	−0.0556*	−0.0571*	−0.0563*
	(−0.02)	(0.66)	(0.21)	(−2.10)	(−2.10)	(−2.07)
企业规模	1.756**	1.915***	1.780***	4.496***	4.643***	4.497***
	(2.94)	(3.07)	(3.04)	(7.02)	(7.02)	(7.02)
多元化程度	−0.219	−0.242	−0.242	0.267	0.244	0.266
	(−0.48)	(−0.53)	(−0.54)	(0.65)	(0.60)	(0.65)
资产负债率	0.000954	0.00108	0.000975	0.0163**	0.0177**	0.0163**
	(1.39)	(1.52)	(1.44)	(2.54)	(2.49)	(2.55)
资产收益率	−0.000956	−0.00182	−0.00154	−0.00272	−0.00380	−0.00265
	(−0.31)	(−0.58)	(−0.51)	(−0.31)	(−0.41)	(−0.30)
上市时间	−0.194***	−0.210***	−0.211***	0.00331	0.00389	0.00524
	(−4.84)	(−4.98)	(−5.00)	(0.05)	(0.06)	(0.08)
行业、地区、年份	控制	控制	控制	控制	控制	控制
常数项	−27.24**	−29.47**	−27.65**	−88.68***	−89.94***	−88.73***
	(−2.73)	(−2.86)	(−2.84)	(−7.33)	(−7.34)	(−7.34)
N	2454	2454	2454	6200	6200	6200
F	639.08***	1156.04***	759.56***	1082.99***	790.41***	1180.77***
R2	0.1184	0.1175	0.1189	0.1487	0.1469	0.1488

注：*** 表示 $p<0.01$，** 表示 $p<0.05$，* 表示 $p<0.10$；括号内为 t 值；上述模型为经过 Driscoll-Kraay 标准误调整后的结果。

表5—5　市场竞争的调节效应检验：开发式创新为因变量的回归结果

	（1）	（2）	（3）	（4）	（5）	（6）
	开发式创新					
	低市场竞争			高市场竞争		
正式治理	1.082		0.808	-8.472		-7.996
	(1.38)		(0.96)	(-1.28)		(-1.27)
非正式治理		1.018***	0.947**		1.794	0.979
		(3.40)	(2.77)		(0.62)	(1.52)
家族所有权	1.438	2.625	2.478	-10.93**	-8.316*	-9.695*
	(0.20)	(0.38)	(0.37)	(-2.48)	(-1.79)	(-2.02)
董事会规模	0.146	-0.0649	0.0441	1.376***	0.000121	1.232**
	(0.55)	(-0.19)	(0.16)	(3.21)	(0.00)	(2.96)
股权集中度	-31.00**	-31.45**	-31.46**	-14.26	-15.43	-14.46
	(-2.72)	(-2.86)	(-2.87)	(-1.25)	(-1.35)	(-1.27)
企业年龄	-0.114**	-0.0887*	-0.0979*	-0.102	-0.0935	-0.0895
	(-2.96)	(-2.04)	(-2.07)	(-1.17)	(-1.10)	(-1.03)
企业规模	6.452***	6.612***	6.514***	30.03***	30.75***	30.01***
	(3.92)	(3.97)	(4.06)	(7.55)	(7.63)	(7.57)
多元化程度	-0.955	-1.016	-1.016	-6.280***	-6.377***	-6.265***
	(-0.68)	(-0.74)	(-0.74)	(-3.04)	(-3.13)	(-3.09)
资产负债率	0.00470***	0.00483***	0.00476***	0.0945***	0.101***	0.0940***
	(3.25)	(3.30)	(3.36)	(8.34)	(7.85)	(8.37)
资产收益率	-0.0134**	-0.0151***	-0.0149***	0.0630***	0.0559**	0.0617**
	(-2.77)	(-3.07)	(-3.07)	(3.08)	(2.93)	(3.01)
上市时间	-0.232**	-0.276**	-0.276**	-0.373	-0.414	-0.407
	(-2.61)	(-2.59)	(-2.57)	(-1.20)	(-1.36)	(-1.35)
行业、地区、年份	控制	控制	控制	控制	控制	控制
常数项	-97.30***	-99.71***	-98.40***	-625.8***	-631.1***	-625.0***
	(-4.09)	(-4.19)	(-4.29)	(-8.42)	(-8.53)	(-8.44)
N	2454	2454	2454	6200	6200	6200
F	2198.35***	4107.14***	736.02***	972.74***	1487.10***	968.69***
$R2$	0.2081	0.2087	0.2088	0.2663	0.2640	0.2664

注：＊＊＊表示$p<0.01$，＊＊表示$p<0.05$，＊表示$p<0.10$；括号内为t值；上述模型为经过Driscoll-Kraay标准误调整后的结果。

2. 经营期望

表5—6和表5—7报告了制度环境的调节效应回归结果。

表5—6报告了以探索式创新为因变量的回归结果。其中，模型（1）—模型（3）是经营期望落差样本回归结果，模型（4）—模型（6）是经营期望顺差样本回归结果。模型（3）的回归结果显示，正式治理与探索式创新显著正相关（β=0.644，p<0.05）。同样地，模型（6）的结果也显示，正式治理与探索式创新显著正相关（β=1.256，p<0.1）。检验的结果进一步显示，模型（3）和模型（6）中正式治理的系数存在显著差异（χ^2=169.14，p<0.05）。由此，无论是系数还是显著性水平，正式治理与探索式创新的正相关关系在经营期望落差的样本中更为显著。此外，在经营期望落差样本中，非正式治理与探索式创新呈现出显著的负相关关系（β=-0.229，p<0.1），而在经营期望顺差样本中则不存在显著性关系。

表5—7报告了以开发式创新为因变量的回归结果。其中，模型（1）—模型（3）是经营期望落差样本回归结果，模型（4）—模型（6）是经营期望顺差样本回归结果。模型（3）和模型（6）的回归结果显示，非正式治理与开发式创新的正相关关系只在经营期望顺差样本中显著（β=0.876，p<0.1），在经营期望落差样本中系数不显著（β=2.946，p>0.1）。此外，无论在经营期望落差样本还是经营期望顺差样本中，正式治理与开发式创新的关系均不显著。

以上回归结果意味着，当实际绩效低于企业业绩期望时，家族企业将更倾向于依靠正式治理来进行风险性更高的探索式创新活动；当实际绩效高于企业业绩期望时，家族企业将更倾向于依靠非正式治理来进行低风险性的开发式创新活动。由此，本章假设3.1和假设3.2得到支持。

表5—6　经营期望的调节效应检验：探索式创新为因变量的回归结果

	（1）	（2）	（3）	（4）	（5）	（6）
	探索式创新					
	经营期望落差			经营期望顺差		
正式治理	0.741**		0.644**	0.286		0.256*
	(2.87)		(2.54)	(1.48)		(1.69)
非正式治理		−0.295**	−0.229*		−0.192	−0.0739
		(−2.30)	(−1.85)		(−1.26)	(−0.49)
家族所有权	−2.452	−2.122	−2.197	−1.491	−1.160	−1.393
	(−1.69)	(−1.43)	(−1.50)	(−1.27)	(−0.91)	(−1.08)
董事会规模	−0.167	−0.295**	−0.197	0.165*	−0.0259	0.155*
	(−1.59)	(−2.18)	(−1.87)	(2.06)	(−0.36)	(1.83)
股权集中度	−0.357	−0.445	−0.434	−11.05***	−11.18***	−11.07***
	(−0.24)	(−0.31)	(−0.30)	(−3.46)	(−3.47)	(−3.49)
企业年龄	−0.0490	−0.0433	−0.0459	−0.0488	−0.0448	−0.0476
	(−1.21)	(−1.04)	(−1.10)	(−1.02)	(−0.94)	(−0.99)
企业规模	3.335***	3.413***	3.338***	3.418***	3.550***	3.419***
	(5.03)	(5.00)	(5.04)	(6.24)	(6.33)	(6.26)
多元化程度	−0.333	−0.344	−0.335	0.351	0.351	0.352
	(−0.56)	(−0.57)	(−0.57)	(0.71)	(0.71)	(0.71)
资产负债率	0.00868*	0.00877*	0.00870*	0.00204**	0.00217**	0.00204**
	(1.88)	(1.87)	(1.89)	(2.28)	(2.36)	(2.29)
资产收益率	0.0318	0.0317	0.0318	−0.00414	−0.00473	−0.00428
	(0.95)	(0.93)	(0.94)	(−0.95)	(−1.11)	(−1.03)
上市时间	−0.110	−0.121*	−0.119*	−0.0174	−0.0177	−0.0202
	(−1.56)	(−1.81)	(−1.77)	(−0.31)	(−0.32)	(−0.36)
行业、地区、年份	控制	控制	控制	控制	控制	控制
常数项	−67.15***	−67.95***	−67.18***	−65.28***	−66.64***	−65.29***
	(−4.89)	(−4.90)	(−4.91)	(−6.37)	(−6.49)	(−6.38)
N	3752	3752	3752	4902	4902	4902
F	519.57***	308.99***	498.03***	575.70***	786.44***	603.59***
R2	0.1665	0.1663	0.1667	0.1332	0.1309	0.1322

注：***表示 $p<0.01$，**表示 $p<0.05$，*表示 $p<0.10$；括号内为 t 值；上述模型为经过 Driscoll-Kraay 标准误调整后的结果。

表5—7　经营期望的调节效应检验：开发式创新为因变量的回归结果

	(1)	(2)	(3)	(4)	(5)	(6)
	\multicolumn{6}{c}{开发式创新}
	\multicolumn{3}{c}{经营期望落差}	\multicolumn{3}{c}{经营期望顺差}
正式治理	4.020*		2.777	4.085		3.72
	(2.05)		(1.49)	(1.56)		(1.20)
非正式治理		3.229	2.946		1.228**	0.876*
		(1.21)	(1.64)		(2.93)	(1.94)
家族所有权	-8.624	-5.034	-5.358	-10.06**	-8.209**	-8.901**
	(-0.98)	(-0.55)	(-0.59)	(-2.65)	(-2.31)	(-2.28)
董事会规模	0.485	-0.320	0.106	0.780	0.123	0.661
	(0.74)	(-0.59)	(0.18)	(1.27)	(0.22)	(1.03)
股权集中度	-11.96	-12.99	-12.94	-28.06**	-28.64**	-28.30**
	(-0.92)	(-1.03)	(-1.03)	(-2.46)	(-2.55)	(-2.50)
企业年龄	-0.331*	-0.281	-0.292	-0.163	-0.140	-0.148
	(-1.82)	(-1.46)	(-1.54)	(-0.86)	(-0.76)	(-0.79)
企业规模	24.13***	24.49***	24.17***	18.33***	18.73***	18.34***
	(5.67)	(5.54)	(5.72)	(6.43)	(6.63)	(6.46)
多元化程度	-5.929	-5.996	-5.954	-3.521***	-3.516***	-3.513***
	(-1.50)	(-1.50)	(-1.50)	(-3.30)	(-3.51)	(-3.32)
资产负债率	0.0476*	0.0482*	0.0479*	0.0100***	0.0104***	0.0101***
	(2.09)	(2.08)	(2.10)	(3.27)	(3.40)	(3.31)
资产收益率	0.156	0.156	0.156	0.0192	0.0162	0.0175
	(1.06)	(1.04)	(1.05)	(1.60)	(1.42)	(1.51)
上市时间	-0.246*	-0.375***	-0.367***	0.0566	0.0302	0.0228
	(-2.08)	(-3.54)	(-3.38)	(0.23)	(0.12)	(0.09)
行业、地区、年份	控制	控制	控制	控制	控制	控制
常数项	-502.3***	-506.1***	-502.8***	-370.3***	-374.3***	-370.3***
	(-5.79)	(-5.77)	(-5.87)	(-6.62)	(-6.77)	(-6.65)
N	3752	3752	3752	4902	4902	4902
F	329.27***	170.81***	176.91***	379.43***	357.50***	364.72***
R^2	0.2438	0.2450	0.2453	0.2084	0.2076	0.2087

注：***表示$p<0.01$，**表示$p<0.05$，*表示$p<0.10$；括号内为t值；上述模型为经过Driscoll-Kraay标准误调整后的结果。

3. 跨代传承

表5—8和表5—9报告了制度环境的调节效应回归结果。

表5—8报告了以探索式创新为因变量的回归结果。其中，模型（1）—模型（3）是无二代涉入的样本回归结果，模型（4）—模型（6）是有二代涉入的样本回归结果。模型（3）的回归结果显示，正式治理与探索式创新显著正相关（β=0.570，p<0.05）。同样地，模型（6）的结果也显示，正式治理与探索式创新显著正相关（β=1.265，p<0.01）。检验的结果进一步显示，模型（3）和模型（6）中正式治理的系数存在显著差异（χ^2=173.22，p<0.01）。由此，无论是系数还是显著性水平，正式治理与探索式创新的正相关关系在有二代涉入的样本中更为显著。此外，无论是否有无二代涉入，非正式治理与探索式创新均不存在显著性关系。

表5—8 跨代传承的调节效应检验：探索式创新为因变量的回归结果

	(1)	(2)	(3)	(4)	(5)	(6)
	探索式创新					
	无二代涉入			有二代涉入		
正式治理	0.609**		0.570**	1.046**		1.265***
	(2.32)		(2.47)	(2.78)		(3.14)
非正式治理		−0.175	−0.133		0.400	0.531
		(−0.93)	(−0.75)		(0.85)	(1.12)
家族所有权	0.0347	0.304	0.227	−0.507	−0.671	−1.107
	(0.03)	(0.23)	(0.17)	(−0.42)	(−0.47)	(−0.77)
董事会规模	−0.0996	−0.198**	−0.112	−0.128	−0.187	−0.0262
	(−1.32)	(−2.19)	(−1.34)	(−0.87)	(−1.12)	(−0.16)
股权集中度	−9.523***	−9.547***	−9.558***	−14.08***	−14.74***	−14.18***
	(−3.50)	(−3.46)	(−3.49)	(−5.68)	(−6.07)	(−5.75)
企业年龄	−0.0901***	−0.0878***	−0.0891***	0.0117	0.00394	0.00740
	(−3.20)	(−3.23)	(−3.19)	(0.13)	(0.04)	(0.08)

续表

	(1)	(2)	(3)	(4)	(5)	(6)
	\multicolumn{6}{c}{探索式创新}
	\multicolumn{3}{c}{无二代涉入}	\multicolumn{3}{c}{有二代涉入}
企业规模	3.750***	3.814***	3.746***	4.454***	4.588***	4.455***
	(4.78)	(4.84)	(4.79)	(9.44)	(9.40)	(9.47)
多元化程度	0.00393	0.0160	0.00690	-0.500	-0.610	-0.545
	(0.01)	(0.04)	(0.02)	(-0.70)	(-0.97)	(-0.83)
资产负债率	0.00325***	0.00331***	0.00324***	0.00755**	0.00835***	0.00788**
	(3.09)	(3.13)	(3.10)	(2.96)	(3.16)	(2.99)
资产收益率	-0.00798	-0.00832	-0.00806	-0.0271	-0.0243	-0.0225
	(-1.50)	(-1.52)	(-1.51)	(-0.83)	(-0.74)	(-0.71)
上市时间	-0.00166	-0.00324	-0.00693	-0.192***	-0.186***	-0.173***
	(-0.02)	(-0.04)	(-0.09)	(-3.33)	(-3.92)	(-3.61)
行业、地区、年份	控制	控制	控制	控制	控制	控制
常数项	-73.89***	-74.67***	-73.85***	-69.99***	-71.70***	-71.05***
	(-4.59)	(-4.63)	(-4.61)	(-10.78)	(-10.25)	(-10.38)
N	5313	5313	5313	1620	1620	1620
F	438.96***	842.17***	412.55***	196.16***	369.50***	1290.13***
$R2$	0.1414	0.1412	0.1415	0.2248	0.2244	0.2257

注：***表示$p<0.01$，**表示$p<0.05$，*表示$p<0.10$；括号内为t值；上述模型为经过Driscoll-Kraay标准误调整后的结果。

表5—9报告了以开发式创新为因变量的回归结果。其中，模型（1）—模型（3）是无二代涉入的样本回归结果，模型（4）—模型（6）是有二代涉入的样本回归结果。模型（3）和模型（6）的回归结果显示，非正式治理与开发式创新的正相关关系只在无二代涉入的样本中显著（$\beta=0.594$，$p<0.01$），在有二代涉入的样本中系数不显著（$\beta=0.622$，$p>0.1$）。此外，无论是否有无二代涉入，正式治理与开发式创新的关系均不显著。

表5—9 跨代传承的调节效应检验：开发式创新为因变量的回归结果

	（1）	（2）	（3）	（4）	（5）	（6）
	开发式创新					
	无二代涉入			有二代涉入		
正式治理	-3.275		-3.097	-6.190		-5.934
	(-1.15)		(-1.35)	(-0.71)		(-1.30)
非正式治理		0.822**	0.594***		1.239	0.622
		(2.13)	(2.85)		(1.01)	(0.45)
家族所有权	-5.257	-3.975	-4.395	-8.905	-6.159	-8.202
	(-0.94)	(-0.63)	(-0.69)	(-1.47)	(-0.93)	(-1.25)
董事会规模	-0.921	-1.441*	-0.975	3.396***	2.522***	3.277***
	(-1.39)	(-2.14)	(-1.45)	(3.90)	(3.41)	(3.34)
股权集中度	-35.64***	-35.74***	-35.80***	-63.74***	-66.22***	-63.62***
	(-3.99)	(-3.95)	(-3.99)	(-4.80)	(-4.79)	(-4.83)
企业年龄	-0.0950	-0.0837	-0.0905	-0.485	-0.496	-0.480
	(-0.88)	(-0.83)	(-0.87)	(-1.44)	(-1.51)	(-1.43)
企业规模	20.57***	20.92***	20.55***	34.11***	34.73***	34.11***
	(6.28)	(6.44)	(6.29)	(7.59)	(7.56)	(7.59)
多元化程度	-6.732**	-6.669**	-6.718**	-6.390***	-6.641***	-6.337***
	(-2.53)	(-2.54)	(-2.54)	(-3.59)	(-3.60)	(-3.57)
资产负债率	0.0160***	0.0163***	0.0159***	0.124***	0.126***	0.123***
	(3.72)	(3.81)	(3.73)	(7.97)	(7.82)	(7.88)
资产收益率	-0.0286	-0.0304	-0.0290	0.338	0.324	0.333
	(-1.17)	(-1.21)	(-1.17)	(1.52)	(1.42)	(1.45)
上市时间	-0.152	-0.155	-0.175	-0.508	-0.592	-0.530
	(-0.58)	(-0.63)	(-0.72)	(-0.83)	(-0.96)	(-0.85)
行业、地区、年份	控制	控制	控制	控制	控制	控制
常数项	-402.9***	-407.2***	-402.7***	-751.1***	-752.9***	-749.8***
	(-6.80)	(-6.92)	(-6.82)	(-9.10)	(-8.99)	(-8.93)
N	5313	5313	5313	1620	1620	1620
F	1027.93***	1777.71***	2070.01***	1080.83***	1202.55***	1018.49***
$R2$	0.2227	0.2223	0.2228	0.3294	0.3285	0.3294

注：***表示$p<0.01$，**表示$p<0.05$，*表示$p<0.10$；括号内为t值；上述模型为经过Driscoll-Kraay标准误调整后的结果。

以上回归结果意味着,当家族企业主没有明确传承意愿或二代未涉入企业时,家族企业将更倾向于依靠非正式治理来进行低风险性的开发式创新活动;随着家族企业表现出明确的传承意愿或二代在企业中担任要职时,家族企业进行高风险性的探索式创新的动机就越强,它们主要通过正式治理来实现这一过程。由此,本章假设4.1 和假设 4.2 得到支持。

(三) 稳健性检验

1. 内生性问题

本书可能存在内生性问题,为了克服这一问题,尝试使用工具变量对模型进行两阶段最小二乘法(2SLS)估计。具体而言,本书使用行业—地区内所有企业(除去目标企业自身)正式治理和非正式治理的均值作为目标企业正式治理和非正式治理的工具变量。选择这一工具变量的原因在于,企业的生存和发展有赖于其对外部制度压力的遵从,企业的治理和战略不可避免受到同一地区和行业中其他企业行为的影响。[1] 而且,在子研究一中本书也确实发现,家族企业正式治理受到地区和行业内模仿性制度压力的影响。同时,本书的工具变量对企业家族目标的直接影响较为有限。沿着这一思路,过去的研究在考察企业的战略行为时,使用行业—地区的行为均值水平作为工具变量,[2] 本书关注的治理问题也可以从中得到借鉴。

表 5—10 报告了工具变量估计结果,关键变量的统计结果与表 5—3 中的结果没有本质性区别,由此证明上文结论的相对稳健。

---

[1] DiMaggio P. and Powell W. W., "The Iron Cage Revisited: Collective Rationality and Institutional Isomorphism in Organizational Fields", *American Sociological Review*, Vol. 48, No. 2, 1983.

[2] Fisman R. and Svensson J., "Are Corruption and Taxation Really Harmful to Growth? Firm Level Evidence", *Journal of Development Economics*, Vol. 83, No. 1, 2007; Cai H. and Fang, H., eds., "Eat, Drink, Firms, Government: An Investigation of Corruption from the Entertainment and Travel Costs of Chinese Firms", *The Journal of Law and Economics*, Vol. 54, No. 1, 2011.

表5—10　　两种治理模式与两类创新活动关系检验：2SLS分析

	（1）	（2）	（3）	（4）	（5）	（6）
	\multicolumn{6}{c}{开发式创新}
	\multicolumn{3}{c}{探索式创新}	\multicolumn{3}{c}{开发式创新}
正式治理	12.02***		7.730***	−35.80***		−14.08**
	(8.25)		(4.70)	(−7.76)		(−2.21)
非正式治理		−9.957***	−8.979***		45.26***	44.73***
		(−12.76)	(−11.32)		(13.54)	(12.54)
家族所有权	−1.572	−14.22***	−12.72***	−9.843**	−66.59***	−65.38***
	(−1.33)	(−8.92)	(−7.75)	(−2.03)	(−9.15)	(−8.61)
董事会规模	−1.948***	0.563***	−0.637**	−5.442***	3.229***	1.138
	(−8.17)	(4.40)	(−2.28)	(−5.44)	(4.76)	(0.89)
股权集中度	−7.984***	−5.070***	−5.407***	−28.68***	−15.58**	−15.84**
	(−4.80)	(−2.76)	(−2.90)	(−4.18)	(−1.98)	(−1.98)
企业年龄	0.0245	−0.129***	−0.0992**	0.0308	−0.624***	−0.586***
	(0.61)	(−2.77)	(−2.16)	(0.24)	(−3.86)	(−3.52)
企业规模	4.839***	3.910***	4.766***	24.97***	22.94***	24.56***
	(17.57)	(15.44)	(15.73)	(16.35)	(14.58)	(15.04)
多元化程度	−0.157	0.207	0.110	−6.564***	−5.085**	−5.231**
	(−0.30)	(0.35)	(0.18)	(−3.22)	(−2.04)	(−2.07)
资产负债率	0.00390***	0.00391***	0.00473***	0.0198***	0.0222***	0.0239***
	(6.22)	(4.47)	(4.95)	(4.54)	(3.82)	(4.00)
企业绩效	−0.00893	0.00429	0.000174	−0.0100	0.0420	0.0355
	(−1.64)	(0.66)	(0.02)	(−0.33)	(1.09)	(0.89)
上市时间	−0.140***	0.234***	0.251***	−0.623***	1.232***	1.321***
	(−2.60)	(3.55)	(3.69)	(−3.45)	(5.36)	(5.70)
年份	控制	控制	控制	控制	控制	控制
常数项	−77.36***	−71.82***	−81.37***	−445.6***	−446.3***	−465.1***
	(−15.74)	(−14.12)	(−14.96)	(−15.26)	(−14.06)	(−14.68)
N	8654	8654	8654	8654	8654	8654
Wald chi2	630.68***	556.73***	568.47***	529.73***	439.84***	451.64***
R2	0.0694	0.0673	0.0741	0.0703	0.0681	0.0714

注：模型为2SLS稳健标准误估计，括号内为Z值；* $p<0.1$，** $p<0.05$，*** $p<0.01$。

2. 变量测量方式的改变

（1）除了使用专利数据来测量探索式创新和开发式创新，另一种测量是使用上市公司披露的研发数据。具体而言，根据《企业会计准则第6号——无形资产》（2006），我国企业研发投资区分为研究阶段投资和开发阶段投资，前者偏向探索性的支出，比开发阶段的投资具有更大的风险和不确定性。在此基础上，毕晓方等[1]使用企业研发的费用化支出作为研究阶段投资以衡量探索式创新，将其与年初资产总额的比值作为测量指标；资本化支出作为开发阶段投资以衡量开发式创新，将其与年初资产总额的比值作为测量指标。在稳健性检验中，本书使用这两个变量进行检验。本书发现，即使改变了探索式创新和开发式创新的测量方式，获得的数据结果与上文的回归结果没有实质性差异。

（2）本书进一步使用行业经营期望作为经营期望的替代变量，[2]对假设3进行检验，获得的数据结果与上文的回归结果没有实质性差异。[3]

3. 回归分析方法的改变

以专利为测量指标的探索式创新和开发式创新都是离散的非负整数，并且两个变量的方差都大于均值（见表5—2），因此本书结合Hausman检验结果，进一步采用负二项回归随机效应模型。同样地，即使改变了回归分析方法，获得的数据结果与上文的回归结果没有实质性差异。[4]

4. 调节效应检验方法改变

为了验证调节效应的稳健性，本书使用自变量与调节变量的交

---

[1] 毕晓方、翟淑萍、姜宝强：《政府补贴、财务冗余对高新技术企业双元创新的影响》，《会计研究》2017年第1期。

[2] Chen W. R., "Determinants of Firms' Backward-and Forward-looking R & D Search Behavior", *Organization Science*, Vol. 19, No. 4, 2008.

[3] 受到篇幅限制，回归结果没有报告，有需要的读者可向作者索要。

[4] 受到篇幅限制，回归结果没有报告，有需要的读者可向作者索要。

乘项进行回归检验，结果并未发生本质性改变。

（四）进一步分析：探索式创新和开发式创新的平衡效应

上文分析了家族企业如何依靠正式治理和非正式治理有效兼顾和平衡企业的双元创新，那么，何种平衡状态的双元创新更有利于企业的成长？对于这一问题的讨论直接关系到企业对于双元创新资源的投入以及选择不同的治理模式。

组织和战略管理学者们认为，组织适应性要求企业平衡好探索式创新和开发式创新，但由于企业的资源有限，无法对两种创新活动进行无限度的投入，因而企业往往面临如何有效分配两类创新资源的投入问题。马奇[1]及其后来的追随者认为，探索式学习（创新）和开发式学习（创新）需要竞争企业的资源，因而认为两者是相互对立的关系，这些学者重点关注的是两者之间的相对平衡观，亦即一种匹配均衡关系（Balance）。[2] 而另一部分学者则认为，探索式创新和开发式创新并非简单的二元对立和竞争关系，两种活动可以形成互补或产生协同作用，[3] 亦即一种联合均衡关系（Combined）。[2]

那么，探索式创新和开发式创新对于企业成长的作用到底是一种匹配均衡关系还是联合均衡关系？这是接下来需要进一步检验的问题，虽然过去研究对这一问题已经有了很多层面的讨论，但围绕家族企业进行的分析还相对缺乏，尤其是中国情境下，家族企业双元创新的均衡效应问题就更少了。基于此，这一部分将重点检验双元创新对于企业成长的影响效应。

---

[1] March J. G., "Exploration and Exploitation in Organizational Learning", *Organization Science*, Vol. 2, No. 1, 1991.

[2] He Z. L. and Wong, P. K., "Exploration vs. Exploitation: An Empirical Test of the Ambidexterity Hypothesis", *Organization Science*, Vol. 15, No. 4, 2004; Cao Q. and Gedajlovic E., eds., "Unpacking Organizational Ambidexterity: Dimensions, Contingencies, and Synergistic Effects", *Organization Science*, Vol. 20, No. 4, 2009.

[3] Gupta A. K. and Smith K. G., eds., "The Interplay between Exploration and Exploitation", *Academy of Management Journal*, Vol. 49, No. 4, 2006.

对于匹配均衡关系，反映的是双元创新之间的相对平衡，一般使用两者之间差的绝对值表示，值越大，表明两者越不均衡。参考现有研究，对于双元创新匹配均衡的测量如下：分别用探索式创新（专利数衡量）和开发式创新（专利数衡量）除以两者的和，然后将这两个指标差的绝对值作为匹配均衡指数，为了方便理解，进一步用 1 减去这一指数，该值越大，表明越均衡；对于联合均衡关系，反映的是双元创新之间的协同作用，一般使用两者之间的交互项表示，值越大，表明两者的协同作用越强。参考现有研究，对于双元创新联合均衡的测量如下：分别用探索式创新（专利数衡量）和开发式创新（专利数衡量）除以两者的和，然后将这两个指标相乘作为联合均衡指数；对于企业成长的衡量，使用营业收入增长率和净利润增长率测量。

表 5—11 报告了营业收入增长率和净利润增长率对双元创新均衡的回归结果。[①] 其中，模型（1）—模型（3）是营业收入增长率为因变量的回归结果，结果显示，双元创新的匹配均衡和联合均衡均能够显著提升企业的营业收入增长率，且双元创新的联合均衡的作用更强。模型（4）—模型（6）是净利润增长率为因变量的回归结果，结果显示，双元创新的匹配均衡和联合均衡均能够显著提升企业的净利润增长率，且双元创新的联合均衡的作用更强。

以上回归结果意味着，家族企业的两类创新活动的平衡均有利于企业的成长，同时，两类创新活动的互补作用更显著。因此，对于家族企业而言，需要合理配置好两类创新活动的资源投入水平，在保证相对均衡的前提下充分发挥两者的协同效应。

---

① 本章还使用企业研发的费用化支出和资本化支出分别作为探索式创新和开发式创新的测量，然后分别构建双元创新的匹配均衡指数和联合均衡指数。将这两个变量按照表 5—11 的回归模型进行分析，结果并未发生本质性改变。受篇幅限制，回归结果没有报告，有需要的读者可向作者索要。

表5—11 双元创新均衡对企业成长的关系检验

	(1)	(2)	(3)	(4)	(5)	(6)
	营业收入增长率			净利润增长率		
双元创新—匹配均衡	7.408**		22.15*	23.65**		58.54*
	(2.32)		(1.85)	(2.23)		(1.90)
双元创新—联合均衡		22.07***	53.73***		73.16***	127.2***
		(5.82)	(3.73)		(6.92)	(5.50)
家族所有权	−29.03**	−29.02**	−29.16**	−108.4	−108.3	−108.7
	(−2.61)	(−2.59)	(−2.61)	(−1.50)	(−1.50)	(−1.52)
董事会规模	−0.910***	−0.911***	−0.910***	−4.580*	−4.582*	−4.579*
	(−3.54)	(−3.56)	(−3.48)	(−1.90)	(−1.90)	(−1.91)
股权集中度	32.81***	32.86***	32.80***	110.3	110.4	110.3
	(3.07)	(3.04)	(3.11)	(0.77)	(0.77)	(0.77)
企业年龄	−0.484***	−0.486***	−0.481***	−0.899	−0.904	−0.891
	(−3.24)	(−3.26)	(−3.35)	(−0.82)	(−0.82)	(−0.81)
企业规模	2.001	1.934	2.128	−24.61***	−24.83***	−24.31***
	(1.06)	(1.04)	(1.04)	(−4.01)	(−4.08)	(−4.07)
多元化程度	0.501	0.527	0.529	58.79***	58.85***	58.86***
	(0.27)	(0.28)	(0.29)	(4.55)	(4.57)	(4.59)
资产负债率	0.399***	0.399***	0.401***	1.548***	1.547***	1.551***
	(7.74)	(7.69)	(7.56)	(4.25)	(4.24)	(4.25)
资产收益率	1.308***	1.306***	1.311***	28.14***	28.13***	28.14***
	(6.42)	(6.40)	(6.48)	(7.87)	(7.87)	(7.87)
上市时间	−0.612***	−0.614***	−0.620***	1.943	1.942	1.924
	(−3.22)	(−3.18)	(−3.19)	(0.70)	(0.70)	(0.69)
行业、地区、年份	控制	控制	控制	控制	控制	控制
常数项	5.825	7.611	3.484	484.3**	489.7**	478.8**
	(0.15)	(0.20)	(0.08)	(2.63)	(2.68)	(2.71)
N	5234	5234	5234	5233	5233	5233
F	362.58***	372.99***	50.92***	740.01***	744.13***	241.69***
R2	0.0797	0.0793	0.0800	0.0799	0.0799	0.0800

注：*** 表示 $p<0.01$，** 表示 $p<0.05$，* 表示 $p<0.10$；括号内为t值；上述模型为经过Driscoll-Kraay标准误调整后的结果。

第五节 本章小结

有效平衡和兼顾短期生存和长期存续的能力是家族企业基业长青的关键所在，过去研究对这一问题进行了诸多讨论，但对于实现短期目标和长期目标的兼顾与平衡，现有研究还有待进一步深入。基于此，本章将家族企业的目标（短期目标与长期目标）、治理（正式治理和非正式治理）和创新（开发式创新和探索式创新）这三组双元性特征纳入到同一分析框架内，从家族企业治理的视角出发，考察家族企业如何利用正式治理和非正式治理来兼顾和平衡探索式创新和开发式创新。

文章利用 2004 年到 2017 年中国上市家族企业数据发现：第一，家族企业一方面能够利用正式治理推动探索式创新，同时还依靠非正式治理来引导开发式创新活动的投入。第二，外部行业市场竞争的加剧强化了正式治理对探索式创新的积极作用，同时弱化了非正式治理与开发式创新的积极作用。第三，经营期望落差强化了正式治理对探索式创新的积极作用，经营期望顺差强化了非正式治理对开发式创新的积极作用。第四，具有跨代传承意愿的家族企业更倾向于借助正式治理来推动探索式创新。第五，探索式创新和开发式创新的双元平衡战略能够显著提升企业的成长。

本研究能够带来以下三个方面的理论贡献：第一，给出了家族企业兼顾短期和长期目标的具体路径，同时通过引入家族企业治理，扩展了家族企业双元目标研究的分析框架。第二，拓展了家族企业双元创新研究的分析框架。过去研究关注了家族企业的资源、目标、发展阶段和绩效特征等因素对于这两类创新活动的影响作用，但一定程度上忽视了家族企业治理的作用。本书着眼于在治理转型过程中，家族企业如何利用两类治理模式来引导家族企业进行探索式创新和开发式创新，从而扩展了家族企业双元创新的研究视角。第三，进一步丰富了基于社会情感财富理论的家族企业创新研究。过去在考察社会情感财富与家族企业创新的研究中，仅仅将社会情感财富进行了异质性分类。[①] 而本书则发现，创新本身也是具有明显异质性的战略活动，对创新进行进一步细分同样具有重要意义。由此，本书的结果意味着在解析家族企业社会情感财富与创新关系时，焦点不仅局限在社会情感财富的异质性，还需进一步细分创新活动本身。

[①] 朱沆、Eric Kushins、周影辉：《社会情感财富抑制了中国家族企业的创新投入吗?》，《管理世界》2016 年第 3 期；Miller D. and Le Breton-Miller. I. , "Deconstructing Socioemotional Wealth", *Entrepreneurship Theory and Practice*, Vol. 38, No. 4, 2014.

第 六 章

研究结论与讨论

第一节 研究结论与讨论

一 主要研究结论

本书聚焦中国家族企业的治理问题，通过三个具有逻辑连贯性的子研究，对家族企业治理正式化变革背后的核心逻辑及其对于家族企业双元目标和双元创新的影响进行了分析，得出以下基本结论，回应前文提出的研究问题。

第一，中国家族企业表现出明显的正式治理转型趋势。本书利用2000年至2014年中国私营企业调查数据库，选择其中的家族企业进行描述性统计分析，结果发现（具体见图3—2），近十年来，我国家族企业的正式治理转型趋势明显，尤其是2000年至2006年间，正式治理程度提升水平非常快。到了2008年以后，家族企业正式治理程度总体保持稳中有升的态势。因此，随着我国市场化改革的深入以及制度的变迁，家族企业正式治理的程度越来越高。

第二，从中国家族企业引入正式治理的核心逻辑来看，现代理性思维的嵌入成为推动家族企业现代转型的核心力量，其中合法性逻辑发挥了主导作用，这包括强制性压力——注册成为有限责任公司或股份有限公司、家族企业中各级政府和国有/集体企业控股水平越高，组织正式治理程度也越高；规范性压力——相比没有获得专业认证或未加入行业协会的家族企业，专业认证的压力以及行业协会网络的影响，使得家族企业的正式治理程度更高；模仿性压力——同一行业或地区家族企业的平均正式治理程度越高，目标企业进行模仿和学习的动力就越大，进而其正式治理转型的意愿也将越强。家族企业的正式治理转型并未受到效率提升压力的推动，即使在那些绩效明显低于同一场域内平均绩效水平的家族企业，它们的转型动力也还是合法性为主导。以上发现支持了新制度主义的基本观点，同时也意味着，现代公司治理制度在中国扩散的更多的是由外部制度压力而非内部效率提升压力所致。

尽管从总体上来说，家族企业正式治理的主要驱动性力量是合法性压力而非效率提升压力，但在不同的组织环境下，其治理的正式化过程面临着不同的压力来源。本书发现，中小规模以及未拥有政治联系的家族企业，其正式治理的采纳主要是为了获取合法性而非绩效提升考虑。由于没有较大的规模以及政治联系的保障，许多家族企业面临着较为严重的资源与合法性不足问题，正式治理的采纳能够为其带来一定的合法性，至少能够向外部透露积极的信号——家族企业更加注重非人格化的治理，符合利益相关者对于其正式治理的制度压力和要求。相反，对于大规模以及拥有政治联系的家族企业，它们往往是地方上具有较大经济和政治影响力的群体，拥有更强的资源禀赋与合法性基础，因而采纳正式治理机制更多的是受到组织内部效率提升的驱动，而非获取合法性。当然，不可否认的是，这些影响力较大的家族企业，社会"观众"也众多，无论是内部的治理结构特征还是外部的行为导向，均受到政府、媒体、消费者、供应商、社区居民的极大关注，在很多情况下，外部的合法性压力是很重要的监督力量。[1] 本书认为，尽管面临着较强的合法

---

[1] Miller D. and Breton-Miller I. L., "Lester, R. H. Family Firm Governance, Strategic Conformity, and Performance: Institutional vs. Strategic Perspectives", *Organization Science*, Vol. 24, No. 1, 2013.

性压力，但在应对这种合法性压力时，家族企业往往会采用更为显性的合法性管理工具，比如更好地履行社会责任，[①] 通过引入正式化的治理机制来获取合法性的动力则相对较弱，因为内部治理结构的调整并不容易被外部利益相关者所识别。因此，在分析正式治理在家族企业中的扩散机制时，传统的环境两分论假设不再合适，更多的应该以动态演化的视角，来具体分析不同情境下的驱动逻辑。

第三，家族企业由家族系统和企业系统组成，因而需要同时兼顾和平衡好经济目标和家族目标，家族企业治理在其中发挥了关键作用，除了依靠非人格化的正式治理，还需要其与非正式治理发挥协同作用。具体而言，家族企业一方面能够通过非正式治理来实现经济目标和家族控制目标，同时依靠正式治理来实现家族传承目标，进而实现经济目标与家族目标的权衡与兼顾。就经济目标而言，正式治理对企业绩效的提升作用有限，尽管中国中小家族企业的正式化治理转型趋势明显，越来越多的家族企业开始引入正式治理制度，但人格化的、基于关系网络的非正式治理依然具有积极的作用。从这个意义上来说，正式制度的引入是更为迅速且能够被外界所感知到的，但非正式治理则深深嵌入在日常的生活、工作和社交中，后者对于企业的治理、战略和绩效的影响作用可能远远大于正式制度，[②] 至少在短期内这一推论是成立的。这一结论也可以解释即使是在正式法律和产权保护极为规范的英美国家，家族企业仍然占据着重要的经济和社会地位，家族性因素始终能够经久不衰。而在几千

[①] Berrone P. and Cruz C., eds., "Socioemotional Wealth and Corporate Responses to Institutional Pressures: Do Family-controlled Firms Pollute Less?", *Administrative Science Quarterly*, Vol. 55, No. 1, 2010; Wang H. and Qian C., "Corporate Philanthropy and Corporate Financial Performance: The Roles of Stakeholder Response and Political Access", *Academy of Management Journal*, Vol. 54, No. 6, 2011; Jeong Y. C. and Kim T. Y., "Between Legitimacy and Efficiency: An Institutional Theory of Corporate Giving", *Academy of Management Journal*, Vol. 62, No. 5, 2019.

[②] North D. C., *Institutions, Institutional Change and Economic Performance*, Cambridge: Cambridge University Press, 1990.

年的儒家文化和家族主义熏陶中，中国的中小家族更是如此，对于关系、网络和权威的强调在短时间内是很难扭转的，进而家族企业中的非正式治理的作用可能也将历久弥新。尽管正式治理对绩效的提升作用有限，但在非正式治理的协助下，其能够与非正式治理发挥协同作用，共同推动家族企业经济目标的实现。就家族目标而言，家族企业最关注的是对于社会情感财富的保存，其包括约束型社会情感财富和延伸型社会情感财富保存，前者以家族控制目标为基础，后者以家族传承目标为基础。一方面，非正式治理程度越高，越有利于约束型社会情感财富的保存，而正式治理对保存约束型社会情感财富没有显著效果。另一方面，正式治理程度越高，越有利于延伸型社会情感财富的保存。而非正式治理对保存延伸型社会情感财富没有显著效果，同时还削弱了正式治理的积极作用。

在不同的组织情境下，家族企业的经营状况、资源和目标有所不同，继而权衡和兼顾经济目标和家族目标的手段也会有所不同。一是就企业发展阶段而言，处于初创期的家族企业，其主要关注的是短期内经济目标的实现，因为必要的经济绩效是保证其家族控制和基业长青的物质基础。在这一背景下，家族企业一方面通过非正式治理来实现经济目标，同时通过正式治理来保存延伸型社会情感财富，对于约束型社会情感财富的保存则不会给予足够的重视；处于成熟期的家族企业，外部环境和组织内部管理复杂性越来越大，家族企业将更多地引入正式治理机制，与非正式治理机制发挥协同作用。在这一背景下，家族企业一方面通过非正式治理来保存约束型社会情感财富，另一方面则通过正式治理实现经济目标并保存延伸型社会情感财富。二是企业的经营期望也是影响家族企业实现双元目标的权变因素。对于绩效低于期望水平的家族企业，组织处于一种利益受损的状态，企业将及时搜寻有效的方式促使组织绩效恢复到期望水平上，对于经济目标的重视程度往往更高。在这一背景下，家族企业一方面通过正式治理来实现经济目标，同时通过非正式治理来保存约束型社会情感财富，而对于延伸型社会情感财富的保存则不会给予足够的重视。相反，对于绩效超过期望水平的家族企业，企业已实现期望目标，管理者倾向于维持既有的或传承的治理模式和战略行为。在这一背景下，家族企业一方面通过非正式治理来实现经济目标，同时通过正式治理来保存延伸型社会情感财富，而对于约束型社会情感财富的保存则不会给予足够的重视。由此可以发现，家族企业实现双元目标的方法并非一成不变，其会根据组织内部的发展阶段和经营状况进行必要的调试，这表明家族企业是一个具有足够敏感和灵活性的组织实体，对于双元目标的有效平衡则是其维持竞争优势和获取基业长青的重要因素。

在追求长期导向的过程中，约束型社会情感财富目标（家族控制）和经济目标是一种替代性关系，而延伸型社会情感财富目标（家族传承）和经济目标则是一种互补协同关系。这意味着，为了实现基业长青，一方面，家族企业需要在家族控制和经济目标中进行一定的取舍；另一方面，家族企业的家族传承和经济目标呈现出协同作用，可以同时增强两者的资源投入。

第四，家族企业是具有多时域性的组织实体，其能够成功兼顾短期财务增长和长期竞争优势的重要因素在于对创新活动的投入，更为关键的是，家族企业能够根据自身资源和内外部环境特征，利用不同的治理模式来推动相应类型的创新活动。探索式创新和开发式创新活动双元平衡均有利于企业的成长，同时，两类创新活动的互补作用更显著。在这一过程中，正式治理能够加强家族企业探索式创新活动水平，非正式治理则能够加强家族企业开发式创新活动水平。因此，对于家族企业而言，需要利用正式治理和非正式治理的推动作用，合理配置好两类创新活动的资源投入水平，在保证相对均衡的前提下充分发挥两者的协同效应。

在不同的组织内外部环境下，家族企业治理与双元创新活动的关系存在差异。一是组织外部激烈的市场竞争使得企业面临市场份额和投资机会损失、现金流波动以及破产的风险，企业必须具备足够的革新性和创造性来应对市场竞争，搜寻更为长期性的解决办法。在这一背景下，随着市场竞争程度的加剧，家族企业更倾向于利用正规化的正式治理来进行高风险性和长期回报性的探索式创新活动；而在市场竞争程度较弱时，具有低风险性和短期回报的开发式创新更加受到家族企业的青睐，此时，非正式治理则是推动开发式创新的有效手段。二是组织会根据经营期望差距来进行对应的战略调整。当实际绩效没有达到期望水平时，相对"亏损"的状态强化了家族企业的冒险倾向，进而会强化利用正式治理来推动探索式创新活动的意愿；相反，当实际绩效超过期望水平时，家族企业处于一种"获益"状态，既有的战略被认为是相对成功且具有较高的合法性，此时，家族企业将变得相对保守，更愿意进行开发式创新来巩固既有的业绩水平，而非正式治理则是实现这一目标的关键手段。再次，组织抱负是决定企业是否具有长远打算的重要因素，在家族企业情境中，跨代传承意愿则是组织抱负的直接体现。相对于没有传承意愿的家族企业，意欲传承的家族企业具有显著的长期承诺特征，其能够在短期内容忍财务绩效的亏损，更愿意进行具有长期回报性的战略决策，比如本书关注的探索式创新活动。因此，对于无传承意愿的家族企业而言，其更加愿意使用非正式治理来推动开发式创新活动，从而获取短期业绩回报作为家族持续经营的物质保障；而对于具有传承意愿的家族企业而言，则更倾向于依靠正式治理来推动探索式创新活动，获取长期竞争优势。

二 理论贡献

本书的理论贡献主要体现在以下五个方面。

（一）丰富了家族企业治理转型研究文献

家族企业治理的正式化是一个具有理论价值和现实意义的问题，但迄今为止，对这一问题的理论研究和经验总结还非常有限，欧美发达国家的既有经验不一定适合全世界范围内家族企业，尤其是对于长期浸润在传统儒家文化的中国家族企业而言，其同时面临着治理转型、跨代传承和产业升级的压力，从而转型过程更加复杂，这一过程也超越了过去主流理论的解释和预测，对现有家族企业治理及其转型研究提出了挑战。因此，本书基于效率与合法性、经济目标与家族目标、开发式创新与探索式创新这三类双元性视角，重点研究了家族治理正式化背后的逻辑以及在此过程中如何实现双元目标和双元创新的兼顾与平衡，扩展了家族企业治理转型研究的分析框架。

（二）揭示出中国情境下家族企业治理正式化变革的背后逻辑，突破部分新制度主义学者以环境两分论假设为基础的研究视角，指出效率逻辑与合法性逻辑并非总是相互对立的，这两种逻辑在不同情境中呈现出共存和融合的关系

1. 本书揭示出中国情境下家族企业治理正式化变革的背后逻辑，为家族企业治理及其转型文献提供了来自中国情境下的经验性证据。过去研究关注了外部竞争市场[①]和内部成长意愿[②]对家族企业正式化治理过程的驱动作用，但这一过程究竟是为了提升效率还是获取合法性，现有研究仍然莫衷一是。基于中国家族企业样本数据，本书发现，在中国的制度转型阶段背景下，家族企业正式治理转型的主导驱动因素来源于对合法性的追求，而绩效压力（效率逻辑）并没有发挥显著作用。

2. 本书突破了部分新制度主义学者以环境两分论假设为基础的

---

① Burkart M. and F. Panunzi eds., "Family Firms", *The Journal of Finance*, Vol. 58, 2003; Mueller H. M. and Philippon T., "Family Firms and Labor Relations", *American Economic Journal: Macroeconomics*, Vol. 3, No. 2, 2011; 李新春、马骏、何轩等：《家族治理的现代转型：家族涉入与治理制度的共生演进》，《南开管理评论》2018 年第 2 期。

② Brun de Pontet, S. and Wrosch, C., eds., "An Exploration of the Generational Differences in Levels of Control Held among Family Businesses Approaching Succession", *Family Business Review*, Vol. 20, No. 4, 2007; Kraiczy N. D. and Hack A., eds., "What Makes A Family Firm Innovative? CEO Risk-taking Propensity and the Organizational Context of Family Firms", *Journal of Product Innovation Management*, Vol. 32, No. 3, 2015.

研究视角,指出效率逻辑与合法性逻辑并非总是相互对立的,相反,这两种逻辑实际上会呈现出共存和融合的关系。组织理论的中心问题之一,是阐释组织理性的正式结构得以形成的条件或背景。但传统的组织理论认为,在特定的情境下,绝对性的合法性逻辑和相对性的效率逻辑往往会产生冲突和矛盾,这一类文献主要强调组织嵌入在单一制度场域中的回应和表现,[1] 但越来越多的研究发现,组织往往同时嵌入在多重制度场域中,[2] 进而可能遵循多重行为逻辑。比如,斯科特(Scott)[3] 就指出,组织的效率和合法性既是相互竞争又是相互补充的,并且具有情境性作用。在此基础上,本书发现,相对效率逻辑,合法性逻辑是推动中国家族企业正式化转型的主导力量,尽管效率逻辑并没有发挥显著作用,但至少两者之间也没有产生明显的冲突和矛盾,并且在不同的组织情境下表现出了各自的积极作用。其次,家族企业能够通过不同的治理模式来实现经济目标和家族目标的兼容,进而实现效率逻辑与合法性逻辑的共存和融合。

---

[1] DiMaggio P. and Powell W. W., "The Iron Cage Revisited: Collective Rationality and Institutional Isomorphism in Organizational Fields", *American Sociological Review*, Vol. 48, No. 2, 1983; Fligstein N., "The Spread of the Multidivisional Form Among Large Firms, 1919 – 1979", *American Sociological Review*, Vol. 50, No. 3, 1985; Marquis C., "The Pressure of the Past: Network Imprinting in Intercorporate Communities", *Administrative Science Quarterly*, Vol. 48, No. 4, 2003.

[2] Greenwood R. and Díaz A. M., eds., "The Multiplicity of Institutional Logics and the Heterogeneity of Organizational Responses", *Organization Science*, Vol. 21, No. 2, 2009; Greenwood R. and Raynard M., eds., "Institutional Complexity and Organizational Responses", *Academy of Management Annals*, Vol. 5, No. 1, 2011; Pache A. C. and Santos F., "Inside the Hybrid Organization: Selective Coupling as A Response to Competing Institutional Logics", *Academy of Management Journal*, Vol. 56, No. 4, 2013; Wry T. and Cobb J. A., eds., "More than A Metaphor: Assessing the Historical Legacy of Resource Dependence and Its Contemporary Promise as A Theory of Environmental Complexity", *Academy of Management Annals*, Vol. 7, No. 1, 2013.

[3] Scott W. R., *Institutions And Organizations*, Sage: Thousand Oaks, CA, USA, 2001.

（三）强调家族企业中经济目标和家族目标平衡的重要性，并通过引入家族企业治理识别出企业兼顾双元目标的具体途径。由此，为深入理解家族企业双元目标的设定和实现过程提供了新的理论视角，同时丰富了双元目标的研究情境

"家族企业到底追求什么"，这是解释家族企业异质性行为的最根本问题，但这一问题在家族企业研究领域中没有得到充分的重视。[1] 既有研究往往过度关注家族目标，[2] 既忽视了家族目标和经济目标的取舍和平衡问题，同时也没有给出家族企业兼顾双元目标的具体途径。在此基础上，本书发现，家族企业能够通过正式治理和非正式治理的配置，来兼顾经济目标和家族目标。进一步，在不同的组织情境下，正式治理和非正式治理影响家族企业双元目标的机制和效果也存在权变性。由此，本书的结论为深入理解家族企业双元目标的设定和实现过程提供了新的理论视角，同时也丰富了双元目标的研究情境。

（四）探究家族企业如何利用正式治理和非正式治理来兼顾探索式创新和开发式创新，扩展了家族企业双元创新的研究视角，并回应学者们"关注家族治理如何影响企业开发式创新和探索式创新的兼顾"的呼吁

1. 拓展了家族企业双元创新研究的分析框架。过去研究关注了家族企业的资源、目标、发展阶段和绩效特征等因素对于这两类创新活动的影响作用，但一定程度上忽视了家族企业治理的作用。在总结现有关于家族企业探索式创新和开发式创新的研究文献后，戈

---

[1] 李新春、宋丽红：《基于二元性视角的家族企业重要研究议题梳理与评述》，《经济管理》2013年第8期。
[2] Williams R. I. and Pieper T. M., eds., "Family Business Goal Formation: A Literature Review and Discussion of Alternative Algorithms", *Management Review Quarterly*, Vol. 69, No. 3, 2019b.

埃尔和琼斯[①]认为，将来的一个重要研究方向是，正式治理如何影响家族企业的开发式创新、探索式创新以及两者的双元平衡问题。同样地，夏尔马和萨尔瓦托[②]也呼吁，学者们需要重点关注家族企业中不同的治理模式在探索式创新和开发式创新之间的选择和权衡作用。本书则是对以上几位作者呼吁的及时回应，着眼于在治理转型过程中，家族企业如何利用两类治理模式来引导家族企业进行探索式创新和开发式创新，从而扩展了家族企业双元创新的研究视角。

2. 除了"家族目标—经济目标"的双元性问题，家族企业还面临短期生存和长期存续的双元性目标问题。布雷顿-米勒和米勒[③]曾经指出，家族企业具有多时域性，同时成功应对短期生存和长期存续的能力是其独特的竞争优势所在，但他们以及后来的研究对于如何实现这一目标的具体路径没有给出令人信服的答案。鉴于此，本书试图对这一问题进行深化，指出家族企业一方面能够利用非正式治理来引导其进行开发式创新活动，进而实现短期效率目标。另一方面则能够利用正式治理来引导其进行探索式创新，以期获取长期竞争优势。组织外部的市场竞争以及内部的经营期望和传承抱负，是影响家族企业治理与双元创新活动间的重要情境性因素。由此，本书给出了家族企业兼顾短期和长期目标的具体路径，同时通过引入家族企业治理，扩展了家族企业双元目标研究的分析框架。

3. 拓展了家族企业创新研究的文献。过去关于家族企业创新研究的文献，无论是关注家族企业与非家族企业组间创新水平差异的

[①] Goel S. and Jones III. R. J., "Entrepreneurial Exploration and Exploitation in Family Business: A Systematic Review and Future Directions", *Family Business Review*, Vol. 29, No. 1, 2016.

[②] Sharma P. and Salvato C., "Commentary: Exploiting and Exploring New Opportunities over Life Cycle Stages of Family Firms", *Entrepreneurship Theory and Practice*, Vol. 35, No. 6, 2011.

[③] Le Breton-Miller. I. and Miller D., "Commentary: Family Firms and the Advantage of Multitemporality", *Entrepreneurship Theory and Practice*, Vol. 35, No. 6, 2011.

研究，[1] 还是关注家族企业之间组内创新水平差异的研究，[2] 都没有取得一致的结论。除了存在特定的情境因素，另一个重要原因是企业的创新活动不仅仅存在水平的高低，同时还具有不同的类型，比如本书关注的探索式创新（Exploration）和开发式创新（Exploitation）。由于两类创新活动的资源基础、作用机制和实际效果都有着巨大差异，故将来研究家族企业创新问题时，需要注重不同类型的创新活动问题。

（五）聚焦家族企业治理文献，指出约束型社会情感财富和延伸型社会情感财富保存动机对于家族企业治理正式化过程以及平衡探索式创新和开发式创新中的影响作用，丰富了家族企业社会情感财富的研究文献

1. 体现在家族企业正式治理的驱动逻辑分析框架。对于效率逻辑而言，企业为了提升效率，会采用更加正式化的治理模式，但本书发现，这一效率逻辑并不成立。一种可能的解释是，正式治理意味着家族人格化因素的褪去，家族控制、管理、影响都将减弱，这会威胁家族企业的社会情感财富，或者说，威胁了约束型社会情感

---

[1] Block J. H., "R & D Investments in Family and Founder Firms: An Agency Perspective", *Journal of Business Venturing*, Vol. 27, No. 2, 2012; Chen H. L. and Hsu W. T., "Family Ownership, Board Independence, and R & D Investment", *Family Business Review*, Vol. 22, No. 4, 2009; König A. and Kammerlander N., eds., "The Family Innovator's Dilemma: How Family Influence Affects the Adoption of Discontinuous Technologies by Incumbent Firms", *Academy of Management Review*, Vol. 38, No. 3, 2013; Duran P. and Kammerlander N., eds., "Doing More with Less: Innovation Input and Output in Family Firms", *Academy of Management Journal*, Vol. 59, No. 4, 2016.

[2] Naldi L. and Nordqvist M., eds., "Entrepreneurial Orientation, Risk Taking, and Performance in Family Firms", *Family Business Review*, Vol. 20, No. 1, 2007; Matzler K. and Veider V., eds., "The Impact of Family Ownership, Management, and Governance on Innovation", *Journal of Product Innovation Management*, Vol. 32, No. 3, 2015; De Massis. A. and Di Minin. A., eds., "Family-driven Innovation: Resolving the Paradox in Family Firms", *California Management Review*, Vol. 58, No. 1, 2015a; Vardaman J. M. and Allen D. G., eds., "We Are Friends But Are We Family? Organizational Identification and Nonfamily Employee Turnover", *Entrepreneurship Theory and Practice*, Vol. 42, No. 2, 2018.

财富。[1] 此时，即使家族企业的绩效或效率面临下降的风险，家族企业也会将更多的注意力集中在保存家族控制而非提升效率上。[2] 相反，对于合法性逻辑来说，家族企业对于延伸型社会情感财富的保存[3]使得其往往更加重视家族声誉、形象、与社区以及其他利益相关者的良好关系等，而正式治理的转型实际上就是一种积极的信号——家族企业更加注重非人格化的治理，符合利益相关者对于其正式治理的制度压力和要求。从这个意义上来说，家族企业治理的成功转型并非总是因为效率推动，对于合法性的追求，延伸型社会情感财富的保存也是推动其成功转型的重要动力之一。由此，过去研究关注了约束型社会情感财富/延伸型社会情感财富保存于企业创新投入的关系，本书则进一步聚焦家族企业治理文献，指出这两种社会情感财富保存动机在家族企业治理正式化过程中的作用，丰富了家族企业社会情感财富的研究文献。事实上，社会情感财富的文献更多地关注了企业的战略、绩效问题，一定程度忽视了企业的治理问题，比如[4]就呼吁，将来的研究应该更多地将社会情感财富理论引入企业治理研究，尤其是治理转型研究中来。

2. 丰富了基于社会情感财富理论的家族企业创新研究。社会情感财富是影响家族企业进行创新活动的关键因素。过去有研究发现，

---

[1] 朱沆、Eric Kushins、周影辉：《社会情感财富抑制了中国家族企业的创新投入吗?》，《管理世界》2016 年第 3 期；Miller D. and Le Breton-Miller. I., "Deconstructing Socioemotional Wealth", *Entrepreneurship Theory and Practice*, Vol. 38, No. 4, 2014.

[2] Gómez-Mejía L. R. and K. T. Haynes, eds., "Socioemotional Wealth and Business Risks in Family-Controlled Firms: Evidence from Spanish Olive Oil Mills", *Administrative Science Quarterly*, Vol. 52, 2007.

[3] 朱沆、Eric Kushins、周影辉：《社会情感财富抑制了中国家族企业的创新投入吗?》，《管理世界》2016 年第 3 期；Miller D. and Le Breton-Miller. I., "Deconstructing Socioemotional Wealth", *Entrepreneurship Theory and Practice*, Vol. 38, No. 4, 2014.

[4] Berrone P. and Cruz C., eds., "Socioemotional Wealth in Family Firms: Theoretical Dimensions, Assessment Approaches, and Agenda for Future Research." *Family Business Review*, Vol. 25, No. 3, 2012.

约束型社会情感财富（家族控制意愿）抑制了家族企业的创新活动，[①] 而延伸型社会情感财富（家族传承意愿）则加强了家族企业的创新活动。[②] 本书认为，在考察家族企业创新活动时，不仅需要将社会情感财富进行进一步分类，[③] 创新活动本身也需要进行区分。从这个意义上来说，以上研究发现更可能的情况是，约束型社会情感财富抑制的是探索式创新活动，而延伸型社会情感财富加强的也是探索式创新活动，但可能忽视了开发式创新活动。由此，在解析家族企业社会情感财富与创新关系时，焦点不局限在社会情感财富的异质性，还需进一步细分创新活动本身。

三 现实意义

第一，进入 21 世纪以后，随着现代公司治理制度的全球化扩散，西方现代科学理性思维与东方儒家文化思维发生了激烈的碰撞，在这一过程中，家族企业表现出了明显的正式治理转型趋势，越来越多的家族企业开始采用欧美乃至全球认可的"最佳实践"。但这一治理转型并非是内部效率和成长需求推动，更多地来源于满足外部利益相关者的合法性压力，在多大程度上是"理性"的，或者说是真正为了企业长期存续而采用的，本书仍然持谨慎的态度。事实上，在笔者的调研中就发现了一些有意思的现象——组织外在正式表现与工作实践和日常惯例相背离。一方面，家族企业会注册成为公司制企业，这种服从法律的外在表现能够帮助其更容易进入和参与市场竞争，并且获取足够的合法性；另一方面，在家族企业内部仍然表现出明显的一言堂，在企业内部设立董事会、引入职业经理人，

[①] 朱沆、Eric Kushins、周影辉：《社会情感财富抑制了中国家族企业的创新投入吗？》，《管理世界》2016 年第 3 期。

[②] 黄海杰、吕长江、朱晓文：《二代介入与企业创新——来自中国家族上市公司的证据》，《南开管理评论》2018 年第 1 期。

[③] Miller D. and Le Breton-Miller. I., "Deconstructing Socioemotional Wealth", *Entrepreneurship Theory and Practice*, Vol. 38, No. 4, 2014.

在某些时候仅仅是一种形式合法性的体现，真正涉及企业生存和重大转向问题时，创业元老们的个人权威和人格化治理仍然起到举足轻重的作用。从这个意义上来说，中国家族企业的现代治理转型，实际上是外部形式合法性（合法性逻辑）和内部实践需要（效率逻辑）的结合过程，或者说是理性因素与情感性因素相互作用的结果。从更加宏观的角度来说，目前中国的制度环境、法律规则、要素市场还无法为中小家族企业提供一个稳定的、充分竞争的、完善的市场环境，保证这些企业在采用现代公司治理制度后获得短期的财务增长和长期的存续预期，更多的仍然是因为中国政府和部分企业家自己的"现代化"和"国际化"梦想推动了这一转型过程。因此，对于中国政府而言，在鼓励有条件的家族企业建立现代企业制度的同时，需要进一步规范产权保护制度，完善要素市场（比如经理人市场），优化营商环境，使家族企业更多地依靠非人格化的治理以及通过市场化战略打造竞争优势，减少政治关联、人际关系等社会网络对企业竞争优势的扭曲，从而形成良好的家族企业治理转型环境和预期。

第二，本书的结论表明，随着国际市场竞争的加剧以及中国市场化改革的推进，中国家族企业开始表现出明显的正式治理转型趋势，在引入现代公司治理制度的同时，减弱了以个人权威和家族涉入为基础的人格化治理。从长远来看，超越传统的裙带关系、家长制权威以及个人意志，利用正规化和制度化的治理来约束人格化的非正式治理，是家族企业向现代公司转型并实现基业长青的关键所在。本书发现，在追求长期导向的过程中，约束型社会情感财富目标（家族控制）和经济目标是一种替代性关系，而延伸型社会情感财富目标（家族传承）和经济目标则是一种互补协同关系。这意味着，家族企业应该适当强化正式治理机制，同时保证一定程度的非正式治理，这样一方面能够发挥两者对于长期投资行为的协同效应，同时也不会因为过高的非正式治理水平而弱化正式治理的作用。从这个意义上来说，长远来看，家族企业的正式治理转型确实能够在保证经济目标的同时，推动企业的长期发展。但不可否认的是，过度的制度化和科层化会影响组织的弹性和适应性，阻碍知识、信息在组织内部的交流和扩散，在一定程度上抑制组织成员创新思维和活动的产生，[1] 同时也弱化了企业应对市场和外部环境的变化的效率和能力，[2] 最终不利于企业的创新活动。[3] 从这个意义上来说，过度依赖非正式治理会带来高昂的代理成本，进而降低家族企业的治理效率和绩效水平，而过度依赖正式治理也会牺牲企业的灵活性和适应性。由此，正式治理和非正式治理都具有积极和消极意义，关键的问题不在于形式上哪种治理模式更为合法或有效率，更为关键的是，家族企业需要根据所嵌入的外部制度环境（包括正式制度和非正式的文化等）、行业特征、组织内部资源与发展阶段等，通过不同的治理模式组合来获得合法性与效率的提升，比如本书就发现，不同的治理模式对应于不同的目标和创新类型。一是家族企业既需要通过非正式治理来实现经济目标并保存约束型社会情感财富，同时也需要依靠正式治理来保存延伸型社会情感财富，进而实现经济目标与家族目标的权衡与兼顾。并且在不同的发展阶段和经营期望差距情况下，平衡好家族目标和经济目标的治理模式组合也有差异。二是家族企业需要兼顾短期生存和长期存续，一个重要的手段是进行开发式创新和探索式创新，而家族企业治理的有效配合同样重要。一方面，家族企业需要依靠正式治理加强探索式创新活动的投入水

---

[1] Jaworski B. J. and Kohli A. K. , "Market Orientation: Antecedents and Consequences", *Journal of Marketing*, Vol. 57, No. 3, 1993.

[2] Kirca A. H. and Jayachandran S. , eds. , "Market Orientation: A Meta-analytic Review and Assessment of Its Antecedents and Impact on Performance", *Journal of Marketing*, Vol. 69, No. 2, 2005.

[3] Naldi L. and Nordqvist M. , eds. , "Entrepreneurial Orientation, Risk Taking, and Performance in Family Firms", *Family Business Review*, Vol. 20, No. 1, 2007; Kraiczy N. D. and Hack A. , eds. , "What Makes A Family Firm Innovative? CEO Risk-taking Propensity and the Organizational Context of Family Firms", *Journal of Product Innovation Management*, Vol. 32, No. 3, 2015.

平;另一方面则需要通过非正式治理来加强开发式创新活动的投入水平。并且随着组织内外部环境的改变,不同治理模式和双元创新之间的关系也有所变化。由此,即使是在全球范围内,现代公司治理实践是否是最佳的治理模式,仍然受到不少学者和业界实践者的质疑,中国家族企业在采纳这一实践时,取其精华、去其糟粕,将理性思维和儒家文化思维有效融合至治理过程,可能是具有中国特色的"最佳实践"。

第二节 研究局限性与未来展望

虽然本书的研究具有一定的创新性并且得出了一些具有理论价值和现实意义的结论,但同时也具有一些研究局限未能在本书中得到充分考虑和有效解决,这也为将来的研究提供了可以拓展的方向,具体包括以下几个方面。

第一,在理论基础和视角方面,本书分别基于制度逻辑、目标系统理论、组织双元性、"意愿—能力"视角分别探讨了家族企业治理正式化的驱动逻辑以及不同的治理模式对于家族企业双元目标和双元创新的影响机制和效果,尽管这些理论视角具有较强的解析力,但对于家族企业独特性的突出作用并不明显。从这个意义上来说,近年来在家族企业研究中被学者们重点关注的社会情感财富理论,则能够在一定程度上弥补本书的缺陷。

比如,在探讨家族企业正式治理的驱动逻辑过程中,社会情感财富保存的动机可能会引导家族企业进行正式化治理改革。不同维度的社会情感财富对于家族企业治理的正式化过程也会存在差异。当家族企业将家族控制和影响作为首要目标时,就会阻碍家族企业的正式治理引入,因为正式治理意味着家族人格化因素的褪去,家族控制、管理、影响都将减弱,这会威胁到家族对于企业的控制权。此时,即使家族企业的绩效面临下降的风险,它们也会将更多的注意力集中在保存家族控制而非提升绩效上。① 相反，当家族企业以跨代传承为首要目标时，为了顺利实现跨代传承的目标，家族企业会提前布局正式治理机制，保证家族所有权的顺利传承，为二代在传承过渡期培养个人能力和权威进而获得组织成员的认可提供保障，同时也能约束个人意志带来的负面破坏性。② 由此，将社会情感财富理论引入家族企业正式治理中来是将来一个可以拓展的方向。

再如，在探讨家族企业中经济目标和家族目标的平衡性问题时，本书的家族目标主要指代以家族控制目标为基础的约束型社会情感财富和以家族传承目标为基础的延伸型社会情感财富，除了这两类家族目标，还包括家族认同、社会关系连带、情感依恋、家族和谐、家族声誉等维度。③ 此外，家族目标不仅局限在家族内部，家族外部成员、股东、投资者、客户等外部利益相关者的福利也是家族目标的重要维度。④ 将来的研究可以分别探讨这两类家族目标与经济目标的取舍与权衡关系。最后，本书关注的家族目标和经济目标，主要是指家族非经济目标和企业经济目标。但从家族和企业、经济和非经济这两对维度出发，还有家族经济目标

---

① Gómez-Mejía L. R. and K. T. Haynes, eds., "Socioemotional Wealth and Business Risks in Family-Controlled Firms: Evidence from Spanish Olive Oil Mills", *Administrative Science Quarterly*, Vol. 52, 2007.

② 李新春、马骏、何轩等：《家族治理的现代转型：家族涉入与治理制度的共生演进》，《南开管理评论》2018年第2期。

③ Berrone P. and Cruz C., eds., "Socioemotional Wealth in Family Firms: Theoretical Dimensions, Assessment Approaches, and Agenda for Future Research", *Family Business Review*, Vol. 25, No. 3, 2012.

④ Miller D. and Le Breton-Miller. I., *Managing for the Long Run: Lessons in Competitive Advantage from Great Family Businesses*. Boston: Harvard Business Press, 2005; Miller D. and Le Breton-Miller. I., "Deconstructing Socioemotional Wealth", *Entrepreneurship Theory and Practice*, Vol. 38, No. 4, 2014; Berrone P. and Cruz C., eds., "Socioemotional Wealth and Corporate Responses to Institutional Pressures: Do Family-controlled Firms Pollute Less?", *Administrative Science Quarterly*, Vol. 55, No. 1, 2010.

和企业非经济目标这两类目标。在此基础上，将来的研究可以考察家族治理如何影响以上四类目标的兼顾和平衡，同时也可以考察非家族企业中上述四类目标。

第二，本书使用的数据和研究方法具有一定的局限性。首先，从数据方面来看，本书主要采用二手数据对本书的研究问题进行了实证分析，虽然能够确保各项变量测量的客观性和有效性，但却未能获取更加直接的证据验证本书的理论机制。由于变量的可获得性问题，本书在考察家族企业正式治理的变化趋势以及驱动逻辑、家族企业治理与双元目标平衡性的研究中，使用了中国私营企业调查数据库。而在考察家族企业治理与双元创新问题时，则使用中国上市家族企业数据。这导致本书的数据连贯性受到了一定的影响，而且中国私营企业调查中的家族企业大部分是未上市的中小家族企业，与上市家族企业在资源基础、成长阶段、面临的竞争压力和规范性要求都存在着较大的差距，进而可能会削弱本书结论的稳健性和适用性。由此，未来研究如果能够结合一手的访谈案例数据，自己设计并发放问卷等方法搜集资料，在保证数据的可靠性和连贯性的基础上，进一步检验家族企业正式治理的核心逻辑、双元目标和双元创新的取舍和平衡机制，则能增强研究证据的丰富性和提升研究结果的说服力。从实证方法来看，本书在讨论家族企业治理与双元目标和双元创新问题时，主要采用了基本的分步回归分析法，但这两个研究都涉及两对自变量（正式治理和非正式治理）以及两对因变量（家族目标和经济目标；探索式创新和开发式创新）之间的关系，使用结构方程模型可能是更为有效的方法，将来的研究可以从这一方面进行稳健性分析。当然，案例研究也是进一步丰富本书结论的重要手段，比如扎根研究、定性比较分析（Qualitative Comparative Analysis）方法等。

第三，本书关键变量的测量还不够细化和直接。一是在家族企业正式化治理背后的逻辑分析中，合法性逻辑下的强制性压力的测量还不够直接，本书使用公司制以及国有企业持股水平来测量，但更为直接的测量是使用明文规定的法律和规则,这为将来的研究提供了一定的拓展空间。

二是本书关键的正式治理和非正式治理的测量,现有研究提供了非常丰富的参考依据,但目前学界对这两类治理模式的测量仍然没有形成一致。本书则在现有研究的基础上,利用主成分分析来提取正式治理和非正式治理的公共因子,尽管在全面性上弥补了过去研究的缺陷,但准确性仍然需要进一步提升。将来的研究需要通过翔实的案例、严密的理论逻辑以及扎实的实证数据,来标准化正式治理和非正式治理的测量。本书分别从不同维度刻画了正式治理和非正式治理的含义并给出了具体的测量方式。从本书的定义以及测量来看,两者并非总是对立,或者说此消彼长的,也可能存在共存的关系。因此,从测量的角度来说,根据不同维度将两者进行分开测量更符合本书对于它们的定义。但需要注意的是,这两类治理模式往往也确实存在此消彼长的关系,在这一背景下,根据不同维度,合成一个"家族企业治理"连续变量,一端为正式治理,另一端为非正式治理,这一测量方式可能更有意义,也能够有效规避两类治理模式边界划分不合理的问题。在将来的研究中,可以从此角度出发进行研究。

对于家族企业治理而言,其可以从两个层面进行剖析。(1)从正式化程度层面,可以区分为正式治理和非正式治理。正式治理来源于非人格化的制度规则和治理机制;非正式治理来源于人格化的个人权威、规范和关系网络。(2)从自然属性层面,可以区分为企业治理和家族治理。企业治理是一般意义上的公司治理,其遵循的是效率原则,按照公众公司的治理逻辑运行,重点关注企业层面的治理机制。其主要包括两个子维度,一是内部治理机构,包括董事会、股东会、经理层;二是内部治理机制,包括激励机制、监督机制和决策机制。相对地,家族治理则是对家族内部成员的治理,也包括两个子维度,一是家族治理机构,包括家族理事会、家族委员会、家族办公室等;[①] 二是家族治理机制,包括家族宪法、非正式和正式的家族会议等。因此,从这两个层面出发,实际上家族企业治理包含四个类别的治理模式,如下表6—1所示。过去讨论家族企业的正式治理和非正式治理的文献中,大部分学者仅仅关注了企业治理过程中的正式治理和非正式治理,很大程度忽视了家族治理过程中的正式治理和非正式治理。因此,在家族企业研究情境中,对于正式治理、非正式治理的分类和策略,需要进一步引入"家族治理"维度,而且很多时候家族治理是企业治理成功的重要前提。将来的研究可以沿着这一方向进行拓展,不仅关注"正式治理 VS 非正式治理"本身,还要考虑两类治理模式的具体情境。

表6—1　　　　　　　　　家族企业治理模式分类

	企业治理	家族治理
正式治理	●董事会、股东会、经理层 ●激励机制、监督机制和决策机制	●家族理事会、家族委员会、家族办公室 ●家族宪法、成文的家规
非正式治理	●家族涉入(董事会、监事会、高层管理团队) ●决策权的集中(个人权威、两职合一) ●关系网络	●家族非正式会议 ●家族互动、家族共享愿景 ●家族内部网络

资料来源:作者根据现有文献整理。

第四,本书主要以静态的视角考察了家族企业治理变革以及不同治理模式对企业双元目标和双元创新的影响机制和效果,得到的结论具有一定的局限性。将来的研究可以从两个方面进行拓展,一

[①] Jaffe D. T. and Lane S. H., "Sustaining a Family Dynasty: Key Issues Facing Complex Multigenerational Business-and Investment-Owning Families", *Family Business Review*, Vol. 17, No. 1, 2004; 李新春、何轩、陈文婷:《战略创业与家族企业创业精神的传承——基于百年老字号李锦记的案例研究》,《管理世界》2008 年第 10 期; Parada M. J. and Nordqvist M., eds., "Institutionalizing the Family Business: The Role of Professional Associations in Fostering A Change of Values", *Family Business Review*, Vol. 23, No. 4, 2010.

是从动态的视角出发，通过跟踪企业样本数据，考察家族企业治理的现代转型过程。过去研究发现，随着企业的发展，家族企业将经历"传统型—混合型—现代型"的转型过程，但这些研究还停留在静态的理论阐述，没有以动态的视角进行大样本的经验性研究。基于此，将来的研究有以下几个方面可以拓展：首先，三种治理阶段的准确定义和界定标准是什么？如何进行量化？其次，是否存在跨越层级的转型，比如直接从传统型跨越到现代型，其中的成因、机理和后果是什么？再次，在方法上，可以综合应用演化经济学模型、实验设计、案例研究，以及动态跟踪等不同研究方法展开纵向研究，从而深度剖析家族企业正式治理转型的产生过程和作用机制。在此基础上，另一个值得拓展的研究问题是，关注家族企业正式治理转型过程中的"逆向"转型过程。一般而言，随着组织规模的扩大以及后代的进入，家族企业将越来越多地引入正式治理机制来提升治理效率或获取合法性。但值得关注的是，现实中大部分家族企业都处于混合型治理阶段，关键决策和日常管理中同时含有人格化的非正式治理与非人格化的正式治理。在外部制度环境变迁及组织内在需求的推动下，部分家族企业将顺利完成"去家族化"并转型为公众型公司，而另一部分家族企业则可能会"再家族化"进而逆转为传统型治理阶段。过去的研究仅关注了家族企业"去家族化"的正式治理转型过程，但忽视了"再家族化"的逆转型过程，[1] 将来的研究需要更多地关注后一种类型的家族企业，考察这一现象的成因、过程、结果以及情境性因素。

---

[1] Amore M. D. and Bennedsen M., eds., "Back to the Future: The Effect of Returning Family Successions on Firm Performance", *Strategic Management Journal*, Vol. 42, 2021.

第七章

家族企业治理体系建设的路径和对策建议

第一节 中国家族企业治理问题的来源

在本书的第一章，作者总结了目前中国家族企业的内外部治理特征，以及伴随其中的五个主要问题，包括过度注重企业治理而忽视家族治理、企业治理过程中重形式轻实质、第二类代理问题突出、企业成员待遇内外有别、家族企业传承不畅。作者认为，造成目前中国家族企业治理问题的根源来源于企业外部的制度环境和企业主的价值理念。

第一，外部制度环境。外部制度环境包括正式制度以及非正式的文化和社会规范。[①] 从正式制度来看，法律规则、市场竞争是影响企业治理结构及其转型的重要因素，家族企业的出现、发展和成长在一定程度上是政府和市场共同塑造的。中国家族企业的繁盛得益于改革开放后中国政府大力的市场化改革，随着外部制度环境的完善，家族企业有了一个日趋完善的外部营商环境。但从发展阶段论来看，中国的市场化改革还存在一些不完善之处，如资源分配仍以

---

① North D. C., *Institutions, Institutional Change and Economic Performance*, Cambridge: Cambridge University Press, 1990.

行政命令为主导、行政审批手续仍有待简化、相关部门的过度干预等，这些因素往往导致家族企业主在经营过程中感受到一定的不安全感，继而需要保持对企业的高度控制权。其次，由于中国的产权保护制度还有待完善，家族企业主对于所有权和控制权有着更高的控制欲，因而造成家族企业高度集中的股权和控制权，尽管这能够显著降低第一类代理成本，但企业管理者也有很强的动力通过控制权和现金流权的分离来侵占中小股东利益。尤其在法律监管缺失的情况下，家族企业治理的弊端将被放大。最后，中国的外部经理人市场、金融市场和中介服务机构的发育程度还不够高，由此导致家族企业在人才引用、融资以及处理商业冲突和矛盾过程中往往更多地依靠家族内部资源和关系网络来解决。因此，在正式制度不健全以及执行过程不完善的环境中，中国家族企业的治理将更多地依靠家族内部成员以及外部的关系网络来获取和配置资源，人格化的治理成为更有效的手段。尽管不少家族企业引入了现代公司治理制度（如三会的建立、职业经理人的引入），但这些治理制度更多的是一种象征性手段，为了满足外部监管和融资需求，真正涉及企业关键决策问题时，仍然以企业主或最高领导层的个人意志为主。

从非正式制度来看，文化和社会规范也深刻影响着家族企业的治理及其转型过程。首先，东亚地区（包括中国）家族企业的行为逻辑普遍受到"家文化""差序格局""控制权情结"等儒家文化的深层次影响，往往不重视正式的管理制度和规则，更倾向于根据人情和关系来处理家族和企业事务。① 比如，吴超鹏等②发现，家族企

---

① Redding S. G. and G. Y. Y. Wong, *The Psychology of Chinese Organizational Behaviour*. In: M. H. Bond (eds.), The Psychology of Chinese People. Hong Kong: Oxford University Press, 1986; Kim Y. C. and Chung C. N., "Organizational Change under Institutional Logics: Family Control of Corporate Boards in Taiwan", *Sociological Perspectives*, Vol. 61, No. 3, 2018; Chung C. N. and Kim Y. C., "Global Institutions and Local Filtering: Introducing Independent Directors to Taiwanese Corporate Boards", *International Sociology*, Vol. 33, No. 3, 2018.

② 吴超鹏、薛南枝、张琦、吴世农：《家族主义文化、"去家族化"治理改革与公司绩效》，《经济研究》2019年第2期。

业创始人的家族主义观念越强，企业越不愿意进行"去家族化"治理改革。潘越等[1]发现，家族企业实际控制人的宗族观念越强，其亲属参与公司治理的程度越高。其次，在集体主义文化越强的地区，家族主义和宗族文化越浓厚，受到这一文化熏陶的创始人今后建立的企业中家族涉入水平（包括家族股权涉入和家族管理权涉入）也越高。[2] 而中国历来是一个强调集体主义文化的国家，因而在集体主义文化的熏陶下，中国家族企业往往更喜欢将家族成员招至企业内部。再次，在亚太国家和地区（包括中国），普遍有一种不信任家族企业的文化偏见，因而外部投资者、高层次技术和管理人才对于家族企业往往持一种谨慎的态度，这也弱化了家族企业引入机构投资者、职业经理人从而完善公司治理制度的意愿和能力。最后，从实地调研中，作者还发现了一个有意思的现象，很多家族创业者都提出了一个观点，"如果你对家人都不好，那么别人（客户、合作者、供应商、政府官员）怎么可能相信你会对别人好"。从这个观点折射出，在关系型社会中，创业者和管理者对待家人的态度直接决定了其他利益相关者对于他们的信任程度和合作意愿。这可能也是导致很多中国家族企业将家人引入公司，并产生员工待遇"内外有别"的潜规则，大到公司高层领导，小到公司食堂，中国的家族企业中无不渗透着家族成员，无论能力是否匹配。从这个意义上来说，中国家族企业普遍较高的家族涉入，可能并非管理者真心关心家人，更多的是为了遵循"对家人好，别人才会对我好"的社会规范和生意潜规则，这一问题目前在学界还没有严谨的经验性证据，将来的研究可以对这一问题展开深入剖析，这也是家族企业本土化研究中的一个有趣议题。

第二，企业主的价值理念。目前中国的家族创业者大部分都经

---

[1] 潘越、翁若宇、纪翔阁等：《宗族文化与家族企业治理的血缘情结》，《管理世界》2019 年第 7 期。

[2] Fan Gu and Yu Forthcoming, "Collectivist Cultures and the Emergence of Family Firms", *Journal of Law and Economics*.

历过中国剧烈的社会转型，包括社会制度转变、文化转向、经济转型，甚至战争等极端事件，丰富的社会经历和阅历造就了一大批具有开拓创新、勇于冒险、艰苦奋斗精神的创业者。相比社会经济发展稳定的西方国家，嵌入在制度转型背景下的中国家族企业主，普遍是依靠个人权威、胆识、魄力以及社会转型带来的巨大商业空白而成功，因此在企业治理中存在较为明显的个人英雄主义、家长制以及一言堂现象。因此，一代家族创业者往往信奉个人权威、关系网络、经验，在治理过程中表现出很强的非正式和人格化特征，加上受到儒家文化、宗族文化、集体主义文化的长期熏陶，对于正式的规则、制度和理性思维并不感冒。而且，过去的成功经历和经验会进一步强化家族创业者对于既有治理模式的信心和选择倾向。因此，当家族企业需要引入外部资金、职业经理人时，家族创业者的态度可能并不积极，即使引入，对他们的信任程度也一般。甚至在很多家族企业中，一代对于二代也不够信任，由于教育程度、世界观、经营理念、关系资源等方面的巨大差异，一二代交接班的过程往往并不顺利，经常会出现父辈"垂帘听政"、父子决裂的负面事件。因此，企业主的价值观在很大程度上决定了家族企业采用何种治理模式、传承过程是否顺利、企业是否具备长期经营的能力等。

第二节　中国家族企业治理体系建设的路径和对策建议

上文阐述了目前中国家族企业在治理过程中存在的主要问题以及问题根源，下面主要从两个方面来探讨家族企业治理体系建设的建议，一是从政府角度，二是从企业角度。

第一，政府角度。（1）坚定深化市场化改革的信心和决心，完善市场法规和制度。过去研究普遍发现，良好的产权保护制度、合理的资源配置、适度的政府干预，能够强化竞争机制在企业经营过程中的作用，基于关系、人格化的交易规则将逐渐被制度化、非人格化的市场竞争规则取代，正式制度将越来越多地发挥作用。此时，家族企业获得的市场地位和业绩是更为市场化的指标，而非个人权威或关系网络所致。在这一背景下，理性的家族企业势必会在组织中寻求设立正式的治理结构和政策规则等，正式的治理结构和制度不仅在家族企业内部得到认同，同时也是其作为现代公司制企业的一个重要组成部分。相反，当企业主感知到外部制度环境不够稳定或不够安全时，不仅会强化对企业的非正式控制，正式治理机制更多地是一种形式化手段。进一步，在现有制度规则条件下，需要完善政策的执行效率，很多时候，并非制度不完善或有漏洞，更多的情况是"上有政策下有对策"，相关部门在制度执行和优惠政策实施的过程中，往往会选择性地执行，由此导致企业无法真正享受到政策红利。同时，家族企业也有机会利用法律法规执行过程中的漏洞肆意侵占中小股东利益，甚至架空正式治理机构和制度。

（2）完善要素市场。对于家族企业而言，随着企业规模的扩大以及业务的多元化，其需要引入更多的外部人才和资金，此时，就需要依靠完善的经理人市场和金融市场。职业经理人受过专业的教育、培训，拥有各类行业、管理知识、经验和能力，管理和战略执行上表现出显著的理性化和非人格化。但不可否认的是，相比非家族管理者，职业经理人能够通过自身的权力和信息优势，专注于如何提高短期财务绩效以达到自己的获利目的，进而表现出很强的管理者短视行为，而且极易受到企业短期绩效的影响，一旦无法满足股东或董事会预期，则面临着被辞退风险。因此，具有高度职业精神和专业能力的职业经理人，是家族企业能够强化治理效率的关键手段之一。但由于中国的经理人市场发育程度不高，市场中缺乏真正与企业相互信任且能力匹配的高级管理者，加之许多企业主并不愿将企业的经营权和控制权假手他人，导致目前中国家族企业的职业化治理程度普遍不高。因此，对于职业经理人的培训和引导是各级政府部门需要重点推进的工作。另外，进一步完善和规范金融市场。民营企业的外部融资问题是影响其发展的重要因素，相较于国有企业而言，民营企业在寻求银行或外界融资方资金支持的过程更为坎坷。在私有产权侵蚀、政策歧视的情况下，民营企业的发展面临着较高的不确定性风险，且往往由于信息不对称而难以获得银行贷款。尤其是对于家族企业而言，历来受到来自意识形态（体制）和市场的双重歧视，加之"封闭、任人唯亲、缺乏现代公司治理制度"等标签往往会增加商业银行对于其举债经营能力的质疑。而且，家族企业往往是那些规模较小、缺乏良好信用记录的组织，它们在申请银行贷款时，也处于银行贷款偏好排序最末端的位置。因此，家族企业较难从受国家高度控制的金融部门获得贷款，"融资难、贷款难"始终是限制其进一步发展的关键问题之一。因此，金融机构可以首先从认知层面认可家族企业不仅仅是一种"封闭、落后"的组织模式，在贷款和放款过程中应该一视同仁。同时，规范和完善民间金融机构，防止因为金融诈骗导致企业资金链断裂等问题的出现。

（3）弘扬商业精神，加大对具有高度社会责任感和重要贡献家族企业主的宣扬。从中国的商业发展史来看，即使商业对于繁荣国家经济有着举足轻重的地位，但中国历朝历代依旧奉行重农抑商的政策，尤其是自西汉以后，"士农工商"逐渐从对于平民的划分转变为尊卑排序，商人一直处于相对较低的阶层。而从现代民营经济发展史来看，中国民营经济的发展是伴随着市场化改革的浪潮而颠簸前行的，受制于私有产权保护不足和正式交易规则的不确定性，部分民营企业在创业和企业经营中或多或少地存在不规范和不合规的地方，致使民营企业（家）的合法身份得不到普遍认同和信任，导致很多企业家产生了身份认同问题，并影响到企业的决策和行为。进一步，大众对于家族控制型民营企业的认知，普遍认为其是一种"封闭、任人唯亲、注重私利"的组织，致使"家族企业"身份成为一种"身份诅咒"或"负债"，影响其生存和获得发展所必需的各种资源。尤其在亚太国家和地区（包括中国），普遍有一种不信任家族企业的文化偏见，加之产权保护不足以及正式规则的不确定性较高，很多民营企业不太愿意显示自己的家族企业身份。因此，在社会舆论导向方面，各级政府部门可以大力弘扬商业精神，加大对具有高度社会责任感和重要贡献家族企业主的宣扬，提升家族企业在社会大众心目中的形象。如此，家族企业主会增强经营企业的信心和恒心，从企业和社会长远利益出发来治理公司，进而形成更强的自我约束和社会奉献精神。

第二，企业角度。家族企业治理体系的建设关键还在企业内部，主要从以下四个方面给出对策建议。

（1）强化现代公司治理制度建设。一方面，受到历史和外部制度环境的约束，家族性（基于家族团结、血缘关系和信任）基础上的人格化治理一度被证明是家族企业独特的竞争优势来源，其借助家长个人权威、经验主义、差序格局和尊卑有序等家族伦理协调关系。在这一过程中，人格化的关系治理有利于形成以创始人为核心的强凝聚力团队，降低交易费用并提高家族企业的经济效率和价值。但随着外部制度的不断完善以及企业自身规模和业务扩大的需求，过度依靠非正式治理将不利于企业的长远发展。另一方面，家族企业内部仍然表现出明显的"一言堂"，设立董事会、引入职业经理人，某些时候仅仅是一种形式主义，真正涉及企业生存和重大转向问题时，企业主的个人权威和人格化治理仍然起到举足轻重的作用。这一现象普遍存在于中国家族企业治理实践中，正式治理结构更多是"挂羊头""做样子"或者装点门面，实际运行的则是另外一套（全然）不同的逻辑。在这一背景下，家族企业可以从以下几个方面进行治理改革：①加强董事会、监事会、高层管理团队的作用。企业主需要真正意识到三会在公司治理中的监督、制衡和激励作用，在公司关键决策过程中，多一点信任少一点专断，利用集体的智慧帮助企业提升治理效率和企业价值；②完善股权结构，规范产权制度。中国家族企业的资本构成，往往高度集中于核心家族，股权的过度集中和单一化导致企业在融资过程中受阻，也容易引发侵占中小股东利益的寻私行为。一方面，家族企业需要改善企业的持股比例，适度进行社会融资，在保证家族控制的前提下适度分离所有权与经营权，提高治理和决策的科学性和规范性。另一方面，划清家族成员之间以及家族和企业之间的产权界限，制定家族股权引入、管理、剥离等正式性制度规则，以免因为股权和控制权纷争导致企业分崩离析；③加强家族信任制度建设，任人唯贤。中国家族企业普遍存在内部成员和外部成员的相互不信任问题，因此，企业主首先要突破自己的认知和惯性思维，随着企业经营规模的扩大，有步骤地引入专业管理者和职业经理人，在企业内部建立基于普遍原则的信任制度和规范，完善内部监督和激励机制。事实上，国内已经有很多大型家族企业成功引入职业经理人的案例。但与此同时，职业经理人往往是短期和经济利益导向的，这与家族企业的家族目标导向往往相悖，这就需要对引入的职业经理人进行有效的监督和激励，一方面制约和监督职业经理人，以免其通过个人权力和信息优势过度牺牲公司利益来满足私利。另一方面制定合理的激励机制以激发和培养职业经理人的敬业和职业化精神；进一步，在对待员工过程中做到内外一致，在人事、薪酬、晋升、奖惩等方面不随意偏向家族内部成员，通过公平、公开、公正的组织文化来吸引和激发优秀人才；④完善独立董事制度。独立董事具有监督、制衡和咨询的重要功能，但在中国的家族企业中，真正发挥作用的往往是家族股东、董事会、监事会、高层管理团队，独立董事更多的是一种"花瓶""橡皮图章""不懂也不独"。这主要由于董事会中独立董事比例偏低、选拔和任用主要由家族大股东决定、独立董事的权力和义务没有完善的法律制度保障。因此，在家族企业治理变革过程中，一方面要约束家族股东以及三会过大的权力，充分发挥独立董事的"独立作用"，同时约束自我利益最大化倾向，防止与独立董事合谋侵占中小股东利益。另一方面，在独立董事选择过程中，充分评估其道德素养和专业能力，让独立董事能够"又懂又独"。

（2）保证企业治理的同时，重视并完善家族治理。无论是大型上市公司还是中小家族企业，中国的创业者和家族高管往往重企业治理而轻家族治理。在作者的实地调研中就发现，很多管理者把大部分时间都放在了工作上，很少有管理者会定时定点地开展家族治理工作，如召开正式或非正式的家族聚会、制定成文的家族宪法、设立家族委员会/理事会/家族办公室等。由此带来的一个直接后果是，不少家族企业因为股权、控制权的纷争，出现"夫妻互撕""父子决裂""兄弟相争"等恶性事件，这不仅会影响家族企业内部的有序运行，同时也在不断蚕食社会公众对"家族企业"的认可度。因此，家族治理是企业治理的前提和保证，但绝大部分中国家族企业管理者都忽视了这一点。基于此，在家族企业治理变革的过程中，管理者不仅要重视对于企业的治理，更需要关注对于家族的治理。一般而言，家族治理则是对家族内部成员的治理，包括两个子维度，一是家族治理机构，包括家族理事会、家族委员会、家族办公室等；[①] 二是家族治理机制，包括家族宪法、非正式和正式的家族会议等。从这两个层面出发，家族企业治理包含四个类别的治理模式，具体可见表6—1。从企业实践来看，国内家族治理比较成功的是李锦记集团，其在加强企业治理的同时，非常关注对于家族的治理，通过正式和非正式的家族会议、家族委员会、家族宪法、家族办公室等机构和治理机制的制度创新，有效实现了创业精神传承与跨代际持续发展。[②]

（3）有效平衡好正式治理和非正式治理。在任何社会和经济体

---

① Jaffe D. T. and Lane S. H., "Sustaining a Family Dynasty: Key Issues Facing Complex Multigenerational Business-and Investment-Owning Families", *Family Business Review*, Vol. 17, No. 1, 2004; Parada M. J. and Nordqvist M., eds., "Institutionalizing the Family Business: The Role of Professional Associations in Fostering A Change of Values", *Family Business Review*, Vol. 23, No. 4, 2010; 李新春、何轩、陈文婷：《战略创业与家族企业创业精神的传承——基于百年老字号李锦记的案例研究》，《管理世界》2008年第10期。

② 李新春、何轩、陈文婷：《战略创业与家族企业创业精神的传承——基于百年老字号李锦记的案例研究》，《管理世界》2008年第10期。

中，正式制度和非正式制度都是共存并且相互影响的。① 同样地，在组织内部，正式治理机制和非正式治理机制也是相互作用、共存和共演的。② 对于家族企业而言，在创业初期，非正式的人格化管理有利于树立领导者的权威，减少企业代理成本并降低交易费用，但随着市场制度的完善以及组织规模的扩大，对于人情和网络的过度依赖，将成为限制家族企业发展法理型科层结构的制度因素。因此，在家族企业的治理变革和体系建设过程中，仅仅依靠正式治理显然不足以平衡好不同类型的目标，非正式治理的协同作用也不容忽视。本书第四章和第五章的研究结果表明，家族企业需要同时利用正式治理和非正式治理来有效平衡好经济目标和家族目标、开发式创新和探索式创新，进而有效兼顾短期生存和长期成长。进一步，企业主还需要根据企业面临的内外部环境（如市场竞争激烈程度、发展阶段、规模、经营期望差距、行业类型等）及时调整两类治理制度的配置模式。

（4）制定并完善家族传承制度和规则。顺畅的一二代交接班是保证家族企业持续经营和基业长青的根本所在，而跨代传承也是家族企业管理者最为重视的社会情感财富。在日本，其普遍遵循长子继承制，因而家族企业的传承"有法可依"。即使没有合适的家族接班人，企业主也会寻找合适的接班人，如女婿、养子等，任人唯贤而非任人唯亲的高度信任原则使得造就了无数百年老店。而在欧美国家，完善的法律规章以及经理人市场，使得家族企业能够在保证家族控制的基础上充分发挥外部治理机制，同时内部往往制定了较为完善和规范的传承规则，同样能够保证家族跨代经营。然而，从中国的家族传承现实来看，情况不容乐观，普遍存在一些问题，比

---

① North D. C., *Institutions, Institutional Change and Economic Performance*, Cambridge: Cambridge University Press, 1990.

② McEvily B. and Soda G., eds., "More Formally: Rediscovering the Missing Link between Formal Organization and Informal Social Structure", *The Academy of Management Annals*, Vol. 8, No. 1, 2014.

如一代创业者不肯放权、缺乏足够意愿和能力的接班人选、传承计划以及制度的缺失等，这些问题直接导致很多家族企业无法有效进行传承。因此，一个有效且刻不容缓的措施是尽早谋划传承计划，利用家族管理者和外部专业咨询机构，制定完善的家族传承制度，全程跟进接班人的选择、培养。

中国家族企业治理体系的建设有其客观规律和现实条件，单方面地简单沿用国际市场推崇的"股东至上"治理制度显然是不合适的，即使是在全球范围内，现代公司治理实践是否是最佳的治理模式，仍然受到不少学者和业界实践者的质疑，中国家族企业在采纳这一实践时，取其精华、去其糟粕，将理性思维和儒家文化思维有效融合至治理过程，才可能造就具有中国特色的"最佳实践"。

参考文献

中文文献

毕晓方、翟淑萍、姜宝强：《政府补贴、财务冗余对高新技术企业双元创新的影响》，《会计研究》2017年第1期。

陈德球、杨佳欣、董志勇：《家族控制、职业化经营与公司治理效率——来自CEO变更的经验证据》，《南开管理评论》2013年第4期。

陈高林：《论家族制管理向现代企业管理转变的途径》，《管理世界》2003年第10期。

陈凌、吴炳德：《市场化水平、教育程度和家族企业研发投资》，《科研管理》2014年第7期。

陈凌、应丽芬：《代际传承：家族企业继任管理和创新》，《管理世界》2003年第6期。

储小平：《家族企业的成长与社会资本的融合》，经济科学出版社2004年版。

储小平：《家族企业研究：一个具有现代意义的话题》，《中国社会科学》2000年第5期。

樊纲、王小鲁、朱恒鹏：《中国市场化指数：各地区市场化相对进程2011年报告》，经济科学出版社2011年版。

何轩、马骏：《党建也是生产力——民营企业党组织建设的机制与效果研究》，《社会学研究》2018年第3期。

何轩、马骏、朱丽娜、李新春：《制度变迁速度如何影响家族企业主的企业家精神配置——基于动态制度基础观的经验性研究》,《南开管理评论》2016 年第 3 期。

何轩、宋丽红、朱沆、李新春:《家族为何意欲放手?——制度环境感知、政治地位与中国家族企业主的传承意愿》,《管理世界》2014 年第 2 期。

贺小刚、邓浩、吕斐斐、李新春:《期望落差与企业创新的动态关系——冗余资源与竞争威胁的调节效应分析》,《管理科学学报》2017 年第 5 期。

贺小刚、李新春、连燕玲:《家族权威与企业绩效:基于广东省中山市家族企业的经验研究》,《南开管理评论》2007 年第 10 期。

贺小刚、连燕玲:《家族权威与企业价值:基于家族上市公司的实证研究》,《经济研究》2009 年第 4 期。

贺小刚、连燕玲、张远飞:《经营期望与家族内部的权威配置——基于中国上市公司的数据分析》,《管理科学学报》2013 年第 4 期。

黄海杰、吕长江、朱晓文:《二代介入与企业创新——来自中国家族上市公司的证据》,《南开管理评论》2018 年第 1 期。

姜涛、杨明轩、王晗:《制度环境、二代涉入与目标二元性——来自中国家族上市公司的证据》,《南开管理评论》2019 年第 4 期。

李新春、陈灿:《家族企业的关系治理:一个探索性研究》,《中山大学学报》(社会科学版) 2005 年第 6 期。

李新春:《单位化企业的经济性质》,《经济研究》2001 年第 7 期。

李新春、韩剑、李炜文:《传承还是另创领地?——家族企业二代继承的权威合法性建构》,《管理世界》2015 年第 6 期。

李新春、何轩、陈文婷:《战略创业与家族企业创业精神的传承——基于百年老字号李锦记的案例研究》,《管理世界》2008 年第 10 期。

李新春:《经理人市场失灵与家族企业治理》,《管理世界》2003 年第 4 期。

李新春、马骏、何轩等:《家族治理的现代转型:家族涉入与治理制度的共生演进》,《南开管理评论》2018年第2期。

李新春、宋丽红:《基于二元性视角的家族企业重要研究议题梳理与评述》,《经济管理》2013年第8期。

李新春、苏琦、董文卓:《公司治理与企业家精神》,《经济研究》2006年第2期。

李新春、叶文平、朱沆:《牢笼的束缚与抗争:地区关系文化与创业企业的关系战略》,《管理世界》2016年第10期。

李新春:《中国的家族制度与企业组织》,《中国社会科学季刊(香港)》2008年8月秋季卷。

连燕玲、贺小刚、张远飞:《家族权威配置机理与功效——来自我国家族上市公司的经验证据》,《管理世界》2011年第11期。

连燕玲、叶文平、刘依琳:《行业竞争期望与组织战略背离——基于中国制造业上市公司的经验分析》,《管理世界》2019年第8期。

连燕玲、周兵、贺小刚、温丹玮:《经营期望、管理自主权与战略变革》,《经济研究》2015年第8期。

梁建、陈爽、盖庆恩:《民营企业的政治参与、治理结构与慈善捐赠》,《管理世界》2010年第7期。

刘慧龙、王成方、吴联生:《决策权配置、盈余管理与投资效率》,《经济研究》2014年第8期。

吕鸿江、吴亮、周应堂:《家族企业治理模式的分类比较与演进规律》,《中国工业经济》2016年第12期。

马骏、黄志霖、何轩:《家族企业如何兼顾长期导向和短期目标——基于企业家精神配置视角》,《南开管理评论》2020a年第6期。

马骏、黄志霖、梁浚朝:《党组织参与公司治理与民营企业高管腐败》,《南方经济》2021年第7期。

马骏、罗衡军、肖宵:《私营企业家地位感知与企业创新投入》,《南开管理评论》2019年第2期。

马骏、朱斌、何轩:《家族企业何以成为更积极的绿色创新推动者?——基于社会情感财富和制度合法性的解释》,《管理科学学报》2020b 年第 9 期。

潘越、翁若宇、纪翔阁等:《宗族文化与家族企业治理的血缘情结》,《管理世界》2019 年第 7 期。

田莉、张玉利、唐贵瑶、魏立群:《遵从压力或理性驱动？新企业政治行为探析》,《管理科学学报》2015 年第 3 期。

王明琳、周生春:《控制性家族类型，双重三层委托代理问题与企业价值》,《管理世界》2006 年第 8 期。

王小鲁、樊纲、余静文:《中国分省份市场化指数报告（2016）》经济科学出版社 2017 年版。

王宣喻、储小平:《私营企业内部治理结构演变模式研究》,《经济科学》2002 年第 3 期。

王宣喻、瞿绍发、李怀祖:《私营企业内部治理结构的演变及其实证研究》,《中国工业经济》2004 年第 1 期。

吴超鹏、薛南枝、张琦、吴世农:《家族主义文化、"去家族化"治理改革与公司绩效》,《经济研究》2019 年第 2 期。

吴炯、邢修帅:《家族企业成长中的合法性约束及其变迁》,《南开管理评论》2016 年第 6 期。

邢隽清、胡安宁:《家族主义、法治环境与职业经理人》,《社会发展研究》2018 年第 3 期。

杨典:《金融全球化与"股东导向型"公司治理制度的跨国传播——对中国公司治理改革的社会学分析》,《社会》2018 年第 2 期。

叶国灿:《论家族企业控制权的转移与内部治理结构的演变》,《管理世界》2004 年第 4 期。

张维迎:《控制权丧失的不可弥补性与国有企业兼并中的产权障碍》,《经济研究》1998 年第 7 期。

张玉利、杨俊、任兵:《社会资本、先前经验与创业机会——一个交互效应模型及其启示》,《管理世界》2008 年第 7 期。

朱沆、Eric Kushins、周影辉:《社会情感财富抑制了中国家族企业的创新投入吗?》,《管理世界》2016 年第 3 期。

[德] 马克斯·韦伯：《经济与历史 支配的类型》，康乐等译，广西师范大学出版社 2010 年版。

[德] 马克斯·韦伯：《新教伦理与资本主义精神》，广西师范大学出版社 2007 年版。

英文文献

Abrahamson E. and Rosenkopf L., "SocialNetwork Effects on the Extent of Innovation Diffusion: A Computer Simulation", *Organization Science*, Vol. 8, No. 3, 1997.

Adams Ⅲ. A. F. and Manners Jr. G. E., eds., "The Importance of Integrated Goal Setting: The Application of Cost-of-capital Concepts to Private Firms", *Family Business Review*, Vol. 17, No. 4, 2004.

Adizes, *Corporate Life Cycles: How and Why Corporations Grow and Die and What To Do About It*, Prentice-Hall, Englewood Cliffs, NJ, 1989.

Ahlstrom D. and Bruton G. D., "Learning from Successful Local Private Firms in China: Establishing Legitimacy", *Academy of Management Executive*, Vol. 15, No. 4, 2001.

Ahmadjian C. L. and Robinson P., "Safety inNumbers: Downsizing and the Deinstitutionalization of Permanent Employment in Japan", *Administrative Science Quarterly*, Vol. 46, No. 4, 2001.

Aldrich H. E. and Fiol C. M., "Fools Rush in? The Institutional Context of Industry Creation", *Academy of Management Review*, Vol. 19, No. 4, 1994.

Allison T. H. and McKenny A. F., eds., "IntegratingTime into Family Business Research: Using Random Coefficient Modeling to Examine Temporal Influences on Family Firm Ambidexterity", *Family Business Review*, Vol. 27, No. 1, 2014.

Almeida H. V. and Wolfenzon D., "A Theory of Pyramidal Ownership and Family Business Groups", *The Journal of Finance*, Vol. 61, No. 6, 2006.

Altman and Edward I., "Financial Ratios, Discriminant Analysis and the

Prediction of Corporate Bankruptcy", *The Journal of Finance*, Vol. 23, No. 4, 1968.

Amore M. D. and Bennedsen M., eds., "Back to the Future: The Effect of Returning Family Successions on Firm Performance", *Strategic Management Journal*, Vol. 42, 2021.

Andersson T. and Carlsen J., eds., "Family Business Goals in the Tourism and Hospitality Sector: Case Studies and Cross-case Analysis from Australia, Canada, and Sweden", *Family Business Review*, Vol. 15, No. 2, 2002.

Arteaga R. and Escribá-Esteve A., "Heterogeneity in Family Firms: Contextualising the Adoption of Family Governance Mechanisms", *Journal of Family Business Management*, Vol. 11, 2021.

Arteaga R. and Menéndez-Requejo S., "FamilyConstitution and Business Performance: Moderating Factors", *Family Business Review*, Vol. 30, No. 4, 2017.

Astrachan J. H. and Jaskiewicz P., "EmotionalReturns and Emotional Costs in Privately Held Family Businesses: Advancing Traditional Business Valuation", *Family Business Review*, Vol. 21, No. 2, 2008.

Astrachan J. H. and Klein S. B., eds., "The F-PECScale of Family Influence: A Proposal for Solving the Family Business Definition Problem1", *Family Business Review*, Vol. 15, No. 1, 2002.

Astrachan J. H., "Strategy in Family Business: Toward a Multidimensional Research Agenda", *Journal of Family Business Strategy*, Vol. 1, No. 1, 2010.

Bammens Y. and Voordeckers W., eds., "Boards of Directors in Family Firms: A Generational Perspective", *Small Business Economics*, Vol. 31, No. 2, 2008.

Banalieva E. R. and K. A., Eddleston, eds., "When do Family Firms Have an Advantage in Transitioning Economies? Toward a Dynamic Institution-Based View", *Strategic Management Journal*, Vol. 36, 2015.

Barnes L. B. and Herhon S. A., "Transferring Power in the Family Business", *Harvard Business Review*, Vol. 54, No. 4, 1976.

Barnett W. P. and Carroll G. R., "ModelingInternal Organizational Change", *Annual Review of Sociology*, Vol. 21, No. 1, 1995.

Basco R., "Where do You Want to Take Your Family Firm? A Theoretical and Empirical Exploratory Study of Family Business Goals", *BRQ Business Research Quarterly*, Vol. 20, No. 1, 2017.

Batjargal B. and Hitt M. A., eds., "InstitutionalPolycentrism, Entrepreneurs' Social Networks, and New Venture Growth", *Academy of Management Journal*, Vol. 56, No. 4, 2013.

Baucus M. S., "Pressure, Opportunity and Predisposition: A Multivariate Model of Corporate Illegality", *Journal of Management*, Vol. 20, No. 4, 1994.

Baum J. A. C. and Dahlin K. B., "AspirationPerformance and Railroads' Patterns of Learning from Train Wrecks and Crashes", *Organization Science*, Vol. 18, No. 3, 2007.

Baum J. and Singh J., *Evolutionary Dynamics of Organizations*, New York: Oxford University Press, 1994.

Beck L. and Janssens W., eds., "A Study of the Relationships between Generation, Market Orientation, and Innovation in Family Firms", *Family Business Review*, Vol. 24, No. 3, 2011.

Bennedsen M. and K. M. Nielsen, eds., "Inside the Family Firm: The Role of Families in Succession Decisions and Performance", *The Quarterly Journal of Economics*, Vol. 122, 2007.

Berle A. and Means G., *The Modern Corporation and Private Property*. New York: Mc Millan, 1932.

Bernheim B. D. and Whinston M. D., "Incomplete Contracts and Strategic Ambiguity", *American Economic Review*, 1998.

Berrone P. and Cruz C. , eds. , "Socioemotional Wealth and Corporate Responses to Institutional Pressures: Do Family-controlled Firms Pollute Less?", *Administrative Science Quarterly*, Vol. 55, No. 1, 2010.

Berrone P. and Cruz C. , eds. , "Socioemotional Wealth in Family Firms: Theoretical Dimensions, Assessment Approaches, and Agenda for Future Research", *Family Business Review*, Vol. 25, No. 3, 2012.

Berry C. H. , "CorporateGrowth and Diversification", *The Journal of Law and Economics*, Vol. 14, No. 2, 1971.

Biedenbach T. and Söderholm A. , "The Challenge of Organizing Change in Hypercompetitive Industries: ALiterature Review", *Journal of Change Management*, Vol. 8, No. 2, 2008.

Block J. H. , "R & D Investments in Family and Founder Firms: An Agency Perspective", *Journal of Business Venturing*, Vol. 27, No. 2, 2012.

Blumentritt T. , "The Relationship Between Boards and Planning in Family Businesses", *Family Business Review*, Vol. 19, No. 1, 2010.

Bouwman C. H. S. , "CorporateGovernance Propagation through Overlapping Directors", *Review of Financial Studies*, Vol. 24, No. 7, 2011.

Boyd B. K. , "CEO Duality and Firm Performance: A Contingency Model", *Strategic Management Journal*, Vol. 16, No. 4, 1995.

Braguinsky and Serguey, eds. , "Acquisitions, Productivity, and Profitability: Evidence from the Japanese Cotton Spinning Industry", *American Economic Review*, Vol. 105, No. 7, 2015.

Bromiley P. , "Testing A Causal Model of Corporate Risk Taking and Performance", *Academy of Management Journal*, Vol. 34, No. 1, 1991.

Brun de Pontet, S. and Wrosch, C. , eds. , "AnExploration of the Generational Differences in Levels of Control Held among Family Businesses Approaching Succession", *Family Business Review*, Vol. 20, No. 4, 2007.

Burkart M. and F. Panunzi eds. , "Family Firms", *The Journal of Finance*, Vol. 58, 2003.

Burnham J., *The Managerial Revolution*, New York: John Day & Co, 1941.

Cai H. and Fang, H., eds., "Eat, Drink, Firms, Government: An Investigation of Corruption from the Entertainment and Travel Costs of Chinese Firms", *The Journal of Law and Economics*, Vol. 54, No. 1, 2011.

Calabrò A. and Mussolino D., "How do Boards of Directors Contribute to Family SME Export Intensity? The Role of Formal and Informal Governance Mechanisms", *Journal of Management & Governance*, Vol. 17, No. 2, 2013.

Calabrò A. and Vecchiarini M., eds., "Innovation in Family Firms: A Systematic Literature Review and Guidance for Future Research", *International Journal of Management Reviews*, Vol. 21, No. 3, 2019.

Cao Q. and Gedajlovic E., eds., "UnpackingOrganizational Ambidexterity: Dimensions, Contingencies, and Synergistic Effects", *Organization Science*, Vol. 20, No. 4, 2009.

Carney M., "Corporate Governance and Competitive Advantage in Family-Controlled Firms", *Entrepreneurship Theory and Practice*, Vol. 29, No. 3, 2005.

Carson S. J. and Madhok, A., eds., "Uncertainty, Opportunism, and Governance: The Effects of Volatility and Ambiguity on Formal and Relational Contracting", *Academy of Management Journal*, Vol. 49, No. 5, 2006.

Cassia L. and De Massis. A., eds., "StrategicInnovation and New Product Development in Family Firms: An Empirically Grounded Theoretical Framework", *International Journal of Entrepreneurial Behavior and Research*, Vol. 18, No. 2, 2012.

Cavotta V. and Dalpiaz E., "Good Apples in Spoiled Barrels: A Temporal Model of Firm Formalization in a Field Characterized by Widespread

Informality", *Journal of Business Venturing*, Vol. 37, No. 2, 2022.

Chandler A. D., *Scale and Scope: The Dynamics of Industrial Capitalism*, Boston, MA: Belknap Press of Harvard University Press, 1990.

Chandler A. D., *The visible hand: The Managerial Revolution in American Business*, Cambridge, MA: Harvard University Press, 1977.

Chen H. L. and Hsu W. T., "Family Ownership, Board Independence, and R & D Investment", *Family Business Review*, Vol. 22, No. 4, 2009.

Chen W. R., "Determinants of Firms' Backward-and Forward-looking R & D Search Behavior", *Organization Science*, Vol. 19, No. 4, 2008.

Chrisman J. J. and Chua J. H., eds., "FamilyInvolvement, Family Influence, and Family-centered Non-economic Goals in Small Firms", *Entrepreneurship Theory and Practice*, Vol. 36, No. 2, 2012.

Chrisman J. J. and Chua J. H., eds., "Governance Mechanisms and Family Firms", *Entrepreneurship Theory and Practice*, Vol. 42, No. 2, 2018.

Chrisman J. J. and Chua J. H., eds., "The Ability and Willingness Paradox in Family Firm Innovation", *Journal of Product Innovation Management*, Vol. 32, No. 3, 2015.

Chrisman J. J. and Patel P. C., "Variations in R & D Investments of Family and Nonfamily Firms: Behavioral Agency and Myopic Loss Aversion Perspectives", *Academy of Management Journal*, Vol. 55, No. 4, 2012.

Chrisman J. J. and Sharma P., eds., "The Influence of Family Goals, Governance, and Resources on Firm Outcomes", *Entrepreneurship Theory and Practice*, Vol. 37, No. 6, 2013.

Chua J. H. and Chrisman J. J., eds., "A Closer Look at Socioemotional Wealth: Its Flows, Stocks, and Prospects for Moving Forward", *Entrepreneurship Theory and Practice*, Vol. 39, No. 2, 2015.

Chua J. H. and Chrisman J. J., eds., "An Agency Theoretic Analysis of the Professionalized Family Firm", *Entrepreneurship Theory and Practice, Vol. 33, No. 2, 2009.

Chua J. H. and Chrisman J. J., eds., "Defining the Family Business by Behavior", *Entrepreneurship Theory and Practice*, Vol. 23, No. 4, 1999.

Chua J. H. and Chrisman J. J., eds., "Sources of Heterogeneity in Family Firms: An Introduction", *Entrepreneurship Theory and Practice*, Vol. 36, No. 6, 2012.

Chung C. N. and Kim Y. C., "GlobalInstitutions and Local Filtering: Introducing Independent Directors to Taiwanese Corporate Boards", *International Sociology*, Vol. 33, No. 3, 2018.

Chung C. N. and Luo X., "HumanAgents, Contexts, and Institutional Change: The Decline of Family in the Leadership of Business Groups", *Organization Science*, Vol. 19, No. 1, 2008.

Cochran Philip L. and Robert A. Wood., "Corporate Social Responsibility and Financial Performance", *Academy of Management Journal*, Vol. 27, No. 1, 1984.

Cohen W. M. and D. A. Levinthal, "Absorptive Capacity: A New Perspective on Learning and Innovation", *Administrative Science Quarterly*, Vol. 35, 1990.

Combs J. G. and Shanine K. K., eds., "What doWe Know about Business Families? Setting the Stage for Leveraging Family Science Theories", *Family Business Review*, Vol. 33, No. 1, 2020.

Cowling, M., "Productivity and Corporate Governance in Smaller Firms", *Small Business Economics*, Vol. 20, No. 4, 2003.

Cruz C. and Justo R., eds., "Does Family Employment Enhance MSEs Performance: Integrating Socioemotional Wealth and Family Embeddedness Perspectives", *Journal of Business Venturing*, Vol. 27, No. 1, 2012.

Cruz C. and Nordqvist M., "Entrepreneurial Orientation in Family Firms: A Generational Perspective", *Small Business Economics*, Vol. 38, No. 1, 2012.

Cyert R. M. and March J. G. , *A Behavioral Theory of the Firm*. Englewood Cliffs, NJ: Prentice-Hall, 1963.

Daily C. M. and Dan R. D. , eds. , "Corporate Governance: Decades of Dialogue and Data", *Academy of Management Review*, Vol. 28, No. 3, 2003.

Davis J. H. and Allen M. R. , eds. , "Is Blood Thicker than Water? A Study of Stewardship Perceptions in Family Business", *Entrepreneurship Theory and Practice*, Vol. 34, No. 6, 2010.

Davis J. H. and Schoorman F. D. , eds. , "Toward A Stewardship Theory of Management", *Academy of Management Review*, Vol. 22, No. 1, 1997.

Dekker J. and Lybaert N. , eds. , "The Effect of Family Business Professionalization as a Multidimensional Construct on Firm Performance", *Journal of Small Business Management*, Vol. 53, No. 2, 2015.

Dekker J. C. and Lybaert N. , eds. , "Family Firm Types Based on the Professionalization Construct: Exploratory Research", *Family Business Review*, Vol. 26, No. 1, 2013.

De Massis. A. and Di Minin. A. , eds. , "Family-driven Innovation: Resolving the Paradox in Family Firms", *California Management Review*, Vol. 58, No. 1, 2015a.

De Massis. A. and Frattini F. , eds. , "Product Innovation in Family Versus Nonfamily Firms: An Exploratory Analysis", *Journal of Small Business Management*, Vol. 53, No. 1, 2015b.

De Massis. A. and Frattini, F. , eds. , "Research on Technological Innovation in Family Firms: Present Debates and Future Directions", *Family Business Review*, Vol. 26, No. 1, 2013.

DiMaggio P. and Powell W. W. , "The Iron Cage Revisited: Collective Rationality and Institutional Isomorphism in Organizational Fields", *American Sociological Review*, Vol. 48, No. 2, 1983.

Dobbin F. and Dierkes J. , eds. , "The Rise of the COO: From Luxury Sidekick to a Significant Player in Corporate Management", *American*

Sociological Association Annual Meeting, Atlanta, 2003.

Dobbin F. and Zorn D. , "Corporate Malfeasance and the Myth of Shareholder Value", *Political Power & Social Theory*, Vol. 17, No. 17, 2005.

Duran P. and Kammerlander N. , eds. , "Doing More with Less: Innovation Input and Output in Family Firms", *Academy of Management Journal*, Vol. 59, No. 4, 2016.

Dyer Jr. W. G. , "Culture and Continuity in Family Firms", *Family Business Review*, Vol. 1, No. 1, 1988.

Eddleston K. A. and Chrisman J. J. , eds. , "Governance and Trust in Family Firms: An Introduction", *Entrepreneurship Theory and Practice*, Vol. 34, No. 6, 2010.

Ellison G. and Fudenberg D. , "Rules of Thumb for Social Learning", *Journal of Political Economy*, Vol. 101, No. 4, 1993.

Emery F. E. and Trist E. L. , "The Causal Texture of Organizational Environments", *Human Relations*, Vol. 18, No. 1, 1965.

Fama E. F. and Jensen M. C. , "Agency Problems and Residual Claims", *The Journal of Law and Economics*, Vol. 26, No. 2, 1983.

Fang H. and Memili E. , eds. , "Family Firms Professionalization: Institutional Theory and Resource-Based View Perspectives", *Small Business Institute Journal (SBIJ)*, Vol. 8, No. 2, 2012.

Fan Gu and Yu Forthcoming, "CollectivistCultures and the Emergence of Family Firms", *Journal of Law and Economics*.

Fisher G. and S. Kotha, eds. , "Changing with the Times: An Integrated View of Identity, Legitimacy, and New Venture Life Cycles", *Academy of Management Review*, Vol. 41, 2016.

Fisman R. and Svensson J. , "Are Corruption and Taxation Really Harmful to Growth? Firm Level Evidence", *Journal of Development Economics*, Vol. 83, No. 1, 2007.

Flamholtz E. and Y. Randle, *Growing Pains: Transitioning from an En-*

trepreneur-ship to a Professionally Managed Firm. San Francisco, CA: Jossey-Bass, 2007.

Fligstein N., "The Spread of the Multidivisional Form Among Large Firms, 1919 – 1979", American Sociological Review, Vol. 50, No. 3, 1985.

Fligstein N., The Transformation of Corporate Control. Cambridge, MA: Harvard University Press, 1993.

Garud R. and Tuertscher P., eds., "Perspectives onInnovation Processes", Academy of Management Annals, Vol. 7, No. 1, 2013.

Gasbarro F. and Rizzi F., eds., "The Mutual Influence of Environmental Management Systems and the EU ETS: Findings for the Italian Pulp and Paper Industry", European Management Journal, Vol. 31, No. 1, 2013.

Gedajlovic E. and Carney M., "Markets, Hierarchies, and Families: Toward a Transaction Cost Theory of the Family Firm", Entrepreneurship Theory and Practice, Vol. 34, No. 6, 2010.

Gedajlovic E. and Lubatkin M. H., eds., "Crossing theThreshold from Founder Management to Professional Management: A Governance Perspective", Journal of Management Studies, Vol. 41, No. 5, 2004.

Geeraerts G., "The Effect of Ownership on the Organization Structure in Small Firms", Administrative Science Quarterly, 1984.

Ge J. and Carney M., eds., "Who Fills Institutional Voids? Entrepreneurs' Utilization of Political and Family Ties in Emerging Markets", Entrepreneurship Theory and Practice, Vol. 43, No. 6, 2019.

Gersick K. E. and Gersick K. E., eds., Generation to Generation: Life Cycles of the Family Business. Harvard Business Press, 1997.

Ghoshal S. and Moran P., "Bad for Practice: A Critique of the Transaction Cost Theory", Academy of Management Review, Vol. 21, No. 1, 1996.

Gómez-Mejía L. R. and K. T. Haynes, eds., "Socioemotional Wealth and Business Risks in Family-Controlled Firms: Evidence from Spanish Olive Oil Mills", *Administrative Science Quarterly*, Vol. 52, 2007.

Goel S. and Jones III. R. J., "EntrepreneurialExploration and Exploitation in Family Business: A Systematic Review and Future Directions", *Family Business Review*, Vol. 29, No. 1, 2016.

Gomez-Mejia L. R. and Hoskisson R. E., eds., "Innovation and thePreservation of Socioemotional Wealth: The Paradox of R & D Investment in Family Controlled High Technology Firms" (Unpublished manuscript), *Mays Business School*, Texas A&M University, 2011.

Gomez-Mejia L. R. and Nunez-Nickel M., eds., "The Role of Family Ties in Agency Contracts", *Academy of Management Journal*, Vol. 44, No. 1, 2001.

Gomez-Mejia L. R. and Patel P. C., eds., "In the Horns of the Dilemma: Socioemotional Wealth, Financial Wealth, and Acquisitions in Family Firms", *Journal of Management*, Vol. 44, No. 4, 2018.

Granovetter M., "EconomicAction and Social Structure: The Problem of Embeddedness", *American Journal of Sociology*, Vol. 91, No. 3, 1985.

Gras D. and Nason R. S., "Bric by Bric: The Role of the Family Household in Sustaining a Venture in Impoverished Indian Slums", *Journal of Business Venturing*, Vol. 30, No. 4, 2015.

Greenwood R. and Díaz A. M., eds., "The Multiplicity of Institutional Logics and the Heterogeneity of Organizational Responses", *Organization Science*, Vol. 21, No. 2, 2010.

Greenwood R. and Raynard M., eds., "Institutional Complexity and Organizational Responses", *Academy of Management Annals*, Vol. 5, No. 1, 2011.

Greve H. R., "ABehavioral Theory of R & D Expenditures and Innovations: Evidence from Shipbuilding", *Academy of Management Journal*, Vol. 46, No. 6, 2003.

Guan J. and Liu N., "Exploitative and Exploratory Innovations in Knowledge Network and Collaboration Network: A Patent Analysis in the Technological Field of Nano-energy", *Research Policy*, Vol. 45, No. 1, 2016.

Gulbrandse T., "Flexibility in Norwegian Family-owned Enterprises", *Family Business Review*, Vol. 18, No. 1, 2005.

Gupta A. K. and Smith K. G., eds., "The Interplay between Exploration and Exploitation", *Academy of Management Journal*, Vol. 49, No. 4, 2006.

Gurkov I. and Settles A., "Managing Organizational Stretch to Overcome the Uncertainty of the Great Recession of 2008", *International Journal of Organizational Analysis*, Vol. 19, No. 4, 2011.

Guthrie D., "Between Markets and Politics: Organizational Responses to Reform in China", *American Journal of Sociology*, Vol. 102, No. 5, 1997.

Habbershon T. G. and Williams M., eds., "A Unified Systems Perspective of Family Firm Performance", *Journal of Business Venturing*, Vol. 18, No. 4, 2003.

Hall A. and Nordqvist, M., "Professional Management in Family Businesses: Toward an Extended Understanding", *Family Business Review*, Vol. 21, No. 1, 2008.

Hall R. H. and Haas E. J., eds., "Organizational Size, Complexity, and Formalization", *American Sociological Review*, Vol. 32, 1967.

Hannan Michael, T. and Freeman, J., "The Population Ecology of Organizations", *American Journal of Sociology*, Vol. 82, No. 5, 1997.

Haushalter D. and Klasa S., eds., "The Influence of Product Market Dynamics on a Firm's Cash Holdings and Hedging Behavior", *Journal of Financial Economics*, Vol. 84, No. 3, 2007.

Haveman H. A. and Jia N., eds., "The Dynamics of Political Embeddedness in China", *Administrative Science Quarterly*, Vol. 62, No1. 1, 2017.

He Z. L. and Wong, P. K., "Exploration vs. Exploitation: An Empirical

Test of the Ambidexterity Hypothesis", *Organization Science*, Vol. 15, No. 4, 2004.

Hillier D. and Martinez B., eds., "Pound of Flesh? Debt Contract Strictness and Family Firms", *Entrepreneurship Theory and Practice*, Vol. 42, No. 2, 2018.

Hofer C. W. and Charan R., "The Transition to Professional Management: Mission Impossible?", *American Journal of Small Business*, Vol. 9, No. 1, 1984.

Hwang Kwang-Kuo., "Modernization of the Chinese Family Business", *International Journal of Psychology*, Vol. 25, 1990.

Jaffe D. T. and Lane S. H., "Sustaining a Family Dynasty: Key Issues Facing Complex Multigenerational Business-and Investment-Owning Families", *Family Business Review*, Vol. 17, No. 1, 2004.

Jaskiewicz P. and Combs J. G., eds., "Introducing the Family: A Review of Family Science with Implications for Management Research", *Academy of Management Annals*, Vol. 11, No. 1, 2017.

Jaskiewicz P. and Dyer W. G., "Addressing theElephant in the Room: Disentangling Family Heterogeneity to Advance Family Business Research", *Family Business Review*, Vol. 30, No. 2, 2017.

Jaworski B. J. and Kohli A. K., "Market Orientation: Antecedents and Consequences", *Journal of Marketing*, Vol. 57, No. 3, 1993.

Jensen M. C., "Agency Costs of Free Cash Flow, Corporate Finance, and Takeovers", *The American Economic Review*, Vol. 76, No. 2, 1986.

Jensen M. C. and Meckling W. H., "Theory of the Firm: Managerial Behavior, Agency Costs and Ownership Structure", *Journal of Financial Economics*, Vol. 3, No. 4, 1976.

Jeong Y. C. and Kim T. Y., "Between Legitimacy and Efficiency: An Institutional Theory of Corporate Giving", *Academy of Management Journal*, Vol. 62, No. 5, 2019.

Jia Nan. , "Political Strategy and Market Capabilities: Evidence from the Chinese Private Sector", *Management and Organization Review*, Vol. 12, No. 1, 2016.

John W. and Meyer John Boli, eds. , "World Society and the Nation-State", *American Journal of Sociology*, Vol. 103, No. 1, 1997.

Kaplan S. N. and Stromberg P. , "Financial Contracting Theory Meets the Real World: An Empirical Analysis of Venture Capital Contracts", *Review of Economic Studies*, Vol. 70, No. 2, 2003.

Kaufman B. E. , "A New Theory of Satisficing", *Journal of Behavioral Economics*, Vol. 19, No. 1, 1990.

Kim H. and Hoskisson R. E. , "Does Market-oriented Institutional Change in An Emerging Economy Make Business-group-affiliated Multinationals Perform Better? An Institution-based View", *Journal of International Business Studies*, Vol. 41, No. 7, 2010.

Kim Y. C. and Chung C. N. , "Organizational Change under Institutional Logics: Family Control of Corporate Boards in Taiwan", *Sociological Perspectives*, Vol. 61, No. 3, 2018.

Kirca A. H. and Jayachandran S. , eds. , "Market Orientation: A Meta-analytic Review and Assessment of Its Antecedents and Impact on Performance", *Journal of Marketing*, Vol. 69, No. 2, 2005.

Klein S. and Bell F. A. , "Non-family Executives in Family Businesses: A Literature Review", *Electronic Journal of Family Business Studies*, 2007.

König A. and Kammerlander N. , eds. , "The Family Innovator's Dilemma: How Family Influence Affects the Adoption of Discontinuous Technologies by Incumbent Firms", *Academy of Management Review*, Vol. 38, No. 3, 2013.

Kollmann T. and Stöckmann C. , "Filling the Entrepreneurial Orientation-performance Gap: The Mediating Effects of Exploratory and Exploitative Innovations", *Entrepreneurship Theory and Practice*, Vol. 38, No. 5, 2014.

Kotlar J. and De Massis. A. , "Goal Setting in Family Firms: Goal Diversity, Social Interactions, and Collective Commitment to Family-centered Goals", *Entrepreneurship Theory and Practice*, Vol. 37, No. 6, 2013.

Kotlar J. and Fang H. , eds. , "Profitability Goals, Control Goals, and the R & D Investment Decisions of Family and Nonfamily Firms", *Journal of Product Innovation Management*, Vol. 31, No. 6, 2014.

Köpetz C. and Faber T. , eds. , "The Multifinality Constraints Effect: How Goal Multiplicity Narrows the Means Set to A Focal End", *Journal of Personality and Social Psychology*, Vol. 100, No. 5, 2011.

Kraiczy N. D. and Hack A. , eds. , "What Makes A Family Firm Innovative? CEO Risk-taking Propensity and the Organizational Context of Family Firms", *Journal of Product Innovation Management*, Vol. 32, No. 3, 2015.

Kruglanski A. W. and Chernikova M. , eds. , "The Architecture of Goal Systems: Multifinality, Equifinality, and Counterfinality in Means—end Relations", *Advances in Motivation Science*, Vol. 2, 2015.

Kruglanski A. W. and Shah J. Y. , eds. , "A Theory of Goal Systems", *Advances in Experimental Social Psychology*, Vol. 34, 2002.

Labianca G. and Fairbank J. F. , eds. , "Striving Toward the Future: Aspiration—performance Discrepancies and Planned Organizational Change", *Strategic Organization*, Vol. 7, No. 4, 2009.

La Porta. R. and Lopez-de-Silanes F. , eds. , "Corporate Ownership Around the World", *The Journal of Finance*, Vol. 54, No. 2, 1999.

Larson A. , "Network Dyads in Entrepreneurial Settings: A Study of the Governance of Exchange Relationships", *Administrative Science Quarterly*, 1992.

Le Breton-Miller. I. and Miller D. , "Commentary: Family Firms and the Advantage of Multitemporality", *Entrepreneurship Theory and Practice*,

Vol. 35, No. 6, 2011.

Le Breton-Miller. I. and Miller D., eds., "Stewardship orAgency? A Social Embeddedness Reconciliation of Conduct and Performance in Public Family Businesses", *Organization Science*, Vol. 22, No. 3, 2011.

Le Breton-Miller. I. and Miller D., "Family Firms and Practices of Sustainability: A Contingency View", *Journal of Family Business Strategy*, Vol. 7, No. 1, 2016.

Levinson H., "Conflicts that Plague Family Businesses", *Harvard Business Review*, Vol. 49, No. 2, 1971.

Levinthal D. A. and March J. G., "The Myopia of Learning", *Strategic Management Journal*, Vol. 14 (S2), 1993.

Liang Q. and Li X., eds., "How does Family Involvement Affect Innovation in China?", *Asia Pacific Journal of Management*, Vol. 30, No. 3, 2013.

Li H. and Zhang Y., "The Role of Managers' Political Networking and Functional Experience in New Venture Performance: Evidence from China's Transition Economy", *Strategic Management Journal*, Vol. 28, No. 8, 2007.

Ling Y. and F. W. Kellermanns, "The Effects of Family Firm Specific Sources of TMT Diversity: The Moderating Role of Information Exchange Frequency", *Journal of Management Studies*, Vol. 47, 2010.

Lin S. and Hu S. A., "Family Member or Professional Management? The Choice of A CEO and Its Impact on Performance", *Corporate Governance: An International Review*, Vol. 15, No. 6, 2007.

Lounsbury M. A., "Tale of Two Cities: Competing Logics and Practice Variation in the Professionalizing of Mutual Funds", *The Academy of Management Journal*, Vol. 50, No. 2, 2007.

Lubatkin M. H. and Simsek Z., eds., "Ambidexterity and Performance in Small-to medium-sized Firms: The Pivotal Role of Top Management Team Behavioral Integration", *Journal of Management*, Vol. 32,

No. 5, 2006.

Lu J. W. and Liang X., eds., "Internationalization and Performance of Chinese Family Firms: The Moderating Role of Corporate Governance", *Management and Organization Review*, Vol. 11, No. 4, 2015.

Lumpkin G. T. and Brigham K. H., "Long-termOrientation and Intertemporal Choice in Family Firms", *Entrepreneurship Theory and Practice*, Vol. 35, No. 6, 2011.

Macneil Ian. R., "Contracts: Adjustment of Long-Term Economic Relations Under Classical, Neoclassical and Relational Contract Law", *Northwestern University Law Review*, Vol. 72, No. 6, 1978.

Mahajan V. and Sharma S., eds., "The Adoption of the M-form Organizational Structure: A Test of Imitation Hypothesis", *Management Science*, Vol. 34, No. 10, 1988.

Manne H. G., "Mergers and the Market for Corporate Control", *Journal of Political Economy*, Vol. 73, No. 2, 1965.

March J. G., "Exploration and Exploitation in Organizational Learning", *Organization Science*, Vol. 2, No. 1, 1991.

Marquis C., "The Pressure of the Past: Network Imprinting in Intercorporate Communities", *Administrative Science Quarterly*, Vol. 48, No. 4, 2003.

Matzler K. and Veider V., eds., "The Impact of Family Ownership, Management, and Governance on Innovation", *Journal of Product Innovation Management*, Vol. 32, No. 3, 2015.

McEvily B. and Soda G., eds., "More Formally: Rediscovering the Missing Link between Formal Organization and Informal Social Structure", *The Academy of Management Annals*, Vol. 8, No. 1, 2014.

Meyer J. and W. R. Scott, eds., "Centralization, Fragmentation, and School District Complexity", *Administrative Science Quarterly*, Vol. 32, 1987.

Meyer J. W. and Rowan B., "Institutionalized Organizations: Formal Structure as Myth and Ceremony", *American Journal of Sociology*,

Vol. 83, No. 2, 1977.

Miller D. and Breton-Miller I. L. , "Lester, R. H. Family Firm Governance, Strategic Conformity, and Performance: Institutional vs. Strategic Perspectives", *Organization Science*, Vol. 24, No. 1, 2013.

Miller D. and Breton-Miller I. L. , "The Best of Both Worlds: Exploitation and Exploration in Successful Family Businesses", *Advances in Strategic Management*, Vol. 23, 2006.

Miller D. and Breton-Miller L. , "Governance, Social Identity, and Entrepreneurial Orientation in Closely Held Public Companies", *Entrepreneurship Theory and Practice*, Vol. 35, No. 5, 2011.

Miller D. and J. Lee, eds. , "Filling the Institutional Void: The Social Behavior and Performance of Family vs Non-Family Technology Firms in Emerging Markets", *Journal of International Business Studies*, Vol. 40, 2009.

Miller D. and Le Breton-Miller. I. , "Deconstructing Socioemotional Wealth", *Entrepreneurship Theory and Practice*, Vol. 38, No. 4, 2014.

Miller D. and Le Breton-Miller. I. , *Managing for the Long Run: Lessons in Competitive Advantage from Great Family Businesses*. Boston: Harvard Business Press, 2005.

Montemerlo D. and L. Gnan, eds. , "GovernanceStructures in Italian Family SMEs', in S. Tomaselli and L. Melin (eds.), Family Firms in the Wind of Change", *Research Forum Proceedings*, FBN, 2004.

Moss T. W. and Payne G. T. , eds. , "Strategic Consistency of Exploration and Exploitation in Family Businesses", *Family Business Review*, Vol. 27, No. 1, 2014.

Mueller H. M. and Philippon T. , "Family Firms and Labor Relations", *American Economic Journal: Macroeconomics*, Vol. 3, No. 2, 2011.

Munari F. and Oriani R. , eds. , "The Effects of Owner Identity and External Governance Systems on R & D Investments: A Study of Western

European Firms", *Research Policy*, Vol. 39, No. 8, 2010.

Mustakallio M. and Autio E., eds., "Relational and Contractual Governance in Family Firms: Effects on Strategic Decision Making", *Family Business Review*, Vol. 15, No. 3, 2002.

Naldi L. and Nordqvist M., eds., "EntrepreneurialOrientation, Risk Taking, and Performance in Family Firms", *Family Business Review*, Vol. 20, No. 1, 2007.

Ndofor H. A. and Sirmon D. G., eds., "Firm Resources, Competitive Actions and Performance: Investigating a Mediated Model with Evidence from the In-vitro Diagnostics Industry", *Strategic Management Journal*, Vol. 32, No. 6, 2011.

Nee V. and Opper S., *Capitalism from Below: Markets and Institutional Change in China*. Harvard University Press, 2012.

Nee V., "Organizational Dynamics of Market Transition: Hybrid Forms, Property Rights, and Mixed Economy in China", *Administrative Science Quarterly*, Vol. 37, No. 1, 1992.

Nelson R. R. and Winter S. G., *An Evolutionary Theory of Economic Change*. Harvard University Press, 2009.

Newman A. and Prajogo D., eds., "The Influence of Market Orientation on Innovation Strategies", *Journal of Service Theory and Practice*, Vol. 26, No. 1, 2016.

Nielsen B. B. and Gudergan S., "Exploration and Exploitation Fit and Performance in International Strategic Alliances", *International Business Review*, Vol. 21, No. 4, 2012.

Nordqvist M. and Habbershon T. G., eds., "Transgenerational Entrepreneurship: Exploring Entrepreneurial Orientation in Family Firms", *Entrepreneurship, Sustainable Growth and Performance: Frontiers in European Entrepreneurship Research*, Vol. 93, 2008.

Nordstrom O. and Jennings J. E., "Looking in the Other Direction: An

Ethnographic Analysis of How Family Businesses Can be Operated to Enhance Familial Wellbeing", *Entrepreneurship Theory and Practice*, Vol. 42, No. 2, 2018.

North D. C., *Institutions, Institutional Change and Economic Performance*, Cambridge: Cambridge University Press, 1990.

Oliver C., "Strategic Responses to Institutional Processes", *Academy of Management Review*, Vol. 16, No. 1, 1991.

Oswald S. L. and Muse L. A., eds., "The Influence of Large Stake Family Control on Performance: Is It Agency or Entrenchment?", *Journal of Small Business Management*, Vol. 47, No. 1, 2009.

Pache A. C. and Santos F., "Inside the Hybrid Organization: Selective Coupling as A Response to Competing Institutional Logics", *Academy of Management Journal*, Vol. 56, No. 4, 2013.

Palmer D. A. and Jennings P. D., eds., "Late Adoption of the Multidivisional Form by Large U. S. Corporations: Institutional, Political, and Economic Accounts", *Administrative Science Quarterly*, Vol. 38, No. 1, 1993.

Parada M. J. and Nordqvist M., eds., "Institutionalizing the Family Business: The Role of Professional Associations in Fostering A Change of Values", *Family Business Review*, Vol. 23, No. 4, 2010.

Patel P. C. and Chrisman J. J., "Risk Abatement as A Strategy for R & D Investments in Family Firms", *Strategic Management Journal*, Vol. 35, No. 4, 2014.

Peng M. W. and Jiang Y., "Institutions Behind Family Ownership and Control in Large Firms", *Journal of Management Studies*, Vol. 47, No. 2, 2010.

Peng M. W. and Luo Y., "ManagerialTies and Firm Performance in A Transition Economy: The Nature of AMicro-macro Link", *Academy of Management Journal*, Vol. 43, No. 3, 2000.

Peng M. W. and S. Wei, eds., "An Institution-Based View of Large Family Firms: A Recap and Overview", *Entrepreneurship Theory and Practice*, Vol. 42, No. 2, 2018.

Peng M. W. and Wang D. Y. L., eds., "An Institution-Based View of International Business Strategy: A Focus on Emerging Economies", *Journal of International Business Studies*, Vol. 39, No. 5, 2008.

Peng M. W., "Institutional Transitions and Strategic Choices", *Academy of Management Review*, Vol. 28, No. 2, 2003.

Peng M. W., "Outside Directors and Firm Performance During Institutional Transitions", *Strategic Management Journal*, Vol. 25, No. 5, 2010.

Peng M. W., "TowardsAn Institution-based View of Business Strategy", *Asia Pacific Journal of Management*, Vol. 19, 2002.

Peress J., "Product Market Competition, Insider Trading, and Stock Market Efficiency", *Journal of Finance*, Vol. 65, No. 1, 2010.

Perry J. T. and Ring J. K., eds., "Which Type of Advisors Do Family Businesses Trust Most? An Exploratory Application of Socioemotional Selectivity Theory", *Family Business Review*, Vol. 28, No. 3, 2015.

Pieper T. M. and Klein S. B., eds., "The Impact of Goal Alignment on Board Existence and Top Management Team Composition: Evidence from Family-influenced Businesses", *Journal of Small Business Management*, Vol. 46, No. 3, 2008.

Pieper T. M. and Klein S. B., "The Bulleye: A Systems Approach to Modeling Family Firms", *Family Business Review*, Vol. 20, No. 4, 2007.

Pieper T. M., *Mechanisms to Assure Long-term Family Business Survival: A Study of the Dynamics of Cohesion in Multigenerational Family Business Families*. Frankfurt: Peter Lang, 2007.

Pittino D. and Visintin F., eds., "Collaborative Technology Strategies and Innovation in Family Firms", *International Journal of Entrepreneurship and Innovation Management*, Vol. 17, 2013.

Poppo L. and Zenger T. , "Do Formal Contracts and Relational Governance Function As Substitutes or Complements?", *Strategic Management Journal*, Vol. 23, No. 8, 2002.

Porter M. E. , *Competitive Strategy: Techniques for Analyzing Industries and Competitors*. New York: Free Press, 1980.

Poutziouris P. Z. , "The Views of Family Companies on Venture Capital: Empirical Evidence from the UK Small to Medium-Size Enterprising Economy", *Family Business Review*, Vol. 14, No. 3, 2001.

Randolph R. V. and Alexander B. N. , eds. , "UntanglingNon-economic Objectives in Family & Non-family SMEs: A Goal Systems Approach", *Journal of Business Research*, Vol. 98, 2019.

Randoy T. and Goel, S. , "Ownership Structure, Founder Leadership, and Performance in Norwegian SMEs: Implications for Financing Entrepreneurial Opportunities", *Journal of Business Venturing*, Vol. 18, No. 5, 2003.

Redding S. G. and G. Y. Y. Wong, *The Psychology of Chinese Organizational Behaviour*. In: M. H. Bond (eds.), The Psychology of Chinese People. Hong Kong: Oxford University Press, 1986.

Reid R. S. and Adams J. S. , "HumanResource Management-ASurvey of Practices within Family and Non-family Firms", *Journal of European Industrial Training*, Vol. 25, No. 6, 2001.

Rondi and Emanuela, eds. , "Unlocking Innovation Potential: A Typology of Family Business Innovation Postures and the Critical Role of the Family System", *Journal of Family Business Strategy*, 2018.

Rosa Nelly. and Trevinyo-Rodríguez. , "From A Family-owned to A Family-controlled Business: Applying Chandler's Insights to Explain Family Business Transitional Stages", *Journal of Management History*, Vol. 15, No. 3, 2009.

Sanders W. M. G. and Tuschke A. , "The Adoption of Institutionally Contested Organizational Practices: The Emergence of Stock Option Pay in Germany", *Academy of Management Journal*, Vol. 50, No. 1, 2007.

Schein E. H., "The Role of the Founder in Creating Organizational Culture", *Family Business Review*, Vol. 8, No. 3, 1995.

Schulze W. S. and Lubatkin M. H., eds., "Agency Relationships in Family Firms: Theory and Evidence", *Organization Science*, Vol. 12, No. 2, 2001.

Schulze W. S. and Lubatkin M. H., eds., "Altruism, Agency, and the Competitiveness of Family Firms", *Managerial and Decision Economics*, Vol. 23, 2002.

Schulze W. S. and Lubatkin M. H., eds., "Toward A Theory of Agency and Altruism in Family Firms", *Journal of Business Venturing*, Vol. 18, No. 4, 2003.

Schumpeter, J. A., *The Theory of Economic Development. Cambridge*, MA, Harvard University, 1934.

Scott W. R. and Davis G. F., *Organizations and Organizing: Pearson New International Edition: Rational, Natural and Open Systems Perspectives*. Routledge, 1981.

Scott W. R., *Institutions And Organizations*, Sage: Thousand Oaks, CA, USA, 2001.

Scott W. R., "Organizational Structure", *Annual Review of Sociology*, Vol. 1, No. 3, 1975.

Scott W. R., "The Adolescence of Institutional Theory", *Administrative Science Quarterly*, Vol. 32, 1987.

Sharma P. and Salvato C., "Commentary: Exploiting and Exploring New Opportunities over Life Cycle Stages of Family Firms", *Entrepreneurship Theory and Practice*, Vol. 35, No. 6, 2011.

Shleifer A. and R. W. Vishny, "A Survey of Corporate Governance", *Journal of Finance*, Vol. 52, 1997.

Soleimanof S. and Rutherford M. W. , eds. , "The Intersection of Family Firms and Institutional Contexts: A Review and Agenda for Future Research", *Family Business Review*, Vol. 31, No. 1, 2018.

Sonfield M . C. and Lussier R. N. , "First-, Second-, and Third-generation Family Firms: A Comparison", *Family Business Review*, Vol. 17, No. 3, 2004.

Songini L. , *The Professionalization of Family Firms: Theory and Practice*, in Handbook of Research on Family Business. eds. P. Z. Poutziouris, K. X. Smyrnios and S. B. Klein. Cheltenham: Edward Elgar, 2006.

Steier L. P. and Chrisman J. J. , eds. , "Entrepreneurial Management and Governance in Family Firms: An Introduction", *Entrepreneurship Theory and Practice*, Vol. 28, No. 4, 2004.

Steier L. P. and Chrisman J. J. , eds. , "Governance Challenges in Family Businesses and Business Families", *Entrepreneurship Theory and Practice*, Vol. 39, No. 6, 2015.

Stewart A. and Hitt M. A. , "Why Can'ta Family Business be More Like ANonfamily Business? Modes of Professionalization in Family Firms", *Family Business Review*, Vol. 25, No. 1, 2012.

Stinchcombe A. L. , *Social Structure and Organizations*, Economics meets sociology in strategic management. Emerald Group Publishing Limited, 2000.

Strang D. and Macy M. W. , "In Search of Excellence: Fads, Success Stories, and Adaptive Emulation", *American Journal of Sociology*, Vol. 107, No. 1, 2001.

Suchman M. C. , "Managing Legitimacy: Strategic and Institutional Approaches", *Academy of Management Review*, Vol. 20, No. 3, 1995.

Tan, J. , "Growth ofIndustry Clusters and Innovation: Lessons from Beijing Zhongguancun Science Park", *Journal of Business Venturing*, Vol. 21, No. 6, 2006.

Tolbert P. S. and Zucker L. G. , "Institutional Sources of Change in the Formal Structure of Organizations: The Diffusion of Civil Service Reform", *Administrative Science Quarterly*, Vol. 28, No. 1, 1983.

Tsai W. , "KnowledgeTransfer in Intraorganizational Networks: Effects of Network Position and Absorptive Capacity on Business Unit Innovation and Performance", *Academy of Management Journal*, Vol. 44, No. 5, 2001.

Tsui-Auch L. S. , "TheProfessionally Managed Family-ruled Enterprise: Ethnic Chinese Business in Singapore", *Journal of Management Studies*, Vol. 41, No. 4, 2004.

Tushman M. L. and AO'Reilly, C. , "Sorting Organizational Hardware", *The Journal of Business Strategy*, Vol. 18, No. 4, 1997.

Tushman M. L. and O'Reilly III. C. A. , "Ambidextrous Organizations: Managing Evolutionary and Revolutionary Change", *California Management Review*, Vol. 38, No. 4, 1996.

Tyler B. B. and Caner T. , "New Product Introductions Below Aspirations, Slack and R & D Alliances: A Behavioral Perspective", *Strategic Management Journal*, Vol. 37, No. 5, 2016.

Upton N. B. and Heck R. K. Z. , *The Family Business Dimension of Entrepreneurship*. In D. L. Sexton, & R. N. Smilor (eds.), Entrepreneurship 2000. Chicago, IL: Upstart Publishing Company, 1997.

Uzzi Brian. , "Social Structure and Competition in Interfirm Networks: The Paradox of Embeddedness", *Administrative Science Quarterly*, Vol. 42, No. 1, 1997.

Vardaman J. M. and Allen D. G. , eds. , "We Are Friends But Are We Family? Organizational Identification and Nonfamily Employee Turnover", *Entrepreneurship Theory and Practice*, Vol. 42, No. 2, 2018.

Veider V. and Matzler K. , "The Ability and Willingness of Family-controlled Firms to Arrive at Organizational Ambidexterity", *Journal of*

Family Business Strategy, Vol. 7, No. 2, 2016.

Villalonga B. and Amit R., "How Do Family Ownership, Control and Management Affect Firm Value?", *Journal of Financial Economics*, Vol. 80, No. 2, 2006.

Wang H. and Qian C., "Corporate Philanthropy and Corporate Financial Performance: The Roles of Stakeholder Response and Political Access", *Academy of Management Journal*, Vol. 54, No. 6, 2011.

Ward J. and Dolan C., "Defining and Describing Family Business Ownership Configurations", *Family Business Review*, Vol. 11, No. 4, 1998.

Webb J. W. and Pryor C. G., eds., "Household Enterprise in Base-of-the-pyramid Markets: The Influence of Institutions and Family Embeddedness", *Africa Journal of Management*, Vol. 1, No. 2, 2015.

Weber M., *Economy and Society* (G. Roth & C. Wittich, trans.), Berkeley: University of California Press, 1968.

Westhead P. and Cowling M., "Performance Contrasts between Family and Non-family Unquoted Companies in the UK", *International Journal of Entrepreneurial Behavior and Research*, Vol. 3, No. 1, 1997.

Westhead P., "Company Performance and Objectives Reported by First and Multi-generation Family Companies: A Research Note", *Journal of Small Business and Enterprise Development*, Vol. 10, No. 1, 2003.

Williams R. I. and Pieper T. M., eds., "Family Business Goal Formation: ALiterature Review and Discussion of Alternative Algorithms", *Management Review Quarterly*, Vol. 69, No. 3, 2019b.

Williams R. I. and Pieper T. M., eds., *Private Family Business Goals: A Concise Review, Goal Relationships, and Goal Formation Processes*, The Palgrave Handbook of Heterogeneity among Family Firms. Palgrave Macmillan, Cham, 2019a.

Wiwattanakantang Y., "Controlling Shareholders and Corporate Value: Evidence from Thailand", *Pacific-Basin Finance Journal*, Vol. 9,

No. 4, 2001.

Wong S., "The ChineseFamily Firm: A Model", *Family Business Review*, Vol. 6, No. 3, 1993.

Wry T. and Cobb J. A., eds., "Morethan A Metaphor: Assessing the Historical Legacy of Resource Dependence and Its Contemporary Promise as A Theory of Environmental Complexity", *Academy of Management Annals*, Vol. 7, No. 1, 2013.

Xin K. K. and Pearce J. L., "Guanxi: Connections as Substitutes for Formal Institutional Support", *Academy of Management Journal*, Vol. 39, No. 6, 1996.

Xu D. and Zhou K. Z., eds., "Deviant Versus Aspirational Risk Taking: The Effects of Performance Feedback on Bribery Expenditure and R&D Intensity", *Academy of Management Journal*, Vol. 62, No. 4, 2019.

Xu N. and Yuan Q., eds., "Founder's Political Connections, Second Generation Involvement, and Family Firm Performance: Evidence from China", *Journal of Corporate Finance*, Vol. 33, 2015.

Zahra S. A., "Entrepreneurial Risk Taking in Family Firms", *Family Business Review*, Vol. 18, No. 1, 2005.

Zahra S. A., "Organizational Learning and Entrepreneurship in Family Firms: Exploring the Moderating Effect of Ownership and Cohesion", *Small Business Economics*, Vol. 38, No. 1, 2012.

Zellweger T. M. and Kellermanns F. W., eds., "Building A Family Firm Image: How Family Firms Capitalize on their Family Ties", *Journal of Family Business Strategy*, Vol. 3, No. 4, 2012b.

Zellweger T. M. and Kellermanns F. W., eds., "Family Control and Family Firm Valuation by Family CEOs: The Importance of Intentions for Transgenerational Control", *Organization Science*, Vol. 23, No. 3, 2012a.

Zellweger T. M. and Nason R. S., "A Stakeholder Perspective on Family Firm Performance", *Family Business Review*, Vol. 21, No. 3, 2008.

Zellweger T. M. and Nason R. S., eds., "Why do Family Firms Strive for Nonfinancial Goals? An Organizational Identity Perspective", *Entrepreneurship Theory and Practice*, Vol. 37, No. 2, 2013.

Zhang J. and Ma H., "Adoption of Professional Management in Chinese Family Business: A Multilevel Analysis of Impetuses and Impediments", *Asia Pacific Journal of Management*, Vol. 26, No. 1, 2009.

Zhang J. and Marquis C., eds., "Do Political Connections Buffer Firms from or Bind Firms to the Government? A Study of Corporate Charitable Donations of Chinese Firms", *Organization Science*, Vol. 27, No. 5, 2016.

Zhang Y. and Fishbach A., eds., "The Dilution Model: How Additional Goals Undermine the Perceived Instrumentality of AShared Path", *Journal of Personality and Social Psychology*, Vol. 92, No. 3, 2007.

索 引

B

百年老店 290

C

产品市场 6,70,144

创始人 2,4,50,51,55,63,64,106,283,287

D

代理理论 11,12,25,26,46,52,53,55,65,67,69,83,85,86,107,155,218—220

道德型领导 3,35,95

地位 14,28—30,33,42,59,62,63,75,84,95,102,110,113,147,158—160,167,171,225,229,233,242,262,285,286

董事会 5—7,31,32,34,42,47,48,54,63,108,114,117,118,129,155—157,159,161,169—171,202,230—233,235,237,244,245,247—249,251,253,257,272,278,279,285,287,288

E

二代 3,8,14,51,59,61,63,64,80,81,96,151,160,161,229—231,235,237,249—252,272,276,284,290

F

非人格化 14,24,29,30,32,63,96,114,118,129,142,158,161,170,193,202,229,261,262,271,273,278,280,285

非正式制度 3,42,282,289

非正式治理 2,4,5,10,12,14,15,18—22,25,27—31,35,42,46—51,54,56,62,69,83—85,87,88,93,97,99,129,144,145,154,155,157,159—166,169,171,173,174,177,178,182,189,193,197,198,202,208—210,212,214—216,221,222,

224,226,228,230,232—235,237,
238,242—253,255,258,262—265,
268,269,273—275,277—280,287,
289,290

G

高管团队　34,83,117,231—233,237

公司治理　1,5,6,25,29,31,33,34,
52,59,60,64,67,68,73,102,108,
116,117,120,140,141,156,158,
261,272,273,275,278,282,283,
286,287,291

股东会　5,6,31,34,117,118,157,
169,202,278,279

关系　2,5,6,9—11,14,15,19,21,
25—29,32,33,35,42,46—50,53,
54,59,64—66,70,75—77,79—81,
83,86,87,92,93,95—97,99,100,
105,106,115,121,125,128,141,
144,147,148,150,151,153—155,
157—159,163,164,166,169,171,
174,177,178,189,203,207,210,
211,214—216,218,219,221—228,
230—234,237,238,243,246,249,
250,253,255—257,259,262—264,
266,267,271—273,275—279,
282—285,287

关系治理　4,14,28,32,33,35,42,
46—48,50,88,106,108,157,162,
171,193,233,287

管家理论　11,46,52—54,77,220,
222

管理权　6,7,29,30,50,51,63,81,
84,110,145,151,158,162,163,
170,215,283

规范性趋同　57,101,103—105,125

H

合法性逻辑　11,16,17,19,21,22,
56,57,65,66,69—73,93,97—101,
109,110,119,125,126,128,129,
136,137,139—142,211,212,260,
266,267,271,273,277

J

基业长青　2,4,15,16,24,144,162,
203,207,210,212,257,263,264,
273,290

绩效　9,12,18,20,32,47—49,55,
59,64,66—69,71,72,75,76,79,
96,98,100,101,107—111,114,
118,121,125,126,128,134,136,
137,139—142,144,147,148,151—
157,162—169,172,174,177,182,
193,197,208,212,214—216,220,
226—228,234—237,246,253,258,
261—266,268,271,274,275,282,
285

激励　5,26,34,46,60,83,117,160,
226,278,279,287,288

集体主义　54,77,283,284

家长制　3,35,95,159,273,284

家族办公室　5,6,33,278,279,289

家族传承　8,63,150,158,160,161,164,166,168,169,173,174,177,178,182,189,193,197,203,207,223,229,262—264,272,273,276,290,291

家族会议　5,279,289

家族价值观　76,148

家族控制　2,4,28,33,57,59,62,63,73,75,78,83,84,142,144,145,147,149,150,157—160,164,166,168,169,173,174,177,178,182,189,193,197,203,207,218,221,242,262—264,270,271,273,275,276,286,288,290

家族理事会　5,278,279,289

家族目标　3,8,9,15—18,20,22,24—26,49,57,74—81,93,144—151,153,157,162—166,168,177,182,189,193,197,198,202,203,207—210,212,252,262,263,266—269,274,276,277,288,290

家族企业　1—22,24—35,42,47—65,67—88,92—99,101—121,125,126,128,129,134,136,137,139—168,170,171,173,174,177,178,182,189,193,197,198,202,203,207—236,238,242,246,252,255—291

家族涉入　14—16,32,42,48,50,51,58,62,64,79,96,97,99,115,118,159,162,169,171,202,219,222,228,229,232,233,242,266,273,276,279,283

家族声誉　76,80,148,150,152,160,223,271,276

家族委员会　5,6,32,33,116,278,279,289

家族宪法　5—7,33,116,156,279,289

家族治理　5—7,16,32,48,58,64,93,96,115,171,229,232,266,268,276—279,281,288,289

家族主义　3,4,11,14,64,97,99,263,282,283

监督　5,10,26,46,53,67,85,86,107,155,234,261,278,279,287,288

经济目标　15,17—22,25,26,49,74—81,93,144—151,153,154,162—166,168,174,177,178,189,193,197,198,202,203,207—210,212,262—264,266—269,273,274,276,277,290

经理人市场　6,14,273,282,285,290

经营期望　22,164—166,169,172,189,193,197,202,203,207—209,214,225—228,234,237,246—248,254,258,263,265,269,274,290

决策　3,5,6,10,11,18,26,28—30,33,42,50,53,55,62,67,70,78,82—86,88,106,107,114,116,118,

128,129,143—145,155,158,159,162,163,165,169—171,202,221,223,227,228,233—235,265,278—280,282,286—288

K

开发式创新　18—20,22,88,92—94,214,216—226,228,230,232,235—238,242,243,245,246,248,250—256,258,264—266,268—270,272,274,275,277,290

控制权　4,6—8,26,33,51—53,55,59,62,63,67,68,82,108,116,155,160,170,215,233,275,282,285,288,289

L

理性　3,9,10,13—15,29,30,46,54,56,65,66,69,71,72,74,95,97—101,108,140,143,146,158,260,267,272,273,275,284,285,291

利他主义　7,35,53,54,68,107,154,155,159

利益相关者　5,6,9,10,25—27,53,54,66,67,70,75—77,85,86,100,101,107,142—144,147,148,150,160,165,228,261,262,271,272,276,283

M

民营企业　1,2,20,51,95,102,112,113,120,286,287

模仿性趋同　57,101,105,106,125

目标系统理论　22,81,93,151,157,159,161,163,164,178,189,197,208,210,275

N

内部治理　5—8,10,26,27,51,55,65,155,262,278

Q

企业发展阶段　73,161,171,178,208,263

企业规模　22,58,62,109,114,115,119,120,127,129,135,136,138,170,173,174,207,236,237,242—245,247,248,250,251,253,257,285

企业治理　5—7,15,31,33,56,58,63,96,97,99,141,162,224,271,278,279,281,284,288,289

契约治理　28,32,33,47,48,87,157

钱德勒　2,29,30,62

强制性趋同　57,101,102,125,141

去家族化　15,50,51,58,62,64,96,163,280,282,283

权力　5,8,28,42,58,63,67,70,84,86,101,102,144,159,160,223,229,285,288

权威　2,3,7,8,14,15,20,28—30,33,35,42,59,63,70,83,95,96,

105，106，108，109，143，154—156，158—160，166，171，222，228，229，231—233，263，273，276，278，279，284，285，287，290

裙带主义　7，53，68，107，155

R

人格化　4，6，7，10，14，35，53，58，59，63，67，96，101，105—108，142，155，156，169，212，262，270，273，275，278，280，282，284，285，287，290

任人唯亲　6，155，286，290

任人唯贤　6，155，288，290

儒家文化　3，4，14—16，64，263，265，272，275，282，284，291

S

社会规范　3，27，281—283

社会情感财富理论　11，12，57，58，77，83，220，242，259，271，275，276

生命周期理论　49，50，52，55，162，219

市场化改革　2，121，260，273，281，284，286

市场竞争　3，4，6，7，11，14，22，52，56，58，60，61，67，69，72，73，96，98，100，101，105，107，140，154，225，226，234，237，238，243—245，258，264，265，269，272，273，281，285，290

双元创新　16，18，20，22，92，93，212，214，216，220，224，225，227，230，238，243，254—258，260，264，266，268，269，275，277，279

双元目标　16，18，22，73，74，78，81，93，94，143，145—147，150，153，177，178，189，207，209，210，212，220，258，260，263，264，266，268，269，275，277，279

双元性　15，74，146，212，214—217，258，266，269，275

所有权　6—8，25，26，29，30，32，50，51，53，55，62，67，80，110，114，145，151，158，160，162，163，168，170，235，237，238，242，244，245，247—249，251，253，257，276，282，288

探索式创新　18—20，22，88，92—94，214，216—232，235—238，242—244，246，247，249，250，252—256，258，264—266，268—270，272，274，277，290

W

外部治理　6，8，10，26，27，281，290

网络　2，6，9—11，14，15，27，29，34，35，42，46，59，63—65，83，85，96，97，99，100，103，104，115，128，154，155，158，159，164，171，216，219，221，222，232，261—263，273，278，279，282，284，285，290

韦伯　9，29，66，67，97，99，140

X

现代企业制度 1,2,7,15,34,55,60,95,97,99,101,102,107,114,117,129,273

效率逻辑 16,17,19,21,22,56,65—67,71—73,93,97—100,107,109,118,121,125,126,128,129,134,140—142,144,177,208,211,266,267,270,273

新制度主义 11,52,56,69,70,141,261,266

Y

延伸型社会情感财富 142,150,158,160,161,164,166,168,178,189,197,207—210,223,263,264,270—274,276

一言堂 7,272,284,287

"意愿—能力" 12,220,221,275

约束型社会情感财富 142,149,150,158,160,164,166,168,178,189,197,207—210,221,263,264,270—274,276

Z

正式制度 3,11,14,15,24,28,29,32,33,42,58,59,71,88,96,110,114,158,170,177,262,274,281,282,285,289

正式治理 2,4,5,7,8,10,12,15,16,18—22,24,25,27—33,35,42,46—50,52,54,56—58,62,63,65,67—69,73,86—88,93—96,99,101,105—108,110,111,113,114,118—121,125—129,134—139,141,142,144,145,154—166,169—171,173,174,177,178,182,189,193,197,198,202,208—210,212,214—216,220,222—224,226—230,232,235,237,238,242—253,255,258,260—266,268—280,285,287,289,290

政治关联 22,109,111,114,120,136,273

职业经理人 6,7,11,26,29,30,34,60,63,68,73,86,108,114,117,118,129,156,158,161,170,202,223,230,232,237,272,282—285,287,288

制度环境 3,4,14,35,55,56,58,59,68—70,73,80,96,105,113,143,151,167,168,170,173,174,246,249,273,274,280,281,285,287

制度经济学 11,52,55,56,67—69

制度理论 11,26,65

治理结构 1,2,14,25,28,32,42,52,55,57,58,64,69,71,72,83,86,95,96,98,101,104,106,110,116,128,163,219,236,261,285

治理体系 21,22,281,284,287,291

治理转型 1—4,8,15,16,24,49—52,55,56,58,65,68,73,96,111,

258,262,265,266,269,271—273

专业化 2,28—32,57,61,73,103,104,114,128

资本市场 6,60,70,144,236

宗族文化 64,283,284

组织理论 9,16,19,65,100,107,211,267

后　　记

　　对中国家族企业的研究，于我而言，更似机缘巧合。硕士期间，我对各国的政治经济发展历史以及大国间的博弈产生了浓厚的兴趣，故而阅读了较多的宏观经济史和社会文化专著。但由于没有扎实的理论基础和科研素养，导致无法形成系统的底层逻辑和分析框架，因而无法体察世界的运行规律和背后本质。硕士毕业后，有幸加入中山大学李新春教授师门，跟着李老师团队阅读和学习。作为中国家族企业与创业研究的开拓者，李老师对中国家族企业有着浓厚的研究兴趣和丰富的研究成果，恰逢我也希望找到一些相对微观的载体和视角来理解现代经济社会的运行规律，从而激发起我对中国家族企业的研究兴趣。

　　钱德勒曾预言，家族企业作为一种落后的组织形态，在经历管理革命和市场竞争以后，将被历史淘汰。然而，当我们把视野拉长，考察世界范围内的企业发展史时就可以发现，在工业化和全球化进程中，家族企业并非一种只适用于传统劳动密集型的小规模生产组织形式，也不只是存在于经济发展过程中的某一个阶段，家族对于企业的涉入和影响是跨越时间和空间而普遍存在的。现在我们耳熟能详的大型跨国公司，几乎都有各大家族的控股，近年来引起各界关注的"隐形冠军"（中国的"专精特新"）大部分也都是家族控制型企业。可以说，家族企业是人类历史上发展最悠久、韧性最强的一种组织模式，这与其自身拥有的独特资源优势（人力资本、物质资本、社会资本、耐心资本等）是分不开的，但更为重要的一环则是作为利用家族资源从而实现家族目标的手段——家族企业治理。

从治理效率来看,具有国际市场竞争力的家族企业普遍表现出治理正式化的趋势。随着家族企业规模的扩大以及后代的进入,家族管理者开始通过建立现代公司治理制度来制衡家族涉入带来的裙带主义和过度的利他主义,如设立董监高、引入非家族 CEO 和外部机构投资者,同时有很多家族企业建立家族治理制度(如家族委员会、家族宪法、家族办公室、家族信托等)与企业治理进行有效分隔。从这个意义上来说,意欲基业长青,适时适度地进行现代公司治理变革是家族企业的必由之路。从国外经验来看,一般家族企业是在家族内部完成第一次代际传承,现代治理转型发生在从第二代到第三代和第四代之间的传承。而目前中国家族企业普遍还处于一二代交接班进程中,这一过程也伴随着治理的正式化,因而中国家族企业正式治理转型来得更早,其同时面临着治理转型、跨代传承和产业升级的压力,从而转型过程更加复杂,这一过程也超越了过去主流理论的解释和预测,对现有家族企业治理及其转型研究提出了挑战。

近年来,我也观察到了一些有意思的现象,比如,中国的家族企业普遍存在组织的外在正式表现与工作实践及日常惯例相背离的现象。一方面,家族企业注册成为公司制企业并引入现代企业制度,这种服从法律的外在表现能够帮助其更容易参与市场竞争、动员资源并获取合法性;另一方面,家族企业内部仍然表现出明显的一言堂,设立董事会、引入职业经理人,某些时候仅仅是一种形式主义,真正涉及企业生存和重大转向问题时,企业主的个人权威和人格化治理仍然起到举足轻重的作用。再如,在实地调研中我发现,很多创业者都提出了一个观点,"如果你对家人都不好,那么别人(客户、合作者等)怎么可能相信你会对别人好"。这个观点折射出,在关系型社会中,创业者对待家人的态度直接决定了其他利益相关者对于他们的信任程度和合作意愿。从这个意义上来说,中国家族企业普遍较高的家族涉入,可能并非管理者真心关心家人,更多的是为了遵循"对家人好,别人才会对我好"的社会规范和生意潜规则。那么,对于中国家族企业而言,建立现代企业制度,进行公司治理变革,到底是为了遵从外部合法性还是为了提升企业的治理效率?治理变革究竟能为中国家族企业带来什么?

这些问题也构成了我博士学位论文的关键研究议题,在李老师的指导下,我的博士学位论文《家族企业治理正式化:制度逻辑、目标平衡性与创新》顺利通过答辩,该文被评为中山大学优秀博士学位论文,并获得国家社科基金后期资助暨优秀博士论文出版项目的资助。本书是在博士论文的基础上完善和拓展而成,其中部分内容还受到本人主持的国家自然科学基金青年项目(项目名称:中国家族企业治理转型的机制与效果研究;项目编号:72102088)资助,该书是对我国家族企业治理现代化问题具有重要理论和实践意义的有益探索。具体而言,本书探讨了两个关键问题:第一,我国家族企业进行正式治理转型背后的驱动因素是什么?第二,在治理正式化变革过程中,家族企业如何有效配置不同的治理模式保持长期竞争优势?本书通过详尽的文献梳理、实地调研以及大样本的经验性研究,对以上两个问题给出了初步答案。

在本书的写作过程中,得到了诸多师友的帮助和支持。首先,要特别感谢我的博士导师李新春教授。从2015年开始,我就投身老师门下,跟着老师和团队师兄师姐一起做研究。尽管老师没有特意教我做人做事和做学问的道理,但老师严于律己的人生哲学以及严谨治学的学术态度始终引领着我前进。博士论文的写作以及本书的后期完善都离不开李老师的谆谆教诲,借此机会再次感谢!其次,要感谢在本书写作过程中帮助和支持过我的师友们,包括(但不限于)迈阿密大学的陆亚东教授,新加坡国立大学的钟基年教授、中山大学的储小平教授、朱沆教授、李炜文教授、秦昕教授,浙江大学的陈凌教授、窦军生教授、朱建安教授,广东外语外贸大学的何轩教授、肖宵博士,上海财经大学的贺小刚教授,暨南大学的叶文平副教授、中国人民大学的朱斌副教授、广东外语外贸大学的黄志霖同学、江南大学的管雨昕同学等。最后，还要特别感谢我的父母、爱人、岳父岳母和 2 周岁的女儿，在本书的写作过程中给予了我很多帮助。

  国内外已有诸多学者对家族企业的治理变革进行了讨论，但对于不同治理的界定、测量，治理转型的机制、过程和效果等关键问题，目前研究仍然没有形成系统性共识，尤其是基于大样本的经验性研究，目前还较为缺乏。期望本书能一定程度上对上述问题进行拓展，更多的是希望以本书为契机，使得我国的学者、家族管理者和政府相关人员更为深入思考中国家族企业治理转型过程中面临的问题、挑战以及应对之道。经由四十多年的市场化改革，中国的法治环境和市场竞争环境已日趋完善，这为家族企业的治理变革提供了良好的外部营商环境，对于同时面临着治理转型、跨代传承、产业升级等多重挑战的家族企业而言，如何有效利用组织内外部环境，将理性思维和儒家文化思维有效融合至治理过程，造就具有中国特色的"最佳实践"，是摆在社会各界人士面前的一道必答题。

  针对中国家族企业治理转型的研究才刚刚开始，受时间和个人知识局限，本书的很多观点和论证过程还较为粗糙，未来还需要更多的学者和企业家朋友们一起努力使该研究主题不断深化，期待读者朋友们多多指正！

马骏
2022 年 7 月 27 日